CW01333697

Dr. John Coleman

LA JERARQUÍA DE LOS
CONSPIRADORES
HISTORIA DEL COMITÉ DE LOS 300

John Coleman

John Coleman es un autor británico y antiguo miembro del Servicio Secreto de Inteligencia. Coleman ha realizado varios análisis del Club de Roma, la Fundación Giorgio Cini, el Forbes Global 2000, el Coloquio Interreligioso por la Paz, el Instituto Tavistock, la Nobleza Negra y otras organizaciones afines al tema del Nuevo Orden Mundial.

LA JERARQUÍA DE LOS CONSPIRADORES
HISTORIA DEL COMITÉ DE LOS 300

CONSPIRATORS' HIERARCHY
The story of the committee of 300

Traducido del inglés y publicado por Omnia Veritas Limited

Omnia Veritas Ltd - 2022

OMNIAVERITAS

www.omnia-veritas.com

Todos los derechos reservados. Ninguna parte de esta publicación puede ser reproducida por ningún medio sin la autorización previa del editor. El Código de la Propiedad Intelectual prohíbe las copias o reproducciones para uso colectivo. Toda representación o reproducción total o parcial por cualquier medio sin el consentimiento del editor, del autor o de sus sucesores es ilegal y constituye una infracción sancionada por el Código de la Propiedad Intelectual.

PRÓLOGO 9
UNA VISIÓN GENERAL Y ALGUNOS CASOS CONCRETOS ... 11
INSTITUCIONES A TRAVÉS DE LAS CUALES SE EJERCE EL
CONTROL 53
CENTRO DE INVESTIGACIÓN DE STANFORD 72
LA ERA DE ACUARIO 86
LOS BANCOS Y EL MERCADO DE LA DROGA 114
LA ESTRUCTURA DEL COMITÉ 170
INSTITUCIONES/ORGANIZACIONES PASADAS Y PRESENTES
BAJO LA INFLUENCIA DIRECTA DEL COMITÉ DE LOS 300 208

    Fundaciones y grupos de interés especiales................................ 213
    BANCOS... 214
    Asociaciones jurídicas y abogados.. 218
    Contables/auditores.. 218
    Instituciones Tavistock en Estados Unidos 218
    Algunas de las principales instituciones y organizaciones mundiales
    del Comité de los 300 227
    Miembros anteriores y actuales del Comité de los 300.............. 228

BIBLIOGRAFÍA 238
LOS ILLUMINATI Y EL CONSEJO DE RELACIONES
EXTERIORES (CFR) 248

    Sobre el autor 248

LA LIGA ANTIDIFAMACIÓN DE B'NAI B'RITH (ADL) 300

    La ADL - El grupo de odio más poderoso de Estados Unidos..... 300
    Las operaciones criminales y de espionaje de la ADL 301
    La intimidación étnica de la ADL 302
    El jefe de la ADL y maestro del espionaje................................ 303

CIA 306
    CRONOLOGÍA DE LAS ATROCIDADES DE LA CIA 307

EPÍLOGO 324
LA SOCIEDAD DE LA CALAVERA Y LOS HUESOS 326
YA PUBLICADO 331

PRÓLOGO

Durante mi carrera como oficial de inteligencia profesional, he tenido muchas oportunidades de acceder a documentos altamente clasificados, pero durante mi servicio como oficial de campo de ciencias políticas en Angola, África Occidental, accedí a una serie de documentos clasificados de alto secreto que eran inusualmente explícitos. Lo que vi me llenó de ira y resentimiento y me puso en un camino del que no me he desviado, a saber, descubrir qué poder controla y dirige los gobiernos británico y estadounidense.

Conocía bien todas las sociedades secretas bien identificadas, como el Instituto Real de Asuntos Internacionales (RIIA), el Consejo de Relaciones Exteriores (CFR), los Bilderbergers, la Comisión Trilateral, los sionistas, la masonería, el bolchevismo, el rosacrucismo y todas las ramificaciones de estas sociedades secretas. Como oficial de inteligencia, e incluso antes como joven estudiante en el Museo Británico de Londres, me había curtido en todas estas sociedades, así como en otras que imaginaba que eran familiares para los estadounidenses. Pero cuando llegué a Estados Unidos en 1969, descubrí que nombres como la Orden de San Juan de Jerusalén, el Club de Roma, el Fondo Marshall alemán, la Fundación Cini, la Mesa Redonda, los fabianistas, la Nobleza Negra veneciana, la Sociedad Mont Pelerin, los Clubes del Fuego del Infierno y muchos otros eran totalmente desconocidos aquí, o sus verdaderas funciones eran, en el mejor de los casos, poco conocidas, si es que lo eran.

En 1969-1970 me propuse remediar esta situación en una serie de monografías y cintas. Para mi sorpresa, pronto encontré a muchas personas dispuestas a citar esos nombres como si los conocieran de toda su carrera de escritor, pero que, al no tener el menor dominio de los temas en cuestión, no querían revelar la fuente de su información recién adquirida. Me consolé diciendo que la imitación es la forma más sincera de adulación.

Continué con mis investigaciones, sin dejar de enfrentarme a graves riesgos, ataques contra mí y mi esposa, pérdidas económicas, acoso continuado, amenazas y calumnias, todo ello parte de un programa cuidadosamente elaborado y orquestado para desacreditarme, dirigido por agentes del gobierno e informantes incrustados en la llamada derecha cristiana, el "movimiento identitario" y los grupos "patrióticos" de derechas. Estos agentes han operado, y aún operan, bajo la apariencia de una oposición franca, fuerte e intrépida al judaísmo, su principal enemigo, como quieren hacernos creer. Estos agentes-informadores están dirigidos y controlados por un grupo de homosexuales muy apreciados y respetados por los conservadores políticos y religiosos de todo Estados Unidos.

Su programa de calumnias, mentiras y odio, de desinformación sobre mi obra, incluso atribuyéndola a otros escritores, continúa sin cesar, pero no ha tenido el efecto deseado. Continuaré mi trabajo hasta que finalmente haya arrancado la máscara de todo el gobierno paralelo secreto que dirige Gran Bretaña y los Estados Unidos.

Dr. John Coleman, noviembre de 1991.

Una visión general y algunos casos concretos

Es seguro que muchos de nosotros somos conscientes de que las personas que dirigen nuestro gobierno no son las que *realmente* controlan las cuestiones políticas y económicas, nacionales y extranjeras. Esto ha llevado a muchos de nosotros a buscar la verdad en la prensa alternativa, en esos escritores de boletines que, como yo, han investigado, aunque no siempre han encontrado, las razones por las que Estados Unidos está tan gravemente enfermo. El mandato "buscad y encontraréis" no ha sido siempre el caso de este grupo. Lo que hemos comprobado es que la gente se mueve mayoritariamente en una especie de niebla oscura, sin preocuparse o molestarse en saber hacia dónde va su país, firmemente convencidos de que siempre estará ahí para ellos. Esta es la forma en que se ha manipulado al mayor grupo de personas *para que* reaccionen, y su actitud le hace el juego al gobierno secreto.

A menudo escuchamos que "ellos" están haciendo esto, aquello o lo otro. "Ellos" parecen salirse literalmente con la suya. "Ellos" suben los impuestos, envían a nuestros hijos e hijas a morir en guerras que no benefician a nuestro país. "Ellos" parecen estar fuera de nuestro alcance, fuera de la vista, frustrantes y nebulosos cuando sería apropiado actuar contra ellos. Nadie parece capaz de identificar claramente quiénes son "ellos". Esta es una situación que ha persistido durante décadas. En el transcurso de este libro, identificaremos a estos misteriosos "ellos" y luego corresponderá al pueblo remediar la situación.

El 30 de abril de 1981, escribí una monografía en la que revelaba la existencia del Club de Roma, identificándolo como una organización subversiva del Comité de los 300. Este sitio fue la primera mención de estas dos organizaciones en Estados Unidos. Advertí a los lectores que no se dejaran engañar pensando que el artículo era inverosímil y establecí un paralelismo entre mi artículo y la advertencia lanzada por el gobierno bávaro cuando los planes secretos de los Illuminati cayeron en sus manos. Más adelante se hablará del Club de Roma y del papel del Comité de los 300 en los asuntos estadounidenses.

Muchas de las predicciones hechas en ese artículo de 1981 se han hecho realidad desde entonces, como que el desconocido Felipe González se convierta en Presidente del Gobierno de España, y que Mitterrand vuelva al poder en Francia; la caída de Giscard d'Estaing y Helmut Schmidt; el regreso al poder del noble sueco y miembro del Comité de los 300, Olof Palme (que desde entonces ha sido misteriosamente asesinado); el retroceso de la presidencia de Reagan; y la destrucción de nuestras industrias siderúrgica, automovilística y de la vivienda bajo el objetivo del Comité de los 300 de un crecimiento postindustrial cero.

La importancia de Palme radica en que el Club de Roma lo utilizó para proporcionar a la Unión Soviética tecnología que figuraba en la lista de prohibiciones de las aduanas de Estados Unidos, y en la red mundial de comunicaciones que Palme utilizó para dar a conocer la falsa crisis de los rehenes iraníes, mientras se desplaza entre Washington y Teherán en un intento de socavar la integridad soberana de Estados Unidos y de situar la falsa crisis en el contexto de una institución del Comité de los 300, el Tribunal Mundial de La Haya (Holanda).

Esta conspiración abierta contra Dios y el hombre, que incluye la esclavización de la mayoría de los humanos que quedan en esta tierra, después de que las guerras, las plagas y los asesinatos en masa hayan acabado con ellos, no está del todo bien escondida. En la comunidad de inteligencia se enseña que la mejor manera de ocultar algo es colocarlo a la vista. Por ejemplo, cuando Alemania quiso ocultar su nuevo avión de combate Messerschmitt en 1938, el aparato se exhibió en el Salón Aeronáutico de París. Mientras los agentes secretos y los espías recogían información en los troncos de los árboles o detrás de los ladrillos de las paredes, la información que buscaban estaba a la vista.

El gobierno paralelo secreto de alto nivel no opera desde sótanos húmedos y cámaras subterráneas secretas. Actúa a la vista de todos, en la Casa Blanca, en el Congreso, en el número 10 de Downing Street y en el Parlamento. Es como esas extrañas y supuestamente terroríficas películas de "monstruos", donde el monstruo aparece con rasgos distorsionados, pelo largo y dientes aún más largos, gruñendo y dando zancadas. Es una distracción, los VERDADEROS MONSTRUOS llevan trajes de negocios (y corbatas) y van a trabajar al Capitolio en limusinas.

Estos hombres están a la vista. Estos hombres son servidores del gobierno mundial único - el nuevo orden mundial. Al igual que el violador que se detiene para ofrecer a su víctima un paseo amistoso, no aparenta ser el monstruo que es. Si lo hiciera, su víctima huiría gritando de miedo. Lo mismo ocurre con el gobierno a todos los niveles. El presidente Bush no parece ser un dedicado servidor del tenebroso gobierno paralelo, pero no se equivoque, es un monstruo a la altura de los retratados en las películas de terror.

Deténgase un momento y considere cómo el presidente Bush ordenó la brutal matanza de 150.000 soldados iraquíes, en un convoy de vehículos militares con bandera blanca, cuando regresaban a Irak en virtud de las normas de la Convención de Ginebra de desconexión y retirada acordada. Imagínese el horror de las tropas iraquíes cuando, a pesar de ondear sus banderas blancas, fueron acribilladas por los aviones estadounidenses. En otra parte del frente, 12.000 soldados iraquíes fueron enterrados vivos en las trincheras que ocupaban. ¿No es MONSTRUOSO en el verdadero sentido de la palabra? ¿De dónde sacó el presidente Bush las órdenes para actuar de esta manera MONSTRUOSA? Los recibió del Real Instituto de Asuntos Internacionales (RIIA), que recibió su mandato del Comité de los 300, también conocido como los "olímpicos".

Como veremos, ni siquiera los "olímpicos" lo niegan. Suelen ofrecer un espectáculo comparable al del Salón Aeronáutico de París, aunque los aficionados a la conspiración pasen su tiempo buscando en vano en el lugar y la dirección equivocados. Obsérvese cómo la Reina, Isabel II, acude a la ceremonia de apertura del Parlamento británico. Allí, a la vista, está el jefe del Comité de los 300. ¿Ha visto alguna vez la ceremonia de investidura de un Presidente de los Estados Unidos? Allí, a la vista, está otro miembro del Comité de los 300. El problema es de percepción.

¿Quiénes son los conspiradores que sirven al todopoderoso Comité de los 300? Los ciudadanos más informados saben que existe una conspiración y que recibe diversos nombres como Illuminati, Masonería, Mesa Redonda o Grupo Milner. Para ellos, el CFR y los trilaterales representan la mayor parte de lo que no les gusta de la política interior y exterior. Algunos incluso saben que la Mesa Redonda tiene una gran influencia en los asuntos de Estados Unidos a través del embajador británico en Washington. El problema es que es muy difícil conseguir información concreta sobre las actividades de traición de los miembros del gobierno invisible de la mano oculta.

Cito la profunda afirmación del profeta Oseas (4:6), que se encuentra en la Biblia cristiana:

"Mi pueblo está *destruido* por falta de conocimiento".

Algunos ya habrán escuchado mi presentación sobre el escándalo de la ayuda exterior, en la que nombré a varias organizaciones conspiradoras, que son muchas. Su objetivo final es el derrocamiento de la Constitución de los Estados Unidos y la fusión de este país, elegido por Dios como SU país, con un gobierno sin Dios de "un mundo en un Nuevo Orden Mundial" que devolverá al mundo a condiciones mucho peores que las que existían durante la Edad Media.

Hablemos de casos concretos, del intento de comunización y desindustrialización de Italia. Hace mucho tiempo, el Comité de los 300 decretó que habría un mundo más pequeño -mucho más pequeño- y mejor, es decir, *su* idea de lo que constituye un mundo mejor. Los innumerables "comedores inútiles" que consumían los limitados recursos naturales debían ser sacrificados (matados). El progreso industrial promueve el crecimiento de la población. Por lo tanto, el mandamiento de multiplicar y someter la tierra que se encuentra en el Génesis debía ser invertido.

Se trata de atacar al cristianismo, de desintegrar lenta pero seguramente los Estados-nación industriales, de destruir a cientos de millones de personas, designadas por el Comité de los 300 como "población sobrante", y de eliminar a cualquier líder que se atreva a oponerse a la planificación global del Comité para lograr los objetivos anteriores.

Dos de los primeros objetivos del Comité fueron Italia y Pakistán. El difunto Aldo Moro, Primer Ministro de Italia, fue uno de los dirigentes que se opuso al "crecimiento cero" y a los recortes de población para su país, provocando así la ira del Club de Roma, encargado por los "olímpicos" de llevar a cabo sus políticas en este ámbito. En un tribunal de Roma, el 10 de noviembre de 1982, un amigo íntimo de Moro declaró que el ex primer ministro había sido amenazado por un agente del Real Instituto de Asuntos Internacionales (RIIA), también miembro del Comité de los 300, cuando aún era Secretario de Estado de los Estados Unidos. El ascenso meteórico del hombre que el testigo identificó como Kissinger se analizará más adelante.

Como se recordará, el Primer Ministro Moro fue secuestrado por las Brigadas Rojas en 1978 y luego brutalmente fusilado. Fue durante el juicio de los miembros de las Brigadas Rojas cuando varios de ellos testificaron que conocían la implicación de altos funcionarios estadounidenses en el complot para matar a Moro. Cuando amenazó a Moro, Kissinger no seguía claramente la política exterior de Estados

Unidos, sino que actuaba siguiendo instrucciones del Club de Roma, el brazo de política exterior del Comité de los 300. El testigo que dio el bombazo en pleno juicio fue un estrecho colaborador de Moro, Gorrado Guerzoni.

Su explosivo testimonio fue transmitido por la televisión y la radio italianas el 10 de noviembre de 1982 y publicado en varios periódicos italianos, pero esta información vital fue suprimida en Estados Unidos. Los famosos bastiones de la libertad y el derecho a saber, el *Washington Post* y el *New York Times*, no consideraron importante publicar una sola línea del testimonio de Guerzoni.

Las agencias de noticias y los canales de televisión tampoco recogieron la noticia. ¿Acaso no se consideró noticia el hecho de que el italiano Aldo Moro, destacado político durante décadas, fuera secuestrado a plena luz del día en la primavera de 1978 y que todos sus guardaespaldas fueran masacrados a sangre fría, aunque Kissinger fuera acusado de complicidad en estos crímenes? ¿O el silencio se debió a la participación de Kissinger?

En mi exposición de 1982 sobre este atroz crimen, demostré que Aldo Moro, un miembro leal del Partido Demócrata Cristiano, fue asesinado por asesinos controlados por la masonería P2 (véase el libro de David Yallop, *In God's Name*) para que Italia cumpliera las órdenes del Club de Roma de desindustrializar el país y reducir drásticamente su población. Los planes de Moro de estabilizar Italia mediante el pleno empleo y la paz industrial y política habrían reforzado la oposición católica al comunismo y dificultado la desestabilización de Oriente Medio, un objetivo primordial.

De lo anterior se desprende lo mucho que planean los conspiradores. No piensan en términos de un plan quinquenal. Hay que remontarse a las declaraciones de Weishaupt sobre la primitiva Iglesia Católica para entender las implicaciones del asesinato de Aldo Moro. La muerte de Moro eliminó los obstáculos a los planes de desestabilización de Italia y, como sabemos ahora, permitió que los planes conspirativos para Oriente Medio se llevaran a cabo en la Guerra del Golfo 14 años después.

El Comité de los 300 eligió a Italia como objetivo de la prueba. Italia es importante para los planes de los conspiradores porque es el país europeo más cercano a Oriente Medio, vinculado a la economía y la política de este país. También es la sede de la Iglesia Católica, que Weishaupt ha ordenado destruir, y el hogar de algunas de las familias oligárquicas más poderosas de Europa de la antigua nobleza negra. Si Italia se hubiera debilitado con la muerte de Moro, habría tenido repercusiones en Oriente Medio que habrían debilitado la influencia de Estados Unidos en la región. Italia es importante por otra razón: es una puerta de entrada para las drogas que entran en Europa desde Irán y Líbano, y volveremos a ello en su momento.

Varios grupos se han unido bajo el nombre de socialismo para provocar la caída de varios gobiernos italianos desde la creación del Club de Roma en 1968. Entre ellos se encuentran la Nobleza Negra de Venecia y Génova, la Masonería P2 y las Brigadas Rojas, todos con los *mismos* objetivos. Los investigadores de la policía de Roma que trabajan en el caso de las Brigadas Rojas/Aldo Moro descubrieron los nombres de varias familias italianas de alto nivel que colaboraban estrechamente con este grupo terrorista. La policía también descubrió pruebas de que, en al menos una docena de casos, estas poderosas y prominentes familias habían permitido que sus casas y/o propiedades fueran utilizadas como refugio para las células de las Brigadas Rojas.

La "nobleza" estadounidense estaba haciendo su parte para destruir la República de Italia, a lo que contribuyó notablemente Richard Gardner incluso cuando era oficialmente el embajador del presidente Carter en Roma. En ese momento, Gardner operaba bajo el control directo de Bettino Craxi, miembro destacado del Club de Roma y hombre clave de la OTAN. Craxi estuvo al frente de los intentos de los conspiradores de destruir la República Italiana. Como veremos, Craxi casi consiguió arruinar Italia y, como líder de la jerarquía de los conspiradores, logró impulsar el divorcio y el aborto en el Parlamento italiano, lo que dio lugar a los cambios religiosos y sociales más profundos y destructivos que jamás hayan afectado a la Iglesia católica y, en consecuencia, a la moral de la nación italiana.

Tras la elección del presidente Ronald Reagan, en diciembre de 1980 se celebró una importante reunión en Washington D.C. bajo los auspicios del Club de Roma y la Internacional Socialista. Ambas organizaciones son directamente responsables ante el Comité de los 300. La agenda principal era formular formas de neutralizar la presidencia de Reagan. Se adoptó un plan de grupo y, con el beneficio de la retrospectiva, está perfectamente claro que el plan que los conspiradores acordaron seguir tuvo éxito.

Para hacernos una idea de la magnitud y el alcance de esta conspiración, sería conveniente enumerar en este punto los objetivos fijados por el Comité de los 300 para la conquista y el control del mundo. Hay al menos 40 "ramas" conocidas del Comité de los 300, y las enumeraremos todas, con una descripción de sus funciones. Una vez que se estudia esto, resulta fácil entender cómo un organismo conspirador central es capaz de operar con tanto éxito y por qué ningún poder en la Tierra puede resistir su asalto a los fundamentos mismos de un mundo civilizado y progresista basado en la libertad del individuo, especialmente como se declara en la Constitución de los Estados Unidos.

Gracias al testimonio jurado de Guerzoni, Italia y Europa, pero no Estados Unidos, se enteraron de que Kissinger estaba detrás de la muerte de Aldo Moro. Este trágico caso demuestra la capacidad del Comité de los 300 para imponer su voluntad a *cualquier* gobierno, sin excepción. Desde su posición de miembro de la sociedad secreta más poderosa del mundo -y no hablo de la masonería- Kissinger no sólo aterrorizó a Moro, sino que cumplió sus amenazas de "eliminar" a Moro, si no renunciaba a su plan de llevar el progreso económico e industrial a Italia. En junio y julio de 1982, la esposa de Aldo Moro declaró en audiencia pública que el asesinato de su marido fue el resultado de graves amenazas contra su vida por parte de lo que ella denominó "una figura política estadounidense de alto rango". La Sra. Eleanora Moro repitió la frase precisa que supuestamente utilizó Kissinger en el testimonio jurado de Guerzoni: "O dejas tu línea política o lo pagarás caro". Llamado de nuevo por el juez, se le preguntó a Guerzoni si podía identificar a la persona de la que hablaba la Sra. Moro. Guerzoni respondió que se trataba de Henry Kissinger, como había sugerido anteriormente.

Guerzoni continuó explicando al tribunal que Kissinger había proferido sus amenazas en la habitación de hotel de Moro durante la visita oficial de los dirigentes italianos a Estados Unidos. Moro, que era entonces Primer Ministro y Ministro de Asuntos Exteriores de Italia, miembro de la OTAN, era un hombre de alto nivel que nunca debería haber sido sometido a presiones y amenazas de tipo mafioso. En su visita a Estados Unidos, Moro estuvo acompañado por el Presidente de Italia en su calidad oficial. Kissinger era entonces, y sigue siendo, un importante agente al servicio del (británico) Royal Institute for International Affairs, miembro del Club de Roma y del (estadounidense) Council on Foreign Relations.

El papel de Kissinger en la desestabilización de Estados Unidos a través de tres guerras, en Oriente Medio, Corea y Vietnam, es bien conocido, al igual que su papel en la Guerra del Golfo, en la que los militares estadounidenses actuaron como mercenarios del Comité de los 300 para volver a poner a Kuwait bajo su control y, al mismo tiempo, dar un ejemplo a Irak, para que otras naciones pequeñas no tuvieran la tentación de tomar su propio destino en sus manos.

Kissinger también amenazó al difunto Ali Bhutto, presidente de la nación soberana de Pakistán. El "crimen" de Bhutto fue apoyar las armas nucleares para su país. Como Estado musulmán, Pakistán se sentía amenazado por la continua agresión israelí en Oriente Medio. Bhutto fue asesinado judicialmente en 1979 por el representante del Consejo de Relaciones Exteriores en el país, el general Zia ul Haq.

En su planeado ascenso al poder, ul Haq alentó a una turba enloquecida a incendiar la embajada de Estados Unidos en Islamabad en un aparente intento de demostrar al CFR que él era su hombre y de conseguir más ayuda extranjera y, según se supo después, de asesinar a Richard Helms. Varios años después, ul Haq pagó con su vida su intervención en la guerra que asola Afganistán. Su avión Hércules C-130 fue alcanzado por una ráfaga de ELF (baja frecuencia eléctrica) poco después del despegue, lo que provocó que la aeronave hiciera un bucle en el suelo.

El Club de Roma, actuando por orden del Comité de los 300 para eliminar al general ul Haq, no tuvo reparos en sacrificar la vida de varias personas.

A bordo del vuelo había personal militar estadounidense, entre ellos un grupo de la Agencia de Inteligencia de Defensa del Ejército de Estados Unidos dirigido por el general de brigada Herber Wassom. El general ul Haq había sido advertido por los servicios de inteligencia turcos de que no viajara en avión, ya que era objetivo de un bombardeo en pleno vuelo. Con esto en mente, ul Haq se llevó al equipo estadounidense como "una póliza de seguro", según dijo a sus asesores del círculo íntimo. En mi libro de 1989 *Terror en los cielos*, hice el siguiente relato de lo sucedido:

> "Poco antes de que el C-130 de Ul Haq despegara de una base militar paquistaní, se vio un camión de aspecto sospechoso cerca del hangar que albergaba el C-130. La torre de control alertó a la seguridad de la base, pero cuando se actuó, el C-130 ya había despegado y el camión había desaparecido. Unos minutos más tarde, el avión comenzó a dar vueltas hasta chocar con el suelo y explotar en una bola de fuego. No hay explicación para este comportamiento del C-130, un avión con un rendimiento maravillosamente fiable, y una comisión de investigación conjunta pakistaní-estadounidense no encontró ningún error del piloto ni

fallo mecánico o estructural. El "Looping-the-loop" es una marca reconocida de un avión alcanzado por un fuego E.L.F.".

Occidente sabe que la Unión Soviética fue capaz de desarrollar dispositivos avanzados de alta frecuencia gracias al trabajo de los científicos soviéticos que trabajaban en la división de haces de electrones relativistas intensivos del Instituto de Energía Atómica de Kurchatov. Dos de sus especialistas fueron Y.A. Vinograov y A.A. Rukhadze. Ambos científicos trabajaban en el Instituto de Física Lededev, especializado en láseres de electrones y rayos X.

Tras recibir esta información, busqué confirmación en otras fuentes y descubrí que en Inglaterra, el *International Journal of Electronics* había publicado documentos que parecían confirmar la información que me habían dado sobre el método elegido para derribar el avión C-130 del general ul Haq.

Además, esta información ha sido confirmada por dos de mis fuentes de inteligencia. Recibí alguna información útil de un documento científico soviético sobre estos temas, publicado en Inglaterra con el título "Soviet Radio Electronics and Communications Systems". No tenía ninguna duda de que el General ul Haq había sido asesinado. El camión visto cerca del hangar del C-130 transportaba sin duda un dispositivo ELF móvil del tipo que poseen las fuerzas armadas soviéticas.

Según el testimonio escrito de Bhutto, que fue sacado del país de contrabando mientras estaba en prisión, Kissinger le amenazó severamente:

> "Daré un horrible ejemplo de ti si continúas con tu política de construcción de naciones.

Bhutto había provocado la ira de Kissinger y del Club de Roma al pedir un programa de energía nuclear para convertir a Pakistán en un Estado moderno e industrializado, lo que el Comité de los 300 consideró que contravenía directamente las órdenes de Kissinger al gobierno pakistaní. Lo que Kissinger estaba haciendo al amenazar a Bhutto no era la política oficial de Estados Unidos, sino la política de los modernos Illuminati.

Es importante entender por qué la energía nuclear es tan odiada en todo el mundo y por qué el falso movimiento "ecologista", creado y apoyado financieramente por el Club de Roma, ha sido llamado a hacer la guerra a la energía nuclear. Con la energía nuclear produciendo electricidad barata y abundante, los países del Tercer Mundo se independizarían gradualmente de la ayuda exterior estadounidense y comenzarían a afirmar su soberanía. La energía nuclear es LA clave para sacar a los países del Tercer Mundo de su estado de atraso, un estado que el Comité de los 300 ha ordenado mantener.

Menos ayuda exterior significa menos control de los recursos naturales de un país por parte de la UE.

Esta idea de que los países en vías de desarrollo tomen las riendas de su destino era un anatema para el Club de Roma y sus dirigentes en el Comité de los 300. Hemos visto cómo la oposición a la energía nuclear en Estados Unidos se ha utilizado con éxito para bloquear el desarrollo industrial de acuerdo con los planes de "crecimiento postindustrial cero" del Club.

La dependencia de la ayuda exterior de EE.UU. mantiene a los países extranjeros en la esclavitud del Consejo de Relaciones Exteriores (de EE.UU.). La población de los países receptores recibe muy poco del dinero, que suele acabar en los bolsillos de los gobernantes que permiten que los recursos naturales de materias primas del país sean despojados salvajemente por el FMI. Mugabe, de Zimbabue, antigua Rodesia, es un buen ejemplo de cómo los recursos de materias primas, en este caso el mineral de cromo de alta calidad, son controlados por la ayuda extranjera. LONRHO, el gigantesco conglomerado dirigido por Angus Ogilvie, un alto miembro del Comité de los 300, en nombre de su prima, la reina Isabel II, tiene ahora el control total de este valioso recurso mientras la población del país se hunde cada vez más en la pobreza y la miseria, a pesar de los más de 300 millones de dólares de ayuda de Estados Unidos. LONRHO tiene ahora el monopolio del cromo de Rodas y cobra el precio que quiere, mientras que bajo el gobierno de Smith esto no estaba permitido. Durante 25 años se mantuvo un nivel de precios razonable antes de que el régimen de Mugabe llegara al poder. Si bien hubo problemas durante los 14 años de gobierno de Ian Smith, desde que se fue, el desempleo se ha cuadruplicado y Zimbabue se encuentra en un estado de caos y bancarrota permanente. Mugabe ha recibido suficiente ayuda exterior de Estados Unidos (del orden de 300 millones de dólares al año) para permitirle construir tres hoteles en la Riviera francesa, en St Jean Cap Ferrat y Montecarlo, mientras sus ciudadanos luchan contra las enfermedades, el desempleo y la malnutrición, por no hablar de una férrea dictadura que no admite quejas. Compárese con el gobierno de Smith, que nunca ha pedido ni recibido un céntimo de ayuda de Estados

Unidos. Por lo tanto, está claro que la ayuda exterior es un poderoso medio para ejercer el control sobre países como Zimbabue y, de hecho, sobre todos los países africanos.

También mantiene a los ciudadanos estadounidenses en un estado de servidumbre involuntaria y, por tanto, con menos capacidad para oponerse al gobierno de forma significativa. David Rockefeller sabía lo que hacía cuando su proyecto de ley de ayuda exterior se convirtió en ley en 1946. Desde entonces, se ha convertido en una de las leyes más odiadas después de que el público revelara lo que es: un chanchullo dirigido por el gobierno y pagado por nosotros, el pueblo.

¿Cómo pueden los conspiradores mantener su dominio sobre el mundo, y en particular sobre Estados Unidos y Gran Bretaña? Una de las preguntas más frecuentes es:

"¿Cómo puede una sola entidad saber lo que ocurre en todo momento y cómo se ejerce el control?".

Este libro intentará responder a estas y otras preguntas. La única manera de entender la realidad del éxito conspirativo es mencionar y discutir las sociedades secretas, las organizaciones de fachada, las agencias gubernamentales, los bancos, las compañías de seguros, las corporaciones internacionales, la industria del petróleo y los cientos de miles de entidades y fundaciones cuyos líderes son miembros del Comité de los 300 - el órgano de control ULTIMO que *dirige el mundo y* lo ha hecho durante al menos cien años.

Como ya hay docenas de libros sobre el Consejo de Relaciones Exteriores (de EE.UU.) y la Comisión Trilateral, iremos directamente al Club de Roma y al German Marshall Fund. Cuando introduje estas organizaciones en Estados Unidos, pocas personas, o ninguna, habían oído hablar de ellas. Mi primer libro, *El Club de Roma*, publicado en 1983, no atrajo casi ninguna atención. Muchos laicos pensaban que el Club de Roma tenía algo que ver con la Iglesia Católica y que el Fondo Marshall alemán se refería al Plan Marshal.

Precisamente *por eso* el Comité eligió *esos nombres*, para *confundir* y distraer de lo que estaba pasando. No es que el gobierno de Estados Unidos no lo supiera, pero como formaba parte de la conspiración, ayudó a mantener la información oculta en lugar de permitir que se conociera la verdad. Unos años después de la publicación de mi libro, algunos escritores vieron en él una gran cantidad de información no aprovechada hasta entonces y empezaron a escribir y a hablar de él como si siempre lo hubieran sabido.

Se les reveló que el Club de Roma y sus financiadores bajo el nombre de German Marshall Fund eran dos organismos conspiradores muy organizados que operaban bajo la apariencia de la Organización del Tratado del Atlántico Norte (OTAN) y que la mayoría de los ejecutivos del Club de Roma procedían de la OTAN. El Club de Roma formuló todas las políticas que la OTAN reclamaba y, a través de las actividades de Lord Carrington, miembro del Comité de los 300, consiguió dividir a la OTAN en dos facciones políticas, según el tradicional bipartidismo izquierda/derecha.

El Club de Roma es uno de los grupos de poder más importantes de la Unión Europea y su antigua Alianza Militar. El Club de Roma sigue siendo uno de los brazos más importantes del Comité de los 300 en materia de política exterior, el otro es Bilderberg. Se formó en 1968 a partir de los miembros principales del Grupo Morgenthau original, sobre la base de una llamada telefónica del difunto Aurellio Peccei para que se diera un nuevo y urgente impulso a los planes para un gobierno mundial único -ahora llamado Nuevo Orden Mundial, aunque yo prefiero el antiguo nombre. Esta es ciertamente una mejor descripción del trabajo que el Nuevo Orden Mundial, que es algo confuso, ya que ha habido varios "Nuevos Órdenes Mundiales" antes, pero ningún Gobierno Mundial Único.

La llamada de Peccei fue escuchada por los "planificadores del futuro" más subversivos de Estados Unidos, Francia, Suecia, Gran Bretaña, Suiza y Japón que pudieron reunirse. Durante el periodo 1968-1972, el Club de Roma se convirtió en una entidad cohesionada de nuevos científicos, globalistas, planificadores del futuro e internacionalistas de todo tipo. Como dijo un delegado, "nos hemos convertido en el abrigo multicolor de José". La *calidad humana* de Peccei constituye la base de la doctrina adoptada por el ala política de la OTAN.

El siguiente texto está extraído del libro del Dr. Peccei:

> "Por primera vez desde la llegada del primer milenio en la cristiandad, grandes masas de personas están realmente en vilo ante el inminente advenimiento de algo desconocido que podría cambiar por completo su destino colectivo... el hombre no sabe ser un hombre verdaderamente moderno... El hombre ha inventado la historia del dragón malvado, pero si alguna vez hubo un dragón malvado, es el propio hombre... Aquí tenemos la paradoja humana: El hombre está atrapado por sus extraordinarias habilidades y logros, como en arenas movedizas: cuanto más utiliza su poder, más lo necesita.

"No debemos cansarnos de repetir lo insensato que es equiparar el profundo estado patológico y el desajuste actual de todo el sistema humano con cualquier crisis cíclica o circunstancia pasajera. Desde que el hombre abrió la caja de Pandora de las nuevas tecnologías, ha sufrido una proliferación humana incontrolada, manía de crecimiento, crisis energéticas, escasez real o potencial de recursos, degradación del medio ambiente, locura nuclear y un sinfín de aflicciones relacionadas".

Este programa es idéntico al adoptado mucho más tarde por el falso movimiento "ecologista" surgido del mismo Club de Roma para frenar e invertir el desarrollo industrial.

A grandes rasgos, el contraprograma previsto por el Club de Roma abarcaría la invención y difusión de las ideas de la "posindustrialización" en Estados Unidos, junto con la difusión de movimientos de contracultura como las drogas, el rock, el sexo, el hedonismo, el satanismo, la brujería y el "ecologismo". El Instituto Tavistock, el Instituto de Investigación de Stanford y el Instituto de Relaciones Sociales, de hecho toda la gama de organizaciones de investigación psiquiátrica social aplicada, tenían delegados en la Junta del Club de Roma, o actuaban como asesores y desempeñaban un papel principal en el intento de la OTAN de adoptar la "Conspiración de Acuario".

El nombre de Nuevo Orden Mundial se considera una consecuencia de la Guerra del Golfo de 1991, mientras que el Gobierno Mundial Único se reconoce como algo centenario. El Nuevo Orden Mundial *no* es nuevo, ha existido y se ha desarrollado de una u otra forma durante mucho tiempo (Jeremías 11:9. Ezequiel 22:25. Apocalipsis 12:7-9.), pero se ve como un desarrollo del futuro, lo que *no* es el caso; el Nuevo Orden Mundial tiene sus raíces en el pasado y continúa en el presente. Por eso he dicho más arriba que el término Gobierno Mundial Único es, o debería ser, preferible a cualquier otro. Aurellio Peccei dijo una vez a su amigo Alexander Haig que se sentía como "Adam Weishaupt reencarnado". Peccei tenía mucho de la brillante capacidad de Weishaupt para organizar y controlar a los Illuminati de hoy, y esto se manifestó en el control de Peccei sobre la OTAN y la formulación de sus políticas a escala mundial.

El Sr. Peccei dirigió el consejo económico del Instituto Atlántico durante tres décadas, mientras era consejero delegado de la Fiat Motor Company de Giovanni Agnelli. Agnelli, que procede de una antigua familia noble italiana negra del mismo nombre, es uno de los miembros más destacados del Comité de los 300 del Instituto Atlántico. Desempeñó un papel destacado en los proyectos de desarrollo de la Unión Soviética. El Club de Roma es una organización de fachada conspirativa, una alianza entre los financieros angloamericanos y las antiguas familias de la nobleza negra de Europa, especialmente la llamada "nobleza" de Londres, Venecia y Génova. La clave de su exitoso control del mundo es su capacidad para crear y gestionar recesiones económicas salvajes y eventuales depresiones. El Comité de los 300 considera que las convulsiones sociales a escala mundial, seguidas de depresiones, son una técnica preparatoria de acontecimientos mayores que están por venir, ya que su principal método de gestión de las masas de todo el mundo les permitirá convertirse en los beneficiarios de su "bienestar" en el futuro.

El comité parece basar muchas de sus decisiones importantes sobre la humanidad en la filosofía del aristócrata polaco Félix Dzerzhinsky, que consideraba que la humanidad era ligeramente superior al ganado. Amigo íntimo del oficial de inteligencia británico Sydney Reilly (Reilly fue en realidad el controlador de Dzerzhinsky durante los años de formación de la revolución bolchevique), a menudo le confiaba a Reilly sus borracheras. Dzerzhinsky era, por supuesto, la bestia que dirigía el aparato del Terror Rojo. Una vez le dijo a Reilly, mientras los dos hombres estaban bebiendo, que

> "El hombre no importa. Mira lo que pasa cuando lo matas de hambre. Empieza a comer a sus compañeros muertos para seguir vivo. Al hombre *sólo* le *interesa* su *propia* supervivencia. Eso es lo único que importa. Todo esto de Spinoza es una tontería".

El Club de Roma tiene su propia agencia de inteligencia privada y también "toma prestado" de la INTERPOL de David Rockefeller. Todas las agencias de inteligencia de EE.UU. colaboran estrechamente con ella, al igual que el KGB y el Mossad. La única agencia que ha permanecido fuera de su alcance es el servicio de inteligencia de Alemania Oriental STASI. El Club de Roma también tiene sus propios organismos políticos y económicos altamente organizados. Fueron ellos quienes dijeron al presidente Reagan que contratara a Paul Volcker, otro miembro clave del Comité de los 300.

Volcker siguió siendo presidente de la Junta de la Reserva Federal, a pesar de la promesa del candidato Reagan de destituirlo tras la elección. El Club de Roma, tras desempeñar un papel clave en la crisis de los misiles de Cuba, intentó vender su programa de "gestión de crisis" (el precursor de la FEMA) al presidente Kennedy. Varios científicos de Tavistock acudieron al Presidente para explicarle lo que significaba, pero éste rechazó su consejo. El mismo año en que Kennedy fue asesinado, Tavistock volvió a Washington para hablar con la NASA. Esta vez las discusiones tuvieron éxito. Tavistock recibió un contrato de la NASA para evaluar el efecto de su futuro programa espacial en la opinión pública estadounidense.

El contrato se adjudicó al Stanford Research Institute y a la Rand Corporation. Gran parte del material producido por Tavistock en estas dos instituciones nunca ha visto la luz del día y permanece sellado hasta hoy. Varias comisiones y subcomisiones de supervisión del Senado con las que me puse en contacto para pedir información dijeron que "nunca habían oído hablar de ello" y que no tenían ni idea de dónde podía encontrar lo que buscaba. Tal es el poder y el prestigio del Comité de los 300.

En 1966, mis colegas de inteligencia me aconsejaron que me acercara al Dr. Anatol Rappaport, que había escrito un tratado que supuestamente interesaba a la administración. Se trata de un documento destinado a detener el programa espacial de la NASA, que, según Rappaport, ha dejado de ser útil. Rappaport estuvo muy contento de darme una copia de su documento que, sin entrar en detalles, decía básicamente que el programa espacial de la NASA debía ser desechado. La NASA tiene demasiados científicos que son una mala influencia para Estados Unidos porque siempre están dispuestos a dar conferencias en las escuelas y universidades sobre cómo funciona el cohete, desde la construcción hasta la propulsión. Según Rappaport, esto produciría una generación de adultos que decidirían convertirse en científicos espaciales, sólo para encontrarse "redundantes" porque nadie necesitaría sus servicios para el año 2000.

Tan pronto como el Club de Roma presentó el informe de Rappaport sobre la NASA a la OTAN, el Comité de los 300 exigió que se actuara. Los funcionarios de la OTAN-Club de Roma responsables de la acción urgente contra la NASA fueron Harland Cleveland, Joseph Slater, Claiborne K. Pell, Walter J. Levy, George McGhee, William Watts, Robert Strausz-Hupe (embajador de Estados Unidos ante la OTAN) y Donald Lesh. En mayo de 1967, el Comité de Ciencia y Tecnología de la Asamblea del Atlántico Norte y el Instituto de Investigación de Política Exterior organizaron una reunión. Se tituló "Conferencia sobre el desequilibrio y la colaboración transatlánticos" y se celebró en la finca palaciega de la Reina Isabel en Deauville, Francia.

El propósito y la intención fundamentales de la conferencia de Deauville eran detener el progreso tecnológico e industrial de Estados Unidos. La conferencia produjo dos libros, uno de los cuales se menciona aquí, *La era tecnotrónica* de Brzezinski. El otro fue escrito por el presidente de la conferencia, Aurellio Peccei, titulado *The Chasm Ahead*. Peccei coincidió en gran medida con Brzezinski, pero añadió que habría caos en un mundo futuro NO REGULADO POR UN GOBIERNO GLOBAL. En este sentido, Peccei insistió en que había que ofrecer a la Unión Soviética la "convergencia con la OTAN", convergencia que terminaría en una asociación en igualdad de condiciones con Estados Unidos en un Nuevo Orden Mundial. Las dos naciones se encargaron de la futura "gestión y planificación de crisis globales". El primer "contrato de planificación global" del Club de Roma se adjudicó al Instituto Tecnológico de Massachusetts (MIT), uno de los principales institutos de investigación del Comité de los 300. Jay Forrestor y Dennis Meadows fueron los encargados del proyecto.

¿Cuál era el contenido de su informe? No era fundamentalmente diferente de lo que predicaban Malthus y Von Hayek, es decir, la vieja cuestión de la falta de recursos naturales. El informe Forrestor-Meadows fue un completo fraude. Lo que no decía era que el probado genio inventivo del hombre sortearía, con toda probabilidad, la "escasez". La energía de fusión, enemiga mortal del Comité de los 300, podría aplicarse a la creación de recursos naturales. Una antorcha de fusión podría producir de un kilómetro cuadrado de roca ordinaria suficiente aluminio, por ejemplo, para satisfacer nuestras necesidades durante cuatro años.

Peccei nunca se cansó de predicar contra los estados-nación y su carácter destructivo para el progreso humano. Hizo un llamamiento a la "responsabilidad colectiva". El nacionalismo es un cáncer para el hombre, fue el tema de varios discursos importantes de Peccei. Su íntimo amigo Ervin Lazlo elaboró un libro en una línea similar en 1977, *Metas de la Humanidad*, un estudio de referencia para el Club de Roma. Todo el documento de posición era un ataque vitriólico contra la expansión industrial y el crecimiento urbano. A lo largo de estos años, Kissinger, como hombre de contacto designado, se mantuvo en estrecho contacto con Moscú en nombre de la RIIA. Los documentos de "Global Modelling" se compartían regularmente con los amigos de Kissinger en el Kremlin.

En cuanto al Tercer Mundo, Harland Cleveland, del Club de Roma, elaboró un informe que fue el colmo del cinismo. En ese momento,

Cleveland era el embajador de Estados Unidos ante la OTAN. En esencia, el documento decía que serían las naciones del Tercer Mundo las que decidirían entre ellas qué poblaciones debían ser eliminadas. Como escribió más tarde Peccei (basándose en el informe de Cleveland):

> "Dañado por las políticas contradictorias de tres grandes países y bloques, parcheadas burdamente aquí y allá, el orden económico internacional existente se está desintegrando visiblemente por las costuras... La perspectiva de que haya que recurrir al triaje -para decidir a quién se salva- es realmente muy sombría. Pero si, por desgracia, los acontecimientos llegaran a eso, el derecho a tomar tales decisiones no puede dejarse sólo en manos de unas pocas naciones, porque eso les daría un poder ominoso sobre la vida de los hambrientos del mundo."

La política del Comité fue matar deliberadamente de hambre a las naciones africanas, como lo demuestran las naciones subsaharianas. Era el cinismo en su máxima expresión, pues el Comité de los 300 ya se había arrogado las decisiones de vida o muerte, y Peccei lo sabía. Ya lo había indicado en su libro *Los límites del crecimiento*. Peccei rechazó por completo el progreso industrial y agrícola y, en cambio, exigió que el mundo quedara bajo un único consejo de coordinación, a saber, el Club de Roma y sus instituciones de la OTAN, en un único gobierno mundial.

Los recursos naturales deben asignarse bajo los auspicios de una planificación global. Los Estados-nación podían aceptar el dominio del Club de Roma o sobrevivir con la ley de la selva y luchar por la supervivencia. En su primer "caso de prueba", Meadows y Forrestor planificaron la guerra árabe-israelí de 1973 en nombre de la RIIA para dejar claro al mundo que los recursos naturales, como el petróleo, quedarían en el futuro bajo el control de los planificadores mundiales, que es, por supuesto, el Comité de los 300.

El Instituto Tavistock convocó una consulta con Peccei a la que fueron invitados McGeorge Bundy, Homer Perlmutter y el Dr. Alexander King. Desde Londres, Peccei viajó a la Casa Blanca, donde se reunió con el Presidente y su gabinete, y después al Departamento de Estado, donde se reunió con el Secretario de Estado, la comunidad de inteligencia del Departamento de Estado y el Consejo de Planificación de Políticas del Departamento de Estado. Por lo tanto, desde el principio, el gobierno de Estados Unidos era plenamente consciente de los planes del Comité de los 300 para este país. Esto debería responder a la pregunta que a menudo se hace,

> "¿Por qué nuestro gobierno permite que el Club de Roma opere de forma subversiva en Estados Unidos?"

La política económica y monetaria de Volcker es un reflejo de la de Sir Geoffrey Howe, Canciller de Hacienda y miembro del Comité de los 300, e ilustra cómo Gran Bretaña controló a Estados Unidos desde las secuelas de la Guerra de 1812 y sigue ejerciendo su control a través de las políticas decididas en el Comité de los 300.

¿Cuáles son los objetivos de este grupo secreto de élite, heredero del Iluminismo (Viento Conquistador de Moriah), del Culto de Dionisio, del Culto de Isis, del Catarismo, del Bogomilismo? Este grupo de élite que también se llama a sí mismo los *OLIMPICOS* (realmente creen que son iguales en poder y estatura a los legendarios dioses del Olimpo, que se han colocado, al igual que Lucifer su dios, por encima de nuestro verdadero Dios) creen absolutamente que han sido encargados de implementar lo siguiente por derecho divino:

1) **Un Gobierno Mundial** - Nuevo Orden Mundial con una iglesia unificada y un sistema monetario bajo su liderazgo. Pocas personas saben que el Gobierno Mundial Único comenzó a establecer su "iglesia" en los años 1920/1930, ya que se dio cuenta de que una creencia religiosa inherente a la humanidad necesitaba una salida y así creó una "iglesia" para canalizar esa creencia en la dirección que quería.

2) **La destrucción** total de toda identidad y orgullo nacional.

3) **La destrucción de la religión** y especialmente de la religión cristiana, con una excepción, su propia creación mencionada anteriormente.

4) **El control de** todas las personas mediante el control mental y lo que Brzezinski llama "Tecnotrónica", que crearía robots con apariencia humana y un sistema de terror que haría que el Terror Rojo de Félix Dzerzinski pareciera un juego de niños.

5) El **fin de toda industrialización** y la producción de energía nuclear en lo que llaman "la sociedad postindustrial de crecimiento cero". Las industrias informáticas y de servicios están exentas. Las industrias estadounidenses restantes se exportarán a países como México, donde abunda la mano de obra esclava. Tras la destrucción industrial, los desempleados se harán adictos al opio, la heroína o la cocaína, o se convertirán en estadísticas en el

proceso de eliminación que ahora conocemos como Global 2000.

6) **Legalización de las** drogas y la pornografía.

7) Despoblamiento **de** las principales ciudades según el ensayo del régimen de Pol Pot en Camboya. Es interesante observar que los planes genocidas de Pol Pot fueron desarrollados aquí, en Estados Unidos, por una de las fundaciones de investigación del Club de Roma. También es interesante observar que el Comité está tratando de restablecer a los carniceros de Pol Pot en Camboya.

8) **Supresión de** todos los avances científicos, excepto los que el Comité considere beneficiosos. La energía nuclear con fines pacíficos es un objetivo especial. Los experimentos de fusión, actualmente despreciados y ridiculizados por el Comité y sus caniches en la prensa, son particularmente odiados. El desarrollo de la antorcha de fusión echaría por tierra el concepto de "recursos naturales limitados" del Comité. Una antorcha de fusión bien utilizada podría crear recursos naturales ilimitados e inexplorados a partir de las sustancias más ordinarias. Los usos de la antorcha de fusión son legión y beneficiarían a la humanidad de maneras que aún no son ni remotamente comprendidas por el público.

9) A través de **guerras** limitadas en los países avanzados, y de hambrunas y enfermedades en los países del tercer mundo, provocan la muerte de 3.000 millones de personas para el año 2000, personas que llaman "comedores inútiles". El Comité de los 300 pidió a Cyrus Vance que escribiera un documento sobre la mejor manera de llevar a cabo dicho genocidio. El documento se elaboró con el título de "Informe Global 2000" y fue aceptado y aprobado para la acción por el presidente Carter, en nombre y representación del gobierno estadounidense, y aceptado por Edwin Muskie, entonces Secretario de Estado. Según el Informe Global 2000, la población de Estados Unidos se reducirá en 100 millones de personas de aquí a 2050.

10) **Debilitar** la fibra moral de la nación y desmoralizar a la clase trabajadora creando un desempleo masivo. A medida que los puestos de trabajo disminuyen debido a las políticas de crecimiento postindustrial cero introducidas por el Club de Roma, los trabajadores desmoralizados y desanimados se volcarán en el alcohol y las drogas. La juventud del país se verá alentada, a través de la música rock y las drogas, a rebelarse contra el statu quo, socavando así y, en última instancia, destruyendo la unidad

familiar. A este respecto, el Comité de los 300 pidió al Instituto Tavistock que preparara un plan detallado sobre cómo podría lograrse. Tavistock encargó a Stanford Research la realización de este trabajo bajo la dirección del profesor Willis Harmon. Esta obra se conocería posteriormente como "La Conspiración de Acuario".

11) **Impedir que la** gente de todo el mundo decida su propio destino *creando* una crisis tras otra y luego "gestionando" estas crisis. Esto desorientará y desmoralizará a la población hasta el punto de que, ante demasiadas opciones, se producirá una apatía a gran escala. En el caso de Estados Unidos, ya existe una agencia de gestión de crisis. Se trata de la Agencia Federal de Gestión de Emergencias (FEMA), que revelé por primera vez en 1980. Volveremos a hablar de la FEMA a medida que avancemos.

12) **Introducir** nuevos cultos y seguir reforzando los que ya funcionan, lo que incluye a los gánsteres de la "música" del rock, como los "Rolling Stones" de Mick Jagger, una banda de gánsteres popular entre la alta burguesía negra europea, y todos los grupos de "rock" creados por Tavistock que comenzaron con los "Beatles". Continuar desarrollando el culto al fundamentalismo cristiano iniciado por el siervo de la Compañía Británica de las Indias Orientales, Darby, que será secuestrado para fortalecer el estado sionista de Israel, identificándose con los judíos a través del *mito del* "pueblo elegido por Dios" y donando grandes sumas de dinero a lo que creen erróneamente que es una causa religiosa para la promoción del cristianismo.

13) **Presionar** para que se extiendan cultos religiosos como la Hermandad Musulmana, el fundamentalismo musulmán, los sikhs, y llevar a cabo experimentos de asesinato del tipo Jim Jones e "Hijo de Sam". Cabe señalar que el difunto ayatolá Jomeini fue una creación de la División 6 de la Inteligencia Militar británica, comúnmente conocida como MI6, como informé en mi libro de 1985 *Lo que realmente sucedió en Irán*.

14) **Exportar** las ideas de "liberación religiosa" a todo el mundo para socavar todas las religiones existentes, pero especialmente la cristiana. Esto comenzó con la "teología jesuita de la liberación" que derribó el régimen de la familia Somoza en Nicaragua y ahora está destruyendo El Salvador, que lleva 25 años en "guerra civil", Costa Rica y Honduras. Una entidad muy activa dedicada a la llamada teología de la liberación es la Misión Mary Knoll, de

orientación comunista. Por eso los medios de comunicación prestaron mucha atención al asesinato de cuatro de las llamadas monjas Mary Knoll en El Salvador hace unos años. Estas cuatro monjas eran agentes subversivos comunistas y sus actividades fueron ampliamente documentadas por el gobierno de El Salvador. La prensa y los medios de comunicación estadounidenses se han negado a dar espacio o cobertura a la masa de documentos en poder del gobierno salvadoreño que prueban lo que las monjas de la misión Mary Knoll hacían en el país. Mary Knoll presta sus servicios en muchos países y contribuyó a introducir el comunismo en Rodesia, Mozambique, Angola y Sudáfrica.

15) **Provocar** un colapso total de las economías del mundo y crear un caos político total.

16) **Tomar el control de** todas las políticas exteriores e interiores de los Estados Unidos.

17) Apoyar plenamente a las instituciones supranacionales como las Naciones Unidas (ONU), el Fondo Monetario Internacional (FMI), el Banco de Pagos Internacionales (BPI), la Corte Penal Internacional y, en la medida de lo posible, reducir el impacto de las instituciones locales eliminándolas gradualmente o colocándolas bajo el paraguas de la ONU

18) **Penetrar** y **subvertir** todos los gobiernos, y trabajar dentro de ellos para destruir la integridad soberana de las naciones que representan.

19) **Organizar** un aparato **terrorista** global y negociar con los terroristas siempre que se produzcan actividades terroristas. Se recordará que fue Bettino Craxi quien convenció a los gobiernos italiano y estadounidense para que negociaran con las Brigadas Rojas que secuestraron al primer ministro Moro y al general Dozier. Por cierto, al general Dozier se le ha ordenado no hablar de lo que le ocurrió. Si rompe su silencio, sin duda se convertirá en "un ejemplo horrible" del trato que Kissinger dio a Aldo Moro, Ali Bhutto y el general Zia ul Haq.

20) **Tomar el control** de la educación en América con la intención y el propósito de destruirla total y absolutamente. La mayoría de estos objetivos, que enumeré por primera vez en 1969, se han alcanzado desde entonces o están en camino de hacerlo. El núcleo de la política económica del Comité de los 300 se basa en gran medida en las enseñanzas de Malthus, hijo de un clérigo inglés

impulsado por la Compañía Británica de las Indias Orientales, en la que se inspira el Comité de los 300.

Malthus sostenía que el progreso humano está ligado a la capacidad natural de la tierra para soportar un número determinado de personas, más allá del cual los limitados recursos de la tierra se agotarían rápidamente. Una vez consumidos estos recursos naturales, será imposible reemplazarlos. Por eso, como señaló Malthus, es necesario limitar las poblaciones dentro de los límites de la disminución de los recursos naturales. Ni que decir tiene que la élite no se verá amenazada por una población creciente de "comedores inútiles", de ahí la necesidad de sacrificarlos. Como ya he dicho, el "sacrificio" está en marcha hoy, siguiendo los métodos preconizados en el "Informe Global 2000".

Todos los planes económicos del Comité están en la encrucijada de Malthus y Frederick Von Hayek, otro economista pesimista patrocinado por el Club de Roma. Von Hayek, de origen austriaco, había estado durante mucho tiempo bajo el control de David Rockefeller, y las teorías de Von Hayek tenían bastante aceptación en Estados Unidos. Según Von Hayek, la plataforma económica de Estados Unidos debería basarse en (a) mercados negros urbanos (b) pequeñas industrias tipo Hong Kong que utilicen mano de obra explotada (c) comercio turístico (d) Zonas de Libre Empresa donde los especuladores puedan operar sin obstáculos y el tráfico de drogas pueda florecer (e) el Fin de toda actividad industrial y (f) el Cierre de todas las centrales nucleares.

Las ideas de Von Hayek coinciden perfectamente con las del Club de Roma, lo que tal vez explique por qué está tan bien promocionado en los círculos de la derecha de este país. El legado intelectual de Von Hayek se transmite a un nuevo y más joven economista, Jeoffrey Sachs, que ha sido enviado a Polonia para recoger la antorcha de Von Hayek.

Cabe recordar que el Club de Roma organizó la crisis económica polaca que condujo a la desestabilización política del país. La misma planificación económica, por así decirlo, se impondrá en Rusia, pero en caso de oposición generalizada, el antiguo sistema de apoyo a los precios se restablecerá rápidamente.

El Comité de los 300 ordenó al Club de Roma que utilizara el nacionalismo polaco como herramienta para destruir la Iglesia católica y allanar el camino para la reocupación del país por las tropas rusas. El movimiento "Solidaridad" es una creación de Zbigniew Brzezinski, miembro del Comité de los 300, que eligió el nombre del "sindicato" y seleccionó a sus dirigentes y organizadores. Solidaridad no es un movimiento "sindical", aunque los trabajadores de los astilleros de Gdansk sirvieron para lanzarlo, sino una organización POLÍTICA de alto nivel, creada para provocar cambios forzados para el advenimiento del gobierno mundial único.

La mayoría de los líderes de Solidaridad eran descendientes de judíos bolcheviques de Odesa y no eran conocidos por su odio al comunismo. Esto ayuda a entender la amplia cobertura que ofrecen los medios de comunicación estadounidenses. El profesor Sachs ha llevado el proceso un paso más allá, asegurando la esclavitud económica de una Polonia recién liberada del dominio de la URSS. Polonia se convertirá ahora en el esclavo económico de EEUU. Lo único que ha sucedido es que el maestro ha cambiado.

Brzezinski es el autor de un libro que debería haber leído todo estadounidense interesado en el futuro de este país. Titulado *La era tecnotrónica*, fue encargado por el Club de Roma. El libro es un anuncio abierto de la manera y los métodos que se utilizarán para controlar a los Estados Unidos en el futuro. También anuncia la clonación y los "robotoides", es decir, personas que se comportan como personas y parecen serlo, pero que no lo son. Brzezinski, hablando en nombre del Comité de los 300, dijo que EE.UU. estaba entrando en "una era distinta a todas las anteriores; estamos entrando en una era tecnotrónica que podría convertirse fácilmente en una dictadura." En 1981 informé ampliamente sobre la "era tecnotrónica" y la he mencionado varias veces en mis boletines.

Brzezinski continuó diciendo que nuestra sociedad "se encuentra ahora en una revolución de la información basada en el entretenimiento, el espectáculo deportivo (la cobertura televisiva de los eventos deportivos) que proporcionan un opiáceo a una masa cada vez más sin rumbo". ¿Fue Brzezinski otro vidente y profeta? ¿Podría ver el futuro? La respuesta es NO; lo que escribió en su libro fue simplemente copiado del plan del Comité de los 300 entregado al Club de Roma para su ejecución. ¿No es cierto que en 1991 ya tenemos una masa de ciudadanos sin rumbo? Podríamos decir que 30 millones de parados y 4 millones de personas sin hogar constituyen una "masa sin rumbo", o al menos el núcleo de una.

Además de la religión, el "opio de las masas", que Lenin y Marx reconocieron como necesario, ahora tenemos los opios de los deportes de masas, los deseos sexuales desenfrenados, la música rock y toda una nueva generación de niños drogadictos. Se han creado relaciones sexuales ocasionales y una epidemia de consumo de drogas para distraer a la gente de lo que ocurre a su alrededor. En "The Technotronic Age", Brzezinski habla de las "masas" como si las personas fueran objetos inanimados, que es probablemente como nos percibe el Comité de los 300. Se refiere continuamente a la necesidad de controlar las "masas" que somos.

En algún momento, se le escapan los frijoles:

> "Al mismo tiempo, la capacidad de ejercer un control social y político sobre el individuo aumentará considerablemente. Pronto será posible ejercer un control casi permanente sobre cada ciudadano y mantener actualizados los archivos que contienen incluso los detalles más personales de la salud y el comportamiento personal de cada ciudadano, además de los datos más habituales. Estos archivos podrán ser recuperados instantáneamente por las autoridades. El poder gravitará hacia los que controlan la información. Nuestras instituciones actuales serán suplantadas por instituciones de gestión de precrisis, cuya tarea será identificar, con antelación, las probables crisis sociales y desarrollar programas para hacerles frente. (Esto describe la estructura del FEMA, que llegó mucho más tarde).

> "Esto fomentará, en las próximas décadas, las tendencias hacia una ERA TECNOTRÓNICA, una DICTADURA, dejando aún menos espacio para los procedimientos políticos tal y como los conocemos. Por último, de cara al final del siglo, la posibilidad de un control mental bioquímico y de la intervención genética con los humanos, incluidos los seres que trabajan como los humanos y piensan como los humanos, puede dar lugar a algunas preguntas difíciles.

Brzezinski no escribía como ciudadano particular, sino como asesor de seguridad nacional de Carter, miembro destacado del Club de Roma, miembro del Comité de los 300, miembro del CFR y miembro de la vieja nobleza negra polaca. Su libro explica cómo Estados Unidos debe abandonar su base industrial y entrar en lo que él llama "una nueva era histórica distinta".

> "Lo que hace único a Estados Unidos es su voluntad de experimentar con el futuro, ya sea el arte pop o el LSD. Hoy en día, Estados Unidos es la sociedad creativa, los demás, consciente o inconscientemente, son emuladores."

Lo que debería haber dicho es que Estados Unidos es el campo de pruebas de las políticas del Comité de los 300 que conducen directamente a la disolución del viejo orden y a la entrada en el

Gobierno Mundial Único - Nuevo Orden Mundial.

Uno de los capítulos de *La era tecnotrónica* explica cómo las nuevas tecnologías traerán consigo una intensa confrontación que pondrá en tensión la paz social e internacional. Curiosamente, ya estamos sometidos a una intensa presión de vigilancia. Lourdes, en Cuba, es un lugar donde esto ocurre. El otro es el cuartel general de la OTAN en Bruselas, Bélgica, donde un ordenador gigante conocido como "666" puede almacenar datos de todos los tipos mencionados por Brzezinski, y también tiene una capacidad ampliada para recoger datos de miles de millones de personas dentro de varios países, pero que, a la luz del informe genocida Global 2000, probablemente nunca tendrá que ser utilizado.

La recuperación de datos será sencilla en Estados Unidos, donde los números de la seguridad social o del carné de conducir pueden añadirse simplemente al 666 para obtener el registro de vigilancia anunciado por Brzezinski y sus colegas del Comité de los 300. El Comité ya advirtió en 1981 a los gobiernos, incluido el de la URSS, que se produciría "el caos si el Comité de los 300 no toma el control total de los preparativos del Nuevo Orden Mundial".

> "El control se ejercerá a través de nuestro comité y mediante la planificación global y la gestión de crisis".

Informé de esta información objetiva unos meses después de recibirla en 1981. Otra cosa que informé en su momento fue que RUSIA ESTABA INVITADA A UNIRSE A LOS PREPARATIVOS DEL GOBIERNO MUNDIAL ÚNICO.

Cuando escribí estas cosas en 1981, los planes mundiales de los conspiradores estaban ya en un avanzado estado de preparación. Si echamos la vista atrás a los últimos diez años, podemos ver lo rápido que han avanzado los planes del Comité. Si la información proporcionada en 1981 era alarmante, debería serlo aún más hoy, cuando nos acercamos a las etapas finales de la desaparición de los Estados Unidos tal como los conocemos. Con una financiación ilimitada, con varios cientos de think tanks y 5.000 ingenieros sociales, con la mercantilización de los medios de comunicación y el control de la mayoría de los gobiernos, podemos ver que estamos tramando un problema de inmensas proporciones, al que *ninguna* nación puede oponerse, en este momento.

Como he dicho tantas veces, nos han engañado haciéndonos creer que el problema del que hablo se origina en Moscú. Nos han lavado el cerebro para que creamos que el comunismo es el mayor peligro al que nos enfrentamos los estadounidenses. *Simplemente no es así.* El *mayor peligro proviene de la masa de traidores que hay entre nosotros.* Nuestra Constitución nos advierte que debemos tener cuidado con el enemigo dentro de nuestras fronteras. Estos enemigos son los servidores del Comité de los 300 que ocupan *altos cargos*[1] dentro de nuestra estructura gubernamental. En los Estados Unidos es donde DEBEMOS comenzar nuestra lucha para hacer retroceder la marea que amenaza con engullirnos, y donde debemos encontrarnos y derrotar a estos conspiradores internos.

El Club de Roma también desempeñó un papel directo en la creación de la guerra de 25 años en El Salvador, como parte del plan general elaborado por Elliot Abrams, del Departamento de Estado estadounidense. Fue Willy Brandt, miembro del Comité de los 300, líder de la Internacional Socialista y ex canciller de Alemania Occidental, quien financió la "ofensiva final" de la guerrilla salvadoreña que, afortunadamente, no tuvo éxito. El Salvador fue elegido por el Comité para hacer de Centroamérica una zona de una nueva Guerra de los Treinta Años, tarea que fue asignada a Kissinger para que la llevara a cabo bajo el inocuo título de "Plan Andes".

Como ejemplo de cómo los conspiradores operan más allá de las fronteras nacionales, la acción de "ofensiva final" planeada por Willy Brandt nació de una visita a Felipe González, que entonces se preparaba para ser el futuro presidente del gobierno de España, un papel predestinado por el Club de Roma. Aparte de mí y de algunos de mis antiguos colegas de los servicios de inteligencia, nadie parecía haber oído hablar de González antes de que apareciera en Cuba. González fue el encargado de la misión del Club de Roma para El Salvador, y el primer socialista elevado al poder político en España desde la muerte del general Franco.

González se dirigía a Washington para asistir a la reunión socialista

---

[1] "Por último, hermanos míos, *fortaleceos en el Señor* y en el poder de su fuerza. Vestíos de toda la armadura de Dios, para que *podáis* resistir las *asechanzas del diablo.* Porque no es contra la carne y la sangre que luchamos, sino contra los principados, contra las potestades, contra los gobernantes de las tinieblas de este mundo, contra *la maldad espiritual en las alturas."* - Pablo de Tarso, Efesios 6:10-12.

"Get Reagan" del Club de Roma, que tuvo lugar en diciembre de 1980. En la reunión González-Castro estuvo presente el guerrillero de izquierdas Guillermo Ungo, director del Instituto de Estudios Políticos (IPS), el más conocido think tank de izquierdas del Comité de los 300 en Washington. Ungo estaba dirigido por un miembro del IPS que murió en un misterioso accidente de avión cuando se dirigía de Washington a La Habana para reunirse con Castro.

Como la mayoría de nosotros sabemos, la izquierda y la derecha del espectro político están controladas por la misma gente, lo que ayuda a explicar el hecho de que Ungo fuera un viejo amigo del difunto Napoleón Duarte, líder de la derecha de El Salvador. Fue después de la reunión de Cuba cuando se llevó a cabo la "ofensiva final" de la guerrilla salvadoreña.

La polarización de América del Sur y Estados Unidos fue un encargo especial del Comité de los 300 a Kissinger. La Guerra de las Malvinas (también conocida como la Guerra de las Malvinas) y el posterior derrocamiento del gobierno argentino, seguidos de un caos económico y una agitación política, fueron planificados por Kissinger Associates actuando de acuerdo con Lord Carrington, un alto miembro del Comité de los 300.

Uno de los principales activos del Comité de los 300 en Estados Unidos, el Instituto Aspen de Colorado, también ayudó a planificar los acontecimientos en Argentina, como lo hizo en el caso de la caída del Sha de Irán. América Latina es importante para Estados Unidos, no sólo porque tenemos muchos tratados de defensa mutua con los países de allí, sino también porque tiene el potencial de proporcionar un enorme mercado para las exportaciones estadounidenses de tecnología, equipos industriales pesados que habrían galvanizado a muchas de nuestras vacilantes empresas y proporcionado miles de nuevos puestos de trabajo. Había que evitarlo a toda costa, aunque supusiera 30 años de guerra.

En lugar de ver este enorme potencial de forma positiva, el Comité de los 300 lo vio como una peligrosa amenaza para los planes postindustriales y de crecimiento cero de Estados Unidos, e inmediatamente tomó medidas para dar un ejemplo de Argentina, para advertir a otras naciones latinoamericanas que olvidaran cualquier idea que pudieran tener para promover el nacionalismo, la independencia y la soberanía-integridad. Esta es la razón por la que tantos países latinoamericanos han recurrido a las drogas como único medio de subsistencia, lo que bien podría haber sido la intención de los conspiradores en primer lugar.

Los estadounidenses en general desprecian a México, que es precisamente la actitud con la que el Comité *quiere que* el pueblo de Estados Unidos vea a México. Lo que tenemos que hacer es cambiar la forma de ver a México y a Sudamérica en general. México es un mercado potencialmente enorme para todo tipo de productos estadounidenses, lo que podría suponer miles de puestos de trabajo tanto para estadounidenses como para mexicanos. Trasladar nuestras industrias "al sur de la frontera" y pagar a las maquiladoras salarios de esclavitud no beneficia a ninguno de los dos países. No beneficia a nadie más que a los "olímpicos".

México solía recibir la mayor parte de su tecnología nuclear de Argentina, pero la Guerra de las Malvinas puso fin a esto. En 1986, el Club de Roma decretó el fin de las exportaciones de tecnología nuclear a los países en desarrollo. Con centrales nucleares que producen electricidad abundante y barata, México se habría convertido en la "Alemania de América Latina". Esto habría sido un desastre para los conspiradores que, en 1991, detuvieron todas las exportaciones de tecnología nuclear excepto las destinadas a Israel.

Lo que el Comité de los 300 tiene en mente para México es un campesinado feudal, condición que permite el fácil manejo y saqueo del petróleo mexicano. Un México estable y próspero sólo puede ser una ventaja para Estados Unidos. Esto es lo que los conspiradores quieren evitar, por lo que se han dedicado durante décadas a la insinuación, la calumnia y la guerra económica directa contra México. Antes de que el ex presidente Lopes Portillo llegara al poder y nacionalizara los bancos, México perdía 200 millones de dólares diarios por la fuga de capitales, organizada y orquestada por los representantes del Comité de los 300 en los bancos y casas de bolsa de Wall Street.

Si en los Estados Unidos tuviéramos estadistas y no políticos a cargo, podríamos actuar juntos y derrotar los planes del Gobierno Mundial Único y del Nuevo Orden Mundial para reducir a México a un estado de impotencia. Si fuéramos capaces de derrotar los planes del Club de Roma para México, sería un shock para el Comité de los 300, un shock del que les llevaría mucho tiempo recuperarse. Los herederos de los Illuminati son una amenaza tan grande para Estados Unidos como para México. Buscando un terreno común con los movimientos patrióticos mexicanos, en Estados Unidos podríamos crear una fuerza formidable a tener en cuenta. Pero esa acción requiere liderazgo, y nosotros carecemos de él más que en cualquier otro campo de actividad.

El Comité de los 300, a través de sus numerosos afiliados, consiguió anular la presidencia de Reagan. Esto es lo que dijo Stuart Butler, de la Heritage Foundation: "La derecha pensó que había ganado en 1980, pero en realidad había perdido. Butler se refiere a la situación en la que se encontró la derecha cuando se dio cuenta de que todos los puestos importantes de la administración Reagan estaban ocupados por socialistas fabianos nombrados por la Fundación Heritage. Butler continuó diciendo que Heritage utilizaría las ideas de la derecha para imponer los principios radicales de la izquierda en Estados Unidos, las mismas ideas radicales que Sir Peter Vickers Hall, el principal fabianista de Estados Unidos y el hombre más importante de Heritage, había discutido abiertamente durante el año electoral.

Sir Peter Vickers Hall siguió siendo un activo fabianista, aunque dirigía un "think tank" conservador. Como miembro de la familia oligárquica británica de fabricantes de armas Vickers, tenía posición y poder. La familia Vickers abasteció a ambos bandos durante la Primera Guerra Mundial y de nuevo durante la subida al poder de Hitler. La tapadera oficial de Vickers era el Instituto de Desarrollo Urbano y Regional de la Universidad de California. Fue durante mucho tiempo confidente del líder laborista británico y miembro del Comité de los 300, Anthony Wedgewood Benn.

Vickers y Benn están integrados en el Instituto Tavistock de Relaciones Humanas, la principal institución de lavado de cerebro del mundo. Vickers utiliza su formación de Tavistock con buenos resultados en sus discursos. Considere el siguiente ejemplo:

> "Hay dos Américas. Una es la sociedad del siglo XIXe basada en la industria pesada. La otra es la floreciente sociedad postindustrial, en algunos casos construida sobre los escombros de la vieja América. Es la crisis entre estos dos mundos la que producirá la catástrofe económica y social de la próxima década. Los dos mundos están en oposición fundamental, no pueden coexistir. En última instancia, el mundo postindustrial debe aplastar y aniquilar al otro".

Recordemos que este discurso se pronunció en 1981 y podemos ver, por el estado de nuestra economía e industrias, lo acertado de la predicción de Sir Peter. Cuando la gente preocupada me pregunta cuánto durará la recesión de 1991, les remito a las declaraciones de Sir Peter y añado mi propia opinión de que no terminará hasta 1995/1996, e incluso entonces lo que surgirá no será la América que conocimos en los años 60 y 70. Que América *ya ha sido* destruida.

"Mi pueblo es destruido por falta de [Mi] conocimiento". - Dios, Oseas 4:6.

Informé del discurso de Sir Peter en mi boletín poco después de que se pronunciara. Qué profético fue, pero era fácil predecir un futuro ya escrito para Estados Unidos por el Comité de los 300 y su brazo ejecutivo, el Club de Roma. ¿Qué estaba diciendo eufemísticamente Sir Peter? Traducido al lenguaje cotidiano, estaba diciendo que el viejo estilo de vida americano, nuestra verdadera forma de gobierno republicano, basado en nuestra Constitución, sería aplastado por el Nuevo Orden Mundial. Estados Unidos, tal y como lo conocíamos, iba a tener que desaparecer o volar en pedazos.

Como he dicho, los miembros del Comité de los 300 suelen hacerse muy visibles. Sir Peter no fue una excepción. Para dejar claro su punto de vista, Sir Peter concluyó su discurso diciendo:

> "Estoy perfectamente contento de trabajar con la Heritage Foundation y grupos como ese. Los verdaderos fabianos están buscando a la Nueva Derecha para impulsar algunas de sus ideas más radicales. Durante más de una década, el público británico ha sido sometido a un constante bombardeo de propaganda sobre su declive industrial. Todo esto es cierto, pero el efecto neto de esta propaganda ha sido desmoralizar a la población. (Exactamente como predijeron los nuevos científicos de Tavistock).
>
> "Esto es lo que ocurrirá en EE.UU. cuando la economía se deteriore. Este proceso (de desmoralización) es necesario para que la gente acepte las decisiones difíciles. Si no se planifica el futuro, o si los grupos de intereses especiales bloquean el progreso, se producirá un caos social a una escala que actualmente es difícil de imaginar. El panorama de la América urbana es sombrío. Es posible hacer algo con los centros urbanos, pero fundamentalmente las ciudades se reducirán y la base manufacturera disminuirá. Eso producirá convulsiones sociales".

¿Era Sir Peter un vidente, un mago de gran renombre o simplemente un adivino charlatán con mucha suerte? La respuesta es "ninguna de las anteriores". Todo lo que Sir Peter estaba haciendo era leer el plan del Comité de los 300 - Club de Roma para la lenta muerte de los Estados Unidos como antiguo gigante industrial. Teniendo en cuenta los diez años de predicciones de Sir Peter, ¿puede haber alguna duda de que los planes del Comité de los 300 para la desaparición de los Estados Unidos industrializados se han convertido en un hecho consumado?

¿No resultaron ser las predicciones de Sir Peter notablemente acertadas? De hecho, lo han sido, casi hasta la última palabra. Cabe señalar que Sir Peter Vickers (suegro de Sir Peter Vickers-Hall) trabajó en el documento de investigación de Stanford, "Changing Images of Man", del que se extrajeron gran parte de las 3.000 páginas de material de asesoramiento enviadas a la administración Reagan. Además, como alto funcionario de la inteligencia británica en el MI6, Sir Peter Vickers pudo proporcionar a Heritage una gran cantidad de información anticipada.

Como miembro del Comité de los 300 y de la OTAN, Sir Peter Vickers estuvo presente cuando la OTAN pidió al Club de Roma que desarrollara un programa social que cambiara por completo la dirección que quería seguir Estados Unidos. El Club de Roma, bajo la dirección de Tavistock, encargó al Instituto de Investigación de Stanford (SRI) la elaboración de un programa de este tipo, no sólo para Estados Unidos, sino para todas las naciones de la Alianza Atlántica y los países de la OCDE.

Fue el protegido de Sir Peter, Stuart Butler, quien entregó al presidente Reagan 3.000 páginas de "recomendaciones", que presumiblemente contenían algunas de las opiniones expresadas por Anthony Wedgewood Benn, diputado y miembro influyente del Comité de los 300. Benn dijo a los miembros de la Internacional Socialista que se reunieron en Washington el 8 de diciembre de 1980:

> "Se puede prosperar bajo la crisis crediticia de Volcker si se pilota a Reagan para intensificar la crisis crediticia".

Los consejos de Butler fueron seguidos y aplicados por la administración Reagan, como lo demuestra el colapso de las cooperativas de crédito y las industrias bancarias que se aceleró bajo las políticas económicas de Reagan. Aunque Benn lo llamaba "dirección", en realidad quería decir que había que lavarle el cerebro a Reagan. Curiosamente, Von Hayek -que es miembro fundador de Heritage- utilizó a su alumno, Milton Friedman, para presidir los planes del Club de Roma para desindustrializar Estados Unidos utilizando la presidencia de Reagan para acelerar el colapso de la industria del acero y, posteriormente, de las industrias del automóvil y de la vivienda.

En este sentido, a un miembro de la nobleza negra francesa, Etienne D'Avignon, como miembro del Comité de los 300, se le encomendó la tarea de colapsar la industria siderúrgica de este país. Es poco probable que los cientos de miles de trabajadores de la siderurgia y los astilleros que llevan diez años sin trabajo hayan oído hablar de D'Avignon. En la

Revista Económica de abril de 1981 hice una exposición completa del plan D'Avignon. Un misterioso hombre de Irán, que resultó ser Bani Sadr, el enviado especial del ayatolá Jomeini, asistió a la fatídica reunión del Club de Roma en Washington D.C. el 10 de diciembre de ese año.

Un discurso en particular, pronunciado en el cónclave del 10 de diciembre de 1980, me llamó la atención, sobre todo porque provenía de François Mitterrand, un hombre que había sido desechado por el establishment francés como anticuado. Pero mi fuente de inteligencia me había dicho antes que Mitterrand estaba siendo recuperado, desempolvado y devuelto al poder, así que lo que dijo tuvo mucho peso para mí:

"El desarrollo industrial-capitalista es lo contrario de la libertad: hay que acabar con él. Los sistemas económicos de los siglos XXe y XXIe utilizarán la máquina para sustituir al hombre, en primer lugar en el campo de la energía nuclear, que ya está dando resultados formidables."

El regreso de Mitterrand al Elíseo fue un gran triunfo para el socialismo. Demostró que el Comité de los 300 era lo suficientemente poderoso como para predecir los acontecimientos y hacerlos realidad, por la fuerza o por cualquier medio, para demostrar que podía aplastar a cualquier oposición, incluso si, como en el caso de Mitterrand, había sido totalmente rechazado unos días antes por un grupo influyente de París.

Otro representante del grupo en las reuniones de diciembre de 1980 en Washington con "estatus de observador" fue John Graham, también conocido como "Irwin Suall", jefe del comité de investigación de la Liga Antidifamación (ADL). La ADL es una operación de inteligencia británica en toda regla dirigida por las tres ramas de la inteligencia británica, a saber, el MI6 y la JIO. La amplia bolsa de trucos de Suall se adquirió en las alcantarillas del East End de Londres. Suall sigue siendo miembro del SIS supersecreto, una unidad de operaciones de élite al estilo de James Bond. Que nadie subestime el poder de la ADL ni su largo alcance.

Suall colabora estrechamente con Hall y otros fabianistas. Fue designado como útil para la inteligencia británica mientras asistía al Ruskin Labour-College de la Universidad de Oxford, Inglaterra, el mismo centro de educación comunista que nos dio a Milner, Rhodes, Burgess, McLean y Kim Philby. Las universidades de Oxford y

Cambridge han sido durante mucho tiempo el dominio de los hijos e hijas de la élite, aquellos cuyos padres pertenecen a la "crema" de la alta sociedad británica. Mientras estudiaba en Oxford, Suall se unió a la Liga Socialista de Jóvenes y poco después fue reclutado por el Servicio Secreto Británico.

Suall fue destinado a Estados Unidos, donde se encontró bajo la protección y el patrocinio de uno de los izquierdistas más insidiosos del país, Walter Lippmann. Lippmann fundó y dirigió la Liga para la Democracia Industrial y los Estudiantes para la Sociedad Democrática, dos organizaciones de izquierda que pretendían enfrentar a los trabajadores industriales con lo que él llamaba "la clase capitalista" y los empresarios. Ambos proyectos de Lippmann eran parte integrante del aparato de toda América del Comité de los 300, del que Lippmann era un miembro muy importante.

Suall tiene estrechos vínculos con el Departamento de Justicia y puede obtener los perfiles del FBI de cualquier persona que tenga como objetivo. El Departamento de Justicia tiene órdenes de dar a Suall lo que quiera, cuando lo quiera. La mayor parte de las actividades de Suall consisten en "vigilar a los grupos e individuos de derechas". La ADL tiene una puerta abierta al Departamento de Estado y hace buen uso de la impresionante agencia de inteligencia de este último.

El Departamento de Estado tiene una capa de agentes de la derecha que se hacen pasar por "intrépidos luchadores antisemitas". Hay cuatro líderes en este grupo de informadores, tres de los cuales son discretos homosexuales judíos. Este grupo de espías ha estado activo durante dos décadas. Publican "periódicos" virulentamente antijudíos y venden una gran variedad de libros antisemitas. Uno de los principales operadores trabaja desde Luisiana. Uno de los miembros del grupo es un escritor popular en los círculos de la derecha cristiana. El grupo y los individuos que lo componen están bajo la protección de la ADL. Suall ha estado muy involucrado en la ABSCAM y a menudo es llamado por las fuerzas del orden para que colabore en sus investigaciones y operaciones encubiertas.

A Suall se le encomendó la tarea de "vigilar a Reagan", en lo que respecta al camino trazado para el recién elegido presidente por la Fundación Heritage, y disparar algunos tiros de advertencia si Reagan parecía que iba a desviarse o quitarse las anteojeras en cualquier momento. Suall ayudó a deshacerse de todos los asesores molestos de la derecha que no estaban en deuda con Heritage por su empleo en la administración Reagan. Tal fue el caso de Ray Donovan, Secretario de

Trabajo de Reagan, que finalmente fue destituido gracias al departamento de "Trucos sucios" de la ADL[2]. James Baker III, una de las personas de la lista de 3.000 recomendados de la Fundación Heritage, fue el intermediario que hizo llegar al Presidente los mensajes de odio de Suall sobre Donovan.

Otro conspirador importante fue Philip Agee, el llamado "desertor" de la CIA. Aunque no era miembro del Comité, era sin embargo su oficial de casos para México, y dirigido por el (británico) Royal Institute for International Affairs (RIIA) y el (estadounidense) Council on Foreign Relations. Para que conste, nada de lo que ocurre en EE.UU. sucede sin la sanción de la RIIA. Se trata de un acuerdo continuado y permanente, realizado por primera vez de forma ABIERTA (hubo muchos acuerdos secretos antes) por Churchill y Roosevelt en 1938, según el cual la inteligencia estadounidense está obligada a compartir información de alto secreto con la inteligencia británica.

Esta es la base de la llamada "relación especial" entre los dos países, de la que Churchill y Lord Halifax se jactaban de ser "especial" en todos los sentidos.

La "relación" fue la responsable de que Estados Unidos librara la Guerra del Golfo contra Irak por y para los intereses británicos, concretamente British Petroleum, una de las empresas más importantes del Comité de los 300, en la que la familia inmediata de la reina Isabel tiene una importante participación.

Desde 1938 no se ha realizado ninguna actividad de inteligencia salvo a través de esta estructura especial de mando conjunto. Philip Agee se incorporó a la CIA tras graduarse en Notre Dame, donde ingresó en su círculo de masones jesuitas. Agee me llamó la atención por primera vez en 1968 como responsable de inteligencia de los disturbios de la Universidad de Ciudad de México. Uno de los aspectos más importantes de las revueltas estudiantiles mexicanas es que ocurrieron al mismo tiempo que las revueltas estudiantiles de Nueva York, Bonn, Praga y Berlín Occidental.

Gracias a los conocimientos en materia de coordinación y a la red de información especial de la que forma parte INTERPOL, no es tan difícil como podría parecer a primera vista que el Comité desencadene

---

[2] "Golpes retorcidos", Ndt.

acciones mundiales cuidadosamente planificadas, desde disturbios estudiantiles hasta la destitución de dirigentes de naciones supuestamente soberanas. Todo forma parte del trabajo diario de los "olímpicos". Desde México, Agee se alineó con grupos terroristas puertorriqueños. Durante este periodo, se convirtió en un confidente del dictador cubano, Fidel Castro.

No hay que suponer que cuando Agee realizaba estas operaciones, lo hacía como agente "sin escrúpulos". Por el contrario, estuvo trabajando para la CIA durante todas estas misiones. El problema llegó cuando la DGI (servicio de inteligencia cubano) de Castro consiguió "convertirlo". Agee siguió trabajando como miembro de la CIA hasta que se descubrió su doble función. Este era el mayor puesto de escucha soviético en Occidente, situado en Lourdes, Cuba. Con una plantilla de 3.000 especialistas en vigilancia y descifrado de señales soviéticas, Lourdes es capaz de vigilar miles de señales electrónicas simultáneamente. Muchas conversaciones telefónicas privadas entre un congresista y su amante fueron recogidas en Lourdes y aprovechadas.

Aunque hoy, en 1991, se nos dice que "el comunismo ha muerto", Estados Unidos no ha hecho nada para detener la vasta operación de espionaje a nuestras puertas. Por cierto, Lourdes tiene la capacidad de captar hasta la más débil señal de "tempestad", que es el tipo de señal emitida por un fax o una máquina de escribir eléctrica que, al ser descifrada, dará el contenido de lo que se está escribiendo o enviando por fax. Lourdes sigue siendo un "puñal en el corazón" de Estados Unidos. No hay absolutamente ninguna razón para mantener su existencia. Si Estados Unidos y la URSS están realmente en paz entre sí, ¿por qué seguir necesitando una operación de espionaje tan masiva? La verdad es que, en lugar de reducir su personal como se nos hace creer, el KGB reclutó en masa en 1990 y 1991.

Bernard Levin probablemente no sea un nombre conocido en Estados Unidos. A diferencia de las decadentes estrellas del pop o del último "descubrimiento" de Hollywood, los académicos rara vez, o nunca, están en el punto de mira del público. De los cientos de académicos estadounidenses que trabajan bajo el control del Club de Roma, Levin merece una mención especial, aunque sólo sea por las siguientes razones: su papel en el debilitamiento de Irán, Filipinas, Sudáfrica, Nicaragua y Corea del Sur. La caída del Sha de Irán se ejecutó según un plan ideado por Bernard Levin y Richard Falk, y supervisado por el Instituto Aspen de Robert Anderson.

Levin es el autor de *Time Perspective and Morale (Perspectiva temporal y moral)*, una publicación del Club de Roma sobre cómo quebrar la moral de las naciones y de los líderes individuales. He aquí un extracto de ese documento:

> "Una de las principales técnicas para romper la moral, a través de una estrategia de terror, es exactamente esta táctica: mantener a la persona en la oscuridad sobre su situación y lo que puede esperar. Además, si las frecuentes oscilaciones entre las medidas disciplinarias duras y las promesas de buen trato, así como la difusión de noticias contradictorias, hacen que la estructura de la situación sea poco clara, el individuo puede dejar de saber si un determinado plan le conducirá hacia la meta o le alejará de ella. En estas condiciones, incluso los individuos que tienen objetivos claros y están dispuestos a asumir riesgos se ven paralizados por el grave conflicto interno sobre lo que deben hacer."

Este proyecto del Club de Roma se aplica tanto a los PAÍSES como a los individuos, especialmente a los dirigentes de los gobiernos de esos países. En Estados Unidos, no tenemos que pensar que "Oh, esto es América, y estas cosas no pasan aquí". Permítanme asegurarles que sí ocurren en Estados Unidos, quizás *más* que en cualquier otro país.

El plan Levin-Club de Roma está diseñado para desmoralizarnos a todos, para que al final sintamos que tenemos que seguir lo que está planeado para nosotros. Seguiremos las órdenes del Club de Roma como ovejas. Cualquier líder aparentemente fuerte que aparezca de repente para "salvar" a la nación debe ser mirado con la mayor sospecha. Recuerde que Jomeini fue preparado durante años por los servicios secretos británicos, especialmente durante su estancia en París, antes de aparecer de repente como el salvador de Irán. Boris Yeltsin procedía del mismo establo del MI6-SIS.

El Club de Roma confía en haber cumplido con éxito su mandato de "ablandar" a Estados Unidos. Tras 45 años de guerra contra el pueblo de esta nación, ¿quién va a dudar de que ha cumplido su cometido? Miren a su alrededor y vean lo desmoralizados que nos hemos vuelto. Las drogas, la pornografía, la "música" del rock and roll, el sexo libre, la unidad familiar totalmente socavada, el lesbianismo, la homosexualidad y, finalmente, el horrible asesinato de millones de bebés inocentes a manos de sus propias madres. ¿Hubo alguna vez un crimen más despreciable que el aborto masivo?

Cuando Estados Unidos está en bancarrota espiritual y moral, cuando nuestra base industrial está destruida y 30 millones de personas están desempleadas, cuando nuestras principales ciudades son pozos negros espantosos de todos los delitos imaginables, cuando la tasa de homicidios es casi tres veces mayor que la de cualquier otro país, cuando tenemos 4 millones de personas sin hogar y la corrupción gubernamental es rampante, ¿quién puede discutir el hecho de que Estados Unidos se está convirtiendo en un país al borde del colapso interno? Con 4 millones de personas sin hogar y la corrupción del gobierno alcanzando proporciones desenfrenadas, ¿quién podría argumentar que los Estados Unidos se están convirtiendo en un país que está listo para colapsar desde dentro, sólo para caer en los brazos del nuevo gobierno mundial de la edad oscura?

El Club de Roma ha logrado dividir a las iglesias cristianas; ha logrado construir un ejército de fundamentalistas carismáticos y evangélicos que lucharán por el estado sionista de Israel. Durante la genocida Guerra del Golfo, recibí docenas de cartas preguntándome cómo podía oponerme a "una guerra cristiana justa contra Irak". ¿Cómo iba a dudar de que el apoyo de los fundamentalistas cristianos a la guerra (del Comité de los 300) contra Irak era antibíblico? Después de todo, ¿no rezó Billy Graham con el presidente Bush justo antes de que empezaran los disparos? ¿No habla la Biblia de "guerras y rumores de guerras"?

Estas cartas dan una idea de la *eficacia* del trabajo del Instituto Tavistock. Los fundamentalistas cristianos serán una fuerza formidable detrás del Estado de Israel, exactamente como se predijo. Qué triste es que estas buenas personas no se den cuenta de que han sido burdamente engañadas por el Club de Roma y que sus opiniones y creencias *NO* son *suyas*, sino las *creadas* para ellos por los cientos de "think tanks" del Comité de los 300 que salpican el paisaje estadounidense. En otras palabras, como cualquier otro segmento de la población estadounidense, a los fundamentalistas cristianos y a los evangélicos les han lavado el cerebro por completo.

Como nación, estamos preparados para aceptar la desaparición de los Estados Unidos de América y del modo de vida americano, antaño envidiado por el mundo. No creas que esto acaba de ocurrir: el viejo síndrome de "el tiempo cambia". El tiempo no cambia nada, son las PERSONAS las que cambian. Es un error pensar que el Comité de los 300 y el Club de Roma son instituciones europeas. El Club de Roma tiene una gran influencia y poder en Estados Unidos, y tiene su propia sección con sede en Washington D.C.

El senador Claiborne Pell es su líder, y uno de sus miembros es Frank M. Potter, antiguo director de personal de la Subcomisión de Energía de la Cámara de Representantes. Potter, antiguo director de personal de la Subcomisión de Energía de la Cámara de Representantes. No es difícil entender cómo el Club de Roma ha mantenido su control sobre la política energética de Estados Unidos y de dónde viene la oposición "verde" a la energía nuclear. Tal vez el mayor logro del Club sea su control del Congreso sobre la energía nuclear, que ha tenido el efecto de impedir que Estados Unidos entre en el siglo 21 como una nación industrial fuerte. El efecto de la política antinuclear del Club de Roma puede medirse en términos de altos hornos silenciosos, estaciones de ferrocarril abandonadas, fábricas de acero oxidadas, astilleros cerrados desde hace tiempo y una valiosa mano de obra cualificada dispersa por todo Estados Unidos que nunca más podrá reunirse.

Otros miembros del Club de Roma en Estados Unidos son Walter A. Hahn, del Servicio de Investigación del Congreso, Ann Cheatham y Douglas Ross, ambos economistas senior. Hahn, del Servicio de Investigación del Congreso, Ann Cheatham y Douglas Ross, ambos economistas senior. La tarea de Ross, según sus propias palabras, era "traducir las perspectivas del Club de Roma en legislación para ayudar al país a desprenderse de la ilusión de la abundancia". Ann Cheatham era la directora de una organización llamada Centro de Intercambio de Información del Congreso para el Futuro.

Su tarea consistía en elaborar un perfil de los miembros del Congreso que pudieran ser susceptibles a la astrología y a las tonterías de la Nueva Era. En un momento dado, tuvo más de 100 congresistas en sus clases. Se celebraban sesiones diarias en las que se hacían diversas "predicciones" astrológicas, basadas en sus "percepciones ocultas". Además de los congresistas, otras personalidades que asistieron a sus sesiones fueron Michael Walsh, Thornton Bradshaw -un destacado miembro del Comité de los 300- y David Sternlight, vicepresidente de la compañía de seguros Allstate. Algunos de los miembros más destacados del Comité de los 300 son también miembros de la OTAN, un hecho que debemos recordar. Estos miembros del Comité de los 300 suelen ocupar varios cargos. Entre los miembros del Club de Roma de la OTAN se encuentran Harland Cleveland, ex embajador de EE.UU. ante la OTAN, Joseph Slater, director del Instituto Aspen, Donald Lesh, ex funcionario de la Agencia de Seguridad Nacional de EE.UU., George McGhee y Claiborne Pell, por nombrar sólo algunos.

Es importante que recordemos estos nombres, que hagamos una lista de ellos si se quiere, para que recordemos quiénes son y qué representan cuando sus nombres aparezcan en los programas de televisión y en los servicios de noticias. Siguiendo el modus vivendi de la inteligencia, los responsables de la comisión aparecen a menudo en la televisión, normalmente con la apariencia más inocente. Debemos saber que *nada de lo que* hacen es inocente.

El Comité de los 300 ha plantado sus agentes en los músculos y los nervios de los Estados Unidos, en su gobierno, en el Congreso, en los puestos de asesoramiento en torno al Presidente, como embajadores y como secretarios de Estado. De vez en cuando, el Club de Roma organiza reuniones y conferencias que, aunque tienen títulos inocuos, se dividen en comités de acción, a cada uno de los cuales se le asigna una tarea específica y una fecha límite precisa en la que debe completar su misión. Si no hace nada más, el Comité de los 300 trabaja con un calendario muy concreto. La primera conferencia del Club de Roma en Estados Unidos fue convocada por el Comité de los 300 en 1969 bajo el título de "Asociación del Club de Roma": "The Club of Rome Association". La siguiente reunión se celebró en 1970 bajo el título "Riverdale Centre of Religious Research" y fue dirigida por Thomas Burney. A ésta le siguió la Conferencia de Woodlands, celebrada en Houston (Texas) a partir de 1971. A partir de entonces, se celebraron conferencias periódicas en The Woodlands cada año. También en 1971, en una fecha posterior, la Mitchell Energy and Development Corporation celebró su reunión sobre estrategia energética para el Club de Roma: el tema recurrente: LIMITANDO EL CRECIMIENTO EN LOS EE.UU. Por si fuera poco, en julio de 1980 se celebró la primera Conferencia Mundial sobre el Futuro, a la que asistieron 4.000 ingenieros sociales y miembros de grupos de reflexión, todos ellos miembros o afiliados a diversas instituciones que operan bajo el paraguas del Club de Roma.

La Primera Conferencia Mundial del Futuro contó con el beneplácito de la Casa Blanca, que organizó su propia conferencia, basada en las transcripciones del foro de la Primera Conferencia Mundial. Se llamaba "Comisión de la Casa Blanca sobre los años 80" y recomendaba OFICIALMENTE las políticas del Club de Roma "como guía para las futuras políticas estadounidenses" e incluso llegó a decir que la economía estadounidense estaba saliendo de la fase industrial. Esto se hace eco del tema de Sir Peter Vickers-Hall y Zbibniew Brzezinsky y proporciona una prueba más del control ejercido por el Comité de los 300 sobre los asuntos de Estados Unidos, tanto internos como externos.

Como dije en 1981, estamos obligados, política, social y económicamente, a seguir encerrados en los planes del Club de Roma. Todo está en contra nuestra. Si queremos sobrevivir, debemos romper el dominio que el Comité de los 300 tiene sobre nuestro gobierno. En todas las elecciones desde que Calvin Coolidge se presentó a la Casa Blanca, el Comité de los 300 ha conseguido colocar a sus agentes en puestos clave del gobierno, de modo que no importa quién consiga el puesto en la Casa Blanca. Por ejemplo, todos los candidatos que se han presentado a la presidencia desde los tiempos de Franklin D. Roosevelt han sido seleccionados, algunos gustan de decir "elegidos a dedo", por el Consejo de Relaciones Exteriores actuando bajo las instrucciones de la RIIA.

Especialmente en las elecciones de 1980, todos los candidatos a los más altos cargos de los Estados Unidos fueron dirigidos por el CFR. Por lo tanto, a los conspiradores no les importaba quién ganara la carrera presidencial. Gracias a caballos de Troya como la Fundación Heritage y el CFR, TODOS los puestos políticos clave de las nuevas administraciones han sido ocupados por candidatos del Consejo de Relaciones Exteriores, y antes, desde la década de 1960, por "yes-men" del Club de Roma de la OTAN, asegurando así que las decisiones políticas clave lleven el sello indeleble del Club de Roma y del CFR, actuando como brazos ejecutivos del Comité de los 300.

Las elecciones de 1984 y 1988 siguieron esta pauta establecida desde hace tiempo. El Secretario de Estado George Schultz fue la elección perfecta del Comité de los 300 para Secretario de Estado. Schultz siempre había sido una criatura de Henry Kissinger, el director del CFR. Además, su puesto en Bechtel, una empresa clave del Comité de los 300 con dimensiones mundiales, le dio acceso a países que de otro modo podrían haber sospechado de sus conexiones con Kissinger. La administración Carter aceleró el proceso de nombramiento de personal pro-conspiración en puestos clave. Antes de que Carter fuera elegido, su principal estratega de campaña, Hamilton Jordan, dijo que si Cyrus Vance o Brzezinski eran nombrados para el gabinete de Carter, él, Jordan, dimitiría. Lo hicieron. Jordan *no* dimitió.

La elección de Paul Volcker por parte de Carter (de hecho, David Rockefeller le dijo que nombrara a Volcker) desencadenó el colapso de la economía estadounidense según el plan trazado por el Club de Roma. Nos enfrentamos a poderosas fuerzas dedicadas a establecer un gobierno mundial. Llevamos 45 años inmersos en una guerra devastadora, pero no se percibe como tal. Nos están lavando el cerebro, metódica y sistemáticamente, sin darnos cuenta. El Instituto Tavistock ha proporcionado el sistema para que esto ocurra, y luego ha puesto en marcha sus operaciones.

La única manera de defendernos es desenmascarar a los conspiradores y a sus múltiples organizaciones de fachada. Necesitamos hombres experimentados que puedan formular una estrategia para defender nuestro inestimable patrimonio, que, una vez perdido, será un recuerdo. Tenemos que aprender los métodos utilizados por los conspiradores, conocerlos y adoptar contramedidas. Sólo un programa de emergencia detendrá la podredumbre que está consumiendo a nuestra nación.

A algunos les puede resultar difícil aceptar la idea de una conspiración global porque muchos escritores se han beneficiado económicamente. Otros dudan de que la actividad, a escala mundial, pueda coordinarse con éxito. Ven la enorme burocracia de nuestro gobierno y luego dicen: "¿Cómo vamos a creer que los individuos pueden hacer más que el gobierno? "Esto pasa por alto el hecho de que el gobierno es *parte de* la conspiración. Lo que quieren son pruebas contundentes, y eso es difícil de conseguir.

Otros dicen: "Y qué. Qué me importa una conspiración, ni siquiera me molesto en votar". Así es exactamente como la población general de Estados Unidos ha sido perfilada *para* reaccionar. Nuestro pueblo está abatido y confundido, resultado de 45 años de guerra (psicológica) contra nosotros. Cómo se hace esto se explica en el libro de Bernard Levin, pero ¿cuántas personas se molestarían en leer un libro de no ficción de un académico? (¿O terminar de leerlo entero?) Estamos reaccionando exactamente como se nos ha perfilado para actuar. La gente desmoralizada y desorientada acogerá mucho más rápido la repentina aparición de un gran hombre que promete resolver todos los problemas y garantizar una sociedad bien ordenada en la que la gente esté empleada a tiempo completo y las disputas domésticas sean mínimas. Su dictador, pues eso es lo que es, será recibido con los brazos abiertos.

Saber QUIÉN es el enemigo es una necesidad vital. Nadie puede luchar y ganar contra un enemigo no identificado. Este libro podría utilizarse como manual de campo militar. *Estudia* su contenido y memoriza todos los nombres. En este capítulo he mencionado con bastante frecuencia las técnicas de creación de perfiles. Encontrará una explicación completa de la "elaboración de perfiles" en el próximo capítulo. Uno de los aspectos más profundos de la ciencia de la elaboración de perfiles es la relativa facilidad con la que se puede realizar sobre individuos, grupos de partidos, entidades políticas, etc. Una vez que entendemos lo fácil que es hacerlo, la conspiración ya no está más allá de nuestra comprensión. El asesinato del presidente Kennedy y el intento de asesinato del presidente Reagan son entonces fáciles de entender y descifrar.

Instituciones a través de las cuales se ejerce el control

Perfilando[3] es una técnica desarrollada en 1922 por orden del Real Instituto de Asuntos Internacionales (RIIA). El comandante John Rawlings Reese, técnico del ejército británico, recibió instrucciones para crear la mayor instalación de lavado de cerebro del mundo en el Instituto Tavistock de Relaciones Humanas, perteneciente a la Universidad de Sussex. Este instituto se convirtió en el núcleo de la Oficina de Guerra Psicológica británica. Cuando introduje por primera vez los nombres de Reese y Tavistock en Estados Unidos en 1970, hubo muy poco interés. Pero con los años, a medida que revelaba más y más sobre Tavistock y su papel vital en la conspiración, se hizo popular imitar mis primeras investigaciones.

La Oficina de Guerra Psicológica británica utilizó ampliamente el trabajo de Reese en sus 80.000 conejillos de indias del ejército británico, soldados cautivos que fueron sometidos a muchas formas de pruebas. Fueron los métodos ideados por Tavistock los que llevaron a Estados Unidos a la Segunda Guerra Mundial y, bajo la dirección del Dr. Kurt Lewin, crearon la OSS, precursora de la CIA. Lewin se convirtió en el director del Estudio de Bombardeo Estratégico, un plan de la Real Fuerza Aérea para concentrarse en bombardear las viviendas de los trabajadores alemanes y dejar de lado los objetivos militares, como las fábricas de municiones. Pues estas fábricas de armamento, en ambos bandos, eran propiedad de banqueros internacionales que no querían ver destruidos sus activos.

Más tarde, tras el final de la guerra, la OTAN ordenó a la Universidad de Sussex la creación de un centro de lavado de cerebro muy especial que pasó a formar parte de la Oficina de Guerra Psicológica de Gran Bretaña, pero sus investigaciones se orientaron ahora hacia aplicaciones

---

[3] Profiling, Ndt.

civiles y no militares. Volveremos a hablar de esta unidad supersecreta, que se llamaba Science Policy Research Institute (SPRI), en nuestros capítulos sobre las drogas.

La idea detrás del bombardeo de saturación de las viviendas de los trabajadores civiles era romper la moral de los trabajadores alemanes. No debía afectar al esfuerzo bélico contra la maquinaria militar alemana. Lewin y su equipo de actuarios llegaron a una cifra objetivo, a saber, que si el 65% de las viviendas de los trabajadores alemanes eran destruidas por los bombardeos nocturnos de la RAF, la moral de la población civil se derrumbaría. El documento real fue preparado por la *Prudential Assurance Company*.

La RAF, bajo el mando de "Bomber" Harris, puso en práctica los planes de Lewin, que culminaron con el bombardeo terrorista de Dresde, en el que murieron más de 125.000 personas, principalmente ancianos, mujeres y niños. La verdad sobre las horribles incursiones del "bombardero" Harris contra la población civil alemana fue un secreto muy bien guardado hasta el final de la Segunda Guerra Mundial.

Tavistock proporcionó la mayoría de los programas detallados que condujeron a la creación de la Oficina de Inteligencia Naval (ONI), el primer servicio de inteligencia estadounidense, que empequeñece a la CIA en tamaño y alcance. El gobierno estadounidense ha concedido contratos por valor de miles de millones de dólares a Tavistock y sus planificadores estratégicos proporcionan gran parte de lo que el Pentágono utiliza para nuestro sistema de defensa, incluso en la actualidad. Este es un ejemplo más de la influencia del Comité de los 300 en Estados Unidos y en la mayoría de nuestras instituciones. Tavistock dirige más de 30 instituciones de investigación en Estados Unidos, todas las cuales nombraremos en nuestras tablas al final del libro.

Estas instituciones americanas-tavistockianas se han convertido en muchos casos en monstruos gargantuescos, penetrando en todos los aspectos de nuestros organismos gubernamentales y tomando el control de todas las decisiones políticas. Alexander King, miembro fundador de la OTAN y favorito del Comité de los 300, así como miembro destacado del Club de Roma, es uno de los principales destructores de nuestro modo de vida. El Dr. King recibió el encargo del Club de Roma de destruir la educación en Estados Unidos al tomar el control de la Asociación Nacional de Maestros trabajando estrechamente con ciertos legisladores y jueces. Si no se sabía ya lo omnipresente que es la influencia del Comité de los 300, este libro debería disipar cualquier duda.

La Agencia Federal de Gestión de Emergencias (FEMA), una creación del Club de Roma, llevó a cabo su prueba contra la central nuclear de Three Mile Island en Harrisburg, Pensilvania. Calificado de "accidente" por los medios de comunicación histéricos, *no* fue un accidente, sino una prueba de crisis diseñada *deliberadamente* para la FEMA. Un beneficio añadido fue el miedo y la histeria creados por los medios de comunicación que hicieron que la gente huyera de la zona, cuando en realidad nunca estuvieron en peligro. Esto fue considerado un éxito por la FEMA y anotó muchos puntos para las fuerzas antinucleares. TMI se convirtió en el punto de encuentro de los llamados "ecologistas", un grupo altamente financiado y controlado por el Instituto Aspen, en nombre del Club de Roma. La cobertura mediática fue proporcionada gratuitamente por William Paley, de la cadena de televisión CBS, un antiguo agente del servicio secreto británico.

El FEMA es el sucesor natural del estudio de bombardeo estratégico de la Segunda Guerra Mundial. El Dr. Kurt Lewin, teórico de lo que los conspiradores de Tavistock llamaron gestión de crisis, estuvo muy involucrado en este proceso. Hay una cadena ininterrumpida entre Lewin y Tavistock que abarca treinta y siete años. Lewin integró el estudio de bombardeo estratégico en la FEMA, con sólo pequeños ajustes que resultaron necesarios, siendo uno de los cambios que el objetivo ya no era ALEMANIA, SINO LOS ESTADOS UNIDOS DE AMÉRICA.

Cuarenta y cinco años después del final de la Segunda Guerra Mundial, sigue siendo Tavistock quien tiene las manos en el gatillo, y el arma apunta a Estados Unidos. La difunta Margaret Mead realizó un estudio intensivo de las poblaciones alemana y japonesa bajo los auspicios de Tavistock para averiguar cómo reaccionaban al estrés de los bombardeos aéreos. Irving Janus fue profesor asociado en este proyecto, supervisado por el Dr. John Rawlings Reese, que fue ascendido a general de brigada en el ejército británico. Los resultados de las pruebas se presentaron a la FEMA. El informe Irving Janus fue de gran utilidad para formular la política de la FEMA. Janus lo utilizó en un libro que escribió más tarde, titulado AIR WAR AND STRESS. Las ideas de su libro fueron seguidas al pie de la letra por la FEMA durante la "crisis" de Three Mile Island. Janus tuvo una idea muy sencilla: simular una sucesión de crisis y manipular a la población siguiendo las tácticas de terror de Lewin y ésta hará exactamente lo correcto.

Al llevar a cabo este ejercicio, Lewin descubrió algo nuevo, a saber, que el control social a gran escala puede lograrse utilizando los medios de comunicación para publicitar los horrores de la guerra nuclear a través de la televisión. Descubrió que las revistas femeninas eran muy efectivas a la hora de retratar los horrores de la guerra nuclear. En un juicio realizado por Janus, Betty Bumpers, esposa del senador Dale Bumpers de Arkansas, "escribió" para la revista *McCalls* sobre este tema.

El artículo apareció en el número de enero de 1983 de *McCalls*. De hecho, la Sra. Bumpers no escribió el artículo, sino que fue creado para ella por un grupo de escritores de Tavistock cuya especialidad es. Era una colección de falsedades, no hechos, insinuaciones y conjeturas basadas totalmente en información falsa. El artículo de Bumpers era típico del tipo de manipulación psicológica en la que destaca Tavistock. Ninguna de las señoras que leen *McCalls* puede dejar de estar impresionada por la historia de terror/horror de cómo es la guerra nuclear.

El Comité de los 300 cuenta con una gran burocracia de cientos de grupos de reflexión y organizaciones de fachada que representan a toda la gama de líderes del sector privado y del gobierno. Nombraré todos los que pueda, empezando por el German Marshall Fund. Sus miembros, y recordemos que también son miembros de la OTAN y del Club de Roma, son David Rockefeller del Chase Manhattan Bank, Gabriel Hague de la prestigiosa Manufactures Hanover Trust and Finance Corporation, Milton Katz de la Fundación Ford, Willy Brandt, líder de la Internacional Socialista, agente del KGB y miembro del Comité de los 300, Irving Bluestone, presidente del Consejo Ejecutivo de la United Auto Workers, Russell Train, presidente estadounidense del Club de Roma. Russell Train, presidente estadounidense del Club de Roma y del Fondo Mundial para la Naturaleza del Príncipe Felipe, Elizabeth Midgely, productora de programas de la CBS, B. R. Gifford, director de la Fundación Russell Sage, Guido Goldman, del Instituto Aspen, el difunto Averell Harriman, miembro del Comité de los 300, Thomas L. Hughes, del Carnegie Endowment Fund, Dennis Meadows y Jay Forrestor, del MIT "world-dynamics".

El Comité de los 300, aunque existe desde hace más de 150 años, no adoptó su forma actual hasta 1897. Todavía tendía a dar órdenes a través de otros organismos de fachada, como el Real Instituto de Asuntos Internacionales. Cuando se decidió que una superagencia controlaría los asuntos europeos, el RIIA fundó el Instituto Tavistock, que a su vez creó la OTAN. Durante cinco años, la OTAN fue financiada por el German Marshall Fund. Quizás el miembro más importante de los Bilderbergers, una rama de política exterior del Comité, fue Joseph Rettinger, de quien se dice que fue su fundador y organizador, y cuyas reuniones anuales han sido las favoritas de los cazadores de conspiraciones durante décadas.

Rettinger era un sacerdote jesuita bien formado y un masón de grado 33. La Sra. Katherine Meyer Graham, de quien se sospecha que asesinó a su marido para hacerse con el control del *Washington Post*, era otro miembro destacado del Club de Roma, al igual que Paul G. Hoffman, de la New York Life Insurance Company, una de las mayores compañías de seguros de Estados Unidos y una de las principales empresas directamente relacionadas con la familia inmediata de la reina Isabel de Inglaterra. John J. McCloy, el hombre que intentó acabar con la Alemania de posguerra, y James A. Perkins de la Carnegie Corporation, fueron también miembros fundadores de los Bilderbergers y del Club de Roma.

¡Qué reparto de estrellas! Sin embargo, curiosamente, hasta hace poco, pocos fuera de las verdaderas agencias de inteligencia habían oído hablar de esta organización. El poder que ejercen estas personas importantes y las empresas, cadenas de televisión, periódicos, compañías de seguros y bancos que representan equivale al poder y el prestigio de al menos dos países europeos, y esto no es más que la punta del iceberg del enorme interés del Comité de los 300 por las redes cruzadas y las interfaces de control que ejerce.

Richard Gardner no se menciona en la lista anterior. Aunque fue uno de los primeros miembros del Comité de los 300, fue enviado a Roma en una misión especial. Gardner se casó con una de las familias nobles negras más antiguas de Venecia, lo que dio a la aristocracia veneciana una línea directa con la Casa Blanca. El difunto Averell Harriman era otro de los enlaces directos del comité con el Kremlin y la Casa Blanca, cargo que Kissinger heredó tras la muerte de Harriman.

El Club de Roma es, en efecto, una formidable agencia del Comité de los 300. Aunque aparentemente trabaja en asuntos estadounidenses, el grupo es un paraguas para otras agencias del Comité de los 300, y sus miembros estadounidenses se encuentran a menudo trabajando en "asuntos" en Japón y Alemania. Entre las organizaciones de fachada dirigidas por el citado comité se encuentran, entre otras, las siguientes

LA LIGA DE LA DEMOCRACIA INDUSTRIAL. Oficiales:

Michael Novak, Jeane Kirkpatrick, Eugene Rostow, IRWIN SUALL, Lane Kirkland, Albert Schenker.

Objetivo: Perturbar y desestabilizar las relaciones laborales normales entre trabajadores y empresarios mediante el lavado de cerebro de los sindicatos para que planteen demandas imposibles, con especial atención a las industrias del acero, el automóvil y la vivienda.

CASA DE LA LIBERTAD. Funcionarios: Leo Churn y Carl Gershman.

Objetivo: difundir la desinformación socialista entre los obreros estadounidenses, para propagar el descontento y la insatisfacción. Ahora que estos objetivos se habían logrado en gran medida, Gershman fue reclutado por Lawrence Eagleburger para el CEDC, una organización recién creada para evitar que una Alemania unida ampliara su comercio a la cuenca del Danubio.

COMITÉ DE LA MAYORÍA DEMOCRÁTICA. Oficiales: Ben Wattenburg, Jeane Kirkpatrick, Elmo Zumwa y Midge Dector.

Objetivo: establecer un vínculo entre la clase socialista educada y los grupos minoritarios para construir un bloque sólido de votantes con los que se pueda contar para votar a los candidatos de izquierda en las elecciones. Fue una verdadera operación fabianista de principio a fin.

INSTITUTO DE INVESTIGACIÓN EN POLÍTICA EXTERIOR. Oficiales: Robert Strausz Hupe.

Objetivo: socavar y eventualmente acabar con el programa espacial de la NASA.

SOCIAL DEMOCRATS U.S.A. Funcionarios: Bayard Rustin, Lane Kirkland, Jay Lovestone, Carl Gershman, Howard Samuel, Sidney Hook.

El objetivo era difundir el socialismo radical, especialmente entre los grupos minoritarios, y establecer vínculos entre organizaciones similares de los países socialistas. Lovestone fue, durante décadas, el principal asesor de los presidentes estadounidenses en asuntos soviéticos y un fuerte vínculo directo con Moscú.

INSTITUTO DE RELACIONES LABORALES. Oficiales: Harland Cleveland, Willis Harmon. Objetivo: cambiar la forma de pensar de Estados Unidos.

LA LIGA DE CIUDADANOS. Oficiales: Barry Commoner.

El objetivo es presentar demandas de "causa común" contra diversos organismos gubernamentales, especialmente en el ámbito de la defensa.

LIGA DE RESISTENTES A LA GUERRA. Líderes: Noam Chomsky y David McReynolds.

Objetivo: organizar la resistencia a la guerra de Vietnam entre los grupos de izquierda, los estudiantes y las "celebridades" de Hollywood.

EL COMITÉ ORGANIZADOR SOCIALISTA DEMOCRÁTICO DEL INSTITUTO DEL SOCIALISMO DEMOCRÁTICO Oficiales: Frank Zeider, Arthur Redier y David McReynolds.

Objetivo: centro de intercambio de ideas y actividades socialistas de izquierda en la Unión Europea, Estados Unidos y Europa.

DIVISIÓN DE INVESTIGACIÓN DE LA LIGA ANTIDIFAMACIÓN.

Oficiales: IRWIN SUALL, también conocido como John Graham.

Objetivo: Una operación conjunta del FBI y el servicio secreto británico para aislar y desactivar a los grupos de extrema derecha y a sus líderes antes de que sean demasiado grandes e influyentes.

ASOCIACIÓN INTERNACIONAL DE MAQUINISTAS.

Objetivo: Un frente obrero para la Internacional Socialista y un foco de agitación obrera organizada, polarizando a trabajadores y empresarios.

TRABAJADORES DE LA CONFECCIÓN FUSIONADOS.

Oficiales: Murray Findley, IRWIN SUALL y Jacob Scheinkman.

Objetivo: al igual que el sindicato de maquinistas, socializar y polarizar a los trabajadores del sector de la confección.

INSTITUT A. PHILIP RANDOLPH. Oficiales: Bayard Rustin.

Objetivo: proporcionar un medio de coordinación de las organizaciones con un objetivo común, por ejemplo, la difusión de las ideas socialistas entre los estudiantes y los trabajadores.

INSTITUTO DE ESTUDIOS POLÍTICOS DE CAMBRIDGE. Oficiales: Gar Apelrovitz.

Objetivo: desarrollar el trabajo realizado en el Instituto de Estudios Políticos. Fundada en febrero de 1969 por el socialista internacional Gar Apelrovitz, antiguo ayudante del senador Gaylord Nelson. Apelrovitz escribió el controvertido libro *ATOMIC DIPLOMACY* para el Club de Roma, cuyo trabajo fue financiado por el German Marshall Fund. Se centra en proyectos de investigación y acción, con el objetivo declarado de cambiar fundamentalmente la sociedad estadounidense, es decir, crear unos Estados Unidos fabianos para el próximo gobierno mundial único.

COMITÉ ECONÓMICO DEL INSTITUTO DEL ATLÁNTICO NORTE. Funcionarios: Dr. Aurellio Peccei.

Objetivo: Grupo de reflexión de la OTAN sobre cuestiones económicas mundiales.

CENTRO DE ESTUDIOS DE LAS INSTITUCIONES DEMOCRÁTICAS. Funcionarios: el fundador Robert Hutchins del Comité de los 300, Harry Ashmore, Frank Kelly y un nutrido grupo de "miembros honorarios".

El objetivo es difundir ideas que conduzcan a reformas sociales liberales con la democracia como ideología. Una de sus actividades es redactar una nueva constitución para Estados Unidos que será fuertemente monárquica y socialista como la de Dinamarca.

El Centro es un bastión "olímpico". Situada en Santa Bárbara, se encuentra en lo que se conoce cariñosamente como "el Partenón". El ex diputado John Rarick lo calificó como "una instalación llena de comunistas". En 1973, la redacción de una nueva Constitución de Estados Unidos estaba en su trigésimo quinto año, proponiendo una enmienda que garantizaba los "derechos medioambientales", cuyo objetivo es reducir la base industrial de Estados Unidos a un mero embrión de lo que era en 1969. En otras palabras, aplica las políticas postindustriales y de crecimiento cero del Club de Roma, definidas por el Comité de los 300.

Otros objetivos son el control de los ciclos económicos, el bienestar, la regulación de las empresas nacionales y las obras públicas, y el control de la contaminación. Hablando en nombre del Comité de los 300, el Sr. Ashmore dijo que la función del CSDI era encontrar formas de hacer más eficaz nuestro sistema político. "Tenemos que cambiar la educación y tenemos que buscar una nueva Constitución estadounidense y una Constitución para el mundo", dijo Ashmore.

Los otros objetivos declarados por Ashmore son los siguientes

1)   La pertenencia a la ONU debe ser universal.

2) La ONU debe ser reforzada.

3) El Sudeste Asiático debe ser neutralizado (Neutralizado significa "Comunicado").

4) Hay que poner fin a la Guerra Fría.

5) La discriminación racial debe ser abolida.

6) Hay que ayudar a los países en desarrollo. (Esto significa destruirlos).

7) No hay soluciones militares a los problemas. (Lástima que no se lo dijeran a George Bush antes de la Guerra del Golfo).

8) Las soluciones nacionales no son suficientes.

9) La coexistencia es necesaria.

CLÍNICA PSICOLÓGICA DE HARVARD. Los responsables: el Dr. Kurt Lewin y un equipo de 15 científicos especializados en las nuevas ciencias.

Objetivo: crear un clima en el que el Comité de los 300 pueda asumir un poder ilimitado sobre los Estados Unidos.

INSTITUTO DE INVESTIGACIÓN SOCIAL. Los responsables: el Dr. Kurt Lewin y un equipo de 20 científicos especializados en nuevas ciencias.

Objetivo: diseñar un conjunto de nuevos programas sociales para alejar a Estados Unidos de la industria.

UNIDAD DE INVESTIGACIÓN DE LA POLÍTICA CIENTÍFICA. Oficiales: Leland Bradford, Kenneth Dam, Ronald Lippert.

Asunto: Institución de Investigación de Choques Futuros de la Universidad de Sussex (Inglaterra) y parte de la red Tavistock.

UNA EMPRESA DE DESARROLLO DE SISTEMAS. Los responsables: Sheldon Arenberg y un equipo de varios centenares de personas, demasiadas para mencionarlas aquí.

El objetivo es coordinar todos los elementos de las comunidades de inteligencia de la Unión Europea, Estados Unidos y Gran Bretaña. Analiza qué "actores" deberían tener el papel de una entidad nacional; por ejemplo, España quedaría bajo el paraguas de una Iglesia católica diluida, las Naciones Unidas bajo el Secretario General, etc. Desarrolló el sistema "X RAY 2", en el que el personal de los grupos de reflexión, las instalaciones militares y los centros policiales están conectados con el Pentágono a través de una red nacional de teletipos y ordenadores: para aplicar técnicas de vigilancia a escala nacional. Arenberg afirma que sus ideas no son militares, pero que sus técnicas son principalmente las que aprendió de los militares. Estaba a cargo del Sistema de Identificación e Inteligencia del Estado de Nueva York, un proyecto típico de "1984" de George Orwell, que es completamente ilegal según nuestra Constitución. El sistema NYSIIS está en proceso de adopción en todo el país. Es lo que Brzezinski llamó la capacidad de recuperar datos sobre cualquier persona casi al instante.

El NYSIIS comparte sus datos con todos los organismos gubernamentales y policiales del estado. Permite almacenar y recuperar rápidamente los registros individuales, penales y sociales. Este es un proyecto TIPO del Comité de los 300. Es necesario investigar a fondo lo que hace la Corporación de Desarrollo de Sistemas, pero eso está fuera del alcance de este libro. Una cosa es *cierta*, el SDC no está ahí para preservar la libertad garantizada por la Constitución de los Estados Unidos. Qué conveniente es que se encuentre en Santa Bárbara, cerca del "Partenón" de Robert Hutchins.

A continuación, algunas publicaciones de estas instituciones del Club de Roma:

- Revista del Centro
- Contraespía
- Coventry
- Boletín de información sobre acciones encubiertas
- Disidente
- Relaciones humanas
- Investigación industrial
- Consulta
- Madre Jones
- Una
- Progresiva
- Cuentacuentos

➤ La Nueva República

➤ Documentos de trabajo para una nueva sociedad

No se trata en absoluto de todas las publicaciones editadas bajo los auspicios del Club de Roma. Hay cientos más, de hecho cada una de las fundaciones edita su propia publicación. Dado el número de fundaciones que dirigen el Instituto Tavistock y el Club de Roma, lo único que se puede incluir aquí es una lista parcial. A continuación se enumeran algunas de las fundaciones y think tanks más importantes, entre las que se encuentran los think tanks del ejército.

El público estadounidense se asombraría si supiera lo involucrados que están los militares en la búsqueda de "nuevas tácticas de guerra" con los "think tanks" del Comité de los 300. Los estadounidenses no saben que, en 1946, el Club de Roma recibió instrucciones del Comité de los 300 para promover el progreso de los grupos de reflexión, que, en su opinión, ofrecían un nuevo medio para difundir la filosofía del Comité. El impacto de estos think tanks en nuestro ejército, sólo desde 1959, cuando proliferaron repentinamente, es realmente sorprendente. No cabe duda de que desempeñarán un papel aún mayor en los asuntos cotidianos de esta nación a finales del siglo XX.

LA SOCIEDAD MONT PÈLERIN

Mont Pèlerin es una fundación económica que se dedica a emitir teorías económicas engañosas y a influir en los economistas del mundo occidental para que sigan los modelos que propone de vez en cuando. Sus principales practicantes son Von Hayek y Milton Friedman.

LA INSTITUCIÓN HOOVER.

Fundada originalmente para luchar contra el comunismo, la institución se ha ido acercando poco a poco al socialismo. Tiene un presupuesto anual de 2 millones de dólares, financiado por corporaciones bajo la égida del Comité de los 300, y ahora se centra en el "cambio pacífico", haciendo hincapié en el control de armas y en los asuntos internos de Estados Unidos. Los medios de comunicación la utilizan con frecuencia como una organización "conservadora" cuyas opiniones buscan cuando se necesita un punto de vista conservador. La Hoover Institution está lejos de ser una organización conservadora y, tras el documento de posición de 1953, se ha convertido en una organización por derecho propio.

Debido a la toma de posesión de la institución por parte de un grupo aliado del Club de Roma, se ha convertido en un medio de difusión de las políticas "deseables" del Nuevo Orden Mundial.

FUNDACIÓN DEL PATRIMONIO

Fundado por el magnate cervecero Joseph Coors como un grupo de reflexión conservador, Heritage pronto fue adquirido por los fabianistas Sir Peter Vickers-Hall, Stuart Butler, Steven Ayzlei, Robert Moss y Frederich Von Hayek bajo la dirección del Club de Roma. Este instituto desempeñó un papel importante en la ejecución de la orden del líder laborista británico Anthony Wedgewood Benn de "Thatcherizar a Reagan". El patrimonio no es ciertamente una organización conservadora, aunque a veces pueda parecerlo.

OFICINA DE INVESTIGACIÓN DE RECURSOS HUMANOS

Es un centro de investigación del ejército que se ocupa de la "psicotecnia". La mayoría de su personal está formado por Tavistock. La "psicotecnología" abarca la motivación y la moral de los soldados y la música utilizada por el enemigo. De hecho, mucho de lo que George Orwell escribió en su libro *1984* parece ser notablemente similar a lo que se enseña en HUMRRO. En 1969, el Comité de los 300 se hizo cargo de esta importante institución y la transformó en una organización privada sin ánimo de lucro dirigida bajo los auspicios del Club de Roma. Es el mayor grupo de investigación del comportamiento de Estados Unidos.

Una de sus especialidades es el estudio de los grupos pequeños en situación de estrés. HUMRRO enseña al ejército que un soldado no es más que una extensión de su equipo y ha tenido una gran influencia en el sistema "hombre/arma" y su "control de calidad humana", tan ampliamente aceptado por el ejército estadounidense. HUMRRO ha tenido un efecto muy pronunciado en la forma de conducirse de los militares. Sus técnicas de control mental son directamente de Tavistock. Se supone que los cursos de psicología aplicada de HUMRRO enseñan a los oficiales del ejército a manejar el arma humana. Un buen ejemplo de ello es cómo los soldados de la guerra contra Irak estaban dispuestos a desobedecer las órdenes de sus manuales de campo y enterrar vivos a 12.000 soldados iraquíes.

Este tipo de lavado de cerebro es terriblemente peligroso, porque hoy se aplica al ejército, el ejército lo aplica para destruir brutalmente a miles de soldados "enemigos", y mañana se le podría decir al ejército que los grupos de población civil opuestos a las políticas del gobierno son "el enemigo". Ya somos un rebaño de ovejas descerebrado y con el cerebro lavado (*We the sheeple [?]*),[4] pero parece que HUMRRO puede llevar la manipulación y el control mental aún más lejos. HUMRRO es una valiosa adición a Tavistock y muchas de las lecciones impartidas en HUMRRO se aplicaron en la Guerra del Golfo, lo que permite comprender un poco más cómo se llegó a que los soldados estadounidenses se comporten como asesinos despiadados y sin corazón, algo muy alejado del concepto del combatiente estadounidense tradicional.

CORPORACIÓN DE ANÁLISIS DE INVESTIGACIÓN.

Es la organización hermana de HUMRRO "1984", situada en McLean, Virginia. Fundada en 1948, fue adquirida por el Comité de los 300 en 1961, cuando pasó a formar parte del bloque Johns Hopkins. Ha trabajado en más de 600 proyectos, entre ellos la integración de negros en el ejército, el uso táctico de armas nucleares, los programas de guerra psicológica y el control masivo de la población.

Hay, por supuesto, muchos otros grupos de reflexión importantes, la mayoría de los cuales analizaremos en este libro. Uno de los ámbitos más importantes de cooperación entre lo que producen los think tanks y lo que se convierte en gobierno y política pública es el de los "encuestadores". Los encuestadores se dedican a dar forma y moldear la opinión pública en la dirección que conviene a los conspiradores. La CBS-NBC-ABC, el *New York Times* y el *Washington Post* realizan constantemente encuestas. La mayoría de estos esfuerzos se coordinan en el Centro Nacional de Investigación de la Opinión, donde, sorprendentemente, se ha desarrollado un perfil psicológico para toda la nación.

Los resultados se introducen en los ordenadores de Gallup Poll y Yankelovich, Skelley y White para su evaluación comparativa. La mayor parte de lo que leemos en nuestros periódicos o vemos en la televisión fue autorizado primero por los encuestadores. LO QUE VEMOS ES LO QUE LOS ENCUESTADORES CREEN QUE DEBEMOS VER. Esto se llama "opinión pública". La idea detrás de este pequeño condicionamiento social es determinar cómo reacciona el público a las DIRECCIONES POLÍTICAS dadas por el Comité de los 300. Nos llaman "grupos de población objetivo" y lo que miden los encuestadores es el grado de resistencia a lo que aparece en el "Nightly

---

[4] "Nosotros las ovejas", Ndt.

News".[5] Más adelante sabremos exactamente cómo empezó esta práctica engañosa y quién es el responsable de ella.

Todo esto forma parte del elaborado proceso de formación de opinión creado en Tavistock. Hoy en día, nuestros ciudadanos *se creen* bien informados, pero *no* se dan cuenta de que las opiniones que *creen* que son *suyas* han sido creadas en realidad en los institutos de investigación y los think tanks estadounidenses y que ninguno de nosotros es libre de formarse su propia opinión, debido a la información que nos dan los medios de comunicación y los encuestadores.

Las encuestas llegaron a su punto álgido justo antes de que Estados Unidos entrara en la Segunda Guerra Mundial. Los estadounidenses fueron condicionados involuntariamente a ver a Alemania y Japón como enemigos peligrosos a los que había que detener. En cierto sentido, esto era cierto, y hace que el pensamiento condicionado sea aún *más* peligroso, porque según la INFORMACIÓN que se les dio, el enemigo parecía ser, efectivamente, Alemania y Japón. Hace poco vimos lo bien que funciona el proceso de condicionamiento de Tavistock, cuando se condicionó a los estadounidenses a percibir a Irak como una amenaza y a Saddam Hussein como un enemigo personal de Estados Unidos.

Este proceso de condicionamiento se describe técnicamente como "el mensaje que llega a los órganos de los sentidos de las personas a las que se quiere influir". Uno de los encuestadores más respetados es Daniel Yankelovich, miembro del Comité de los 300, de la firma Yankelovich, Skelley and White. Yankelovich se enorgullece de decir a sus alumnos que las encuestas son una herramienta para cambiar la opinión pública, aunque esto no es original, ya que Yankelovich se inspiró en el libro de David Naisbett "TREND REPORT", encargado por el Club de Roma.

En su libro, Naisbett describe la gama de técnicas utilizadas por los creadores de opinión para crear la opinión pública deseada por el Comité de los 300. La creación de opinión pública es la joya de la corona de los OLIMPIANOS, ya que con sus miles de nuevos científicos sociales a su disposición, y con los medios de comunicación en sus manos, se pueden crear NUEVAS opiniones públicas sobre casi cualquier tema y difundirlas por todo el mundo en dos semanas.

---

[5] "Noticias de la tarde.

Esto es precisamente lo que ocurrió cuando su servidor George Bush recibió la orden de ir a la guerra contra Irak. En dos semanas, no sólo la opinión pública estadounidense, sino casi toda la opinión pública mundial se volvió contra Irak y su presidente Saddam Hussein. Estos artistas del cambio y manipuladores de la información informan directamente al Club de Roma, que a su vez informa al Comité de los 300, encabezado por la Reina de Inglaterra, que reina sobre una vasta red de corporaciones estrechamente unidas que nunca pagan impuestos y no rinden cuentas a nadie, que financian sus institutos de investigación a través de fundaciones, y cuyas actividades conjuntas tienen un control casi total sobre nuestra vida cotidiana.

Con sus corporaciones entrelazadas, las compañías de seguros, los bancos, las compañías financieras, las compañías petroleras, los periódicos, las revistas, la radio y la televisión, este vasto aparato se sienta a horcajadas sobre los Estados Unidos y el mundo. No hay un solo político en Washington D.C. que no esté, de un modo u otro, en deuda con ella. La izquierda despotrica contra este aparato, llamándolo "imperialismo", que lo es, pero la izquierda está dirigida por la misma gente que controla la derecha, ¡así que la izquierda no es más libre que nosotros!

Los científicos que participan en el proceso de condicionamiento se denominan "ingenieros sociales" o "científicos sociales de las nuevas ciencias" y desempeñan un papel fundamental en lo que vemos, oímos y leemos. Los ingenieros sociales de la "vieja escuela" eran Kurt K. Lewin, el profesor Hadley Cantril, Margaret Meade, el profesor Derwin Cartwright y el profesor Lipsitt que, junto con John Rawlings Reese, formaban la columna vertebral de los nuevos científicos del Instituto Tavistock.

Durante la Segunda Guerra Mundial, más de 100 investigadores trabajaron bajo la dirección de Kurt Lewin, copiando servilmente los métodos adoptados por Reinhard Heydrich de la S.S. La OSS se basó en la metodología de Heydrich y, como sabemos, la OSS fue la precursora de la Agencia Central de Inteligencia. La conclusión de todo esto es que los gobiernos de Gran Bretaña y Estados Unidos ya han puesto en marcha la maquinaria necesaria para llevarnos a un Nuevo Orden Mundial con sólo una pequeña resistencia, y esta maquinaria ha estado en marcha desde 1946. Cada año que pasa añade nuevos refinamientos.

Es este Comité de los 300 el que ha establecido redes y mecanismos de control mucho más vinculantes que cualquier cosa que se haya visto en este mundo. No se necesitan cadenas ni cuerdas para retenernos. Nuestro miedo a lo que está por venir hace este trabajo mucho más eficazmente que cualquier medio físico de restricción. Nos han lavado el cerebro para que renunciemos a nuestro derecho constitucional a portar armas, para que renunciemos a nuestra propia Constitución, para que permitamos que las Naciones Unidas controlen nuestra política exterior y que el FMI tome el control de nuestra política fiscal y monetaria, para que permitamos que el Presidente infrinja impunemente la ley de los Estados Unidos, para que invada un país extranjero y secuestre a su jefe de Estado. En resumen, nos han lavado el cerebro hasta el punto de que, como nación, aceptamos todos los actos ilegales cometidos por nuestro gobierno sin cuestionarlos.

Por mi parte, sé que pronto tendremos que luchar para recuperar nuestro país del Comité, o perderlo para siempre. PERO, cuando llegue el momento, ¿cuántos tomarán realmente las armas? En 1776, sólo el 3% de la población se levantó en armas contra el rey Jorge III. Esta vez el 3% será lamentablemente insuficiente. No debemos dejarnos llevar por callejones sin salida, porque eso es lo que nuestros controladores mentales han planeado para nosotros al enfrentarnos a una complejidad tal de cuestiones que simplemente sucumbimos a la penetración a largo plazo y no tomamos decisiones sobre muchas cuestiones vitales.

Vamos a ver los nombres de los que componen el Comité de los 300, pero antes debemos ver el enorme entramado de todas las grandes instituciones, corporaciones y bancos bajo el control del Comité. Tenemos que seguirles la pista, porque son los que deciden quién debe vivir y quién debe ser eliminado como "comedores inútiles"; dónde vamos a adorar a Dios, qué debemos vestir e incluso qué vamos a comer. Según Brzezinski, estaremos bajo una vigilancia infinita, 24 horas al día, 365 días al año, ad infinitum.

El hecho de que hemos sido traicionados desde dentro está siendo aceptado por más y más gente cada año, y eso es algo bueno, porque es a través del Conocimiento[6], una palabra traducida de la palabra CREENCIA, que podemos derrotar a los enemigos de la humanidad. Mientras estábamos distraídos por los hombres del saco en el Kremlin, el Caballo de Troya se instaló en Washington D.C. El mayor peligro al que se enfrenta la gente libre hoy en día no proviene de Moscú, sino de

---

[6] "Mi pueblo es destruido por falta de [Mi] conocimiento". - Dios, Oseas 4:6.

Washington D.C. Primero debemos conquistar al ENEMIGO INTERNO, y entonces seremos lo suficientemente fuertes como para montar una ofensiva para eliminar el comunismo de la Tierra junto con todos los "ismos" que lo acompañan.

La administración Carter aceleró el colapso de nuestra economía y del ejército, este último iniciado por Robert Strange McNamara, miembro del Club de Roma y del Lucis Trust. A pesar de sus promesas, Reagan siguió socavando nuestra base industrial, retomando lo que Carter había dejado. Aunque debemos mantener nuestras defensas fuertes, no podemos hacerlo desde una base industrial débil, ya que sin un complejo militar-industrial bien gestionado no podemos tener un sistema de defensa viable. El Comité de los 300 lo reconoció y planificó sus ahora florecientes políticas de crecimiento cero postindustrial ya en 1953. Gracias al Club de Roma, nuestro potencial tecnológico ha caído por debajo del de Japón y Alemania, naciones a las que supuestamente derrotamos en la Segunda Guerra Mundial. ¿Cómo hemos llegado hasta allí? Por culpa de hombres como el Dr. Alexander King y de nuestra mentalidad ciega, no hemos reconocido la destrucción de nuestras instituciones y sistemas educativos. Debido a nuestra ceguera, ya no producimos ingenieros y científicos en número suficiente para mantenernos entre las naciones industrializadas del mundo. Gracias al Dr. King, un hombre que muy poca gente conoce en América, la educación en Estados Unidos está en su nivel más bajo desde 1786. Las estadísticas elaboradas por el Instituto para el Aprendizaje Superior muestran que las habilidades de lectura y escritura de los estudiantes de secundaria en los Estados Unidos son MENOS que las de los estudiantes de secundaria en 1786.

A lo que nos enfrentamos hoy no es sólo a la pérdida de nuestra libertad y del propio tejido de nuestra nación, sino, lo que es mucho peor, a la posibilidad de la pérdida de nuestras almas. La constante erosión de los cimientos sobre los que descansa esta república ha dejado un vacío que *los satanistas* y los cultistas están ansiosos por llenar con su material sintético para las almas. Esta verdad es difícil de aceptar y apreciar, ya que no ha habido nada repentino en estos acontecimientos. Si un choque repentino nos golpeara, un choque cultural y religioso, nos sacaría de nuestra apatía.

Pero *el gradualismo*, es decir, el proceso por el que opera *el fabianismo*, no hace nada para dar la alarma. Debido a que la gran mayoría de los estadounidenses no pueden percibir ninguna MOTIVACIÓN para las cosas que he descrito, no pueden aceptarla, y por lo tanto la conspiración (que yo señalo) es despreciada y a menudo burlada (como una teoría salvaje, o un producto de la imaginación). Al crear el caos presentando cientos de opciones diarias que nuestra gente tiene que hacer, hemos llegado a una posición en la que, a menos que la motivación pueda ser claramente demostrada, toda la información relevante es rechazada.

Este es el eslabón débil y el fuerte de la cadena de conspiración. La mayoría de la gente descarta cualquier cosa que no tenga un motivo, por lo que los conspiradores se sienten seguros tras el ridículo que hacen los que señalan la crisis que se avecina en nuestra nación y en nuestras vidas individuales. Sin embargo, si conseguimos que un número suficiente de personas vea la verdad, el bloqueo motivacional se debilita hasta que finalmente se deja de lado a medida que más y más personas se ilustran y se abandona así la noción (falsa) de que "esto no puede ocurrir en Estados Unidos".

El Comité de los 300 confía en nuestras respuestas inadaptadas para gobernar nuestra reacción a los acontecimientos creados, y no se sentirán decepcionados mientras nosotros, como nación, sigamos reaccionando de la manera actual. Debemos convertir las respuestas a las crisis creadas en respuestas ADAPTATIVAS identificando a los conspiradores y exponiendo sus planes para nosotros, para que estas cosas sean de conocimiento público. El Club de Roma ya ha hecho la transición al barbarismo. En lugar de esperar a ser "*raptados*", debemos *detener* al Comité de los 300 *antes de* que puedan lograr su objetivo de hacernos prisioneros (esclavos) de la "nueva era oscura" planeada para nosotros. No depende de Dios, sino de *nosotros*. Debemos tomar las medidas necesarias.

"Hay que detenerlos, todo depende de eso".

Toda la información que proporciono en este libro es el resultado de años de investigación, respaldada por fuentes de información impecables. Nada es exagerado. Es fáctico y preciso, así que no caiga en la trampa tendida por el enemigo de que este material es "desinformación". A lo largo de las dos últimas décadas he proporcionado información que ha demostrado ser muy precisa y ha ayudado a explicar muchos acontecimientos confusos. Mi esperanza es que, a través de este libro, surja una comprensión más clara y amplia de las fuerzas conspirativas dispuestas contra esta nación. Esta esperanza se está haciendo realidad a medida que más y más jóvenes comienzan a hacer preguntas y a buscar información sobre lo que realmente está sucediendo. Es difícil que la gente entienda que estos conspiradores son reales y tienen el poder que yo y muchos otros les hemos atribuido. Muchos han escrito para preguntar cómo es que nuestro gobierno no hace nada ante esta terrible amenaza para la civilización. El problema es que nuestro gobierno es parte del problema, parte de la conspiración, y en ningún lugar y en ningún momento se ha hecho más evidente que durante la presidencia de Bush. Por supuesto, el Presidente Bush sabe exactamente lo que el Comité de los 300 nos está haciendo. TRABAJA PARA ELLOS. Otros han escrito para decir: "Creíamos que estábamos luchando contra el gobierno". Por supuesto que sí, pero detrás del gobierno se encuentra una fuerza tan poderosa y omnipresente que las agencias de inteligencia temen incluso mencionar su nombre, los "olímpicos" (la famosa mano oculta).

La prueba del Comité de los 300 está en el gran número de poderosas instituciones que posee y controla. He aquí algunas de las más importantes, todas ellas dependientes de la MADRE DE TODOS LOS TANQUES DE PENSAMIENTO E INSTITUCIONES DE INVESTIGACIÓN, EL INSTITUTO TAVISTOCK DE RELACIONES HUMANAS, con su extensa red de cientos de "sucursales".

El Centro de Investigación de Stanford

El Centro de Investigación de Stanford (SRC) fue fundado en 1946 por el Instituto Tavistock para las Relaciones Humanas. Stanford se creó para ayudar a Robert Anderson y a su empresa petrolera ARCO, que se había hecho con los derechos petrolíferos del North Slope de Alaska para el Comité de los 300. De hecho, la tarea era demasiado grande para el Instituto Aspen de Anderson, por lo que hubo que fundar y financiar un nuevo centro. Este nuevo instituto era el Centro de Investigación de Stanford. Alaska vendió sus derechos por un pago inicial de 900 millones de dólares, una cantidad relativamente pequeña para el Comité de los 300. El Gobernador de Alaska fue remitido a la Agencia Tributaria en busca de ayuda y asesoramiento. Esto no fue un accidente, sino el resultado de una cuidadosa planificación y un proceso de envasado a largo plazo.

Tras la petición de ayuda del Gobernador, tres científicos del SRI se trasladaron a Alaska, donde se reunieron con el Secretario de Estado y la Oficina de Planificación Estatal. Francis Greehan, que dirigió el equipo del SRI, aseguró al gobernador que su problema de gestión del rico hallazgo de petróleo estaría a salvo en manos del SRI. Naturalmente, Greehan no mencionó el Comité de los 300 ni el Club de Roma. En menos de un mes, Greehan reunió un equipo de varios cientos de economistas, especialistas en petróleo y nuevos científicos. El informe que el SRI presentó al gobernador tenía ochenta y ocho páginas. La propuesta fue aprobada prácticamente sin cambios por la Legislatura de Alaska en 1970. En efecto, Greehan había realizado un trabajo notable para el Comité de los 300, y desde el principio el IRS se convirtió en una institución con 4.000 empleados y un presupuesto anual de más de 160 millones de dólares. Su presidente, Charles A. Anderson, fue testigo de gran parte de este crecimiento durante su mandato, al igual que el profesor Willis Harmon, director del Centro de Estudios de Política Social del SRI, que emplea a cientos de nuevos científicos, muchos de los cuales fueron trasladados desde la base londinense de Tavistock. Uno de ellos era el presidente de la RCA y antiguo oficial de la inteligencia británica, David Sarnoff, que estuvo estrechamente relacionado con Harmon y su equipo durante veinticinco años. Sarnoff era una especie de "guardián" del instituto matriz en Sussex.

Stanford afirma no hacer juicios morales sobre los proyectos que acepta, trabajando para Israel y los árabes, Sudáfrica y Libia, pero, como se puede imaginar, al adoptar esta postura se asegura una "ventaja interna" con los gobiernos extranjeros que la CIA ha encontrado muy útil. En el libro de Jim Ridgeway, *LA CORPORACIÓN CERRADA*, Gibson, un portavoz del IRS, se jacta de la postura no discriminatoria del IRS. Aunque no figura en la lista de centros de investigación de contratos federales, el IRS es ahora el mayor think tank militar, eclipsando a Hudson y Rand. Entre los departamentos especializados del SRI se encuentran los centros experimentales de guerra química y biológica.

Una de las actividades más peligrosas de Stanford consiste en operaciones de contrainsurgencia dirigidas a la población civil, exactamente el tipo de cosas de "1984" que el gobierno ya utiliza contra su *propio* pueblo. El gobierno estadounidense paga millones de dólares al año al SRI por este tipo de "investigación" tan controvertida. Tras las protestas de los estudiantes contra los experimentos de guerra química en Stanford, el SRI se "vendió" a un grupo privado por sólo 25 millones de dólares. Por supuesto, nada ha cambiado realmente, el SRI sigue siendo un proyecto de Tavistock y el Comité de los 300 sigue siendo su propietario, pero los crédulos parecen satisfechos con este cambio cosmético sin consecuencias. En 1958, apareció una novedad sorprendente. La Agencia de Productos de Investigación Avanzada (ARPA), una agencia de contratación del Departamento de Defensa, se dirigió al IRS con una propuesta de alto secreto. John Foster, del Pentágono, explicó a SRI que era necesario un programa para proteger a Estados Unidos de "sorpresas tecnológicas". Foster quería perfeccionar una condición en la que el medio ambiente se convirtiera en un arma; bombas especiales para desencadenar volcanes y/o terremotos, investigación sobre el comportamiento de enemigos potenciales y minerales y metales que pudieran utilizarse como nuevas armas. El proyecto fue aceptado por el SRI y recibió el nombre de código "SHAKY".

El enorme cerebro electrónico de SHAKY era capaz de ejecutar muchos comandos, sus ordenadores habían sido construidos por IBM para el SRI. Veintiocho científicos trabajaron en lo que se denomina "aumento humano". El ordenador de IBM tiene incluso la capacidad de resolver problemas por analogía y reconoce y luego identifica a los científicos que trabajan con él. Las "aplicaciones especiales" de esta herramienta se pueden imaginar mejor que describir. Brzezinski sabía de lo que hablaba cuando escribió *LA ERA TECNOLÓGICA*.

El Instituto de Investigación de Stanford colabora estrechamente con un gran número de empresas consultoras civiles, tratando de aplicar la tecnología militar a situaciones domésticas. Esto no siempre ha tenido éxito, pero a medida que la tecnología mejora, la perspectiva de una *vigilancia* masiva *y omnipresente*, como la descrita por Brzezinski, se hace más real cada día. YA EXISTE Y SE UTILIZA, AUNQUE DE VEZ EN CUANDO HAYA QUE CORREGIR PEQUEÑOS FALLOS.

Una de estas empresas consultoras civiles era Schriever McKee Associates de McLean, Virginia, dirigida por el general retirado Bernard A. Schriever, antiguo jefe del Mando de Sistemas de la Fuerza Aérea, que desarrolló los cohetes Titán, Thor, Atlas y Minuteman.

Schriever ha reunido un consorcio formado por Lockheed, Emmerson Electric, Northrop, Control Data, Raytheon y TRW bajo el nombre de URBAN SYSTEMS Associates INC. ¿El objetivo del consorcio? Resolver los "problemas urbanos" sociales y psicológicos mediante técnicas militares con sistemas electrónicos avanzados. Es interesante señalar que TRW se ha convertido en la mayor empresa de recopilación de información crediticia en el sector de los informes de crédito gracias a su trabajo con Urban Systems Associates Inc.

Esto debería decirnos mucho sobre hasta qué punto esta nación está ya bajo vigilancia total, que es el primer requisito del Comité de los 300. Ninguna dictadura, sobre todo a escala mundial, puede funcionar sin un control total de cada individuo. El IRS estaba en proceso de convertirse en una organización de investigación clave del Comité de los 300.

En los años 80, el 60% de los contratos del SRI se dedicaban al "futurismo", con aplicaciones tanto militares como civiles. Sus principales clientes eran el Departamento de Defensa de EE.UU., la Dirección de Investigación e Ingeniería de Defensa, la Oficina de Investigación Aeroespacial, que se ocupaba de las "Aplicaciones de las Ciencias del Comportamiento a la Gestión de la Investigación", la Oficina Ejecutiva del Presidente, la Oficina de Ciencia y Tecnología y el Departamento de Salud de EE.UU. Para el Departamento de Salud, el IRS llevó a cabo un programa titulado "Patterns in ESDEA Title I Reading Achievement Tests". Otros clientes fueron el Departamento de Energía, el Departamento de Trabajo, el Departamento de Transporte y la Fundación Nacional de la Ciencia (NSF). Es especialmente importante el documento preparado para la NSF, titulado "Evaluación de los problemas futuros e internacionales".

El Centro de Investigación de Stanford, bajo el paraguas del Instituto Tavistock de Londres, ha desarrollado un amplio y aterrador sistema que denomina Programa de Inteligencia Empresarial. Más de 600 empresas estadounidenses y extranjeras se suscribieron a ella. El programa abarcó investigaciones sobre las relaciones comerciales exteriores de Japón, el marketing de consumo en una época de cambio, el creciente desafío del terrorismo internacional, la evaluación sensorial de los productos de consumo, el sistema de transferencia electrónica de fondos, la detección optoelectrónica, los métodos de planificación exploratoria, la industria de defensa estadounidense y la disponibilidad de capital. Entre las principales empresas del Comité de los 300 que se convirtieron en clientes de este programa figuran Bechtel Corporation (George Schultz formaba parte de su consejo de administración), Hewlett Packard, TRW, Bank of America, Shell Company, RCA, Blyth, Eastman Dillon, Saga Foods Corporation, McDonnell Douglas, Crown Zellerbach, Wells Fargo Bank y Kaiser Industries. Pero uno de los programas más siniestros de todos los SRIs, con el potencial de hacer un enorme daño al cambiar la dirección en la que los Estados Unidos irán, social, moral y religiosamente, fue el de la Fundación Charles F. Kettering de Stanford "CAMBIANDO LAS IMÁGENES DEL HOMBRE" bajo la referencia oficial de Stanford "Contrato Número URH (489)-2150 Informe de Investigación Política Número 4/4/74, Preparado por el Centro SRI para el Estudio de la Política Social, Director Willis Harmon. Se trata probablemente de una de las investigaciones más exhaustivas que se han llevado a cabo sobre cómo se puede cambiar al hombre.

El informe de 319 páginas fue redactado por 14 nuevos científicos bajo la supervisión de Tavistock y 23 controladores principales, entre ellos B. F. Skinner, Margaret Meade, Ervin Lazlo y Sir Geoffrey Vickers, un alto funcionario de la inteligencia británica en el MI6. Cabe recordar que su yerno, Sir Peter Vickers-Hall, fue miembro fundador de la llamada "Heritage Foundation", una organización conservadora. Gran parte de las 3.000 páginas de "recomendaciones" entregadas a la Administración Reagan en enero de 1981 se basaban en el material de "CHANGING IMAGES OF MAN" de Willis Harmon.

Tuve el privilegio de recibir un ejemplar de "LAS IMÁGENES CAMBIANTES DEL HOMBRE" de manos de mis colegas de los servicios de inteligencia cinco días después de que fuera aceptado por el gobierno de los Estados Unidos. Lo que leí me impactó, ya que me di cuenta de que estaba viendo un proyecto de los Estados Unidos del futuro, diferente a todo lo que había visto antes. La nación debía ser programada para cambiar y acostumbrarse tanto a estos cambios planificados que apenas se notaría cuando se produjeran cambios profundos. Nos hemos degradado tan rápidamente desde que se escribió "LA CONSPIRACIÓN DEL ACUARIO" (título del libro del documento técnico de Willis Harmon), que hoy el divorcio no está estigmatizado, el suicidio está en su punto más alto y no suscita apenas objeciones, las desviaciones sociales de la norma y las aberraciones sexuales, antes innombrables en los círculos decentes, son ahora habituales y no suscitan ninguna protesta particular.

Como nación, no nos hemos dado cuenta de cómo "LA EVOLUCIÓN DE LAS IMÁGENES DEL HOMBRE" ha alterado radicalmente nuestro modo de vida americano para siempre. En cierto modo, hemos sido derrotados por el "síndrome de Watergate". Durante un tiempo nos sorprendió y consternó saber que Nixon no era más que un ladrón barato que se reunía con los amigos de la mafia de Earl Warren en la bonita casa que le construyeron junto a la finca de Nixon. Cuando demasiados "golpes de futuro" y titulares de prensa reclamaron nuestra atención, nos perdimos, o mejor dicho, la gran cantidad de opciones a las que nos enfrentamos y seguimos enfrentándonos a diario nos confundió hasta el punto de que ya no fuimos capaces de tomar las decisiones necesarias.

Peor aún, después de haber sido sometidos a un aluvión de crímenes desde lo alto, más el trauma de la guerra de Vietnam, nuestra nación parecía no querer más verdades. Esta reacción está cuidadosamente explicada en el artículo técnico de Willis Harmon, en resumen, la nación americana estaba reaccionando exactamente de la manera descrita. Peor aún, al no querer aceptar la verdad, fuimos un paso más allá: recurrimos al gobierno para que nos proteja de la verdad.

El hedor corrupto de las administraciones Reagan-Bush lo queríamos cubrir con dos metros de tierra. Los crímenes cometidos bajo el título del asunto (o escándalos) Irán/Contra, no queríamos que se descubrieran. *Permitimos* que nuestro presidente nos mintiera sobre su paradero entre el 20 y el 23 de octubre de 1980. Sin embargo, estos crímenes superan con creces en cantidad y alcance todo lo que hizo Nixon mientras estuvo en el cargo. ¿Reconocemos como nación que se trata de un descenso desenfrenado?

No, no lo hacemos. Cuando aquellos cuyo trabajo es llevar la verdad al pueblo estadounidense de que un gobierno pequeño, privado y bien organizado dentro de la Casa Blanca estaba ocupado cometiendo un crimen tras otro, crímenes que atacaban el alma misma de esta nación y las instituciones republicanas sobre las que descansa, se nos dijo que no aburriéramos al público con esas cosas. "Realmente no queremos saber nada de todas estas especulaciones" se convirtió en la respuesta estándar.

Cuando el más alto funcionario electo del país antepuso descaradamente las leyes de la ONU a la Constitución de los Estados Unidos, lo cual es un delito perseguible, la mayoría lo aceptó como "normal". Cuando el más alto funcionario electo de la nación fue a la guerra sin una declaración de guerra del Congreso, el hecho fue censurado por los medios de comunicación, y una vez más lo aceptamos en lugar de enfrentar la verdad. Cuando comenzó la Guerra del Golfo, que nuestro presidente tramó y planificó, no sólo nos alegramos de la censura más descarada, sino que incluso nos la tomamos a pecho, creyendo que era "buena para el esfuerzo bélico". Nuestro presidente mintió,[7] April Glaspie mintió, el Departamento de Estado mintió. Dijeron que la guerra estaba justificada porque el presidente Hussein había sido advertido de que debía dejar en paz a Kuwait. Cuando los cables del Departamento de Estado de Glaspie se hicieron finalmente públicos, un senador estadounidense tras otro salió en defensa de Glaspie, la puta. No importaba que vinieran de demócratas y republicanos. Nosotros, el pueblo, *dejamos* que se salgan con la suya con sus viles mentiras.

En este estado de ánimo del pueblo estadounidense, los sueños más descabellados de Willis Harmon y sus equipos de científicos se hicieron realidad. El Instituto Tavistock estaba encantado de haber conseguido destruir el respeto y la autoestima de esta otrora gran nación. Nos dicen que ganamos la Guerra del Golfo. Lo que la gran mayoría de los estadounidenses aún no se da cuenta es que al ganar la guerra, le costó a nuestra nación su autoestima y su honor. Lo que languidece en las arenas del desierto de Kuwait e Irak, junto a los cadáveres de los soldados iraquíes que masacramos en la retirada acordada de Kuwait y Basora: no pudimos cumplir nuestra promesa de respetar las Convenciones de Ginebra y no atacarlos. ¿Qué queréis?", nos

---

[7] Y más recientemente con las mentiras de Clinton sobre su aventura con Monica Lewinsky.

preguntaron nuestros controladores, "¿la victoria o la autoestima? No puedes tener las dos cosas".

Hace cien años esto no podría haber sucedido, pero ahora ocurre sin comentarios. Hemos sucumbido a la guerra de penetración de largo alcance emprendida contra esta nación por Tavistock. Al igual que la nación alemana, derrotada por el bombardeo de Prudential, un número suficiente de personas se ha puesto de acuerdo para hacer de esta nación el tipo de país que los regímenes totalitarios del pasado habrían imaginado sólo en sus sueños. "Aquí", decían, "hay una nación, una de las más grandes del mundo, que no quiere la verdad. Podemos prescindir de todas nuestras agencias de propaganda. No tenemos que esforzarnos por ocultar la verdad a esta nación, la ha rechazado voluntariamente por sí misma. Esta nación es una gallina".

Nuestra otrora orgullosa República de los Estados Unidos de América es ahora una serie de organizaciones criminales de fachada, lo que, como muestra la historia, es siempre el comienzo del totalitarismo. Esta es la etapa de alteración permanente que hemos alcanzado en América a finales de 1991. Vivimos en una sociedad desechable, programada para no durar. Ni siquiera nos inmutamos ante los 4 millones de personas sin hogar, los 30 millones de parados o los 15 millones de bebés asesinados hasta la fecha. Estos son los "desechos" de la era de Acuario, una conspiración tan deplorable que, cuando se la confronta por primera vez, la mayoría negará su existencia, *racionalizando* estos eventos como "los tiempos han cambiado".

Así es como el Instituto Tavistock y Willis Harmon *nos han programado* para reaccionar. El desmantelamiento de nuestros ideales continúa sin protesta. El impulso espiritual e intelectual de nuestro pueblo ha sido destruido. El 27 de mayo de 1991, el presidente Bush hizo una declaración muy profunda, cuya idea central parece haber sido totalmente malinterpretada por la mayoría de los comentaristas políticos:

> "La dimensión moral de la política estadounidense requiere que tracemos un rumbo moral en un mundo de mínimo mal. Este es el mundo real, nada es blanco o negro; hay muy poco espacio para los absolutos morales".

¿Qué otra cosa se puede esperar de un presidente que es, muy posiblemente, el hombre más malvado que ha ocupado la Casa Blanca?

Considere esto a la luz de su orden de enterrar vivos a 12.000 soldados iraquíes. Considere esto a la luz de su actual guerra de genocidio contra el pueblo iraquí. El presidente Bush se complace en llamar al presidente Saddam Hussein "el Hitler de nuestro tiempo". Nunca se molestó en aportar ninguna prueba. No tuvo que hacerlo. Como el presidente Bush hizo esa declaración, la aceptamos sin rechistar. Considere, a la luz de la verdad, que hizo todas estas cosas en nombre del pueblo estadounidense mientras recibía secretamente sus órdenes del Comité de los 300.

Pero, más que nada, considere esto: el presidente Bush y sus controladores se sienten tan seguros que ya no encuentran necesario ocultar su malvado control del pueblo estadounidense, o mentir sobre él. Esto es evidente en la afirmación de que él, como nuestro líder, hará todo tipo de compromisos con la verdad, la honestidad y la decencia si sus controladores (y los nuestros) lo consideran necesario. El 27 de mayo de 1991, el Presidente de los Estados Unidos abandonó todos los principios consagrados en nuestra Constitución y proclamó audazmente que ya no estaba obligado por ella. Se trata de una gran victoria para el Instituto Tavistock y la Encuesta de Bombardeo Prudencial, cuyo objetivo ha pasado de las viviendas de los trabajadores alemanes en 1945 a las almas del pueblo estadounidense en una guerra que comenzó en 1946 y continúa hasta 1992.

A principios de la década de 1960, el Instituto de Investigación de Stanford aumentó la presión sobre esta nación para que cambiara. La ofensiva del SRI creció en poder e impulso. Encienda su televisor y verá la victoria de Stanford ante sus ojos: programas de entrevistas con fuertes detalles sexuales, especiales de vídeo donde reinan la perversión, el rock and roll y las drogas. Donde antes reinaba John Wayne, ahora tenemos a un hombre (¿o es él?) llamado Michael Jackson, una parodia de ser humano que se presenta como un héroe, mientras se contonea, masculla y grita en las pantallas de televisión de millones de hogares estadounidenses.

Una mujer que ha pasado por una serie de matrimonios recibe cobertura nacional. Un grupo de rock decadente, mugriento, a medio lavar y drogado recibe horas de emisión dedicadas a sus sonidos inanes y sus giros locos, a su ropa y a sus aberraciones lingüísticas. Las telenovelas que muestran lo más parecido a la pornografía no suscitan comentarios. Mientras que a principios de la década de 1960 esto nunca se habría tolerado, hoy se acepta como algo normal. Hemos sido sometidos y sucumbido a lo que el Instituto Tavistock denomina "choques futuros", cuyo futuro es AHORA, y estamos tan adormecidos por un choque cultural tras otro que protestar parece un gesto inútil, por lo que lógicamente pensamos que no tiene sentido protestar.

En 1986, el Comité de los 300 ordenó subir la presión. Los Estados Unidos no se movían lo suficientemente rápido. Estados Unidos inició el proceso de "reconocimiento" de los carniceros de Camboya, el régimen criminal de Pol Pot, que perpetró el asesinato de 2 millones de ciudadanos camboyanos. En 1991, la rueda dio un giro completo. Estados Unidos entró en guerra contra una nación amiga que había sido programada para confiar en los traidores de Washington. Acusamos al presidente Hussein de la pequeña nación de Irak de todo tipo de males, NADA DE LO CUAL FUE CIERTO. Matamos y mutilamos a sus hijos, los dejamos morir de hambre y de todo tipo de enfermedades.

Al mismo tiempo, enviamos a los emisarios de Bush del Comité de los 300 a Camboya para RECONOCER A LOS ASESINOS DE 2 MILLONES DE CAMBOYANOS, que han sido sacrificados por el experimento del Comité de los 300 sobre la despoblación de las ciudades, que las principales ciudades de Estados Unidos experimentarán en un futuro no muy lejano. Hoy, el presidente Bush y su administración, plagada de comités de 300, están diciendo, en efecto, "Escuchad, gente, ¿qué queréis de mí? Te dije que me comprometería cuando lo considerara oportuno, incluso si eso significaba negociar con asesinos como Pol Pot. Y QUÉ, BÉSAME LAS MANOS.

La presión por el cambio alcanzará su punto álgido en 1993 y veremos escenas que nunca creímos posibles. La América ebria reaccionará, pero sólo ligeramente. Ni siquiera la última amenaza a nuestra libertad, la tarjeta de ordenador personal, nos perturba. El artículo de Willis Harman "CHANGING IMAGES OF MAN" habría sido demasiado técnico para la mayoría de la gente. Así que contratamos los servicios de Marilyn Ferguson para hacerlo más comprensible. "LA EDAD DE ACUARIO" anunció espectáculos de desnudos y una canción que encabezó las listas de éxitos: "Dawn of the Age of Aquarius" se hizo viral.

La tarjeta del ordenador personal que, cuando se distribuya en su totalidad, nos privará de nuestro entorno familiar y, como veremos, el entorno significa mucho más que el significado habitual aceptado de la palabra. Estados Unidos ha atravesado un período de intenso traumatismo como ninguna otra nación en la historia del mundo, y lo peor está por llegar.

Todo está ocurriendo como lo ordenó Tavistock y como lo predijeron los sociólogos de Stanford. Los tiempos no cambian, están *hechos para* cambiar. Todos los cambios se planifican con antelación y son el resultado de una cuidadosa actuación. Al principio nos cambiaron gradualmente, pero ahora el ritmo del cambio se está acelerando. Estados Unidos está pasando de ser una nación bendecida por Dios a un laberinto políglota de naciones bajo muchos dioses. Estados Unidos ya no es una nación bendecida por Dios. Los autores de la Constitución han perdido la batalla.

Nuestros antepasados hablaban una lengua común y creían en una religión común: el cristianismo y sus ideales compartidos. No había forasteros entre nosotros; eso vino después, en un intento deliberadamente planificado de dividir a Estados Unidos en una serie de nacionalidades, culturas y creencias fragmentadas. Si lo duda, vaya al East Side de Nueva York o al West Side de Los Ángeles un sábado cualquiera y mire a su alrededor. Estados Unidos se ha convertido en varias naciones que luchan por coexistir bajo un sistema de gobierno común. Cuando Franklin D. Roosevelt, primo del jefe del Comité de los 300, abrió de par en par las puertas de la inmigración, el choque cultural causó gran confusión y dislocación e hizo que "una nación" fuera un concepto inviable. El Club de Roma y la OTAN agravaron la situación. "Amar al prójimo" es un ideal que sólo funcionará si el prójimo es "como uno mismo".

Para los autores de nuestra Constitución, las verdades que enunciaron para las generaciones futuras eran "evidentes", para ellos mismos. Como no estaban seguros de que las generaciones *futuras* también encontrarían evidentes las verdades a las que obligaban a esta nación, se propusieron hacerlas explícitas. PARECE QUE TENÍAN MIEDO DE QUE LLEGARA UN MOMENTO EN QUE LAS VERDADES QUE HABÍAN ESTABLECIDO PARA LAS GENERACIONES FUTURAS DEJARAN DE SER EVIDENTES. El Instituto Tavistock para las Relaciones Humanas se encargó de que ocurriera lo que los redactores de la Constitución temían que ocurriera. Ese momento llegó con Bush y su "no absoluto" y su Nuevo Orden Mundial bajo la dirección del Comité de los 300.

Esto forma parte del concepto de los cambios sociales impuestos a los estadounidenses, que según Harmon y el Club de Roma causarán un grave trauma y una gran acumulación de presión. Los trastornos sociales que se han producido desde la llegada de Tavistock, el Club de Roma y la OTAN continuarán en Estados Unidos mientras se ignore el límite de absorción. Las naciones están formadas por individuos y, al igual que los individuos, su capacidad para absorber los cambios tiene un límite, por muy robustos que sean.

Esta verdad psicológica fue bien probada por el Estudio de Bombardeo Estratégico, que pedía el bombardeo por saturación de las viviendas de los trabajadores alemanes. Como ya se ha dicho, este proyecto fue obra de la *Compañía de Seguros Prudential* y nadie duda hoy de que Alemania fue derrotada por esta operación. Muchos de los científicos que trabajaron en este proyecto están ahora trabajando en el bombardeo por saturación de Estados Unidos, o se han marchado, dejando sus ingeniosas técnicas en manos de los que les siguieron.

El legado que dejaron es que no hemos *perdido tanto el* rumbo como nación, sino que hemos sido *conducidos en la* dirección *opuesta* a la que los autores de la Declaración nos habían dado durante más de 200 años. En definitiva, hemos perdido el contacto con nuestros genes históricos, nuestras raíces y nuestra cultura.

La fe, que ha inspirado a innumerables generaciones de estadounidenses a avanzar como nación, beneficiándose del legado que nos dejaron los artífices de la Declaración de Independencia y la Constitución de Estados Unidos. El hecho de que estamos perdidos (ovejas) está claro para todos los que buscan la verdad, por muy desagradable que sea.

Con el Presidente Bush y su "no moral" para guiarnos, estamos avanzando como suelen hacerlo las naciones e individuos perdidos. Estamos *colaborando* con el Comité de los 300 (contra Dios[8]) para nuestra *propia* caída y esclavitud. Algunas personas lo perciben, y tienen una fuerte sensación de malestar. Las diversas teorías conspirativas que conocen no parecen cubrirlo todo. Eso es porque no conocen la jerarquía de los conspiradores, el Comité de los 300.

Las almas que sienten un profundo malestar y que algo va muy mal, pero que no pueden poner el dedo colectivo en el problema, caminan en la oscuridad. Miran hacia un futuro que ven que se les escapa. El sueño americano se ha convertido en un espejismo. Depositan su fe en la religión, pero no dan ningún paso para ayudar a esa fe con la ACCIÓN. Los estadounidenses nunca experimentarán el tipo de retroceso que los europeos experimentaron en el apogeo de la Edad Media. A través de una decidida ACCIÓN, han despertado un espíritu de renovación que

---

[8] "El que no está CONMIGO está *CONTRA* MÍ, y el que no recoge conmigo se dispersa". - Cristo, Mateo 12:30.

ha conducido al glorioso Renacimiento.

El enemigo que los ha dirigido hasta ahora decidió golpear con fuerza a los Estados Unidos en 1980, para que el renacimiento de América fuera imposible. ¿Quién es el enemigo? El enemigo no es un "ellos" sin rostro. El enemigo es claramente identificable como el Comité de los 300, el Club de Roma, la OTAN y todas sus organizaciones afiliadas, grupos de reflexión e institutos de investigación controlados por Tavistock. No hay necesidad de usar "ellos" o "el enemigo", excepto como una taquigrafía. SABEMOS QUIÉNES SON "ELLOS". El Comité de los 300, con su "aristocracia" liberal de la Costa Este, sus bancos, sus compañías de seguros, sus gigantescas empresas, sus fundaciones, sus redes de comunicación, presididas por una HIERRA DE CONSPIRADORES, ESE ES EL ENEMIGO.

Es el poder que dio vida al Reinado del Terror ruso, a la Revolución bolchevique, a las guerras mundiales I y II, a Corea, a Vietnam, a la caída de Rodesia, a Sudáfrica, a Nicaragua y a Filipinas. Fue el gobierno secreto de alto nivel el que dio lugar a la desintegración controlada de la economía estadounidense y desindustrializó para siempre la que fue la mayor potencia industrial que el mundo había conocido.

Los Estados Unidos de hoy pueden compararse con un soldado que se queda dormido en el fragor de la batalla. Los estadounidenses nos hemos dormido, rindiéndonos a la apatía provocada por enfrentarnos a una multiplicidad de opciones que nos han desorientado. Son los cambios que alteran nuestro entorno, los que rompen nuestra resistencia para que nos volvamos aturdidos, apáticos y finalmente nos quedemos dormidos en medio de la batalla.

Existe un término técnico para esta condición. Se denomina "tensión de penetración de largo alcance". El arte de someter a un grupo muy numeroso de personas a una tensión de penetración continua de largo alcance fue desarrollado por los científicos que trabajan en el Instituto Tavistock de Relaciones Humanas y sus filiales estadounidenses, Stanford Research y Rand Corporation, y al menos otras 150 instituciones de investigación de Estados Unidos.

El Dr. Kurt Lewin, el científico que desarrolló esta guerra diabólica, ha provocado que el patriota estadounidense medio se preocupe por diversas teorías de la conspiración, dejándole una sensación de incertidumbre e inseguridad, aislado y quizás incluso asustado, como busca, pero no comprende la decadencia y la podredumbre causadas por "LOS CAMBIOS DEL HOMBRE", incapaz de identificar o combatir los cambios sociales, morales, económicos y políticos que considera indeseables y no deseados, pero que aumentan cada vez más en intensidad.

El nombre del Dr. Lewin no aparece en ninguno de los libros de historia de nuestra institución, que en cualquier caso son un relato de los acontecimientos principalmente del lado de la clase dominante o de los vencedores de las guerras. Por lo tanto, es un orgullo presentar su nombre. Como ya se ha mencionado, el Dr. Lewin organizó la Clínica Psicológica de Harvard y el Instituto de Investigación Social bajo los auspicios del Instituto Tavistock. Los nombres no dan muchas pistas sobre la finalidad de estas dos organizaciones.

Esto me recuerda el infame proyecto de ley para reformar las leyes sobre la moneda y el dinero, aprobado en 1827. El título del proyecto de ley era bastante inofensivo, o lo parecía, que era la intención de sus partidarios. Con este acto, el senador John Sherman traicionó a la nación ante los banqueros internacionales.

Al parecer, Sherman patrocinó el proyecto de ley "sin leerlo". Como sabemos, el verdadero propósito del proyecto de ley era desmonetizar el dinero y dar a los banqueros ladrones un poder ilimitado sobre el crédito de nuestra nación, poder al que los banqueros claramente no tenían derecho bajo los términos claros e inequívocos de la Constitución de los Estados Unidos.

Kurt Lewin ha dado al Instituto Tavistock, al Club de Roma y a la OTAN un poder ilimitado sobre Estados Unidos, al que ninguna otra organización, entidad o sociedad tiene derecho. Estas instituciones han utilizado estos poderes usurpados para destruir la voluntad de la nación de resistir los planes e intenciones de los conspiradores para robarnos los frutos de la Revolución Americana y llevarnos a una nueva era oscura bajo un gobierno de un solo mundo.

Los colegas de Lewin en este objetivo de penetración a largo plazo fueron Richard Crossman, Eric Trist, H. V. Dicks, Willis Harmon, Charles Anderson, Garner Lindsay, Richard Price y W. R. Bion. Una vez más, estos nombres nunca aparecen en las noticias de la noche; de hecho, sólo aparecen en las revistas científicas, por lo que muy pocos estadounidenses conocen su existencia y en absoluto lo que los hombres que se esconden tras estos nombres han hecho y están haciendo en Estados Unidos.

El presidente Jefferson dijo en una ocasión que le daban *pena* los que *creían* saber lo que pasaba leyendo el periódico. Disraeli, el Primer

Ministro británico, dijo prácticamente lo mismo. De hecho, a lo largo de los tiempos, los líderes han disfrutado dirigiendo las cosas desde la sombra. El hombre siempre ha sentido la necesidad de dominar sin ser detectado, y este deseo nunca ha sido más frecuente que en los tiempos modernos.

Si no fuera así, ¿por qué la necesidad de sociedades secretas? Si nos regimos por un sistema abierto, dirigido por funcionarios elegidos democráticamente, ¿por qué la necesidad de una orden masónica secreta en cada pueblo, ciudad y localidad de los Estados Unidos? ¿Cómo es que la masonería puede operar tan abiertamente y sin embargo mantener sus secretos tan bien ocultos? No podemos hacer esta pregunta a los Nueve Hombres Desconocidos de la Logia Nueve Hermanas de París o a sus nueve colegas de la Logia Cuarteto Coronati de Londres. Sin embargo, estos dieciocho hombres forman parte de un gobierno aún más secreto, el RIIA, y más allá, el Comité de los 300.

¿Cómo es que el Rito Escocés de la Masonería fue capaz de lavarle el cerebro a John Hinckley para que intentara matar al presidente Reagan? ¿Por qué tenemos órdenes secretas como los Caballeros de San Juan de Jerusalén, la Mesa Redonda, el Grupo Milner y así hasta una larga lista de sociedades secretas? Forman parte de una cadena global de mando y control que pasa por el Club de Roma, la OTAN, la RIIA y, finalmente, la jerarquía de conspiradores, el Comité de los 300. Los hombres necesitan estas sociedades secretas porque sus acciones son malas y deben ser ocultadas. El mal no puede resistir la luz de la Verdad.

La era de Acuario

En este libro encontraremos una lista casi completa de los conspiradores, sus instituciones de fachada y sus órganos de propaganda. En 1980, la Conspiración de Acuario estaba en pleno apogeo y su éxito puede verse en todos los aspectos de nuestra vida privada y nacional. El abrumador aumento de la violencia mental, los asesinos en serie, los suicidios de adolescentes, los inconfundibles signos de letargo: la "penetración a distancia" forma parte de nuestro nuevo entorno, tan peligroso, o más, que el aire contaminado que respiramos.

La llegada de la Era de Acuario cogió a América completamente desprevenida. Como nación, no estábamos preparados para los cambios que se *nos iban a imponer*. ¿Quién ha oído hablar de Tavistock, Kurt Lewin, Willis Harmon y John Rawlings Reese? Ni siquiera estaban en la escena política estadounidense. Lo que habríamos notado, si nos hubiéramos molestado en mirar, es que nuestra capacidad de resistir los choques futuristas disminuía a medida que nos cansábamos más, nos poníamos más ansiosos y finalmente entrábamos en un periodo de choque psicológico seguido de una apatía generalizada, la manifestación externa de la "guerra de penetración de largo alcance".

La "Era de Acuario" ha sido descrita por el Instituto Tavistock como el vector de la turbulencia: "Hay tres fases distintas en la respuesta y reacción al estrés de los grandes grupos sociales. En *primer lugar,* hay *superficialidad*; la población atacada se defenderá con eslóganes; esto no identifica el *origen de* la crisis y, por tanto, *no hace nada para* resolverla, de ahí la persistencia de la crisis. La *segunda* es la *fragmentación*. Esto ocurre cuando la crisis continúa y el orden social se rompe. Luego está la *tercera* fase, en la que el grupo de población entra en una fase de "*autorrealización"* y se aleja de la crisis inducida. Esto conduce a una respuesta desadaptativa, acompañada de idealismo sinóptico activo y disociación".

Quién puede negar que con el enorme aumento del consumo de drogas -el "crack" hace miles de nuevos adictos instantáneos cada día-; el escandaloso aumento de la matanza de niños cada día (infanticidio por aborto masivo), que ahora supera con creces las pérdidas sufridas por nuestras fuerzas armadas en las dos guerras mundiales, Corea y Vietnam; la aceptación abierta de la homosexualidad y el lesbianismo, cuyos "derechos" son protegidos por más y más leyes cada año; la terrible plaga que llamamos "sida", que asola nuestras ciudades y pueblos; el fracaso total de nuestro sistema educativo; el asombroso aumento de la tasa de divorcios; una tasa de asesinatos que deja boquiabierto al resto del mundo; asesinatos en serie de carácter satánico; la desaparición de miles de niños pequeños, secuestrados en nuestras calles por pervertidos; un maremágnum virtual de pornografía acompañada de "permisividad" en nuestras pantallas de televisión - quién puede negar que esta nación está en crisis, que no estamos abordando y de la que nos estamos apartando.

Las personas bienintencionadas que se especializan en esta área atribuyen gran parte del problema a la educación, o a lo que se llama educación en Estados Unidos. Los delincuentes de hoy en día abundan en el grupo de edad de 9 a 15 años. Los violadores suelen tener tan solo 10 años. Nuestros científicos sociales, nuestros sindicatos de profesores, nuestras iglesias dicen que todo se debe a un sistema educativo defectuoso. Los resultados de los exámenes siguen bajando. Los expertos lamentan el hecho de que Estados Unidos ocupe actualmente el puesto 39 en el mundo en cuanto a nivel de estudios.

¿Por qué deploramos lo que es tan obvio? Nuestro sistema educativo ha sido programado para autodestruirse. Eso fue lo que le encargó la OTAN al Dr. Alexander King. Esto es lo que el juez Hugo Black se encargó de arreglar. El hecho es que el Comité de los 300, con el beneplácito de nuestro gobierno, no quiere que nuestra juventud se eduque adecuadamente. La educación que el juez masón Hugo Black, Alexander King, Gunnar Myrdal y su esposa han venido a dar a los niños de los Estados Unidos es que el CRIMEN PAGA, la OPORTUNIDAD ES LO ÚNICO QUE CUENTA.

Han enseñado a nuestros hijos que la ley estadounidense es desigual, y eso está bien. Nuestros hijos han sido educados adecuadamente por una década de ejemplos corruptos; Ronald Reagan y George Bush se regían por la codicia y estaban totalmente corrompidos por ella. Nuestro sistema educativo no ha fracasado. Bajo el liderazgo de King, Black y Myrdal, es de hecho un gran éxito, pero eso depende del punto de vista con que se mire. El Comité de los 300 está encantado con nuestro sistema educativo y no permitirá que se cambie ni una coma.

Según Stanford y Willis Harmon, el traumatismo inducido por la penetración a largo plazo de nuestra educación lleva 45 años. Sin embargo, ¿cuántas personas son conscientes de las insidiosas presiones que sufre nuestra sociedad y de la constante exposición al lavado de cerebro que tiene lugar cada día? Las misteriosas guerras de bandas que estallaron en Nueva York en los años 50 son un ejemplo de cómo los conspiradores pueden crear y escenificar cualquier tipo de disturbio. Nadie sabía de dónde venían estas guerras de bandas hasta que los investigadores descubrieron en los años 80 a los controladores ocultos que dirigían estos "fenómenos sociales".

Las guerras de bandas fueron cuidadosamente planificadas en Stanford, deliberadamente diseñadas para conmocionar a la sociedad y causar trastornos. En 1958, había más de 200 de estas bandas. Se hicieron populares gracias a un musical y una película de Hollywood, "West Side Story". Tras una década en los titulares, de repente, en 1966, desaparecieron de las calles de Nueva York, Los Ángeles, Nueva Jersey, Filadelfia y Chicago.

A lo largo de la década de la violencia de las bandas, el público reaccionó de acuerdo con el perfil de respuesta esperado por Stanford; la sociedad en su conjunto no pudo entender la guerra de las bandas y el público reaccionó de forma inadecuada. Si hubiera habido gente lo suficientemente sabia como para reconocer la guerra de bandas como un experimento de Stanford de ingeniería social y lavado de cerebro, se habría descubierto el complot de los conspiradores. O bien no teníamos especialistas capacitados que pudieran ver lo que estaba sucediendo -lo cual es muy poco probable- o fueron amenazados para que guardaran silencio. La cooperación de los medios de comunicación con Stanford puso de manifiesto un ataque de la "nueva era" a nuestro medio ambiente, como predijeron los ingenieros sociales y los científicos de la nueva ciencia de Tavistock.

En 1989, la guerra de bandas, como condicionamiento social para el cambio, se reintrodujo en las calles de Los Ángeles. A los pocos meses de los primeros incidentes, las bandas empezaron a proliferar, primero por docenas y luego por cientos en las calles del East Side de Los Ángeles. Proliferaban las casas de crack y la prostitución desenfrenada; los traficantes de drogas dominaban las calles. Cualquiera que se interpusiera en su camino era fusilado. El clamor de la prensa fue fuerte y prolongado. El grupo de población al que se dirige Stanford comenzó a contraatacar con eslóganes. Esto es lo que Tavistock llama la primera fase, en la que el grupo objetivo no logra identificar el origen de la crisis. La segunda fase de la crisis de la guerra de bandas es la "fragmentación". Las personas que no viven en las zonas frecuentadas por las bandas dijeron: "Gracias a Dios que no están en nuestro barrio". Esto ignoraba el hecho de que la crisis continuaba con o sin reconocimiento y que el orden social en Los Ángeles había comenzado a romperse. Según el perfil de Tavistock, los grupos no afectados por la guerra de bandas "se separaron para defenderse" porque no se identificó el origen de la crisis, el llamado proceso de "inadaptación", el periodo de disociación.

Aparte de la proliferación de la venta de drogas, ¿cuál es el objetivo de las guerras entre bandas? En primer lugar, se trata de mostrar al grupo objetivo que no están seguros, es decir, que generan inseguridad. En segundo lugar, para demostrar que la sociedad organizada es impotente ante esta violencia, y en tercer lugar, para que la gente reconozca que nuestro orden social se está desmoronando. La actual ola de violencia de las bandas desaparecerá tan rápidamente como empezó, una vez que se completen las tres fases del programa Stanford.

Un ejemplo notable de "condicionamiento social para aceptar el cambio", incluso cuando es reconocido como un cambio indeseable por el grupo de población en la mira del Instituto de Investigación de Stanford, fue el "advenimiento" de los BEATLES. Los Beatles fueron llevados a Estados Unidos como parte de un experimento social para lavar el cerebro a grandes grupos de población de los que ni siquiera eran conscientes.

Cuando Tavistock trajo a los Beatles a Estados Unidos, nadie podía imaginar el desastre cultural que seguiría a su paso. Los Beatles eran parte integrante de "LA CONSPIRACIÓN ACUARIA", un organismo vivo que se originó en "LAS IMÁGENES CAMBIANTES DEL HOMBRE", URH (489) 2150. Véase el Informe de Investigación Política nº 4/4/74. Informe político elaborado por el Centro SRI para el estudio de la Política Social, Director, Profesor Willis Harmon.

El fenómeno de los Beatles no fue una rebelión espontánea de la juventud contra el viejo orden social. Más bien fue un complot cuidadosamente elaborado para introducir, por parte de una agencia conspiradora que no pudo ser identificada, un elemento altamente destructivo y divisivo en un gran grupo de población al que se pretendía cambiar en contra de su voluntad. Nuevas palabras y frases -preparadas por Tavistock- se introdujeron en América con los Beatles. Palabras como "rock" en relación con los sonidos de la música, "adolescente", "cool", "descubierto" y "música pop" eran un léxico de palabras clave disfrazadas que significaban la aceptación de las drogas y venían con los Beatles y los acompañaban allá donde iban, para ser "descubiertos" por los "adolescentes". Por cierto, la palabra "adolescentes" nunca se utilizó hasta que los Beatles entraron en escena, gracias al Instituto Tavistock de Relaciones Humanas.

Al igual que con las guerras de bandas, nada podría ni se habría conseguido sin la cooperación de los medios de comunicación, especialmente los electrónicos y, en particular, del sulfuroso Ed Sullivan, que había sido entrenado por los conspiradores en cuanto al papel que debía desempeñar. Nadie habría prestado atención a la variopinta tripulación de Liverpool y al sistema de "música" de 12 tonos que iba a seguir si no hubiera habido un exceso de prensa. El sistema de 12 tonos consiste en sonidos pesados y repetitivos, tomados de la música del culto a Dionisio y del sacerdocio de Baal por Adorno y dotados de un sabor "moderno" por este especial amigo de la Reina de Inglaterra, y por tanto del Comité de los 300.

Tavistock y su centro de investigación de Stanford crearon palabras desencadenantes que luego entraron en el uso general en torno a la "música rock" y sus fans. Estas palabras desencadenantes crearon un nuevo y distinto grupo de población, en su mayoría jóvenes, que fueron persuadidos por la ingeniería social y el condicionamiento a creer que los Beatles eran realmente su banda favorita. Todas las palabras desencadenantes diseñadas en el contexto de la "música rock" estaban destinadas al control de masas del nuevo grupo objetivo, la juventud estadounidense.

Los Beatles hicieron un trabajo perfecto, o quizás sería más correcto decir que Tavistock y Stanford hicieron un trabajo perfecto, con los Beatles simplemente reaccionando como robots entrenados "con un poco de ayuda de sus amigos"[9] - palabras clave para drogarse y hacerlo "cool". Los Beatles se convirtieron en un "tipo nuevo" muy visible -más jerga de Tavistock- y, como tal, la banda no tardó en crear nuevos estilos (modas de vestir, peinados y lenguaje) que perturbaron a la generación anterior, como se *pretendía*. Esto forma parte del proceso de "fragmentación-desajuste" desarrollado por Willis Harmon y su equipo de científicos sociales y de manitas de la ingeniería genética y puesto en práctica. El papel de los medios de comunicación impresos y

---

[9] Referencia a la canción de los Beatles "With a little help from my friends". NOTA DEL EDITOR.

electrónicos en nuestra sociedad es crucial para el éxito del lavado de cerebro de grandes grupos de población. Las guerras de bandas terminaron en Los Ángeles en 1966 cuando los medios de comunicación dejaron de cubrirlas. Lo mismo ocurrirá con la actual ola de guerras de bandas en Los Ángeles. Las bandas callejeras se marchitarán en la vid una vez que la cobertura mediática saturada sea atenuada y luego eliminada por completo. Al igual que en 1966, el problema será "estar quemado". Las bandas callejeras habrán conseguido su objetivo de crear confusión e inseguridad. El mismo patrón se aplicará a la música rock. Privado de la atención de los medios de comunicación, acabará ocupando su lugar en la historia.

Después de los Beatles, que por cierto fueron formados por el Instituto Tavistock, vinieron otras bandas de rock "made in England" que, como los Beatles, pidieron a Theo Adorno que escribiera sus letras de culto y compusiera toda la "música". Odio utilizar estas hermosas palabras en el contexto de la "Beatlemanía"; me recuerda a cómo se utiliza erróneamente la palabra "amante" para referirse a la asquerosa interacción entre dos homosexuales que se retuercen en la pocilga. Llamar a la música "rock" es un insulto, al igual que el lenguaje utilizado en el "rock-lyrics".[10]

Tavistock y Stanford Research se embarcaron entonces en la segunda fase del trabajo encargado por el Comité de los 300. Esta nueva fase elevó la presión para el cambio social en Estados Unidos. Tan rápido como los Beatles aparecieron en la escena estadounidense, también lo hizo la generación beat, palabras desencadenantes diseñadas para separar y fragmentar la sociedad. Los medios de comunicación centran ahora su atención en la generación beat. Otras palabras acuñadas por Tavistock han salido de la nada: "beatniks", "hippies", "flower children" forman parte del vocabulario americano. Se puso de moda "dejarse llevar", llevar vaqueros sucios y pasearse con el pelo largo y sin lavar. La "generación beat" se aisló de la corriente principal de Estados Unidos. Se hicieron tan infames como los Beatles más limpios antes de ellos.

El grupo recién creado y su "estilo de vida" atrajeron a millones de jóvenes estadounidenses a la secta. La juventud estadounidense experimentó una revolución radical sin ser nunca consciente de ello,

---

[10] Letras de canciones de rock, NDT.

mientras que la generación de más edad permaneció impotente, incapaz de identificar el origen de la crisis y, por tanto, reaccionó inadecuadamente ante su manifestación, es decir, las drogas de todo tipo, la marihuana y, más tarde, el ácido lisérgico, "LSD", tan fácilmente suministrado por la empresa farmacéutica suiza SANDOZ, después de que uno de sus químicos, Albert Hoffman, descubriera cómo fabricar ergotamina sintética, una potente droga que altera la mente. El Comité de los 300 financió el proyecto a través de uno de sus bancos, S. C. Warburg, y la droga fue transportada a América por el filósofo Aldous Huxley.

La nueva "droga maravillosa" se distribuyó rápidamente en paquetes del tamaño de una "muestra", repartidos gratuitamente en los campus universitarios de todo Estados Unidos y en los conciertos de "rock", que se convirtieron en el principal vehículo para la proliferación del consumo de drogas. La pregunta es: ¿cuál fue la influencia de las drogas en la sociedad? ¿Qué hacía la Agencia Antidroga (DEA) en ese momento? Hay pruebas circunstanciales convincentes que sugieren que la DEA *era consciente de lo que estaba ocurriendo*, pero se le ordenó *no* hacer *nada*.

Con la llegada a Estados Unidos de un gran número de nuevos grupos de "rock" británicos, los conciertos de rock empezaron a ser un elemento fijo en el calendario social de la juventud estadounidense. Junto a estos "conciertos", el consumo de drogas entre los jóvenes aumentó proporcionalmente. El diabólico estruendo de sonidos pesados y discordantes adormecía las mentes de los oyentes, que eran fácilmente persuadidos de probar la nueva droga sobre la base de que "todo el mundo lo hace". La presión del grupo es un arma muy poderosa. La "nueva cultura" recibió la máxima cobertura de los medios de comunicación, lo que no costó ni un céntimo a los conspiradores.

Varios líderes cívicos y eclesiásticos sintieron una gran ira ante el nuevo culto, pero sus energías estaban mal dirigidas contra el RESULTADO de lo que estaba ocurriendo, no contra la CAUSA. Los críticos del culto al rock cometieron los mismos errores que durante la época de la Prohibición, criticaron a las fuerzas del orden, a los profesores, a los padres, a todos menos a los conspiradores.

Debido a la rabia y el resentimiento que siento hacia el gran azote de las drogas, no me disculpo por utilizar un lenguaje que no es habitual en mí. Alan Ginsberg es uno de los peores drogadictos que han pisado las calles de Estados Unidos. Este Ginsberg impulsó el uso del LSD a través de un anuncio que no le costó nada, cuando en circunstancias normales habría supuesto millones de dólares en ingresos por publicidad televisiva. Esta publicidad gratuita de las drogas, y del LSD en particular, alcanzó un nuevo pico a finales de la década de 1960, gracias a la continua cooperación voluntaria de los medios de comunicación. El efecto de la campaña publicitaria masiva de Ginsberg fue devastador; el público estadounidense fue sometido a un choque cultural futurista tras otro en rápida sucesión.

Estábamos sobreexpuestos y sobreestimulados, y de nuevo, permítanme recordarles que esto es jerga de Tavistock, del manual de formación de Tavistock, abrumados por su nuevo desarrollo, y cuando llegamos a ese punto nuestras mentes habían empezado a caer en la apatía; era simplemente demasiado para afrontarlo, es decir, "la penetración a distancia se había apoderado de nosotros". Ginsberg decía ser poeta, pero nadie que aspirara a serlo escribió jamás semejante disparate. La tarea designada a Ginsberg tenía poco que ver con la poesía; su función principal era promover la nueva subcultura y conseguir que fuera aceptada por la gran población objetivo.

Para ayudarle en su tarea, Ginsberg cooptó los servicios de Norman Mailer, una especie de escritor que había pasado algún tiempo en una institución mental. Mailer es uno de los favoritos de la izquierda hollywoodiense, por lo que no tuvo problemas para conseguir el máximo tiempo de emisión para Ginsberg. Naturalmente, Mailer tenía que tener una excusa: ni siquiera él podía revelar abiertamente la verdadera naturaleza de las apariciones televisivas de Ginsberg. Así que se adoptó una farsa: Mailer mantendría una discusión "seria" ante la cámara con Ginsberg sobre poesía y literatura.

Este método de conseguir una amplia cobertura televisiva sin coste alguno fue seguido por todos los grupos de rock y promotores de conciertos que siguieron el ejemplo de Ginsberg. A los magnates de los medios de comunicación electrónicos les ha dolido el corazón a la hora de dar tiempo libre a estas asquerosas criaturas, a sus productos aún más asquerosos y a sus repugnantes ideas. Su promoción de esta horrible basura lo dice todo, y sin la abundante ayuda de los medios de comunicación impresos y electrónicos, el tráfico de drogas no podría haberse extendido tan rápidamente como lo hizo a finales de la década de 1960 y principios de la de 1970, y probablemente habría permanecido confinado a unas pocas y pequeñas áreas locales.

Ginsberg pudo dar varias actuaciones televisadas a nivel nacional ensalzando las virtudes del LSD y la marihuana, bajo el pretexto de las "nuevas ideas" y las "nuevas culturas" que se estaban desarrollando en el mundo del arte y la música. Para no ser menos que los medios de comunicación electrónicos, los admiradores de Ginsberg escribieron artículos elogiosos sobre "este hombre de color" en las secciones de arte y sociales de los principales periódicos y revistas de Estados Unidos. Nunca ha habido una campaña publicitaria tan gratuita en la historia de los periódicos, la radio y la televisión, y no les costó ni un céntimo a los promotores de la Conspiración de Acuario, la OTAN y el Club de Roma. Era una publicidad absolutamente gratuita del LSD, apenas disfrazada de "arte" y "cultura".

Uno de los amigos más cercanos de Ginsberg, Kenny Love, publicó un informe de cinco páginas en el *New York Times*. Esto está en línea con la metodología utilizada por Tavistock y Stanford Research: si quieres promover algo que el público aún no ha aceptado mediante el lavado de cerebro, consigue que alguien escriba un artículo que cubra todos los aspectos del tema. El otro método consiste en organizar tertulias en directo en la televisión, en las que un grupo de expertos promociona el producto o la idea con el pretexto de "debatirlo". Hay puntos y contrapuntos, con participantes a favor y en contra que expresan su apoyo u oposición. Al terminar, el tema que se va a promocionar se ha anclado en la mente de la audiencia. Esto era una novedad a principios de los años 70, pero hoy es una práctica común en la que prosperan los programas de entrevistas.

El artículo de cinco páginas de Love a favor del LSD y de Ginsberg fue debidamente publicado por el *New York Times*. Si Ginsberg hubiera intentado comprar la misma cantidad de espacio en un anuncio, le habría costado al menos 50.000 dólares. Pero Ginsberg no tuvo que preocuparse; gracias a su amigo Kenny Love, Ginsberg consiguió este enorme anuncio gratis. Con periódicos como el *New York Times* y el *Washington Post* bajo el control del Comité de los 300, se da este tipo de publicidad gratuita a cualquier tema, especialmente a los que promueven estilos de vida decadentes -drogas- hedonismo -cualquier cosa que perturbe al pueblo estadounidense. Tras el juicio con Ginsberg y el LSD, el Club de Roma tomó la costumbre de pedir a los principales periódicos estadounidenses que dieran publicidad gratuita a petición de las personas e ideas que promovían.

Peor aún -o mejor, según se mire-, United Press (UP) tomó el anuncio gratuito de Kenny Love sobre Ginsberg y el LSD y lo envió por télex a CIENTOS de periódicos y revistas de todo el país bajo la apariencia de una noticia. Incluso revistas muy respetables del establishment como *Harper's Bazaar* y *TIME* hicieron respetable al Sr. Ginsberg.

Si una agencia de publicidad hubiera presentado a Ginsberg y a los promotores del LSD una campaña nacional de esta magnitud, el precio habría sido de al menos un millón de dólares en 1970. Hoy en día, el precio no sería inferior a 15-16 millones de dólares. No es de extrañar que llame a los medios de comunicación "chacales".

Sugiero que tratemos de encontrar algún medio de comunicación que haga un reportaje sobre la Junta de la Reserva Federal, como hice yo. Envié mi artículo, que era una buena denuncia de la mayor estafa del mundo, a todos los principales periódicos, emisoras de radio y televisión, revistas y varios presentadores de programas de entrevistas. Algunos de ellos hicieron promesas que sonaban bien: seguro que publicarían el artículo y me invitarían a hablar de él; dales una semana y se pondrán en contacto conmigo. Ninguno de ellos lo hizo, y mi artículo nunca apareció en las páginas de sus periódicos y revistas. Era como si se hubiera echado un manto de silencio sobre mí y el tema que intentaba promover, y eso es precisamente lo que ocurrió.

Sin el enorme despliegue mediático y la cobertura casi constante, el culto a las drogas y al rock hippie-beatnik nunca habría despegado; se habría quedado en una curiosidad local. Los Beatles, con sus guitarras chirriantes, sus expresiones tontas, su lenguaje drogadicto y sus ropas extrañas, habrían servido de poco. En cambio, debido a que los Beatles fueron cubiertos por los medios de comunicación, los Estados Unidos sufrieron un choque cultural tras otro.

Hombres enterrados en grupos de reflexión e institutos de investigación, cuyos nombres y rostros aún son conocidos sólo por unos pocos, se encargaron de que la prensa desempeñara su papel. A la inversa, el importante papel que desempeñan los medios de comunicación al no revelar el poder que hay detrás de los futuros choques culturales ha hecho que nunca se identifique el origen de la crisis. Así, nuestra sociedad se ha vuelto loca por los choques psicológicos y el estrés. El término "enloquecido" está tomado del manual de formación de Tavistock. Desde sus humildes comienzos en 1921, Tavistock estaba preparado en 1966 para lanzar una importante e irreversible revolución cultural en América, que aún no ha concluido. La Conspiración de Acuario es parte de ella.

Así ablandada, nuestra nación se consideraba ahora madura para la introducción de drogas que rivalizarían con la Era de la Prohibición en términos de alcance y enormes cantidades de dinero a ganar. Esto también fue una parte integral de la Conspiración de Acuario. La proliferación del consumo de drogas fue uno de los temas estudiados por la Unidad de Investigación de Políticas Científicas (SPRU) en los locales de Tavistock de la Universidad de Sussex. Era conocido como el centro de los "choques futuros", un título que se da a la llamada psicología orientada al futuro, diseñada para manipular a grupos enteros de personas para provocar "choques futuros". Fue la primera de varias instituciones de este tipo creadas por Tavistock.

Los "choques futuros" se describen como una serie de acontecimientos que ocurren tan rápidamente que el cerebro humano no puede absorber la información. Como he dicho antes, la ciencia ha demostrado que hay límites claramente marcados en cuanto a la cantidad y la naturaleza del cambio que la mente puede soportar. Después de continuos choques, la gran población objetivo se da cuenta de que no quiere elegir. La apatía se impone, a menudo precedida por una violencia indiscriminada como la que caracteriza a las bandas callejeras de Los Ángeles, los asesinos en serie, los violadores y los secuestradores de niños.

Un grupo así es fácil de controlar y seguirá obedientemente las órdenes sin rebelarse, que es el objetivo del ejercicio. "El shock futuro", dice el SPRU, "se define como el malestar físico y psicológico resultante de la sobrecarga del mecanismo de toma de decisiones de la mente humana". Eso es jerga de Tavistock, sacada directamente de sus libros de texto que no saben que tengo.

De la misma manera que un circuito eléctrico sobrecargado activa un interruptor, los seres humanos entran en un estado de "desconexión", un síndrome que la ciencia médica sólo está empezando a comprender, aunque John Rawlings Reese realizó experimentos en este sentido ya en la década de 1920. Como puede imaginarse, un grupo de este tipo está dispuesto a "tropezar" y consumir drogas para escapar de la presión de tantas opciones. Así es como el consumo de drogas se extendió tan rápidamente en la generación beat americana. Lo que empezó con los Beatles y los paquetes de muestras de LSD se convirtió en una marea de consumo de drogas que abrumó a Estados Unidos.

El tráfico de drogas está controlado por el Comité de los 300, de arriba a abajo. El comercio de drogas comenzó con la Compañía Británica de las Indias Orientales y fue seguido de cerca por la Compañía Holandesa de las Indias Orientales. Ambos estaban controlados por el "Consejo de los 300". La lista de miembros y accionistas del BEIC se asemeja a la del parlamento de Debretts. La BEIC creó la Misión Interior de China, cuya misión era hacer que los campesinos chinos, o coolies, como se les llamaba, fueran dependientes del opio. Esto creó el mercado del opio, que el BEIC llenó entonces.

Del mismo modo, el Comité de los 300 utilizó a los "Beatles" para popularizar las "drogas sociales" entre la juventud estadounidense y la "multitud" de Hollywood. Ed Sullivan fue enviado a Inglaterra para conocer a la primera "banda de rock" del Instituto Tavistock que llegó a las costas estadounidenses. Sullivan regresó entonces a Estados Unidos para elaborar una estrategia con los medios de comunicación electrónicos sobre cómo presentar y vender la banda. Sin la plena cooperación de los medios de comunicación electrónicos y de Ed Sullivan en particular, los "Beatles" y su "música" habrían muerto en la vid. En cambio, nuestra vida nacional y el carácter de los Estados Unidos cambiaron para siempre.

Ahora que lo sabemos, está muy claro el éxito de la campaña de los "Beatles" para proliferar el consumo de drogas. El hecho de que Theo Adorno escribiera la música y las letras de los Beatles se ocultó al público. La función principal de "Los Beatles" era ser descubiertos por los adolescentes, a los que se sometía a un bombardeo interminable de "música de los Beatles" hasta que se les convencía de que debían amar el sonido y abrazarlo con todo lo que conllevaba. La banda de Liverpool estuvo a la altura de las expectativas y, con "un poco de ayuda de sus amigos", es decir, las sustancias ilegales que llamamos drogas, creó toda una nueva clase de jóvenes estadounidenses en el molde preciso ordenado por el Instituto Tavistock.

Tavistock había creado un "chico nuevo" muy visible para que actuara como correo de la droga. Los "*misioneros cristianos*" de la China Inland Mission no habrían tenido cabida en los años 60. "Lo que esto significa es que los Beatles crearon nuevas pautas sociales, principalmente la normalización y popularización del consumo de drogas, nuevos gustos en el vestir y nuevos estilos de peinado que realmente los diferenciaron de la generación anterior, como quería Tavistock.

Es importante señalar el lenguaje deliberadamente fragmentario utilizado por Tavistock. Los "adolescentes" nunca imaginaron que todas las cosas "diferentes" a las que aspiraban eran producto de científicos mayores que trabajaban en grupos de reflexión en Inglaterra y en Stanford Research. ¡Cómo se habrían mortificado si hubieran descubierto que la mayoría de sus hábitos y expresiones "cool" habían sido creados deliberadamente para ellos por un grupo de científicos sociales mayores!

El papel de los medios de comunicación fue, y sigue siendo, muy importante en la promoción del consumo de drogas a escala nacional. Cuando la cobertura de las bandas callejeras fue cortada bruscamente por los medios de comunicación, éstas fueron "quemadas" como fenómeno social; le siguió la "nueva era" de las drogas. Los medios de comunicación siempre han sido un catalizador y siempre han impulsado las "nuevas causas". En la actualidad, la atención de los medios de comunicación se centra en el consumo de drogas y en sus defensores, la "generación beat", otro término acuñado en Tavistock, en su decidido esfuerzo por provocar un cambio social en Estados Unidos.

El consumo de drogas se convirtió en una parte aceptada de la vida cotidiana en Estados Unidos. Este programa diseñado por Tavistock abrazó a millones de jóvenes estadounidenses, y la generación de más edad comenzó a creer que Estados Unidos estaba experimentando una revolución social natural, sin darse cuenta de que lo que estaba ocurriendo con sus hijos no era un movimiento espontáneo, sino una creación altamente artificial diseñada para forzar cambios en la vida social y política de Estados Unidos.

Los descendientes de la Compañía Británica de las Indias Orientales estaban encantados con el éxito de su programa de promoción de medicamentos. Sus seguidores se volvieron adeptos al ácido lisérgico (LSD), tan fácilmente disponible por los mecenas del comercio de drogas como Aldous Huxley, la respetada empresa suiza Sandoz y financiado por la gran dinastía bancaria Warburg. La nueva "droga maravillosa" se distribuyó rápidamente en todos los conciertos de rock y en los campus universitarios como muestras gratuitas. La pregunta es: "¿Qué hacía el FBI durante este tiempo? "

El propósito de los Beatles había quedado muy claro. Los descendientes de la Compañía Británica de las Indias Orientales en la alta sociedad londinense debieron sentirse muy bien con los miles de millones de dólares que empezaron a entrar. Con la llegada del "rock", que a partir de ahora se utilizará como abreviatura de la diabólica música satánica de Adorno, se produjo un enorme aumento del consumo de drogas mundanas, especialmente de la marihuana. Todo el tráfico de drogas se desarrolló bajo el control y la dirección de la Unidad de Investigación de Política Científica (SPRU). La SPRU estaba dirigida por Leland Bradford, Kenneth Damm y Ronald Lippert, bajo cuya experta dirección se formó a un gran número de nuevos científicos de la ciencia para promover los "choques del futuro", siendo uno de los principales el dramático aumento del consumo de drogas entre los adolescentes estadounidenses. Los documentos políticos del SPRU, insertados en varias agencias gubernamentales, incluida la Agencia Antidroga (DEA), dictaron el curso de la desastrosa "guerra contra las drogas" supuestamente emprendida por las administraciones de Reagan y Bush.

Fue un precursor de la forma en que se dirige hoy Estados Unidos, por un comité y/o consejo tras otro, por un gobierno interno alimentado por documentos de Tavistock que creen firmemente que son sus propias opiniones. Estos desconocidos virtuales están tomando decisiones que cambiarán para siempre nuestra forma de gobierno y afectarán a la calidad de vida en Estados Unidos. Gracias a la "adaptación a la crisis", ya hemos cambiado tanto que apenas somos comparables a lo que éramos en los años 50. Nuestro entorno también ha cambiado.

Hoy en día se habla mucho del medio ambiente, y aunque la mayoría de las veces se trata de entornos verdes, ríos limpios y aire limpio, hay otro entorno igual de importante, el de los medicamentos. El entorno de nuestro estilo de vida se ha contaminado; nuestra forma de pensar se ha contaminado. Nuestra capacidad de controlar nuestro destino se ha contaminado. Nos enfrentamos a cambios que contaminan nuestro pensamiento hasta el punto de no saber qué pensar sobre ellos. El "ambiente de cambio" está paralizando a la nación; parece que tenemos tan poco control que el resultado es la ansiedad y la confusión.

Ahora buscamos soluciones de grupo en lugar de soluciones individuales a nuestros problemas. No utilizamos nuestros propios recursos para resolver los problemas. En este ámbito, el prolífico aumento del consumo de drogas desempeña un papel importante. Se trata de una estrategia deliberada, ideada por los científicos de las nuevas ciencias, los ingenieros sociales y los manitas, que tiene como objetivo el área más vulnerable de todas, es decir, nuestra autoimagen, es decir, la forma en que nos percibimos a nosotros mismos, lo que en última instancia nos lleva a ser como ovejas *(nosotros, las ovejas)* llevadas al matadero. Estamos confundidos por las muchas decisiones que tenemos que tomar y nos hemos vuelto apáticos.

Estamos siendo manipulados por hombres sin escrúpulos sin darnos cuenta. En la actualidad nos encontramos en la fase de transición en la que podemos estar preparados para un cambio en la actual forma constitucional de gobierno, que ha dado un paso de gigante bajo la administración Bush. Mientras algunos se empeñan, frente a todas las pruebas en contrario, en decir que "no puede ocurrir en Estados Unidos", el hecho es que: YA HA OCURRIDO. Nuestra voluntad de resistir a los acontecimientos que no nos gustan se ha ido erosionando y socavando. Resistiremos, dicen algunos, pero no seremos tantos y estaremos en minoría.

El tráfico de drogas ha cambiado insidiosamente nuestro entorno. La llamada "guerra contra las drogas" es una farsa; no existe en cantidad suficiente como para que los descendientes de la Compañía Británica de las Indias Orientales se den cuenta. Si a esto le añadimos la informatización, nos han lavado el cerebro casi por completo, privándonos de nuestra capacidad de resistencia al cambio forzado. Esto nos lleva a otro entorno, el CONTROL DE LAS PERSONAS, también conocido como control de la información personal, sin el cual los gobiernos no pueden jugar su juego de números. Tal y como están las cosas, los ciudadanos no tenemos absolutamente ninguna forma de saber lo que el gobierno sabe o no sabe sobre nosotros. Los archivos informáticos del gobierno no están abiertos al escrutinio público. ¿Creemos tontamente que la información personal es sacrosanta? Recuerde que en toda sociedad hay familias ricas y poderosas que controlan las fuerzas del orden. He demostrado que esas familias existen. No creas que si estas familias quisieran saber más sobre nosotros, no podrían hacerlo. Estas son las familias que suelen tener un miembro en el Comité de los 300.

Por ejemplo, Kissinger, que tiene sus propios archivos privados sobre cientos de miles de personas, no sólo en Estados Unidos, sino en todo el mundo. ¿Estamos en la lista de enemigos de Kissinger? ¿Es eso descabellado? En absoluto. Tomemos el ejemplo de la Logia Masónica P2 y del Comité de Montecarlo, que disponen de estas listas con decenas de miles de nombres. Por cierto, Kissinger es uno de ellos. Existen otras agencias de inteligencia "privadas", como *INTEL*, que conoceremos más adelante.

Una forma de introducir la heroína en Europa es a través del Principado de Mónaco. La heroína procede de Córcega y se transporta en los transbordadores que hacen un gran recorrido entre Córcega y Montecarlo durante el verano. No hay control de lo que entra o sale de estos transbordadores. Como no hay frontera entre Francia y Mónaco, las drogas, especialmente la heroína (opio parcialmente procesado), pasan por la frontera abierta de Mónaco hacia los laboratorios de Francia o, si ya están procesadas en heroína, van directamente a los distribuidores.

La familia Grimaldi lleva siglos en el negocio del contrabando de drogas. Como el Príncipe Rainiero se volvió codicioso y empezó a obtener grandes beneficios, y no paró después de tres avisos, su esposa, la Princesa Grace, fue asesinada en un "accidente" de coche. Rainier subestimó el poder del Comité del que forma parte. En el coche Rover en el que viajaba, los depósitos de líquido de frenos habían sido manipulados de manera que cada vez que se aplicaban los frenos, el líquido se liberaba en cantidades medidas, hasta que cuando el coche llegó a la más peligrosa de varias curvas en forma de horquilla, ya no tenía capacidad de frenado, y se fue por encima de un muro de piedra, golpeando el suelo a quince metros de profundidad con un estruendo repugnante.

Los agentes del Comité de los 300 hicieron todo lo posible para ocultar la verdad sobre el asesinato de la princesa Grace. A día de hoy, el Rover sigue bajo la custodia de la policía francesa, oculto bajo una cubierta en un remolque al que nadie puede acercarse y mucho menos examinar. La señal para la ejecución de la princesa Grace fue captada por el puesto de escucha del ejército británico en Chipre y una fuente bien situada cree que el Comité de Montecarlo y la Logia Masónica P2 dieron la orden.

El tráfico de drogas, controlado por el Comité de los 300, es un crimen contra la humanidad, pero al haber sido condicionados y ablandados por años de incesante bombardeo por parte del Instituto Tavistock, hemos aceptado más o menos nuestro nuevo entorno, viendo el tráfico de drogas como un problema "demasiado grande" para tratar. No lo es. Si pudimos reunir a toda una nación, equipar y enviar a millones de soldados estadounidenses a luchar en una guerra en Europa en la que no teníamos nada que hacer, si pudimos derrotar a una gran potencia en Europa, también podemos aplastar el tráfico de drogas utilizando las mismas tácticas que en la Segunda Guerra Mundial. Los problemas logísticos que hubo que resolver cuando entramos en la Segunda Guerra Mundial siguen siendo alucinantes hoy en día.

Sin embargo, hemos superado con éxito todos los problemas. ¿Por qué entonces es imposible derrotar a un enemigo bien definido, mucho más pequeño y débil que Alemania, con las armas y los equipos de vigilancia inmensamente mejorados que tenemos hoy? La verdadera razón por la que el problema de las drogas no se está erradicando es que está siendo dirigido por las familias más grandes del mundo como parte de una gigantesca máquina coordinada de hacer dinero.

En 1930, el capital británico invertido en Sudamérica superaba con creces el capital invertido en los "dominios" británicos. Graham, una autoridad en materia de inversiones británicas en el extranjero, dijo que la inversión británica en Sudamérica "superaba el billón de libras". Recordemos que estamos en 1930 y que un billón de libras era una suma asombrosa en aquella época. ¿Cuál fue el motivo de una inversión tan grande en Sudamérica? En una palabra, eran las drogas.

La plutocracia que controlaba los bancos británicos manejaba los hilos del dinero y, tanto entonces como ahora, presentaba una fachada muy respetable para ocultar sus verdaderas actividades. Nadie les ha pillado nunca con las manos sucias. Siempre tenían testaferros, como hoy, dispuestos a asumir la culpa si las cosas iban mal. Entonces, como ahora, los vínculos con el narcotráfico eran tenues en el mejor de los casos. Nadie ha podido meter mano a las respetables y "nobles" familias bancarias de Gran Bretaña, cuyos miembros están en el Comité de los 300.

Es muy significativo que sólo 15 miembros del Parlamento fueran controladores de este vasto imperio, siendo los más destacados Sir Charles Barry y la familia Chamberlain. Estos señores financieros actuaban en países como Argentina, Jamaica y Trinidad, que se convirtieron en importantes fuentes de dinero para ellos a través del tráfico de drogas. En estos países, los plutócratas británicos mantenían a los "locales", como se les llamaba despectivamente, en un nivel de subsistencia muy bajo, no muy superior a la esclavitud. Las fortunas obtenidas con el tráfico de drogas en el Caribe eran considerables.

Los plutócratas se escondían detrás de caras como Trinidad Leaseholds Limited, pero el BIEN REAL, entonces como ahora, era la droga. Este es el caso actual, en el que encontramos que el producto nacional bruto (PNB) de Jamaica se compone casi en su totalidad de las ventas de ganja, una forma muy potente de marihuana. El mecanismo para gestionar el comercio de ganja fue creado por David Rockefeller y Henry Kissinger como Iniciativa de la Cuenca del Caribe.

Hasta hace relativamente poco tiempo, la verdadera historia del comercio del opio en China era bastante desconocida, ya que estaba tan bien cubierta como es posible. Muchos de mis antiguos alumnos, cuando daba clases, venían a preguntarme por qué los chinos eran tan aficionados a fumar opio. Estaban desconcertados, como muchos lo están todavía hoy, por los relatos contradictorios de lo que realmente ocurrió en China. La mayoría pensaba que los trabajadores chinos compraban opio en el mercado y lo fumaban, o que iban a fumarlo a los miles de fumaderos para olvidar por un rato su terrible existencia. La verdad es que el suministro de opio a China era un monopolio británico, un monopolio OFICIAL del gobierno británico y de la política oficial británica. El comercio de opio indobritánico en China fue uno de los secretos mejor guardados, en torno al cual se desarrollaron muchas leyendas engañosas, como la de "Clive de la India" y las historias de la valentía del ejército británico en la India por la gloria del "Imperio", tan bien escritas por Rudyard Kipling, y las historias de los "Clippers del té" que cruzaban los océanos con sus cargamentos de té de China para los salones de la alta sociedad de la Inglaterra victoriana. De hecho, la historia de la ocupación británica de la India y las Guerras del Opio se encuentran entre las manchas más innobles de la civilización occidental.

Casi el 13% de los ingresos de la India bajo el dominio británico procedían de la venta de opio de Bengala de buena calidad a los traficantes de opio dirigidos por los británicos en China. Los "Beatles" de la época, la China Inland Mission (los "*misioneros cristianos*"), habían hecho un gran trabajo en la proliferación del consumo de opio entre los pobres trabajadores chinos (coolies, como se les llamaba). Estos adictos no aparecieron de repente de la nada, al igual que los adictos adolescentes en Estados Unidos. En China, primero se creó un mercado de opio y luego se llenó de opio de Bengala. Del mismo modo, primero se creó un mercado para la marihuana y el LSD en los EE.UU. por los métodos ya descritos, y luego lo llenaron los plutócratas británicos y sus primos estadounidenses con la ayuda de los señores del establishment bancario británico.

El lucrativo comercio de las drogas es uno de los peores ejemplos de explotación de la miseria humana, el otro es el comercio legal de las drogas dirigido por las compañías farmacéuticas propiedad de los Rockefeller, principalmente en los Estados Unidos, pero con importantes compañías que operan en Suiza, Francia y Gran Bretaña y que cuentan con el pleno apoyo de la Asociación Médica Americana (AMA). Los negocios sucios de la droga y el dinero que generan fluyen a través de la City londinense, así como de Hong Kong, Dubai y, más recientemente, del Líbano, gracias a la invasión israelí de ese país.

Algunos lo cuestionarán. "Miren las secciones de negocios del *Financial Times*", nos dirán. "¿No me digas que todo esto es por el dinero de la droga?" Por supuesto que lo es, pero no te imagines ni por un minuto que los nobles lores y damas de Inglaterra van a publicitar ese hecho. ¿Recuerdas la Compañía Británica de las Indias Orientales? Oficialmente, su negocio era el comercio del té.

El *Times* de Londres nunca se atrevió a decir al público británico que era imposible obtener grandes beneficios con el té, y el ilustre periódico ni siquiera aludió al comercio de opio que llevaban a cabo aquellos que pasaban su tiempo en los clubes de moda de Londres o jugando al polo en el Royal Windsor Club, ni al hecho de que los caballeros-oficiales que iban a la India al servicio del Imperio se financiaban únicamente con los enormes ingresos derivados de la miseria de los millones de culíes chinos dependientes del opio.

Este comercio fue llevado a cabo por la ilustre Compañía Británica de las Indias Orientales, cuya injerencia en los asuntos políticos, religiosos y económicos de los Estados Unidos nos ha costado muy caro durante más de 200 años. Los 300 miembros del consejo de administración de la Compañía Británica de las Indias Orientales estaban muy por encima del hombre común. Eran tan poderosos que, como señaló una vez Lord Bertrand Russell, "podían incluso aconsejar a Dios cuando estaba en problemas en el cielo". Tampoco debemos imaginar que las cosas han cambiado desde entonces. Es exactamente la misma actitud que prevalece hoy en día entre los miembros del Comité de los 300, por lo que a menudo se refieren a sí mismos como "olímpicos".

Más tarde, la Corona británica, es decir, la familia real, se unió al comercio de la Compañía Británica de las Indias Orientales y lo utilizó como vehículo para producir opio en Bengala y en otros lugares de la India, controlando las exportaciones mediante lo que se denominaba "derechos de tránsito", es decir, la Corona cobraba un impuesto a todos los productores de opio debidamente registrados ante la autoridad estatal, que enviaban su opio a China.

Antes de 1896, cuando el comercio aún era "ilegal" -palabra utilizada para extraer un mayor tributo de los productores de opio- y nunca se intentó detenerlo, se enviaban enormes cantidades de opio desde la India en los China Tea Clippers, los veleros en torno a los cuales se han construido leyendas y tradiciones, que debían transportar cofres de té desde la India y China hasta las bolsas de Londres.

Los señores de la Compañía Británica de las Indias Orientales fueron tan audaces que intentaron vender esta sustancia mortal a los ejércitos de la Unión y de la Confederación en forma de píldora como analgésico. ¿Es difícil imaginar lo que habría pasado si su plan hubiera tenido éxito? Todos esos cientos de miles de soldados habrían salido de los campos de batalla totalmente adictos al opio. Los "Beatles" tuvieron mucho más éxito al convertir a millones de adolescentes en adictos en los años siguientes. (Todos ellos recibieron OBE[11] de la Reina Isabel II

---

[11] Orden del Imperio Británico.

y Paul McCartney incluso fue nombrado caballero).

Los comerciantes de Bengala y sus controladores y banqueros británicos engordaron y se volvieron intolerantes con las enormes sumas de dinero que entraban en las arcas de la Compañía Británica de las Indias Orientales procedentes del miserable comercio de opio de los culíes chinos. Los beneficios de BEIC, incluso entonces, superaban con creces los beneficios combinados obtenidos en un solo año por General Motors, Ford y Chrysler en su punto álgido. La tendencia a obtener enormes beneficios de las drogas fue continuada en los años 60 por los comerciantes "legales" de drogas de la muerte, como Sandoz, los fabricantes de LSD y Hoffman la Roche, los fabricantes de *VALIUM*. El coste para Hoffman la Roche de la materia prima y la fabricación de Valium es de 3 dólares por kilo (2,2 libras). Se vende a sus distribuidores a 20.000 dólares el kilo. Cuando llega al consumidor, el precio del Valium ha aumentado a 50.000 dólares por kilo. El Valium se utiliza en grandes cantidades en Europa y Estados Unidos. Es probablemente la droga (*adictiva*) de este tipo más utilizada en el mundo.

Hoffman la Roche hace lo mismo con la vitamina C, cuya producción les cuesta menos de un céntimo por kilo. Se vende con un beneficio del 10.000%. Cuando un amigo mío denunció a esta empresa criminal, que había llegado a un acuerdo de monopolio con otros productores, violando la ley de patentes, debido a la violación de las leyes de la Comunidad Económica Europea, fue detenido en la frontera suizo-italiana y llevado a prisión; su esposa fue amenazada por la policía suiza hasta que se suicidó. Como ciudadano británico, fue rescatado por el cónsul británico en Berna tan pronto como se le informó de su situación, y luego liberado de la prisión y deportado del país en avión. Perdió a su mujer, su trabajo y su pensión por atreverse a divulgar los secretos de Hoffman La Roche. Los suizos se toman muy en serio su ley de espionaje industrial.

Recuérdelo la próxima vez que vea esos bonitos anuncios de pistas de esquí suizas, relojes bonitos, montañas inmaculadas y cucos. Suiza no es eso. Es un centro para el blanqueo de miles de millones de dólares de dinero sucio a través de las principales instituciones bancarias suizas. Se trata de los fabricantes de medicamentos "*legales*" del Comité de los 300 (adictos). Suiza es el último "refugio" del Comité para el dinero y la protección de sus habitantes en caso de calamidad mundial.

Las autoridades suizas podrían verse en serios problemas si se revela información sobre estas nefastas actividades. Los suizos consideran esto como "espionaje industrial", que suele conllevar una pena de cinco años de prisión. Es más seguro fingir que Suiza es un país agradable y limpio que mirar bajo las sábanas o dentro de sus bancos de basura.

En 1931, los principales ejecutivos de las "Cinco Grandes" empresas británicas fueron recompensados con el nombramiento de pares del reino por sus actividades de blanqueo de dinero procedente de la droga. ¿Quién decide sobre estas cuestiones y concede tales honores? Es la Reina de Inglaterra quien concede los honores a los hombres que ocupan los puestos más altos en el tráfico de drogas.

Los bancos británicos implicados en este terrible comercio son demasiado numerosos para mencionarlos, pero aquí están algunos de los más importantes:

- El Banco Británico de Oriente Medio
- National and Westminster Bank
- Royal Bank of Canada
- Banco Baring Brothers
- Banco Midland
- Barclays Bank
- Hong Kong and Shanghai Bank (HSBC)

Muchos bancos comerciales están metidos hasta el cuello en los beneficios del tráfico de drogas, bancos como Hambros, por ejemplo, dirigido por Sir Jocelyn Hambro. Para realizar un estudio realmente interesante sobre el comercio de opio en China, sería necesario tener acceso a la Oficina de la India en Londres. Pude acceder gracias a mi acreditación de inteligencia y recibí una ayuda inestimable del administrador de registros del difunto profesor Frederick Wells Williamson, que me proporcionó una gran cantidad de información sobre el comercio de opio de la Compañía Británica de las Indias Orientales en la India y China en los siglos XVIIIe y XIXe. Si estos documentos pudieran hacerse públicos, qué tormenta se desataría sobre las cabezas de las víboras coronadas de Europa[12]. En la actualidad, el comercio ha cambiado un poco, ya que la cocaína más barata se ha

---

[12] "Llena la medida de tus padres. Serpientes, cría de víboras, ¿cómo escaparéis de la condenación del fuego del infierno? "Cristo, Mateo 23:32-33.

apoderado de gran parte del mercado norteamericano.

El mercado americano. En la década de 1960, la avalancha de heroína procedente de Hong Kong, Líbano y Dubai amenazaba con envolver a Estados Unidos y Europa Occidental. Cuando la demanda superó la oferta, se pasó a la cocaína. Pero ahora, a finales de 1991, la tendencia se ha invertido; la heroína está resurgiendo, aunque es cierto que la cocaína sigue siendo muy popular entre las clases más pobres.

La heroína, nos dicen, es más satisfactoria para los adictos; los efectos son mucho más intensos y duraderos que los de la cocaína, y la atención internacional se centra menos en los productores de heroína que en los expedidores de cocaína colombiana. Además, es poco probable que Estados Unidos haga un esfuerzo real para detener la producción de opio en el Triángulo de Oro, que está bajo el control de los militares chinos, y estallaría una grave guerra si algún país intentara prohibir el comercio. Un ataque serio al comercio de opio llevaría a una intervención militar china.

Los británicos lo saben; no tienen ninguna disputa con China,[13] salvo las ocasionales disputas sobre quién se lleva la mayor parte del pastel. Gran Bretaña ha participado en el comercio de opio en China durante más de dos siglos. Nadie será tan estúpido como para hacer olas cuando millones y millones de dólares fluyan hacia las cuentas bancarias de los oligarcas británicos y se negocie más oro en el mercado de oro de Hong Kong que el total combinado del comercio en Londres y Nueva York.

La gente que se imagina alegremente que puede llegar a algún tipo de acuerdo con un pequeño señor chino o birmano en las colinas del Triángulo de Oro, aparentemente no tiene ni idea de lo que implica. Si lo hubieran sabido, nunca habrían hablado de detener el comercio de opio. Estas palabras revelan un escaso conocimiento de la inmensidad y complejidad del comercio del opio en China.

Los plutócratas británicos, la KGB rusa, la CIA y los banqueros estadounidenses están confabulados con China. ¿Podría un solo hombre

---

[13] El 21 de octubre de 1999, el Presidente chino recibió el "tratamiento de alfombra roja" en el Palacio de Buckingham. Fue transportado con estilo, junto con la Reina, en su coche real tirado por caballos y en una limusina Rolls-Royce, con fastuosos arreglos para impresionarle y entretenerle. Al mismo tiempo, la policía británica impidió que nadie se manifestara en contra de la situación de los derechos humanos en China, para no molestarlo.

detener o incluso hacer una pequeña mella en este comercio? Sería absurdo imaginarlo. ¿Qué es la heroína y por qué se prefiere a la cocaína hoy en día? Según el profesor Galen, una autoridad en la materia, la heroína es un derivado del opio, una droga que ahoga los sentidos y provoca largos períodos de sueño. Esto es lo que le gusta a la mayoría de los adictos, se llama "estar en los brazos de Morfeo". El opio es la droga más adictiva para el ser humano. Muchos medicamentos contienen opio en diversos grados, y se cree que el papel utilizado en la industria del opio se utilizaba en la fabricación de medicamentos.

La fabricación de cigarrillos está impregnada inicialmente de opio, por lo que los fumadores se vuelven tan adictos a su hábito.

La semilla de adormidera de la que se deriva era conocida desde hace tiempo por los mogoles de la India, que utilizaban las semillas mezcladas con té que ofrecían a un adversario difícil. También se utiliza como analgésico que ha sustituido en gran medida al cloroformo y otros anestésicos de una época pasada. El opio era muy popular en todos los clubes de moda del Londres victoriano y no era un secreto que hombres como los hermanos Huxley lo consumían ampliamente. Los miembros de los cultos órfico-dionisíacos de la Grecia helénica y de los cultos de Osiris-Horus del Egipto ptolemaico, a los que se adhería la sociedad victoriana, fumaban todos opio; era lo que estaba "de moda". Así lo hicieron algunos de los que se reunieron en el Hotel St Ermins en 1903 para decidir qué tipo de mundo tendríamos. Los descendientes de la multitud de St Ermins se encuentran hoy en el Comité de los 300. Son estos supuestos líderes mundiales los que han provocado tal cambio en nuestro entorno que el consumo de drogas ha podido proliferar hasta el punto de que ya no se puede detener con las tácticas y políticas habituales de aplicación de la ley. Esto es especialmente cierto en las grandes ciudades, donde las grandes poblaciones pueden ocultar gran parte de lo que ocurre.

En los círculos reales, muchas personas consumían regularmente opio. Uno de sus favoritos era el escritor Coudenhove-Kalergi, que escribió en 1932 un libro titulado "REVOLUCIÓN A TRAVÉS DE LA TECNOLOGÍA", que era un plan para devolver al mundo a una sociedad medieval. Este libro se convirtió en un documento de trabajo para el plan del Comité de los 300 de desindustrializar el mundo, empezando por Estados Unidos. Afirmando que la presión de la superpoblación es un problema grave, Kalergi aconseja volver a lo que él llama "espacios abiertos". ¿Suena esto a los Jemeres Rojos y a Pol Pot?

A continuación, algunos extractos del libro:

> "La ciudad del futuro se parecerá a la ciudad de la Edad Media en su trazado... y quien no esté condenado a vivir en la ciudad por su profesión, se irá al campo. Nuestra civilización es una cultura de las grandes ciudades; es, por tanto, una planta pantanosa, nacida de degenerados, enfermos y decadentes, que se han encontrado voluntaria o involuntariamente en este callejón sin salida de la vida."

¿No es esto muy parecido a lo que "Ankar Wat" dio como "sus" razones para despoblar Phnom Penh?

Los primeros cargamentos de opio llegaron a Inglaterra desde Bengala en 1683, transportados por los Tea Clippers de la Compañía Británica de las Indias Orientales. El opio se llevó a Inglaterra como una prueba, un experimento, para ver si se podía inducir al pueblo llano, a los burgueses y a las clases bajas a tomar la droga. Era lo que hoy llamaríamos un "marketing de prueba" de un nuevo producto. Pero los rudos campesinos y las tan burladas "clases bajas" fueron duros, y el experimento de comercialización de prueba fue un fracaso total. Las "clases bajas" de la sociedad británica rechazaban firmemente el consumo de opio.

Los plutócratas y oligarcas de la alta sociedad londinense comenzaron a buscar un mercado que no fuera tan resistente, tan inflexible. Encontraron ese mercado en China. En los documentos que estudié en la Oficina de la India bajo el epígrafe "Miscellaneous old Records", encontré toda la confirmación que podría haber deseado para demostrar que el comercio del opio en China despegó realmente tras la fundación de la "China Inland Mission" financiada por la Compañía Británica de las Indias Orientales, aparentemente una *sociedad misionera cristiana*, pero en realidad la única misión de los hombres y mujeres era "promover" el nuevo producto introducido en el mercado, el OPIO.

Esto se confirmó posteriormente cuando tuve acceso a los documentos de Sir George Birdwood en los archivos de la Oficina de la India. Poco después de que los misioneros de la China Inland Mission empezaran a distribuir sus paquetes de muestras y a enseñar a los culíes a fumar opio, empezaron a llegar a China grandes cantidades de opio. Los Beatles no podrían haber hecho un mejor trabajo. (En ambos casos, el comercio fue sancionado por la familia real británica, que apoyó abiertamente a los Beatles.) Mientras que la Compañía Británica de las Indias Orientales había fracasado en Inglaterra, tuvo un éxito más allá de sus expectativas en China, donde millones de personas pobres vieron en el consumo de opio una vía de escape a sus vidas de miseria.

Los fumaderos de opio empezaron a proliferar por toda China y, en ciudades importantes como Shangai y Guangzhou, cientos de miles de chinos desafortunados descubrieron que una pipa de opio hacía aparentemente la vida más llevadera. La Compañía Británica de las Indias Orientales tuvo vía libre durante más de 100 años antes de que el gobierno chino se diera cuenta de lo que estaba ocurriendo. No fue hasta 1729 cuando se aprobaron las primeras leyes contra el consumo de opio. Al consejo de administración de BEIC, compuesto por 300 miembros, no le gustó, y la empresa no tardó en entablar una batalla con el gobierno chino.

La BEIC había desarrollado semillas de adormidera que proporcionaban el opio de mejor calidad de los campos de adormidera de Benarés y Bihar, en la cuenca del Ganges, en la India, país que controlaba por completo. Al no querer perder este lucrativo mercado, la Corona británica entabló batallas campales con las fuerzas chinas y las derrotó. De la misma manera, el gobierno de EE.UU. se supone que está librando una batalla contra los señores de la droga de hoy en día[14] y, al igual que los chinos, está perdiendo gravemente. Sin embargo, hay una gran diferencia: el gobierno chino ha luchado para ganar, mientras que el gobierno estadounidense no tiene ninguna intención de ganar la batalla, y por eso la tasa de rotación de la Agencia Antidroga (DEA) es tan alta.

Recientemente, el opio de alta calidad ha salido de contrabando de Pakistán a través de Marka, en la desolada costa del país, desde donde los barcos transportan el cargamento a Dubai, donde se intercambia por oro. Esto explicaría en parte por qué ahora se prefiere la heroína a la cocaína. El tráfico de heroína es más discreto, no hay asesinatos de funcionarios prominentes como ocurre casi a diario en Colombia. El opio paquistaní no es tan caro como el del Triángulo o la Media Luna de Oro (Irán). Esto ha impulsado enormemente la producción y venta de heroína, que amenaza con superar a la cocaína como principal fuente de beneficios.

---

[14] ¿Se ha preguntado alguna vez por qué a estas personas se les llama señores de la droga y no reyes de la droga? Si estas personas son sólo señores de la droga, entonces ¿quiénes son los reyes de la droga?

Durante muchos años, en los círculos más altos de la sociedad inglesa se hablaba del vil comercio del opio como del "botín del Imperio". Las historias de valentía en el Paso de Khyber cubrían un vasto comercio de opio. El ejército británico estaba estacionado en el paso de Khyber para proteger las caravanas que transportaban opio en bruto del saqueo de las tribus de las colinas. ¿Lo sabía la familia real británica? Sin duda, pues ¿qué otra cosa podría haber inducido a la Corona a mantener un ejército en esta región donde no había nada más que hacer que el lucrativo comercio del opio? Era muy costoso mantener a los hombres bajo las armas en un país lejano. Su Majestad debió preguntarse por qué estaban allí esas unidades militares. Desde luego, no para jugar al polo o al billar en el comedor de oficiales. El BEIC estaba celoso de su monopolio del opio. Los competidores potenciales no podían cometer errores. En un famoso juicio celebrado en 1791, un tal Warren Hastings fue acusado de ayudar a un amigo a entrar en el negocio del opio a costa del BEIC. Las mismas palabras que encontré en los registros del caso que se encuentran en la Oficina de la India dan una idea del vasto comercio del opio:

> "La acusación es que Hastings adjudicó un contrato para el suministro de opio durante cuatro años a Stephen Sullivan, sin publicitar el contrato, en términos manifiestamente obvios y gratuitamente abundantes, con el propósito de crear una FORTUNA INSTANTÁNEA para el citado William Sullivan Esq. (Énfasis añadido)."

Como el gobierno británico tenía el monopolio del comercio del opio, los únicos que podían hacer una fortuna instantánea eran la "nobleza", la "aristocracia", los plutócratas y las familias oligárquicas de Inglaterra, muchos de cuyos descendientes forman parte del Comité de los 300, al igual que sus antepasados formaban parte del Consejo de los 300 que dirigía la BEIC. Los forasteros como el Sr. Sullivan pronto se vieron en problemas con la Corona si tenían la audacia de intentar entrar en el multimillonario comercio del opio.

Los hombres de honor del BEIC, con su lista de 300 consejeros, eran miembros de todos los principales clubes de caballeros de Londres y eran, en su mayoría, miembros del parlamento, mientras que otros, tanto en la India como en su país, eran magistrados. Los pasaportes de la empresa eran necesarios para desembarcar en China. Cuando algunos curiosos llegaron a China para investigar la participación de la Corona británica en este lucrativo comercio, los magistrados de la BEIC les revocaron rápidamente sus pasaportes, prohibiéndoles la entrada en

China. Los roces con el gobierno chino eran habituales. Los chinos habían aprobado una ley, el edicto de Yung Cheny de 1729, que prohibía la importación de opio, pero la BEIC consiguió mantener el opio en los aranceles chinos hasta 1753, con un derecho de tres taels por paquete de opio. Incluso cuando el servicio secreto especial británico (los 007 de la época) se aseguraba de comprar a los funcionarios chinos problemáticos, y en los casos en que esto no era posible, simplemente se les asesinaba.

Todos los monarcas británicos desde 1729 se han beneficiado enormemente del tráfico de drogas, y también lo ha hecho el actual ocupante del trono. Los ministros se aseguraron de que la riqueza fluyera hacia sus arcas familiares. Durante el reinado de la reina Victoria, Lord Palmerston fue uno de los más importantes. Se aferró obstinadamente a la creencia de que nada debía detener el comercio de opio de Gran Bretaña con China. El plan de Palmerston consistía en suministrar al gobierno chino suficiente opio para que sus miembros se volvieran codiciosos. Entonces los británicos restringirían los suministros y, cuando el gobierno chino estuviera de rodillas, los reanudarían, pero a un precio mucho más alto, manteniendo así un monopolio a través del propio gobierno chino, pero este plan fracasó.

El gobierno chino reaccionó destruyendo grandes cargamentos de opio almacenados en depósitos, y los comerciantes británicos se vieron obligados a firmar acuerdos individuales para no importar opio a Cantón. El BEIC respondió enviando docenas de barcos cargados de opio a Macao. Las empresas responsables ante el BEIC, y no los particulares, vendían entonces estos envíos. El comisario chino Lin declaró:

> "Hay tanto opio a bordo de los barcos ingleses que ahora se dirigen a este lugar (Macao) que nunca será devuelto al país del que procede, y no me sorprenderá saber que se está introduciendo de contrabando bajo colores americanos".

La profecía de Lin resultó ser notablemente acertada.

Las guerras del opio contra China tenían como objetivo "poner a los chinos en su sitio", como dijo una vez Lord Palmerston, y el ejército británico lo hizo. Sencillamente, no había forma de detener este vasto y lucrativo comercio que hacía ganar miles de millones a los señores feudales oligárquicos británicos, mientras dejaba a China con millones de adictos al opio. Más tarde, los chinos pidieron a Gran Bretaña que les ayudara a resolver su enorme problema y ambos países llegaron a acuerdos. Posteriormente, los sucesivos gobiernos chinos vieron la ventaja de cooperar con Gran Bretaña en lugar de luchar con ella -y esto se verificó durante el sangriento reinado de Mao Tse Tung-, de modo que hoy, como ya he mencionado, las disputas que surgen son únicamente por la parte del comercio de opio que le corresponde a cada uno.

Pasando a una historia más moderna, la asociación chino-británica se consolidó con el acuerdo de Hong Kong, que estableció una asociación igualitaria en el comercio del opio. El comercio ha sido fluido, con algunos baches aquí y allá, pero mientras que la violencia y la muerte, los robos y los asesinatos han marcado el progreso del comercio de la cocaína en Colombia, no se ha permitido que tal bajeza perturbe el comercio de la heroína que, como dije antes, está ganando una vez más la ventaja a medida que se acerca el final de 1991.

El principal problema en las relaciones chino-británicas de los últimos 60 años ha sido la demanda de China de una mayor parte del pastel de opio-heroína. Esto se resolvió cuando Gran Bretaña aceptó entregar Hong Kong al control total del gobierno chino, con efecto en 1997. Aparte de eso, los socios conservan su antigua participación a partes iguales en el lucrativo comercio de opio con base en Hong Kong.

Las familias oligárquicas británicas del Comité de los 300 que se atrincheraron en Cantón en el apogeo del comercio del opio han dejado a sus descendientes en el lugar. Si se mira una lista de residentes británicos destacados en China, se verán los nombres de los miembros del Comité de los 300 entre ellos. Lo mismo ocurre con Hong Kong. Estos plutócratas, herederos de una época feudal que pretenden imponer al mundo, controlan el comercio de oro y opio del que Hong Kong es EL centro. Los cultivadores de opio birmanos y chinos cobran en oro, no se fían del billete de papel americano de 100 dólares. Esto explica el enorme volumen de comercio de oro en la bolsa de Hong Kong.

El Triángulo de Oro ya no es el mayor productor de opio. Desde 1987, este dudoso título lo comparten la Media Luna de Oro (Irán), Pakistán y Líbano. Estos son los principales productores de opio, aunque cantidades menores provienen de nuevo de Afganistán y Turquía. El tráfico de drogas, y especialmente el de opio, no podría funcionar sin la ayuda de los bancos, como demostraremos.

Los bancos y el mercado de la droga

¿Cómo es que los bancos, con su aire de respetabilidad, se involucran en el tráfico de drogas, con todos sus aspectos feos? Esta es una historia muy larga y complicada, que podría ser objeto de un libro en sí mismo. Los bancos están implicados, en particular financiando empresas de fachada que importan los productos químicos necesarios para transformar el opio en bruto en heroína. El Hong Kong and Shanghai Bank, que tiene una sucursal en Londres, está en el centro de este comercio a través de una empresa llamada TEJAPAIBUL, que tiene una cuenta en el Hong Kong and Shanghai Bank. ¿A qué se dedica esta empresa? Importa a Hong Kong la mayor parte de los productos químicos necesarios para el proceso de refinado de la heroína.

También es un importante proveedor de anhídrido acético para la Media Luna de Oro y el Triángulo de Oro, Pakistán, Turquía y Líbano. La financiación real de este comercio corre a cargo del Banco Metropolitano de Bangkok. Así pues, las actividades secundarias relacionadas con el procesamiento del opio, aunque no estén en la misma categoría que el comercio del opio, generan sin embargo importantes ingresos para los bancos. Pero el verdadero ingreso del Hong Kong and Shanghai Bank y de todos los bancos de la región es la financiación del comercio del opio.

Me costó mucho investigar para establecer una relación entre el precio del oro y el del opio. Solía decir a cualquiera que quisiera escuchar: "Si quieres saber el precio del oro, busca el precio de una libra o un kilo de opio en Hong Kong". A mis críticos les respondería: "Miren lo que pasó en 1977, un año crítico para el oro". El Banco de China sorprendió a los expertos en oro, y a esos inteligentes pronosticadores que se encuentran en gran número en Estados Unidos, al arrojar repentinamente 80 toneladas de oro al mercado sin previo aviso.

Esto hizo que el precio del oro cayera en picado. Lo único que pudieron decir los expertos fue: "No sabíamos que China tuviera tanto oro; ¿de dónde salió? "Procede del oro que se paga a China en el mercado del oro de Hong Kong por las grandes compras de opio. La política actual del gobierno chino hacia Inglaterra es la misma que en los siglos 18 y 19. La economía china, vinculada a la de Hong Kong -y no hablo de televisores, textiles, radios, relojes, cintas de vídeo piratas- sino de opio/heroína, sufriría un terrible golpe si no fuera por el comercio de opio que comparten con Gran Bretaña. La BEIC ya no existe, pero los descendientes de su Consejo de los 300 siguen presentes en el Comité de los 300.

Las más antiguas de las familias oligárquicas británicas que han estado a la cabeza del comercio del opio durante los últimos 200 años siguen estando ahí. Por ejemplo, los Matheson. Esta familia "noble" es uno de los pilares del comercio del opio. Hace unos años, cuando la situación parecía un poco precaria, los Matheson intervinieron y concedieron a China un préstamo de 300 millones de dólares para inversiones inmobiliarias. De hecho, este préstamo se presentó como una "empresa conjunta entre la República Popular China y el Matheson Bank". Mientras investigaba los documentos de la Oficina de la India de la década de 1700, me encontré con el nombre Matheson, que seguía apareciendo en todas partes: en Londres, Pekín, Dubai, Hong Kong, dondequiera que se mencionara la heroína y el opio.

El problema del tráfico de drogas es que se ha convertido en una amenaza para la soberanía nacional. Esto es lo que dijo el embajador de Venezuela ante las Naciones Unidas sobre esta amenaza global:

> "El problema de las drogas ya ha dejado de ser tratado como un simple problema de salud pública o social. Se ha convertido en algo mucho más grave y de mayor alcance que afecta a nuestra soberanía nacional; un problema de seguridad nacional, ya que socava la independencia de una nación. Las drogas, en todas sus manifestaciones de producción, comercialización y consumo, nos desnaturalizan minando nuestra vida ética, religiosa y política, nuestros valores históricos, económicos y republicanos".

Así es precisamente como funcionan el Banco de Pagos Internacionales y el FMI. Permítanme decir sin dudar que estos dos bancos no son más que cámaras de compensación para el tráfico de drogas. El BPI socava cualquier país que el FMI quiera hundir al proporcionar los medios para la fácil salida de los capitales desbocados. El BIS no reconoce ni hace ninguna distinción entre el capital fugitivo y el dinero del narcotráfico blanqueado.

El BIS funciona según un modelo mafioso. Si un país no se somete al despojo de activos del FMI, éste le dice efectivamente: "Bien, entonces os romperemos con la enorme reserva de narcodólares que tenemos".

Es fácil entender por qué el oro ha sido desmonetizado y sustituido por el "dólar" de papel como moneda de reserva mundial. No es tan fácil chantajear a un país que tiene reservas de oro como a un país cuyas reservas están en dólares de papel.

Hace unos años, el FMI celebró una reunión en Hong Kong a la que asistió un colega mío, y me dijo que el seminario trataba precisamente de esta cuestión. Me informó de que los funcionarios del FMI dijeron en la reunión que podían provocar literalmente una corrida de la moneda de cualquier país, utilizando narcodólares, lo que precipitaría una fuga de capitales. Rainer-Gut, delegado de Credit Suisse y miembro del Comité de los 300, dijo que preveía una situación en la que el crédito nacional y las finanzas nacionales se combinarían en una sola organización a finales de siglo. Aunque Rainer-Gut no lo explicó con detalle, todos los asistentes al seminario sabían exactamente de qué estaba hablando.

De Colombia a Miami, del Triángulo de Oro al Golden Gate, de Hong Kong a Nueva York, de Bogotá a Frankfurt, el tráfico de drogas, y en particular el de heroína, es un GRAN NEGOCIO,[15] dirigido de arriba a abajo por algunas de las familias más "intocables"[16] del mundo, y cada una de estas familias tiene al menos un miembro que forma parte del Comité de los 300. No se trata de un comercio callejero, y se necesita mucho dinero y experiencia para que funcione sin problemas. Los mecanismos controlados por el Comité de los 300 lo garantizan.

Ese talento no se encuentra en las esquinas ni en el metro de Nueva York. Por supuesto, los comerciantes y vendedores ambulantes son una parte integral del negocio, pero sólo como pequeños vendedores a tiempo parcial. Digo a tiempo parcial porque están ocupados y la rivalidad hace que algunos se disparen. ¿Pero qué importa? Hay muchos reemplazos disponibles.

No, no es algo que interese a la administración de la pequeña empresa. Es un GRAN NEGOCIO, un vasto imperio, este sucio negocio de las

---

[15] BIG BUSINESS en el texto original.

[16] La familia real británica ha creado los tribunales británicos, ha establecido sus propias leyes y su sistema jurídico para que nadie pueda emprender acciones legales contra el monarca.

drogas. Por necesidad, se dirige de arriba abajo en todos los países del mundo. De hecho, es el mayor negocio del mundo en la actualidad, superando a todos los demás. El hecho de que esté protegido desde arriba se confirma por el hecho de que, al igual que el terrorismo internacional, no puede ser erradicado, lo que debería indicar a una persona razonable que algunos de los principales nombres de los círculos reales, de la oligarquía, de la plutocracia, lo dirigen, aunque sea a través de intermediarios.

Los principales países implicados en el cultivo de adormidera y coca son Birmania, el norte de China, Afganistán, Irán, Pakistán, Tailandia, Líbano, Turquía, Perú, Ecuador y Bolivia. Colombia no cultiva coca, pero, después de Bolivia, es el principal centro de refinado de cocaína y el principal centro financiero del tráfico de cocaína, que, desde que el general Noriega fue secuestrado y encarcelado por el presidente Bush, compite con Panamá por el primer puesto en el lavado de dinero y la financiación del tráfico de cocaína.

El comercio de heroína está financiado por bancos de Hong Kong, bancos de Londres y algunos bancos de Oriente Medio, como el Banco Británico de Oriente Medio. Líbano se está convirtiendo en la "Suiza de Oriente Medio". Los países implicados en la distribución y circulación de heroína son Hong Kong, Turquía, Bulgaria, Italia, Mónaco, Francia (Córcega y Marsella), Líbano y Pakistán. Estados Unidos es el mayor consumidor de drogas, con la cocaína en primer lugar y la heroína compitiendo con ella. Europa occidental y el suroeste de Asia son los mayores consumidores de heroína. Irán tiene una enorme población de heroinómanos: más de 2 millones en 1991.

No hay un solo gobierno que no sepa exactamente lo que ocurre en el tráfico de drogas, pero los miembros individuales en posiciones de poder son atendidos por el Comité de los 300 a través de su red mundial de filiales. Si un miembro del gobierno es "difícil", se le destituye, como ocurrió con el pakistaní Ali Bhutto y el italiano Aldo Moro. Nadie escapa a este comité todopoderoso, aunque Malasia ha conseguido resistir hasta ahora. Malasia tiene las leyes antidroga más estrictas del mundo. La posesión, incluso de pequeñas cantidades de drogas, se castiga con la muerte.

Al igual que la empresa búlgara Kintex, la mayoría de los países pequeños están directamente implicados en estas empresas delictivas. Los camiones Kintex transportan regularmente heroína por toda Europa Occidental en su propia flota de camiones con la marca CEE Triangle Internationale Routier (TIR). Los camiones que llevan esta marca y el número de reconocimiento de la CEE no deben ser detenidos en los puestos de aduana. Los camiones TIR sólo pueden transportar productos perecederos. Se supone que deben ser inspeccionados en el país de origen y cada conductor debe llevar un documento a tal efecto.

Esto es lo que ocurre en virtud de las obligaciones de los tratados internacionales, por lo que los camiones de Kintex pudieron cargar sus cargamentos de heroína y certificarlos como "frutas y verduras frescas", y luego abrirse paso por Europa Occidental, entrando incluso en las bases de alta seguridad de la OTAN en el norte de Italia. De este modo, Bulgaria se convirtió en uno de los principales países por los que se transportaba la heroína.

La única manera de detener las enormes cantidades de heroína y cocaína que actualmente llegan a los mercados europeos es acabar con el sistema *TIR*. Esto nunca sucederá. El Comité de los 300, a través de sus increíbles redes y mecanismos de control, puso en marcha las obligaciones de los tratados internacionales que acabo de mencionar para facilitar el paso de todo tipo de drogas hacia Europa Occidental. Olvídate de los productos perecederos. Un antiguo agente de la DEA en Italia me dijo: "*TIR = DOPE*".[17]

Recuerde esto la próxima vez que lea en los periódicos que se ha encontrado un gran cargamento de heroína en una maleta con fondo falso en el aeropuerto Kennedy, y que alguna "mula" desafortunada pagará el precio de su actividad delictiva. Este tipo de acciones no son más que "cervezas pequeñas", sólo para echar humo a los ojos del público, para hacernos creer que nuestro gobierno está haciendo realmente algo sobre la amenaza de las drogas. Por ejemplo, "The French Connection", un programa de Nixon lanzado sin el conocimiento ni el consentimiento del Comité de los 300.

La cantidad total de opio y heroína incautada en este esfuerzo masivo es algo menos de la cuarta parte de lo que transporta un solo camión TIR. El Comité de los 300 se aseguró de que Nixon pagara un alto precio por una incautación de heroína relativamente pequeña. No era por la cantidad de heroína, sino por el hecho de que alguien a quien habían ayudado a escalar hasta la Casa Blanca creyera que ahora podía prescindir de su ayuda y apoyo, e incluso ir en contra de las órdenes

---

[17] "Dope" es un término genérico americano cuyo equivalente francés es "cam".

directas de arriba.

El mecanismo del comercio de heroína es el siguiente: las tribus salvajes de las colinas de Tailandia y Birmania cultivan la adormidera. En el momento de la cosecha, la vaina que contiene las semillas se corta con una navaja o un cuchillo afilado. Una sustancia resinosa se escapa a través del corte y comienza a fraguar. Este es el opio crudo. La cosecha de opio en bruto se transforma en bolas redondas y pegajosas. Los miembros de las tribus cobran en lingotes de oro de un kilo - llamados 4/10e - que son acuñados por Credit Suisse. Estos pequeños lingotes se utilizan ÚNICAMENTE para pagar a los miembros de las tribus; los lingotes de oro de peso normal son comercializados en el mercado de Hong Kong por grandes compradores de opio crudo o de heroína parcialmente procesada. Los mismos métodos se utilizan para pagar a los miembros de las tribus de las colinas de la India, los baloch, que se dedican a este comercio desde la época de los mogoles. En la "temporada de la droga", como se conoce, se produce una afluencia de oro en el mercado de Hong Kong. México comenzó a producir cantidades relativamente pequeñas de heroína llamada "Mexican Brown", que era muy demandada por las estrellas de Hollywood. Una vez más, el tráfico de heroína está dirigido por altos funcionarios del gobierno que tienen a los militares de su lado. Algunos productores de "Mexican Brown" ganan un millón de dólares al mes suministrando a sus clientes estadounidenses. Cuando algunos policías federales mexicanos son incitados a actuar contra los productores de heroína, son "eliminados" por unidades militares que parecen aparecer de la nada.

Uno de estos incidentes ocurrió en noviembre de 1991 en una remota pista de aterrizaje en la región productora de opio de México. Los agentes federales de narcóticos rodearon la pista de aterrizaje y estaban a punto de detener a las personas que estaban cargando heroína cuando llegó un escuadrón de soldados. Los soldados acorralaron a los agentes de la Policía Federal de Estupefacientes y los mataron sistemáticamente a todos. Esta acción supone una seria amenaza para el presidente mexicano Goltarin, que se enfrenta a fuertes demandas de investigación sobre los asesinatos. Goltarin se encuentra en una situación delicada: no puede renunciar a exigir una investigación, ni puede permitirse ofender a los militares. Esta es la primera grieta en la cadena de mando en México, que se remonta al Comité de los 300. El opio crudo del Triángulo de Oro se envía a la mafia siciliana y a la parte francesa del negocio para ser refinado en los laboratorios que infestan la costa francesa desde Marsella hasta Montecarlo. En la actualidad, el Líbano y Turquía producen cantidades cada vez mayores de heroína refinada y en los últimos cuatro años se ha instalado un gran número de laboratorios en estos dos países. Pakistán también tiene varios laboratorios, pero no está en la misma liga que Francia, por ejemplo.

La ruta utilizada por los transportistas de opio en bruto de la Media Luna de Oro pasa por Irán, Turquía y Líbano. Cuando el Sha de Irán estaba en el poder, se negó a permitir que el comercio de heroína continuara y se detuvo por la fuerza hasta que fue "asumido" por el Comité de los 300. El opio crudo procedente de Turquía y el Líbano se transportaba a Córcega, desde donde se enviaba a Montecarlo con la complicidad de la familia Grimaldi. Los laboratorios pakistaníes, bajo la apariencia de "laboratorios de defensa militar", realizan más refinado que hace dos años, pero el mejor refinado se sigue haciendo en la costa mediterránea francesa y en Turquía. Una vez más, los bancos desempeñan un papel fundamental en la financiación de estas operaciones.

Detengámonos aquí un momento. ¿Debemos creer que con todas las técnicas de vigilancia modernas y ampliamente mejoradas, incluido el reconocimiento por satélite, de que disponen las fuerzas del orden de estos países, no se puede localizar y detener este nefasto comercio? ¿Cómo es posible que las fuerzas del orden no puedan entrar y destruir estos laboratorios una vez descubiertos? Si este es el caso, y seguimos sin poder prohibir el tráfico de heroína, entonces nuestros servicios de lucha contra la droga deberían llamarse "geriátricos" y no agencias de lucha contra la droga.

Hasta un niño podría decirle a nuestros llamados "vigilantes de la droga" lo que tiene que hacer. Basta con vigilar todas las fábricas de anhídrido acético, el componente químico más esencial que necesitan los laboratorios para refinar la heroína a partir del opio crudo. ENTONCES, ¡SIGUE EL RASTRO! Así de sencillo. Me recuerda a Peter Sellers en la serie La Pantera Rosa cuando pienso en los esfuerzos de las fuerzas del orden por localizar los laboratorios de refinado de heroína. Incluso alguien tan torpe como el detective ficticio no tendría problemas para rastrear la ruta de los envíos de anhídrido acético hasta su destino final.

Los gobiernos podrían aprobar leyes que obliguen a los fabricantes de anhídrido acético a llevar un registro escrupuloso de quién compra el producto químico y para qué se va a utilizar. Pero no cuentes con ello, recuerda que las drogas son un gran negocio y el gran negocio lo hacen las familias oligárquicas de Europa y el establishment liberal de la Costa Este de EEUU. El narcotráfico no es una operación mafiosa ni dirigida por los cárteles colombianos de la cocaína. Las familias nobles de Gran Bretaña y los altos funcionarios de Estados Unidos no van a alardear de su papel en los escaparates; todavía tienen una armada de testaferros para hacer el trabajo sucio.

Recuerde que la "nobleza" británica y estadounidense nunca se ensució las manos en el comercio del opio en China. Los lores y las damas eran demasiado listos para eso, al igual que la élite estadounidense: los Delanos, los Forbes, los Appleton, los Bacons, los Boylestons, los Perkins, los Russells, los Cunninghams, los Shaw, los Coolidges, los Parkman, los Runnewells, los Cabots y los Codman; esta no es una lista exhaustiva de las familias estadounidenses que se enriquecieron con el comercio del opio en China.

Como este no es un libro sobre el tráfico de drogas, no puedo, necesariamente, tratar este tema en profundidad. Pero hay que destacar su importancia para el Comité de los 300. Estados Unidos no está dirigido por 60 familias, sino por 300 familias e Inglaterra por 100 familias y, como veremos, estas familias están entrelazadas por matrimonios, corporaciones, bancos, sin mencionar los vínculos con la nobleza negra, la masonería, la Orden de San Juan de Jerusalén, etc. Son estas personas las que, a través de sus sustitutos, encuentran la forma de proteger los enormes envíos de heroína procedentes de Hong Kong, Turquía, Irán y Pakistán y se aseguran de que lleguen a los mercados de EE.UU. y Europa Occidental con un coste mínimo.

A veces se interceptan e incautan cargamentos de cocaína, pero esto no es más que una fachada. A menudo, los envíos incautados pertenecen a una nueva organización que intenta introducirse en el comercio. A estos competidores se les deja fuera de juego informando a las autoridades de dónde van a entrar en el mercado estadounidense y quiénes son sus propietarios. Los grandes negocios nunca se tocan; la heroína es demasiado cara. Hay que tener en cuenta que los agentes de la Agencia Antidroga de Estados Unidos no están autorizados a entrar en Hong Kong. No pueden examinar el manifiesto de un barco antes de que salga del puerto. Uno se pregunta por qué, si hay tanta "cooperación internacional", lo que a los medios de comunicación les gusta llamar "desmantelar el tráfico de drogas". Está claro que las rutas de comercio de heroína están protegidas por "una autoridad superior". En Sudamérica, con la excepción de México, la cocaína es el rey. La producción de cocaína es muy sencilla, a diferencia de la heroína, y los que están dispuestos a correr riesgos por y para los "altos mandos" pueden hacer grandes fortunas. Al igual que en el tráfico de heroína, los intrusos no son bienvenidos y a menudo acaban siendo víctimas, o víctimas de conflictos familiares. En Colombia, la mafia de la droga es una familia muy unida. Pero la mala publicidad generada por el ataque de la guerrilla del M19 al edificio de la justicia en Bogotá (el M19 es el ejército privado de los barones de la cocaína) y el asesinato de Rodrigo Lara Bonilla, un destacado fiscal y juez, fue tan mala que las "autoridades superiores" tuvieron que reorganizar las cosas en Colombia.

Como resultado, los Ocho del cártel de Medellín se entregaron después de que se les asegurara que no sufrirían ninguna pérdida de fortuna, daño de ningún tipo, ni serían extraditados a Estados Unidos. Se acordó que, siempre que repatriaran la mayor parte de sus enormes fortunas en narcodólares a los bancos colombianos, no se tomaría ninguna medida punitiva contra ellos. Los Ochoa -Jorge, Fabio y su líder, Pablo Escobar- serían recluidos en prisiones privadas que se asemejan a una habitación de motel de lujo, y luego serían condenados a un máximo de dos años, que se cumplirían en la misma prisión del motel. Este acuerdo está en curso. También se ha garantizado a los Ochoa el derecho a seguir dirigiendo su "negocio" desde su motel-prisión.

Pero esto no significa que el tráfico de cocaína haya cesado. Por el contrario, simplemente se ha transferido al cártel de Cali, que desempeña un papel secundario, y es el negocio de siempre. Por alguna extraña razón, el cártel de Cali, de igual tamaño que el de Medellín, ha sido -al menos hasta ahora- ampliamente ignorado por la DEA. Cali se diferencia del cártel de Medellín en que está dirigido por HOMBRES DE NEGOCIOS, que evitan cualquier forma de violencia y nunca rompen los tratos.

Aún más significativo es que Cali no hace prácticamente ningún negocio en Florida. Mi fuente me dice que el cártel de Cali está dirigido por astutos hombres de negocios, como nunca se ha visto en el tráfico de cocaína. Cree que han sido "especialmente designados", pero no sabe por quién. "Nunca llaman la atención", dice. "No van por ahí importando Ferraris rojos como hizo Jorge Ochoa, llamando inmediatamente la atención, porque está prohibido importar ese tipo de coches a Colombia".

Los mercados del cártel de Cali están en Los Ángeles, Nueva York y Houston, que se corresponden estrechamente con los mercados de la heroína. Cali no ha dado señales de avanzar en el mercado de la heroína de Florida. Un ex agente de la DEA, que es colega mío, declaró recientemente:

"Esta gente de Cali es muy inteligente. Son una raza diferente a la de los hermanos Ochoa. Actúan como empresarios profesionales. Ahora son más grandes que el cártel de Medellín y creo que vamos a ver entrar en Estados Unidos mucha más cocaína que antes. El secuestro de Manuel Noriega facilitará el flujo de cocaína y dinero a través de Panamá, que cuenta con tantos bancos. Hasta aquí la "Operación Causa Justa" del presidente George Bush. Lo único que hizo fue facilitar la vida de Nicolás Ardito Barletta, que era dirigido por los hermanos Ochoa y que está a punto de servir de tapadera al cártel de Cali.

Basándome en mi experiencia con el comercio de heroína, creo que el Comité de los 300 intervino y tomó el control total del comercio de cocaína en Sudamérica. No hay otra explicación para el auge del cártel de Cali que se une al secuestro de Noriega. ¿Recibió Bush órdenes de Londres respecto a Noriega? Todo indica que fue literalmente empujado a invadir Panamá y secuestrar a Noriega, que se había convertido en un serio obstáculo para los "negocios" en Panamá, especialmente en el sector bancario.

Varios ex oficiales de inteligencia me han dado su opinión, que coincide con la mía. Al igual que en la Guerra del Golfo que siguió a la de Panamá, sólo después de varias llamadas del embajador británico en Washington, Bush se armó de valor para dar su paso totalmente ilegal contra el general Noriega. El hecho de que fuera apoyado por la prensa británica y por el *New York Times*, un periódico dirigido por el servicio secreto británico, lo dice todo.

Noriega fue una vez el favorito de la clase dirigente de Washington. Se relacionaba con frecuencia con William Casey y Oliver North e incluso se reunió con el presidente George Bush en al menos dos ocasiones. Noriega se dejaba ver a menudo en el Pentágono, donde se le trataba como a uno de esos potentados árabes, y en el cuartel general de la CIA en Langley, Virginia, siempre se le ponía la alfombra roja. La Inteligencia del Ejército de EE.UU. y la CIA dijeron que le pagaron 320.000 dólares.

Entonces empezaron a aparecer nubes de tormenta en el horizonte, más o menos cuando el cártel de Cali tomó el control del comercio de cocaína de los hermanos Ochoa y Pablo Escobar. Encabezada por el senador Jesse Helms, que se vendió a Ariel Sharon y al partido israelí Histradut en 1985, se desató una repentina agitación para la destitución de Noriega. Jesse Helms y los suyos contaban con el apoyo de Simon Hersh, un oficial de la inteligencia británica que trabajaba para el *New*

York Times y que había sido portavoz de la inteligencia británica en Estados Unidos desde los días en que el jefe del MI6, Sir William Stephenson, ocupaba el edificio de la RCA en Nueva York.

Es muy significativo que Helms eligiera liderar la carga contra Noriega. Helms es el favorito de la facción de Sharon en Washington y Sharon era el principal traficante de armas en América Central y Colombia. Además, Helms cuenta con el respeto de los fundamentalistas cristianos que creen en la máxima: "Israel, mi país, esté bien o esté mal". Así, se creó un poderoso impulso para "atrapar a Noriega". Evidentemente, Noriega podía resultar un serio obstáculo para los narcotraficantes internacionales y sus banqueros en el Comité de los 300, por lo que había que eliminarlo antes de que pudiera causar un daño significativo.

Bush fue presionado por sus amos británicos para llevar a cabo una operación ilegal de registro e incautación en Panamá, que provocó la muerte de nada menos que 7.000 panameños y la destrucción gratuita de la propiedad privada. Nunca se encontró nada que implicara a Noriega como "narcotraficante", por lo que fue secuestrado y llevado a Estados Unidos en uno de los ejemplos más flagrantes de robo internacional de la historia. Esta acción ilegal es probablemente la que mejor se ajusta a la filosofía de Bush:

> "Las dimensiones morales de la política exterior de Estados Unidos nos obligan a trazar un rumbo moral a través de un mundo de maldades menores. Este es el mundo real, no todo es blanco o negro. Hay poco espacio para los absolutos".

Era un "mal menor" secuestrar a Noriega, antes que dejarle desmantelar los bancos de Panamá [que] trabajan para el Comité de los 300. El caso Noriega es un prototipo de las acciones monstruosas del gobierno mundial único que está esperando. Un Bush envalentonado sale a la luz, sin miedo, porque nosotros, el pueblo, nos hemos puesto un manto espiritual que se acomoda a la MENTIRA y no quiere saber nada de la VERDAD[18]. Este es el mundo que hemos decidido aceptar. Si no fuera así, una tormenta de ira habría barrido el país por la invasión de Panamá, que no habría cesado hasta que Bush fuera expulsado del cargo. Las transgresiones de Nixon en el Watergate palidecen al lado de los

---

[18] Isaías 30:10 que dicen a los videntes: No veas, y a los profetas: No nos profetices cosas correctas, háblanos de cosas dulces, profetiza engaños (mentiras).

numerosos delitos impugnables cometidos por el presidente Bush cuando ordenó la invasión de Panamá para secuestrar al general Noriega.

El caso del gobierno contra Noriega se basa en el falso testimonio de un grupo de hombres prominentes, la mayoría de ellos ya condenados, que mienten descaradamente para conseguir la reducción de sus propias sentencias. Su actuación habría complacido enormemente a Gilbert y Sullivan, si estuvieran vivos hoy. "Los hicieron amos de la DEA" podría ser apropiado en lugar de "Los hicieron amos de la Armada de la Reina", de "HMS Pinafore". Es una escena totalmente grotesca ver cómo estos delincuentes se comportan como pingüinos no muy bien entrenados para el Departamento de Justicia de los Estados Unidos, si es que se quiere insultar a un animal tan bonito y limpio con una comparación tan indigna.

Las fechas clave se contradicen entre sí, los detalles clave brillan por su ausencia, los lapsos de memoria en puntos cruciales, todo lo cual conduce al hecho obvio de que el gobierno no tiene ningún caso contra Noriega, pero eso no importa; el Real Instituto de Asuntos Internacionales (RIIA) dice "condénenlo de todos modos" y eso es lo que el pobre Noriega puede esperar. Uno de los testigos estrella del Departamento de Justicia es un tal Floyd Carlton Cáceres, antiguo piloto de la empresa de los hermanos Ochoa.

Tras su detención en 1986, Carlton intentó suavizar su posición a costa de Noriega.

Dijo a sus interrogadores de la DEA que los hermanos Ochoa habían pagado a Noriega 600.000 dólares para permitir que tres aviones cargados de cocaína aterrizaran y repostaran en Panamá. Sin embargo, una vez en el tribunal de Miami, rápidamente se hizo evidente que el hombre anunciado como el "testigo estrella" de la acusación era, en el mejor de los casos, un inútil. El interrogatorio reveló la verdadera historia: lejos de ser pagado para autorizar los vuelos, Noriega ni siquiera fue contactado por los Ochoa. Peor aún, en diciembre de 1983, Noriega había ordenado que se negara el permiso de aterrizaje en Panamá a todos los vuelos procedentes de Medellín. Carlton no es el único testigo desacreditado. Uno que es aún más mentiroso que Carlton es Carlos Lehder, que era un capo del cártel de Medellín hasta que fue detenido en España y enviado a Estados Unidos. ¿Quién dio a la DEA la información más vital, que Lehder estaba en Madrid? La DEA reconoce a regañadientes que debe esta importante captura a Noriega. Hoy, sin embargo, el Departamento de Justicia está utilizando a Lehder como testigo contra Noriega. Este único testigo demuestra, como mínimo, la miseria del caso del gobierno estadounidense contra Manuel Noriega.

A cambio de sus servicios, Lehder recibió una condena más leve y unas instalaciones mucho más agradables -una habitación con vistas y un televisor- y su familia obtuvo la residencia permanente en Estados Unidos.

El fiscal que procesó a Lehder en 1988 dijo al *Washington Post*:

> "No creo que el gobierno deba ocuparse de Carlos Lehder, y punto. Este tipo es un mentiroso de principio a fin.

El Departamento de Justicia, cuyo nombre no tiene nada que ver con lo que se supone que representa, ha hecho todo lo posible contra Noriega: escuchas telefónicas ilegales de sus conversaciones con su abogado; el nombramiento de un abogado del gobierno que decía servir a Noriega pero que dimitió en el proceso; la congelación de sus cuentas bancarias para que Noriega no pudiera defenderse adecuadamente; secuestros, registros e incautaciones ilegales. El gobierno rompió más leyes que Noriega.

Es el Departamento de Justicia de los Estados Unidos el que está en juicio, diez veces más que el General Noriega. El caso Noriega muestra el sistema descaradamente perverso que pasa por "justicia" en este país. La "guerra contra las drogas" dirigida por Estados Unidos está en juicio, al igual que la llamada política de drogas de la administración Bush. El juicio de Noriega, aunque termine en una violenta y flagrante violación de la justicia, ofrecerá sin embargo alguna compensación a los que no son ciegos, sordos y mudos. Demostrará de una vez por todas que Inglaterra está a cargo de nuestro gobierno y revelará la ideología totalmente en bancarrota de la administración Bush, cuyo lema debería ser: "Pase lo que pase, el fin siempre justifica los medios". Hay muy pocos absolutos morales. Como la mayoría de los políticos, para Bush tener un estándar de MORALIDAD ABSOLUTA SERÍA UN SUICIDIO. Sólo en este clima podríamos haber permitido que el presidente Bush violara al menos seis leyes estadounidenses y DOCE ACUERDOS INTERNACIONALES al entrar en guerra con Irak.

Lo que estamos presenciando en Colombia y en Washington es una revisión completa de la forma en que debe gestionarse el tráfico de cocaína; no más armas salvajes, no más armas. Dejemos que los caballeros del cártel de Cali, con sus trajes de raya diplomática, lleven a cabo los negocios de manera cortés. En resumen, el Comité de los 300 ha tomado el control directo del comercio de la cocaína, que ahora funcionará tan bien como el de la heroína. El nuevo gobierno colombiano se ha adaptado a este cambio de táctica y dirección. Se le ha ordenado que actúe de acuerdo con el plan del Comité.

Es necesario mencionar la participación de Estados Unidos en el comercio de opio en China, que comenzó en el sur de Estados Unidos antes de la Guerra entre los Estados. ¿Cómo podemos relacionar el comercio del opio con las grandes plantaciones de algodón del Sur? Para ello, debemos empezar por Bengala, en la India, que producía el opio más fino (si es que una sustancia infecciosa tan fina puede llamarse fina), que tenía una gran demanda. El algodón era EL comercio más importante en Inglaterra, después de la venta de opio a través del BEIC. La mayor parte del algodón de las plantaciones del sur se trabajaba en las fábricas de esclavos del norte de Inglaterra, donde las mujeres y los niños ganaban una miseria por una jornada laboral de 16 horas. Las fábricas de paños eran propiedad de los ricos de la sociedad londinense, los Barings, los Palmerstons, los Keswicks y, sobre todo, los Jardine Mathesons, propietarios de la naviera Blue Star Shipping Line, en la que se enviaban a la India los productos acabados de algodón y paño. No les importan las miserables condiciones de vida de los súbditos de Su Majestad. Al fin y al cabo, para eso están, y sus maridos e hijos son útiles en las guerras para preservar el lejano imperio de Su Majestad, como han hecho durante siglos, más recientemente en la sangrienta Guerra de los Bóers. Esa era la tradición británica, ¿no?

Los productos de acabado del algodón exportados a la India socavaron y destruyeron a los productores indios del comercio de acabado del algodón de toda la vida. Miles de indios tuvieron que pasar terribles penurias porque los productos británicos, más baratos, conquistaron sus mercados. La India pasó entonces a depender totalmente de Gran Bretaña para obtener suficientes divisas para pagar sus ferrocarriles y las importaciones de productos de algodón acabados. Sólo había una solución para las dificultades económicas de la India. Producir más opio y venderlo más barato a la Compañía Británica de las Indias Orientales. Esta fue la roca sobre la que creció y prosperó el comercio británico. Sin su comercio de opio, Gran Bretaña se habría arruinado igualmente.

¿Sabían los dueños de las plantaciones del Sur el horrible secreto de los productos de opio para el algodón? Es poco probable que algunos de ellos no supieran lo que estaba pasando. Por ejemplo, la familia Sutherland, una de las mayores propietarias de plantaciones de algodón del Sur. Los Sutherland estaban estrechamente vinculados a la familia

Matheson -Jardine Matheson-, que a su vez tenía como socios comerciales a los hermanos Baring, fundadores de la famosa Peninsular and Orient Navigation Line (P&O), la mayor de las muchas compañías navieras mercantiles británicas.

Los Barings eran grandes inversores en las plantaciones del Sur, al igual que en los barcos Clipper americanos que surcaban los mares entre los puertos chinos y los principales puertos de la costa este de Estados Unidos. En la actualidad, los Barings dirigen una serie de operaciones financieras muy importantes en Estados Unidos. Todos estos nombres fueron, y sus descendientes siguen siendo, miembros del Comité de los 300.

La mayoría de las familias que componen el establishment liberal de la costa este, entre las que se encuentran las más ricas de este país, han hecho su fortuna en el comercio del algodón o del opio y, en algunos casos, en ambos. Los Lehman son un ejemplo notable. Cuando se habla de fortunas derivadas únicamente del comercio de opio en China, los primeros nombres que vienen a la mente son los Astor y los Delano. La esposa del presidente Franklin D. Roosevelt era una Delano. John Jacob Astor hizo una fortuna colosal con el comercio de opio en China, y luego se hizo respetable comprando grandes extensiones de bienes raíces en Manhattan con su dinero sucio. Durante su vida, Astor desempeñó un papel importante en las deliberaciones del Comité de los 300. De hecho, fue el Comité de los 300 el que eligió a quiénes se les permitiría participar en el fabuloso y lucrativo comercio del opio en China, a través de su monopolista, el BEIC, y los beneficiarios de su generosidad han quedado para siempre vinculados al Comité de los 300.

Por eso, como descubriremos, la mayor parte de los bienes inmuebles de Manhattan son propiedad de varios miembros del Comité, como lo han sido desde que Astor empezó a comprarlos. A través del acceso a archivos que estarían cerrados para cualquier persona ajena al Servicio Secreto Británico, he descubierto que Astor ha sido durante mucho tiempo un activo del Servicio Secreto Británico en los Estados Unidos. La financiación de Astor a Aaron Burr, el asesino de Alexander Hamilton, demuestra este punto más allá de toda duda.

El hijo de John Jacob Astor, Waldorf Astor, tuvo el honor adicional de ser nombrado miembro del Royal Institute for International Affairs (RIIA), la organización a través de la cual el Comité de los 300 controla todos los aspectos de nuestra vida en Estados Unidos. Se cree que la familia Astor eligió a Owen Lattimore para que continuara su asociación con el comercio del opio, lo que hizo a través del Instituto de Relaciones con el Pacífico (IPR), financiado por Laura Spelman. Fue el DPI el que supervisó la entrada de China en el comercio de opio como socio de pleno derecho, no sólo como proveedor. Fue el RPI el que preparó el camino para el ataque japonés a Pearl Harbour. Los intentos de convertir a los japoneses en adictos al opio terminaron en un abyecto fracaso.

A principios de siglo, los plutócratas oligárquicos británicos eran como buitres sobrealimentados en la llanura del Serengueti en la época de la marcha anual de los ñus. Sus ingresos por el comercio de opio en China superaban los ingresos de David Rockefeller en MUCHOS MIL MILLONES DE DÓLARES AL AÑO. Los documentos históricos de los que dispongo en el Museo Británico de Londres y en la Oficina de la India y otras fuentes -antiguos colegas de las altas esferas- lo demuestran completamente.

En 1905, el gobierno chino, profundamente preocupado por el creciente número de adictos al opio en China, intentó obtener ayuda de la comunidad internacional. Gran Bretaña fingió cooperar, pero no hizo nada para cumplir los protocolos de 1905 que había firmado. Más tarde, el Gobierno de Su Majestad dio un giro de 180 grados tras demostrar a China que era mejor unirse a ellos en el comercio del opio que intentar detenerlo.

Incluso la Convención de La Haya está siendo incumplida por los británicos. Los delegados de la convención acordaron que Gran Bretaña debía cumplir los protocolos que había firmado, que debían reducir drásticamente la cantidad de opio que se vendía en China y otros lugares. Los británicos, aunque de boquilla, no tienen intención de abandonar su comercio de la miseria humana, que incluye el "comercio del cerdo".

Su servidor, el presidente George Bush, al proseguir la cruel guerra de genocidio emprendida contra la nación de Iraq SOLO por y para los intereses británicos, también ha mostrado su desprecio al despreciar los acuerdos de bombardeo aéreo de La Haya y toda una serie de convenios internacionales de los que Estados Unidos es signatario, incluidos TODOS los Convenios de Ginebra.

Cuando, dos años más tarde, se presentaron pruebas, sobre todo por parte de los japoneses, cada vez más preocupados por el contrabando de opio británico en su país, de que las ventas de opio habían aumentado en lugar de disminuir, el delegado de Su Majestad en la Quinta Convención de La Haya presentó una serie de estadísticas que contradecían las proporcionadas por Japón. El delegado británico dio la vuelta a la tortilla y dijo que este era un argumento muy sólido a favor de la legalización de la venta de opio, que tendría el efecto de suprimir lo que él llamaba "el mercado negro".

Sugirió, en nombre del Gobierno de Su Majestad, que el gobierno japonés tendría entonces el monopolio y el control total del comercio. Este es precisamente el mismo argumento que esgrimen los testaferros de Bronfman y otros grandes narcotraficantes: legalizar la cocaína, la marihuana y la heroína, dejar que el gobierno estadounidense tenga el monopolio sobre ellas y así dejar de gastar miles de millones en la falsa guerra contra las drogas y ahorrar miles de millones a los contribuyentes.

Durante el periodo 1791-1894, el número de fumaderos de opio con licencia en la colonia internacional de Shanghai aumentó de 87 a 663. El flujo de opio hacia los Estados Unidos también aumentó. Presintiendo que podrían tener problemas en China con el foco de atención mundial sobre ellos, los plutócratas de los Caballeros de San Juan y la Orden de la Jarretera transfirieron parte de su atención a Persia (Irán).

Lord[e] Inchcape, que fundó la mayor compañía de barcos de vapor del mundo a principios del siglo XIX, la legendaria Peninsula and Orient Steam Navigation Company, fue el principal artífice de la creación del Hong Kong and Shanghai Bank, que sigue siendo el mayor y menos controlado de los bancos de compensación del comercio del opio, y que también financió el "comercio del cerdo" con Estados Unidos.

Los británicos habían montado una estafa mediante la cual se enviaban "coolies" chinos a Estados Unidos como trabajadores contratados. El ferrocarril de la familia Harriman necesitaba coolies para impulsar la conexión ferroviaria hacia el oeste, hasta la costa de California, o eso decían. Curiosamente, muy pocos negros recibieron el trabajo manual al que estaban acostumbrados en esa época y podrían haber hecho un mejor trabajo que los escuálidos adictos al opio que llegaron de China.

El problema era que no había mercado para el opio entre los negros y, además, Lord Inchcape, hijo del fundador de P&O, necesitaba a los "coolies" para contrabandear miles de libras de opio crudo a Norteamérica, algo que los negros no podían hacer. Fue el mismo Lord Inchcape quien, en 1923, advirtió que el cultivo de adormidera en Bengala no debía disminuir. "Hay que salvaguardar esta importantísima fuente de ingresos", dijo a la comisión que debía investigar la producción de goma de opio en la India.

En 1846, unos 120.000 "coolies" habían llegado a Estados Unidos para trabajar en el ferrocarril de Harriman, empujando hacia el oeste. El "comercio de cerdos" estaba en pleno apogeo, ya que de esta cifra el gobierno estadounidense estimó que 115.000 eran adictos al opio. Una vez terminado el ferrocarril, los chinos no regresaron al lugar de donde venían, sino que se instalaron en San Francisco, Los Ángeles, Vancouver y Portland. Crearon un enorme problema cultural que nunca ha cesado.

Curiosamente, Cecil John Rhodes, miembro del Comité de los 300 que representaba a los Rothschild en Sudáfrica, siguió el modelo de Inchcape trayendo a cientos de miles de "coolies" indios para trabajar en las plantaciones de caña de azúcar de la provincia de Natal. Entre ellos estaba Mahatma Ghandi, agitador comunista y alborotador. Al igual que los coolies chinos, no fueron devueltos a su país de origen cuando su contrato expiró. Ellos también crearon un vasto programa social, y sus descendientes se convirtieron en abogados que dirigieron la campaña para infiltrarse en el gobierno en nombre del Congreso Nacional Africano.

En 1875, los "coolies" chinos que operaban desde San Francisco habían establecido una red de suministro de opio que incluía a 129.000 adictos estadounidenses. Con 115.000 chinos adictos al opio conocidos, Lord Inchcape y su familia se embolsaban cientos de miles de dólares al año sólo de esta fuente, lo que en términos de dólares de hoy representaría al menos 100 millones de dólares al año en ingresos.

Las mismas familias británicas y estadounidenses que habían unido sus fuerzas para destruir la industria textil de la India y promover el comercio del opio, y que habían llevado esclavos africanos a Estados Unidos, unieron sus fuerzas para hacer del "comercio de cerdos" una valiosa fuente de ingresos. Más tarde, se unirían para provocar y promover la terrible Guerra entre los Estados, también conocida como la Guerra Civil estadounidense.

Las decadentes familias americanas de la impía asociación, totalmente corruptas y revolcándose en el lucro, se convirtieron en lo que hoy conocemos como el Eastern Liberal Establishment, cuyos miembros, bajo la cuidadosa guía y consejo de la Corona y posteriormente de su brazo ejecutivo de política exterior, el Royal Institute of International Affairs (RIIA), dirigieron este país -y aún lo hacen- de arriba a abajo a través de su gobierno paralelo secreto de alto nivel, estrechamente vinculado al Comité de los 300, la ULTIMA sociedad secreta. En 1923, se alzaron voces contra esta amenaza que se había permitido importar a Estados Unidos. Convencido de que Estados Unidos era una nación libre y soberana, el congresista Stephen Porter, presidente de la Comisión de Asuntos Exteriores de la Cámara de Representantes, presentó un proyecto de ley en el que se pedía a los británicos que informaran de sus actividades de exportación e importación de opio país por país. La resolución establecía cuotas para cada país que, de cumplirse, habrían reducido el comercio de opio en un 10%. La resolución se convirtió en ley y el proyecto fue aceptado por el Congreso de Estados Unidos.

Pero el Real Instituto de Asuntos Internacionales tenía otras ideas. Fundada en 1919 tras la Conferencia de Paz de Versalles, fue una de las primeras ejecutoras de la "política exterior" del Comité de los 300. Mi investigación en la Casa de Registros del Congreso muestra que Porter desconocía por completo las poderosas fuerzas con las que estaba tratando. Porter ni siquiera sabía que la RIIA existía, y mucho menos que su objetivo específico era controlar todas las facetas de los Estados Unidos.

Al parecer, el congresista Porter recibió algún tipo de insinuación del banco Morgan de Wall Street para que abandonara todo el asunto. En cambio, un enfurecido Porter llevó su caso al Comité del Opio de la Sociedad de Naciones. La total ignorancia de Porter sobre la identidad de su oponente queda demostrada en parte de su correspondencia con sus colegas de la Comisión de Asuntos Exteriores de la Cámara de Representantes en respuesta a la abierta oposición británica a sus propuestas.

El representante de Su Majestad reprendió a Porter y luego, actuando como un padre con un hijo descarriado, el delegado británico -por instrucciones de la RIIA- presentó las propuestas de Su Majestad de AUMENTAR las cuotas de opio para tener en cuenta el aumento del consumo de opio con fines medicinales. Según los documentos que he podido encontrar en La Haya, Porter estaba primero confundido, luego asombrado y finalmente enfurecido. Junto con el delegado chino, Porter abandonó la sesión plenipotenciaria del Comité, dejando a los británicos a su suerte.

En su ausencia, el delegado británico obtuvo la aprobación por parte de la Sociedad de Naciones de las propuestas del Gobierno de Su Majestad para el establecimiento de una Junta Central de Estupefacientes, cuya función principal era la recopilación de información, cuyos términos eran deliberadamente vagos. Nunca se especificó qué se iba a hacer con la "información". Porter regresó a los Estados Unidos, sacudido y mucho más sabio.

Otro activo de la inteligencia británica era el fabuloso William Bingham, familia por matrimonio de uno de los Barings. En los papeles y documentos que he visto se decía que los hermanos Baring dirigían a los cuáqueros de Filadelfia y eran dueños de la mitad de los bienes inmuebles de esa ciudad, todo ello gracias a la fortuna que los hermanos Baring habían amasado con el comercio del opio en China. Otro beneficiario de la generosidad del Comité de los 300 fue Stephen Girard, cuyos descendientes heredaron el Girard Bank and Trust.

Los nombres de estas familias, cuyas historias están entrelazadas con la de Boston y que prestan poca atención a la gente común, han llegado a los brazos del Comité de los 300 y su muy lucrativo BEIC, el comercio de opio chino. Muchas familias famosas se han asociado al tristemente célebre Hong Kong and Shanghai Bank, que sigue siendo la cámara de compensación de miles de millones de dólares procedentes del comercio de opio chino.

Nombres tan famosos como Forbes, Perkins y Hathaway aparecen en los registros de la Compañía Británica de las Indias Orientales. Estos auténticos "blue bloods" estadounidenses crearon la Russell and Company, cuyo comercio principal era el opio, pero que también gestionaba otros negocios de transporte marítimo desde China hasta Sudamérica y todos los puntos intermedios. Como recompensa por sus servicios a la Corona británica y al BEIC, el Comité de los 300 les concedió el monopolio del comercio de esclavos en 1833.

Boston debe su célebre pasado al comercio de algodón, opio y esclavos que le concedió el Comité de los 300, y en los documentos que tuve el privilegio de consultar en Londres se indica que las familias de comerciantes de Boston eran los principales partidarios de la Corona británica en los Estados Unidos. John Murray Forbes es mencionado como mayordomo de los "Boston Blue Bloods" en los registros de la India House y en los registros del banco de Hong Kong.

El hijo de Forbes fue el primer estadounidense al que el Comité de los 300 permitió formar parte del consejo de administración del banco de lavado de dinero procedente de la droga más prestigioso del mundo -todavía hoy-, el Hong Kong and Shanghai Bank Corporation (HSBC). Cuando estuve en Hong Kong a principios de la década de 1960 como "historiador interesado en la Compañía Británica de las Indias

Orientales", me mostraron algunos archivos antiguos, que incluían a antiguos miembros del consejo de administración de este notorio banco de drogas, y por supuesto el nombre de Forbes estaba entre ellos.

La familia Perkins, tan ilustre que su nombre aún se menciona en susurros asombrados, estaba profundamente involucrada en el infame comercio de opio en China. De hecho, Perkins el viejo fue uno de los primeros estadounidenses en ser elegido para el Comité de los 300; su hijo, Thomas Nelson, era el hombre de Morgan en Boston y, como tal, un agente del servicio secreto británico. Su desagradable -yo diría repugnante- pasado no fue cuestionado cuando dotó de una rica dotación a la Universidad de Harvard. Al fin y al cabo, Cantón y Tientsin están muy lejos de Boston y, de todos modos, ¿a quién le habría importado?

Lo que ayudó mucho a los Perkins fue que Morgan era un poderoso miembro del Comité de los 300, lo que permitió a Thomas N. Perkins avanzar rápidamente en su carrera en el comercio de opio en China. Perkins para avanzar rápidamente en su carrera en el comercio de opio en China. Todos los Morgan y Perkins eran francmasones, lo que constituía otro vínculo entre ellos, ya que sólo los francmasones de más alto rango tienen alguna esperanza de ser seleccionados por el Comité de los 300. Sir Robert Hart, que fue durante casi tres décadas el jefe del Servicio Imperial de Aduanas de China y el agente número uno de la Corona británica en el comercio de opio en China, fue nombrado posteriormente miembro del consejo de administración de la División del Lejano Oriente del Morgan Guarantee Bank.

A través del acceso a los registros históricos de Londres y Hong Kong, he podido establecer que Sir Robert desarrolló una estrecha relación con las operaciones de Morgan en Estados Unidos. Curiosamente, los intereses de Morgan en el comercio de opio y heroína continuaron sin interrupción, como lo demuestra el hecho de que David Newbigging forme parte del consejo asesor de la operación de Morgan en Hong Kong, dirigida conjuntamente con Jardine Matheson.

Para quienes conozcan Hong Kong, el nombre de Newbigging les resultará familiar por ser el más poderoso de Hong Kong. Además de ser miembro de la élite del Banco Morgan, Newbigging es asesor del gobierno chino. Opio por tecnología de misiles, opio por oro, opio por ordenadores de alta tecnología: todo es lo mismo para Newbigging. La forma en que estos bancos, instituciones financieras, empresas comerciales y las familias que los dirigen están entrelazados desconcertaría a Sherlock Holmes, pero de alguna manera hay que desentrañarlos y seguirlos si queremos entender sus vínculos con el tráfico de drogas y su pertenencia al Comité de los 300.

La entrada del alcohol y las drogas en Estados Unidos por la vía real son productos del mismo establo ocupado por los mismos purasangres. En primer lugar, había que introducir la prohibición en los Estados Unidos. Lo hicieron los herederos de la Compañía Británica de las Indias Orientales, quienes, armados con la experiencia adquirida en los bien documentados documentos de la China Inland Mission encontrados en la India House, crearon la Women's Christian Temperance Union (WCTU), que debía oponerse al consumo de alcohol en América.

Se dice que la historia se repite, y en cierto sentido lo hace, salvo que se repite en una espiral siempre ascendente. Hoy nos encontramos con que algunas de las mayores empresas, supuestamente "contaminantes" de la tierra, son las que más fondos aportan al movimiento ecologista. Los "grandes nombres" están transmitiendo su mensaje. El príncipe Felipe es uno de sus héroes, pero su hijo, el príncipe Carlos, posee un millón de hectáreas de tierras forestales en Gales, donde se extrae madera con regularidad. Además, el príncipe Carlos es uno de los mayores propietarios de infraviviendas en Londres, donde prospera la contaminación.

En el caso de los que se pronunciaron contra los "males de la bebida", descubrimos que fueron financiados por los Astor, Rockefeller, Spelman, Vanderbilt y Warburg, que tenían intereses creados en el comercio del alcohol. Siguiendo instrucciones de la Corona, Lord Beaverbrook vino desde Inglaterra para decirles a estas ricas familias estadounidenses que debían invertir en el WCTU. (Este es el mismo Lord Beaverbrook que vino a Washington en 1940 y ORDENÓ a Roosevelt que se involucrara en la guerra de Gran Bretaña).

Roosevelt cumplió con esto y estacionó una flotilla de la marina estadounidense en Groenlandia que pasó los 9 meses anteriores a Pearl Harbour cazando y atacando submarinos alemanes.

Al igual que su sucesor, George Bush, Roosevelt consideraba al Congreso como una confusa molestia. Así, actuando como un rey -un sentimiento que sentía fuertemente por estar emparentado con la familia real británica- Roosevelt nunca buscó la aprobación del Congreso para su acción ilegal. Esto es lo que a los británicos les gusta llamar su "relación especial con Estados Unidos".

El tráfico de drogas está relacionado con el asesinato del presidente

John F. Kennedy, que ha manchado el carácter nacional y seguirá haciéndolo hasta que se encuentre a los culpables y se les lleve ante la justicia. Hay pruebas de que la mafia estuvo involucrada en este caso a través de la CIA, lo que nos recuerda que todo comenzó con la vieja red de Meyer Lansky que evolucionó hasta convertirse en la organización terrorista israelí Irgun, y que Lansky resultó ser uno de los mejores vehículos para vender la guerra cultural contra Occidente.

A través de frentes más respetables, Lansky se asoció con las altas esferas británicas para llevar el juego y la distribución de drogas a Paradise Island, Bahamas, bajo la apariencia de la Mary Carter Paint Company, una empresa conjunta entre Lansky y el MI6 británico. Lord Sassoon fue posteriormente asesinado por malversar dinero y amenazar con revelar todo si era castigado. Ray Wolfe, más presentable, representó a los Bronfman de Canadá. Aunque los Bronfman no estaban al tanto del enorme proyecto de Churchill en Nueva Escocia, eran y son un activo importante para la familia real británica en el tráfico de drogas.

Sam Rothberg, un estrecho colaborador de Meyer Lansky, también trabajó con Tibor Rosenbaum y Pinchas Sapir, todos ellos capos de la red de drogas de Lansky. Rosenbaum dirigía una operación de blanqueo de dinero procedente del narcotráfico desde Suiza a través de un banco que había creado con este fin, el Banco de Crédito Internacional. Este banco amplió rápidamente sus operaciones y se convirtió en el principal banco utilizado por Lansky y sus socios de la mafia para blanquear el dinero procedente de la prostitución, las drogas y otros chanchullos mafiosos.

Curiosamente, el banco de Tibor Rosenbaum fue utilizado por el turbio jefe de los servicios secretos británicos, Sir William Stephenson, cuya mano derecha, el mayor John Mortimer Bloomfield, ciudadano canadiense, dirigió la División Cinco del FBI durante la Segunda Guerra Mundial. Stephenson fue uno de los primeros miembros del Comité de los 300 en el siglo XX, aunque Bloomfield nunca llegó a tanto. Como revelé en mi serie de monografías sobre el asesinato de Kennedy, fue Stephenson quien dirigió la operación que llevó a cabo Bloomfield como proyecto práctico. El encubrimiento del asesinato de Kennedy se hizo a través de otro encubrimiento relacionado con la droga, las Exposiciones Industriales Permanentes (PERMINDEX), creadas en 1957 y centradas en el edificio World Trade Mart en el centro de Nueva Orleans.

Bloomfield resultó ser el abogado de la familia Bronfman. El World

Trade Mart fue creado por el coronel Clay Shaw y el jefe de la División 5 del FBI en Nueva Orleans, Guy Bannister. Shaw y Bannister eran estrechos colaboradores de Lee Harvey Oswald, acusado de disparar a Kennedy, que fue asesinado por el agente a sueldo de la CIA Jack Ruby antes de poder demostrar que no era el asesino que disparó al presidente Kennedy. A pesar de la investigación de la Comisión Warren y de numerosos informes oficiales, NUNCA se estableció que Oswald poseyera el rifle Mannlicher que se suponía era el arma del crimen (no lo tenía) ni que lo utilizara. El vínculo entre el tráfico de drogas, Shaw, Bannister y Bloomfield se ha establecido en varias ocasiones y no es necesario desarrollarlo aquí. En el periodo inmediatamente posterior a la Segunda Guerra Mundial, uno de los métodos más comunes utilizados por Resorts International y otras empresas relacionadas con el narcotráfico para blanquear dinero era el envío a un banco de blanqueo. Hoy, todo eso ha cambiado. Sólo los pequeños siguen utilizando un método tan arriesgado. Los "peces gordos" dirigen su dinero a través del sistema CHIPS, acrónimo de Clearing House International Payments System, gestionado por un sistema informático de Burroughs centrado en el Clearing-House de Nueva York. Doce de los mayores bancos utilizan este sistema. Uno de ellos es el Hong Kong and Shanghai Bank Corporation. Otro es Credit Suisse, ese dechado de virtudes bancarias tan respetable... hasta que se levantó la tapa. En combinación con el sistema SWIFT, con sede en Virginia, el dinero sucio de la droga se vuelve invisible. Sólo la negligencia gratuita permite al FBI tener suerte de vez en cuando, siempre y cuando se le diga que no busque en otra parte.

Sólo los traficantes de bajo nivel son atrapados con el dinero de la droga en sus manos. La élite, Drexel Burnham, Credit Suisse, Hong Kong and Shanghai Bank, escapan a la detección. Pero esto también está cambiando con el colapso del *Banco de Crédito y Comercio Internacional (BCCI)*, que probablemente revelará mucho sobre el tráfico de drogas si alguna vez se investiga adecuadamente.

Uno de los principales activos de la cartera del Comité de los 300 es American Express (AMEX). Me interesé por primera vez en AMEX cuando realizaba una investigación in situ que me llevó al Banco de Desarrollo Comercial en Ginebra. Más tarde, me metí en muchos problemas por eso. Descubrí que el Banco de Desarrollo Comercial, dirigido entonces por Edmund Safra, un hombre clave en el comercio de oro para el opio, estaba suministrando toneladas de oro al mercado de Hong Kong a través del Banco de Desarrollo Comercial.

Antes de ir a Suiza, viajé a Pretoria (Sudáfrica), donde mantuve conversaciones con el Dr. Chris Stals, a la sazón vicegobernador del Banco de la Reserva de Sudáfrica, que controla todas las transacciones a granel de oro producidas en Sudáfrica. Tras varias discusiones a lo largo de una semana, me dijeron que el banco no podía suministrarme las diez toneladas de oro que estaba autorizado a comprar en nombre de los clientes a los que debía representar. Mis amigos bien situados sabían cómo presentar los documentos, que fueron aceptados sin discusión.

El Banco de la Reserva me remitió a una empresa suiza que no puedo nombrar, ya que se desvelaría. También me dieron la dirección del Banco de Desarrollo Comercial en Ginebra. El objetivo de mi ejercicio era averiguar la mecánica del movimiento y el comercio del oro y, en segundo lugar, poner a prueba los documentos falsos que me habían preparado antiguos amigos de la inteligencia especializados en este tipo de cosas. ¿Se acuerda de "M" en la serie de James Bond? Le aseguro que la "M" existe, pero su inicial correcta es la "C". Los documentos que tenía consistían en "órdenes de compra" de empresas de Liechtenstein, con los correspondientes justificantes.

Cuando me puse en contacto con el Banco de Desarrollo Comercial, al principio me saludaron cordialmente, pero a medida que avanzaban las conversaciones fui sospechando cada vez más hasta que, sintiendo que ya no era seguro que visitara el banco, me fui de Ginebra sin decírselo a nadie. Más tarde, el banco fue vendido a American Express. American Express fue investigada brevemente por el ex fiscal general Edwin Meese, tras lo cual fue rápidamente destituido de su cargo y tachado de "corrupto". Descubrí que American Express era y sigue siendo un conducto para el blanqueo de dinero procedente de la droga, y hasta ahora nadie ha podido explicarme por qué se permite a una empresa privada imprimir dólares: ¿no son dólares los cheques de viaje de American Express? Más tarde revelé los vínculos entre Safra y American Express en el negocio de la droga, lo que molestó a mucha gente, como puedes imaginar.

Japhet, miembro del Comité de los 300, controla Charterhouse Japhet, que a su vez controla Jardine Matheson, un vínculo directo con el comercio de opio en Hong Kong. Se cree que los japoneses son cuáqueros ingleses. La familia Matheson, también miembros del Comité de los 300, fue uno de los principales actores del comercio de opio en China, al menos hasta 1943. Los Matheson figuran en la Lista de Honor de la Reina de Inglaterra desde principios del siglo 19.

Los principales controladores del tráfico de drogas en el Comité de los

300 no son conscientes de los millones de vidas que destruyen cada año. Son gnósticos, cátaros, miembros del culto a Dionisio, Osiris, o algo peor. Para ellos, la gente "normal" está ahí para ser utilizada para sus fines. Sus sumos sacerdotes, Bulwer-Lytton y Aldous Huxley, predicaron el evangelio de las drogas como una sustancia beneficiosa.

Citando a Huxley:

> "Y para el uso privado cotidiano, siempre ha habido intoxicantes químicos. Todos los sedantes y narcóticos vegetales, todos los euforizantes que crecen en los árboles, los alucinógenos que maduran en las bayas, han sido utilizados por los humanos desde tiempos inmemoriales. Y a estos modificadores de la conciencia, la ciencia moderna ha añadido su cuota de sintéticos. En Occidente sólo se permite el consumo de alcohol y tabaco sin restricciones. Todas las demás puertas químicas están etiquetadas como DOPE".

Para los oligarcas y plutócratas del Comité de los 300, las drogas tienen un doble objetivo: por un lado, aportar enormes sumas de dinero y, por otro, acabar convirtiendo a una gran parte de la población en *zombis drogadictos descerebrados* que *serán más fáciles de controlar* que las personas que no necesitan drogas, ya que el castigo por la rebeldía será la privación de heroína, cocaína, marihuana, etc. Para ello, es necesario legalizar las drogas para que un sistema de monopolio, que se ha preparado para ser introducido cuando las condiciones económicas severas, de las cuales la depresión de 1991 es el precursor, prolifere el uso de las drogas mientras cientos de miles de trabajadores sin empleo permanente recurren a las drogas en busca de consuelo.

En uno de los documentos de alto secreto del Real Instituto de Asuntos Internacionales, el escenario se plantea así (en parte):

> "... Al haber sido defraudados por el cristianismo, y con el desempleo por doquier, los que llevan cinco años o más en el paro se apartarán de la iglesia y buscarán consuelo en las drogas. Es en este punto donde debe completarse el control total del comercio de drogas para que los gobiernos de todos los países bajo nuestra jurisdicción tengan un MONOPOLIO que controlaremos a través de la oferta... *Los bares de drogas atenderán a los revoltosos y desafectos, los aspirantes a revolucionarios se convertirán en inofensivos adictos sin voluntad propia.* "

Hay muchas pruebas de que la CIA y los servicios secretos británicos, en particular el MI6, ya han pasado al menos una década trabajando para lograr este objetivo.

El Real Instituto de Asuntos Internacionales ha utilizado la obra de Aldous Huxley y Bulwer-Lytton como un proyecto para crear un estado en el que la humanidad ya no tendrá voluntad propia en el Gobierno Mundial Único - Nuevo Orden Mundial de la Nueva Era Oscura que se aproxima rápidamente. De nuevo, veamos lo que el sumo sacerdote Aldous Huxley tenía que decir sobre esto:

"En muchas sociedades, en muchos niveles de civilización, se ha intentado fusionar la intoxicación por drogas con la intoxicación por Dios. En la antigua Grecia, por ejemplo, el alcohol etílico tenía un lugar en las religiones establecidas. Dionisio, Baco, como se le suele llamar, era una verdadera deidad. Se puede decretar una prohibición total de las modificaciones químicas, pero no se puede aplicar".

(EL LENGUAJE DEL LOBBY PRO-DROGA EN EL CAPITOLIO).

"Consideremos ahora otro tipo de droga -aún no descubierta, pero probablemente muy cercana-, una droga que hace feliz a la gente en situaciones en las que normalmente se sentiría miserable. (¿Hay alguien más miserable que una persona que ha buscado y no ha podido encontrar un trabajo?) Una droga así sería una bendición, pero una bendición manchada de graves peligros sociales y políticos. Haciendo que una sustancia química inofensiva -la euforia- esté disponible libremente, un dictador podría reconciliar a toda una población con un estado de cosas con el que los seres humanos que se respetan a sí mismos no deberían reconciliarse.

Una verdadera obra maestra de la dialéctica. Lo que Huxley defendió y que es la política oficial del Comité de los 300 y su sustituto, el RIIA, puede describirse simplemente como control mental de masas. Como he dicho a menudo, todas las guerras son guerras por las almas de la humanidad. Hasta ahora, no hemos entendido que el tráfico de drogas es una guerra irregular de baja intensidad contra toda la raza humana de hombres libres. La guerra irregular es la forma más terrible de guerra que, si tiene un principio, no tiene un final.

Algunos cuestionarán la implicación de las familias reales británicas, pasadas y presentes, en el tráfico de drogas. Ver esto en la prensa parece a primera vista absurdo, y lo vemos cada vez más en la prensa estos días para que parezca exactamente eso, absurdo. La máxima más antigua en el trabajo de inteligencia es: "Si quieres ocultar algo, ponlo donde todos puedan verlo". El libro de F. S. Turner "BRITISH OPIUM-POLICY", publicado en 1876, muestra que la monarquía británica y sus parientes cercanos estaban profundamente involucrados en el comercio del opio.

Turner fue secretario de la Sociedad Anglo-Oriental para la Supresión del Comercio del Opio. Se negó a ser silenciado por el portavoz de la Corona, Sir R. Temple. Turner declaró que el gobierno, y por tanto la Corona, debía retirarse del monopolio del opio,

> "y si toma ingresos, toma sólo los que provienen de impuestos honestos, destinados a tener una fuerza restrictiva".

Turner respondía a un portavoz de la monarquía, Lord Lawrence, que había luchado contra la pérdida del monopolio del BEIC.

> "Sería deseable deshacerse del monopolio, pero yo mismo soy reacio a ser el agente del cambio. Si es una pérdida moderada que podemos permitirnos, no dudaría en acometerla". (De los Calcutta Papers 1870.)

En 1874 se intensificó la guerra contra la monarquía y la aristocracia británicas por su profunda implicación en el comercio de opio en China. La Sociedad para la Supresión del Comercio del Opio arremetió violentamente contra la aristocracia de la época y presionó sus ataques de una manera intrépida que haríamos bien en emular. La sociedad afirmaba que el Tratado de Tientsin, que obligaba a China a aceptar la importación de enormes cantidades de opio, era un crimen atroz contra el pueblo chino.

Entonces surgió un poderoso guerrero, Joseph Grundy Alexander, abogado de profesión, que en 1866 dirigió un enérgico ataque contra la política del opio de la Corona británica en China, en el que mencionaba abiertamente la implicación de la familia real y la aristocracia. Por primera vez, Alexander incluye a la India, "la joya de la corona". Culpa directamente a la monarquía, a la llamada aristocracia y a sus servidores en el gobierno británico.

Bajo la dirección de Alexander, la empresa se propuso destruir por completo el cultivo de adormidera en Bengala, India. Alejandro demostró ser un oponente formidable. Gracias a su liderazgo, la aristocracia de la droga empezó a tambalearse y, ante sus denuncias abiertas contra la familia real y sus compinches, varios miembros del Parlamento empezaron a ponerse de su lado: conservadores, unionistas, laboristas. Alexander dejó claro que el tráfico de drogas no era una cuestión partidista; todos los partidos debían unirse para ayudar a erradicar esta amenaza.

Lord Kimberly, portavoz de la familia real y de los oligarcas atrincherados, amenazó con que cualquier intento de interferir en lo que llamó "el comercio de la nación se encontraría con una seria oposición del gabinete". Alexander y su empresa siguieron enfrentándose a innumerables amenazas y, finalmente, el Parlamento acordó nombrar una Comisión Real para investigar el comercio de opio, con Lord Kimberly, que era Secretario de la India, como presidente. No habría sido posible encontrar una persona más inapropiada para dirigir esta comisión. Es más bien como si Dulles hubiera sido nombrado para la Comisión Warren. En su primera declaración, Lord Kimberly dejó claro que prefería renunciar a su augusto cargo antes que consentir una resolución que devolviera los ingresos del opio a la India. Es interesante observar que los "ingresos del opio indio" implicaban un reparto del dinero por parte de la nación. Al igual que la idea de que la población de Sudáfrica compartía los enormes beneficios de la venta de oro y diamantes, esto simplemente no era así. Los ingresos del opio indio iban directamente a las arcas reales y a los bolsillos de la nobleza, los oligarcas y los plutócratas, y los hacían multimillonarios.

El libro de Rowntree, *The Imperial Drug-Trade*, es un relato fascinante de cómo el Primer Ministro Gladstone y sus compañeros plutócratas mintieron, engañaron, tergiversaron y dieron la vuelta a los hechos, para evitar que saliera a la luz la asombrosa verdad sobre la implicación de la monarquía británica en el comercio del opio. El libro de Rowntree es una mina de información sobre la profunda implicación de la familia real británica y los lores y damas de Inglaterra, y la inmensa riqueza que amasaron con la miseria de los adictos al opio chinos.

Lord Kimberly, el secretario de la investigación, estaba él mismo profundamente involucrado en el comercio del opio e hizo todo lo posible para cerrar el proceso a todos los que buscaban la verdad. Finalmente, debido a la presión pública, la Comisión Real se vio obligada a abrir un poco la puerta de la investigación, de modo que quedó claro que los más altos funcionarios del país dirigían el comercio de opio y obtenían enormes beneficios de él. Pero la puerta se cerró rápidamente, y la Comisión Real no llamó a ningún testigo experto, sesionando a partir de entonces durante un periodo absurdamente corto. La comisión no fue más que una farsa y un encubrimiento, como al que nos hemos acostumbrado en la América del siglo XX.

Las familias del Eastern Liberal Establishment de los Estados Unidos estaban tan profundamente involucradas en el comercio de opio en China como lo estaban los británicos, y aún lo están. La historia reciente lo atestigua, cuando James Earl Carter derrocó al Sha de Irán. ¿Por qué el Sha fue depuesto y luego asesinado por el gobierno estadounidense?

En una palabra, por las DROGAS. El Sha había reducido y prácticamente terminado el inmensamente lucrativo comercio de opio que los británicos realizaban desde Irán. Cuando el Sha tomó el poder en Irán, ya había un millón de adictos al opio y la heroína.

Los británicos no lo tolerarían, así que enviaron a Estados Unidos a hacer el trabajo sucio por ellos como parte de la "relación especial" entre ambos países. Cuando Jomeini se hizo cargo de la embajada de Estados Unidos en Teherán, la venta de armas de Estados Unidos, que había comenzado con el Sha, no se detuvo. ¿Por qué? Si Estados Unidos lo hubiera hecho, Jomeini habría anulado el monopolio británico del comercio de opio en su país. Como prueba, después de 1984, la actitud liberal de Jomeini hacia el opio aumentó el número de drogadictos a 2 millones, según las estadísticas de la ONU y la Organización Mundial de la Salud.

Tanto el presidente Carter como su sucesor, Ronald Reagan, continuaron suministrando armas a Irán a sabiendas y de buen grado, incluso mientras los rehenes estadounidenses languidecían en cautividad. En 1980, escribí una monografía titulada "Lo que realmente ocurrió en Irán", que exponía los hechos. El comercio de armas con Irán se selló en una reunión entre Cyrus Vance, un servidor del Comité de los 300, y el Dr. Hashemi, que tuvo lugar a finales de 1980.

La Fuerza Aérea de EE.UU. comenzó inmediatamente a enviar armas a Irán, incluso en el punto álgido de la crisis de los rehenes. Las armas procedían de las reservas militares estadounidenses en Alemania y algunas incluso se enviaron directamente desde Estados Unidos con paradas para repostar en las Azores.

Con el advenimiento de Jomeini, llevado al poder en Irán por el Comité de los 300, la producción de opio se disparó. En 1984, la producción de opio iraní superaba las 650 toneladas métricas anuales. Carter y Reagan se aseguraron de que no hubiera más interferencias en el comercio del opio y cumplieron el mandato que les dieron las familias oligárquicas británicas al respecto. Irán rivaliza ahora con el Triángulo de Oro en cuanto al volumen de opio producido.

El Sha no fue la única víctima del Comité de los 300. William Buckley, jefe de la estación de la CIA en Beirut, a pesar de su falta de experiencia con los responsables del tráfico de opio, comenzó a realizar investigaciones en Irán, Líbano e incluso pasó un tiempo en Pakistán. Desde Islamabad, Buckley comenzó a enviar informes condenatorios a la CIA en Langley sobre el floreciente comercio de opio en la Media

Luna Dorada y Pakistán. La embajada de EE.UU. en Islamabad es atacada con una bomba incendiaria, pero Buckley escapa del ataque de la multitud y regresa a Washington, ya que su tapadera ha sido descubierta por fuerzas desconocidas.

Entonces ocurrió algo muy extraño. En contra de todos los procedimientos establecidos por la CIA cuando la tapadera de un agente se ve comprometida, Buckley es enviado de vuelta a Beirut. De hecho, Buckley es condenado a muerte por la CIA para silenciarlo, y esta vez la sentencia se cumple. William Buckley es secuestrado por agentes del Comité de los 300, interrogado brutalmente por el general Mohammed el Khouili de la inteligencia siria para obligarle a revelar los nombres de todos los agentes de campo de la DEA en esos países, y brutalmente asesinado. Sus esfuerzos por sacar a la luz el comercio masivo de opio en Pakistán, Líbano e Irán le costaron la vida a Buckley.

Si los últimos hombres libres del mundo creen que ellos, o pequeños grupos de ellos, pueden aplastar el tráfico de drogas, están tristemente equivocados. Pueden cortar los tentáculos del comercio de opio y cocaína aquí y allá, pero nunca la cabeza. Las cobras coronadas de Europa y su familia del establishment liberal oriental no lo tolerarán. La guerra contra las drogas que el gobierno de Bush supuestamente está combatiendo, pero no lo está haciendo, consiste en la legalización TOTAL de TODOS los tipos y clases de drogas. Estas drogas no son sólo una aberración social, sino un intento a gran escala de tomar el control de las mentes de la gente de este planeta, o como dicen los autores de la "Conspiración Acuariana", "para provocar un cambio radical en los Estados Unidos". Esta es la principal tarea del Comité de los 300, la última sociedad secreta.

Nada ha cambiado en el comercio de opio, heroína y cocaína. Sigue siendo dirigida por las mismas familias de "clase alta" en Gran Bretaña y Estados Unidos. Sigue siendo un negocio fabulosamente rentable en el que las pérdidas aparentemente grandes de las incautaciones por parte de las autoridades se amortizan en las salas de juntas de Nueva York, Hong Kong y Londres con oporto y cigarros como "el simple coste de hacer negocios, viejo amigo".

El capitalismo colonial británico siempre ha sido el pilar del sistema oligárquico feudal de privilegios en Inglaterra y lo sigue siendo en la actualidad. Cuando los pobres e incultos pastores de Sudáfrica, conocidos como bóers, cayeron en las sangrientas manos de la aristocracia británica en 1899, no tenían ni idea de que la revuelta y cruel guerra emprendida implacablemente por la reina Victoria estaba financiada por las increíbles sumas de dinero procedentes de las "fortunas instantáneas" del comercio del opio de la BEIC en China en los bolsillos de los plutócratas.

Los miembros del Comité de los 300, Cecil John Rhodes, Barney Barnato y Alfred Beit, fueron los instigadores y organizadores de la guerra. Rhodes era el principal agente de los Rothschild, cuyos bancos estaban inundados de dinero procedente del comercio del opio. Estos ladrones y mentirosos -Rhodes, Barnato, Oppenheimer, Joel y Beit- robaron a los bóers sudafricanos su derecho de nacimiento, el oro y los diamantes que yacían bajo su suelo. Los bóers sudafricanos no recibieron nada de los miles de millones de dólares de la venta de su oro y diamantes.

El Comité de los 300 no tardó en hacerse con el control total de estos vastos tesoros, control que aún hoy conserva a través de uno de sus miembros, Sir Harry Oppenheimer. El sudafricano medio recibe 100 dólares anuales per cápita de la industria del oro y los diamantes. Los miles de millones que salen cada año van a parar a los banqueros del Comité de los 300. Se trata de una de las historias más sucias y viles de avaricia, robo y asesinato de una nación jamás registradas en los anales de la historia.

¿Cómo se las arregló la Corona británica para llevar a cabo este asombroso fraude de proporciones gigantescas? Para llevar a cabo una tarea tan hercúlea, se requiere una organización hábil y agentes dedicados sobre el terreno que cumplan las instrucciones diarias impartidas por la jerarquía de los conspiradores. El primer paso fue una campaña de propaganda en la prensa en la que se describía a los bóers como bárbaros incivilizados y apenas humanos que negaban a los ciudadanos británicos el derecho a votar en la República Bóer. Posteriormente, se hicieron demandas a Paul Kruger, líder de la República de Transvaal, que por supuesto no pudieron ser satisfechas. Después de esto, se escenificaron una serie de incidentes para incitar a los bóers a vengarse, pero esto tampoco funcionó. Luego vino la infame incursión de Jameson, en la que un hombre llamado Jameson dirigió un grupo de varios cientos de hombres armados en un ataque al Transvaal. La guerra siguió inmediatamente.

La reina Victoria reunió el ejército más grande y mejor equipado que el mundo había visto en esa época (1898). Victoria pensó que la guerra terminaría en quince días, ya que los bóers no tenían un ejército permanente ni una milicia entrenada y no serían rivales para sus 400.000 soldados extraídos de las filas de las clases bajas británicas.

Los bóers nunca fueron más de 80.000 campesinos y sus hijos -algunos de tan sólo catorce años- Rudyard Kipling también creía que la guerra terminaría en menos de una semana.

En cambio, con una pistola en una mano y una Biblia en la otra, los bóers resistieron durante tres años.

"Fuimos a Sudáfrica pensando que la guerra terminaría en una semana", dijo Kipling. "En cambio, los bóers nos dieron una buena lección".

Esta misma "lección" podría enseñarse hoy al Comité de los 300 si pudiéramos reunir a 10.000 líderes, verdaderos hombres de bien, para dirigir a esta nación en la batalla contra el monstruo gargantuesco que amenaza con devorar todo lo que representa nuestra Constitución.

Tras el final de la guerra, en 1902, la Corona británica tuvo que consolidar su dominio sobre la inimaginable fortuna de oro y diamantes que yacía bajo el yermo páramo de las repúblicas bóer del Transvaal y el Estado Libre de Orange. Esto se hizo a través de la leyenda de la Mesa Redonda del Rey Arturo y sus caballeros. La Mesa Redonda es estrictamente una operación de inteligencia del MI6 británico establecida por el Comité de los 300 que, junto con el programa de becas Rhodes, es un puñal en el corazón de Estados Unidos.

La Mesa Redonda fue fundada en Sudáfrica por Cecil Rhodes y financiada por la rama inglesa de los Rothschild. Su objetivo era formar líderes empresariales leales a la Corona británica, capaces de asegurar los vastos tesoros de oro y diamantes de la Corona británica. Los sudafricanos fueron despojados de su derecho de nacimiento en un golpe tan masivo y generalizado que era obvio que sólo un mando central unificado podría haberlo logrado. Ese mando unificado era el Comité de los 300.

El hecho de que esto se haya hecho no se discute. A principios de la década de 1930, la Corona británica tenía el control de las mayores reservas de oro y diamantes jamás descubiertas en el mundo. Ahora el Comité de los 300 tenía a su disposición tanto la inmensa fortuna del tráfico de drogas como los recursos igualmente inmensos de la riqueza mineral de Sudáfrica. El control financiero del mundo era total.

La Mesa Redonda desempeñó un papel fundamental en el golpe. El objetivo explícito de la Mesa Redonda, tras absorber a Sudáfrica, era mitigar los beneficios de la Guerra de la Independencia de Estados Unidos, y ponerla de nuevo bajo control británico. La capacidad organizativa era esencial para tal empresa y fue proporcionada por Lord Alfred Milner, un protegido de la familia Rothschild de Londres. Utilizando los principios de la masonería escocesa para seleccionar a los miembros de la Mesa Redonda, los elegidos se sometieron a un período de intensa formación en las universidades de Cambridge y Oxford, bajo la atenta mirada de John Ruskin, un declarado "comunista de la vieja escuela", y T. H. Green, un agente del MI6.

Fue Green, hijo de un evangelista cristiano, quien engendró a Rhodes, Milner, John Wheeler Bennet, A. D. Lindsay, George Bernard Shaw y Hjalmar Schacht, ministro de finanzas de Hitler. Me detengo aquí para recordar a los lectores que la Mesa Redonda no es más que un sector de este vasto y omnipresente Comité de los 300, aunque la propia Mesa Redonda está formada por un laberinto de empresas, instituciones, bancos y centros de enseñanza que, por sí sola, llevaría un año a los actuarios de seguros cualificados.

Los miembros de la Mesa Redonda se desplegaron por todo el mundo para tomar el control de las políticas fiscales y monetarias y el liderazgo político en cada país en el que operaban. En Sudáfrica, el general Smuts, que había luchado contra los británicos en la Guerra de los Bóers, se "transformó" y se convirtió en un destacado agente militar, político y de inteligencia británico que abrazó la causa de la Corona británica. En los años siguientes, la tarea de penetrar en Estados Unidos desde dentro recayó en William Yandell Elliot, el hombre que dio vida a Henry Kissinger y que fue responsable de su meteórico ascenso al poder como principal asesor estadounidense del Comité de los 300.

William Yandell Elliot era un "americano de Oxford" (el presidente William Jefferson Clinton también era un "americano de Oxford") que ya había prestado un buen servicio al Comité de los 300, lo que es un requisito previo para un puesto más alto en el comité.

Tras graduarse en la Universidad de Vanderbilt en 1917, Elliot fue contratado por la red bancaria Rothschild-Warburg. Trabajó en el Banco de la Reserva Federal de San Francisco y llegó a ser director. Desde allí actuó como oficial de inteligencia de Warburg-Rothschild, informando sobre las áreas importantes de Estados Unidos que supervisaba. Los buscadores de talentos "masones" de Elliot le recomendaron para una beca Rhodes y en 1923 ingresó en el Balliol College de la Universidad de Oxford, cuyas "agujas de ensueño" ocultan una red de intrigas y futuros traidores a Occidente.

El Balliol College era, y sigue siendo, el centro de reclutamiento de la

Mesa Redonda. Tras un exhaustivo lavado de cerebro por parte del representante del Instituto Tavistock de Relaciones Humanas, A.D. Lindsay, que había sucedido al maestro de Balliol, T. H. Green, Elliot fue aceptado en la Mesa Redonda y enviado al Real Instituto de Asuntos Internacionales para recibir su misión, que consistía en regresar a Estados Unidos para convertirse en un líder de la comunidad académica.

La filosofía de la Mesa Redonda consistía en situar a sus miembros en posición de formular y aplicar políticas sociales a través de instituciones para manipular lo que Ruskin llamaba "las masas". Los miembros se infiltraron en los niveles más altos del banco tras asistir a un curso en el Instituto Tavistock. Este curso fue desarrollado por Lord Leconsfield, un estrecho colaborador de la familia real británica, y luego dirigido por Robert Brand, que más tarde dirigió Lazard Frères. El Real Instituto de Asuntos Internacionales estaba, y sigue estando, totalmente vinculado a la monarquía británica. Entre los derivados de la Mesa Redonda se encuentran los Bilderbergers, creados y dirigidos por Duncan Sandys, un destacado político y yerno del difunto Winston Churchill; la Fundación Ditchley, un club secreto de banqueros que revelé en mi libro de 1983, *International Banker's Conspiracy: The Ditchley Foundation*; la Comisión Trilateral; el Consejo Atlántico de Estados Unidos; y el Instituto Aspen de Estudios Humanísticos, cuyo fundador, bien oculto y entre bastidores, fue Lord Bullock, de RIIA, para el que Robert Anderson actuó como tapadera.

Cómo llegó al poder Henry Kissinger, el principal agente de la RIIA en Estados Unidos, es la historia del triunfo de la institución de la monarquía británica sobre la República de los Estados Unidos de América. Es una historia de terror, demasiado larga para repetirla aquí. Sin embargo, no mencionar algunos de los aspectos más destacados del ascenso de Kissinger a la fama, la fortuna y el poder sería una negligencia culpable.

Tras un periodo en el ejército estadounidense, en el que comenzó guiando al general Fritz Kraemer a través de la Alemania devastada por la guerra, Kissinger fue seleccionado por la familia Oppenheimer para seguir formándose en Wilton Park. En ese momento, tenía el rango de soldado de primera clase. En 1952, Kissinger fue enviado al Instituto Tavistock, donde R. V. Dicks lo tomó en sus manos y lo entrenó. A partir de entonces, nada pudo retener a Kissinger. Más tarde fue llamado para trabajar bajo las órdenes de George Franklin y Hamilton Fish en la oficina de Nueva York del Consejo de Relaciones Exteriores.

Se cree que la política nuclear oficial adoptada por Estados Unidos fue transmitida a Kissinger durante su estancia en Tavistock y moldeada por su participación en "Armas nucleares y política exterior", un seminario de la Mesa Redonda que dio lugar a la doctrina conocida como "respuesta flexible", una irracionalidad total, que se conoció con el acrónimo MAD. A través de William Yandell Elliot y bajo la tutela de John Wheeler Bennett, director de inteligencia de la Mesa Redonda y jefe de operaciones del MI6 en Estados Unidos, Kissinger se convirtió en el "hijo predilecto" de Elliot, como explica en su libro *La revuelta pragmática en la política*. Kissinger fue cooptado en la Mesa Redonda para promover las políticas monetaristas que había estudiado en los seminarios internacionales de Harvard.

Kissinger absorbió ávidamente las enseñanzas de Elliot y pronto dejó de ser el hombre que el general Kraemer había descrito una vez como "mi pequeño chófer judío". A Kissinger se le inculcó el espíritu del Maestro de Balliol, convirtiéndose en un ardiente discípulo de la decadente aristocracia británica. Adoptando las filosofías de Toynbee, director de inteligencia del MI6, en el Real Instituto de Asuntos Internacionales, Kissinger utilizó sus documentos para escribir su "tesis" de licenciatura. A mediados de la década de 1960, Kissinger había demostrado su valía para la Mesa Redonda y la RIIA, y por tanto para la monarquía británica. Como recompensa y para poner a prueba lo que había aprendido, Kissinger fue puesto a cargo de un pequeño grupo formado por James Schlessinger, Alexander Haig y Daniel Ellsberg, que la Mesa Redonda utilizó para realizar una serie de experimentos. El principal teórico del Instituto de Estudios Políticos, Noam Chomsky, colaboró con este grupo. Haig, al igual que Kissinger, trabajó para el general Kraemer, aunque no como conductor, y el general encontró una serie de vacantes variadas dentro del Departamento de Defensa para su protegido. Una vez que Kissinger fue instalado como Consejero de Seguridad Nacional, Kraemer le consiguió a Haig el puesto de adjunto. Ellsberg, Haig y Kissinger pusieron entonces en marcha el plan Watergate de la RIIA para destituir al presidente Nixon por desobedecer instrucciones directas.

Haig desempeñó el papel principal en el lavado de cerebro y la confusión del presidente Nixon, y de hecho fue Kissinger quien dirigió la Casa Blanca durante este ablandamiento del presidente. Como mencioné en 1984, Haig era el intermediario de la Casa Blanca conocido como "Garganta Profunda",[19] que pasaba información al equipo de Woodward y Bernstein del *Washington Post*.

El Watergate de Nixon fue el mayor golpe dado por la Mesa Redonda como agencia y brazo de la RIIA. Todos los hilos enmarañados se remontan a la Mesa Redonda, luego a la RIIA y finalmente a la Reina de Inglaterra. La humillación de Nixon fue una lección, un caso de libro de texto y una advertencia para que los futuros presidentes de Estados Unidos no se imaginen que pueden ir contra el Comité de los 300 y ganar. Kennedy fue brutalmente asesinado ante el pueblo estadounidense por la misma razón; Nixon no fue considerado lo suficientemente importante como para sufrir el mismo destino que John F. Kennedy.

Pero sea cual sea el método utilizado, el Comité de los 300 se ha asegurado de que todos los aspirantes a la Casa Blanca reciban el mensaje de que "nadie está fuera de nuestro alcance". El hecho de que este mensaje siga siendo tan fuerte como cuando Kennedy fue asesinado y Nixon expulsado de la presidencia se pone de manifiesto por el carácter del presidente George Bush, cuyo afán por complacer a sus amos debería preocupar mucho a quienes se preocupan por el futuro de Estados Unidos.

El propósito del ejercicio se hizo evidente durante el episodio de los Papeles del Pentágono y la entrada de Schlessinger en la administración Nixon para desempeñar el papel de saboteador en el establecimiento de la defensa y la contraofensiva en el desarrollo de la energía atómica, un papel que Schlessinger asumió al amparo de su posición en la Comisión de Energía Atómica, uno de los factores clave en la desindustrialización de los EE.UU. bajo las estrategias de crecimiento cero postindustrial del Club de Roma. A partir de ahí podemos rastrear las raíces de la recesión/depresión de 1991, que hasta ahora ha costado el empleo a 30 millones de estadounidenses.

Es casi imposible penetrar en el Comité de los 300 y en las familias oligárquicas que lo componen. El camuflaje con el que se cubren como una máscara protectora es muy difícil de arrancar. Este hecho debería ser tomado en cuenta por todo estadounidense amante de la libertad: el Comité de los 300 dicta lo que pasa por la política exterior e interior de Estados Unidos, y lo ha hecho durante más de 200 años. En ningún

---

[19] Garganta profunda, Ndt.

lugar se ilustró esto de forma más vívida que cuando el seguro de sí mismo presidente Truman vio cómo Churchill le sacaba las castañas del fuego y le hacía tragar la "Doctrina Truman" al pequeño hombre de Independence, Missouri.

Entre sus antiguos miembros, cuyos descendientes han cubierto las vacantes causadas por las muertes, y sus miembros actuales se encuentran Sir Mark Turner, Gerald Villiers, Samuel Montague, los Inchcapes, Keswicks, Peases, Schroeders, Airlies, Churchills, Frasers, Lazars y Jardine Mathesons. La lista completa de los miembros figura en otra parte de este libro; estos miembros del Comité ORDENARON al presidente Wilson que entrara en guerra con Alemania en la Primera Guerra Mundial; este Comité ordenó a Roosevelt que organizara el ataque japonés a Pearl Harbour para que los Estados Unidos entraran en la Segunda Guerra Mundial.

Esta gente, este Comité, ordenó a esta nación ir a la guerra en Corea, Vietnam y el Golfo Pérsico. La simple verdad es que Estados Unidos ha librado 5 guerras en este siglo por y para el infame Comité de los 300.

Parece que, aparte de unos pocos, nadie se ha tomado la molestia de preguntarse "¿POR QUÉ HACEMOS ESTAS GUERRAS? ". El gran tambor del "patriotismo", la música marcial y el ondeo de banderas y lazos amarillos han vuelto, al parecer, loca a una gran nación.

En el 50 aniversario de Pearl Harbour, se está llevando a cabo una nueva campaña de "odio a Japón", no por parte del Instituto de Relaciones del Pacífico (IPR), sino de la manera más directa y descarada por parte de la administración Bush y el Congreso. El objetivo es el mismo que cuando Roosevelt inspiró el ataque a Pearl Harbour: presentar a los japoneses como agresores y librar una guerra económica, para luego preparar nuestras fuerzas para la siguiente fase: la agresión armada contra Japón.

Ya está ocurriendo; es sólo cuestión de tiempo que más de nuestros hijos e hijas sean enviados al matadero al servicio de los señores feudales del Comité de los 300. Deberíamos gritar a los cuatro vientos:

> "No es por la libertad ni por el amor a la patria por lo que vamos a morir, sino por un sistema de tiranía que pronto envolverá al mundo entero.

El control de esta organización sobre Gran Bretaña es tan fuerte que el 95% de los ciudadanos británicos se han visto obligados, desde el año

1700, a aceptar como parte suya menos del 20% de la riqueza nacional del país. Esto es lo que a los señores feudales oligárquicos de Inglaterra les gusta llamar "democracia". Lo que han hecho en India, Sudán, Egipto, Irak, Irán y Turquía se repetirá en todos los países bajo el Nuevo Orden Mundial, un gobierno mundial. Utilizarán todas las naciones y sus riquezas para proteger su privilegiado modo de vida. Es esa clase de la aristocracia británica cuyas fortunas están inextricablemente ligadas al comercio de drogas, oro, diamantes y armas, a la banca, al comercio y a la industria, al petróleo, a los medios de comunicación y a la industria del entretenimiento.

A excepción de las bases del Partido Laborista (pero no de sus dirigentes), la mayoría de los líderes políticos británicos son descendientes de familias con títulos, que son hereditarios y pasan de padre a hijo mayor. Este sistema garantiza que ningún "extraño" aspire al poder político en Inglaterra. Sin embargo, algunos forasteros han conseguido colarse.

Tomemos el caso de Lord Halifax, antiguo embajador británico en Washington y el hombre que pasó las órdenes del Comité de los 300 a nuestro gobierno durante la Segunda Guerra Mundial. El hijo de Halifax, Charles Wood, se casó con una señorita Primrose, pariente de Lord Rothschild. Detrás de nombres como Lord Swaythling está el de Montague, director del Banco de Inglaterra y asesor y confidente de la accionista mayoritaria de la petrolera Shell, la reina Isabel II. Todos son miembros del Comité de los 300. Se han roto algunas de las antiguas barreras. Hoy en día, el título ya no es el único criterio de admisión en el Club de Roma.

Conviene dar una visión general de lo que el Comité de los 300 espera conseguir, sus fines y objetivos, antes de pasar a su amplia red de bancos, compañías de seguros, empresas, etc. La siguiente información ha llevado años de investigación y búsqueda, reuniendo cientos de documentos de fuentes que me han dado acceso a algunos de los detalles cuidadosamente ocultos a la vista del público.

El Comité de los 300 está formado por ciertos individuos que son especialistas en su propio campo, incluyendo el Cultus Diabolicus, las drogas que alteran la mente, y los especialistas en el asesinato por envenenamiento, la inteligencia; la banca, y todas las facetas de la actividad comercial. Será necesario mencionar a los antiguos miembros que ya han fallecido, debido a sus antiguas funciones y a que sus puestos han sido cedidos a familiares de nuevos miembros considerados dignos de ese honor.

Entre sus miembros se encuentran las viejas familias negras de la nobleza europea, el establishment liberal de la costa este americana (en la jerarquía masónica y la Orden de la Calavera y los Huesos),[20] los Illuminati, o como es conocido por el Comité "MORIAH CONQUERING WIND", el Grupo Mumma, el Consejo Nacional y Mundial de Iglesias, el Círculo de Iniciados, los Nueve Desconocidos, el Lucis Trust, los Jesuitas Teólogos de la Liberación, la Orden de los Ancianos de Sión, los Príncipes Nasi, el Fondo Monetario Internacional (FMI), el Banco de Pagos Internacionales (BPI), las Naciones Unidas (U.N.), el Cuarteto Coronati central y británico, la masonería italiana P2 -especialmente la de la jerarquía vaticana-, la Agencia Central de Inteligencia, personal seleccionado del Instituto Tavistock, varios miembros de las principales fundaciones y compañías de seguros mencionadas en las siguientes listas, el Banco de Hong Kong y Shanghai, el Grupo Milner-Mesa Redonda, la Fundación Cini, el Fondo Alemán Marshall, la Fundación Ditchley, la OTAN, el Club de Roma, los ecologistas, la Orden de San Juan de Jerusalén, la Iglesia del Gobierno Mundial Único, la Internacional Socialista, la Orden Negra, la Sociedad Thule, los Anenherbe-Rosicrucistas, Los Grandes Superiores y literalmente CIENTOS de otras organizaciones.

¿Y qué vemos? ¿Una reunión de gente con ideas extrañas? Desde luego que no. En el Comité de los 300, que tiene 150 años de historia, tenemos algunas de las mentes más brillantes reunidas para formar una "nueva" sociedad completamente totalitaria y absolutamente controlada, excepto que no es nueva, ya que ha extraído la mayoría de sus ideas de los Clubes Cultus Diabolicus. Está luchando por un gobierno mundial único, bastante bien descrito por uno de sus últimos miembros, H. G. Wells, en su libro encargado por el Comité, que Wells tituló: *The Open Conspiracy - Plans for a World Revolution*. Fue una audaz declaración de intenciones, pero no realmente audaz, ya que nadie creyó a Wells, excepto los Grandes Superiores,[21] los Anenherbes y lo que hoy llamaríamos los "iniciados".

He aquí un extracto de lo que propuso Wells:

> "La Conspiración Abierta aparecerá al principio, creo, como una organización consciente de hombres inteligentes y, en algunos

---

[20] Skulls and Bones, Ndt.

[21] Los "superiores desconocidos" de la masonería internacional. N.B.

casos, acaudalados, como un movimiento con objetivos sociales y políticos bien definidos, ignorando ciertamente la mayoría de los aparatos existentes de control político, o utilizándolos sólo incidentalmente en el curso de las etapas, un mero movimiento de un número de personas en una determinada dirección, que pronto descubrirán, con una especie de sorpresa, el objeto común hacia el que todos se mueven. De todas las maneras, influirán y controlarán ostensiblemente al gobierno".

Al igual que *1984* de George Orwell, la historia de Wells es un llamamiento masivo a un gobierno mundial. En resumen, la intención y el propósito del Comité de los 300 es impulsar las siguientes condiciones:

Un gobierno mundial único y un sistema monetario centralizado bajo la dirección de oligarcas hereditarios permanentes no elegidos que se seleccionan entre sus miembros en forma de un sistema feudal como el que existía en la Edad Media. En esta entidad mundial unificada, la población estará limitada por restricciones en el número de hijos por familia, enfermedades, guerras, hambrunas, hasta que mil millones (1.000.000.000) de personas útiles para la clase dominante, en áreas que serán estricta y claramente definidas, siga siendo la población mundial total.

No habrá clase media, sólo líderes y servidores. Todas las leyes serán uniformes bajo un sistema legal de tribunales mundiales que aplicarán el mismo código de leyes unificado, apoyado por una única fuerza policial del gobierno mundial y un único ejército mundial para hacer cumplir las leyes en todos los antiguos países donde no existirán fronteras nacionales. El sistema se basará en un estado de bienestar; aquellos que sean obedientes y sumisos al gobierno mundial único serán recompensados con medios de vida; aquellos que sean rebeldes simplemente serán muertos de hambre o proscritos, convirtiéndose así en un objetivo para cualquiera que desee matarlos. Se prohibirán las armas de fuego o de cualquier tipo que posean los individuos.

Sólo se permitirá una religión y será en forma de la Iglesia del Gobierno Mundial Único, que ha existido desde 1920 como veremos. El satanismo, el luciferismo y la brujería serán reconocidos como programas legítimos del Gobierno Mundial Único, sin escuelas privadas o confesionales. *Todas las* iglesias cristianas *ya han* sido subvertidas y el cristianismo será una cosa del pasado en el Gobierno Mundial Único.

Para inducir un estado en el que no sobreviva la libertad individual ni el concepto de libertad, no habrá nada parecido al republicanismo, la soberanía o los derechos del pueblo. El orgullo nacional y la identidad racial serán suprimidos, y en la fase de transición la mera mención del origen racial de uno será castigada con las penas más severas.

Cada persona será totalmente adoctrinada para saber que es una criatura del gobierno mundial único y que tiene un número de identificación claramente marcado en su persona para que se pueda acceder a él fácilmente, este número de identificación estará en el archivo maestro del ordenador de la OTAN en Bruselas, Bélgica, y puede ser recuperado instantáneamente por cualquier agencia del gobierno mundial único en cualquier momento. Los archivos maestros de la CIA, el FBI, las agencias de policía locales y estatales, el IRS, el FEMA y la Seguridad Social se ampliarán enormemente y constituirán la base de los archivos personales de todos los individuos de Estados Unidos.

Se prohibirá el matrimonio y no habrá más vida familiar tal como la conocemos. Los niños serán arrebatados a sus padres a una edad temprana y criados por los pupilos como propiedad del Estado. Un experimento de este tipo se llevó a cabo en la Alemania del Este bajo el mandato de Erich Honnecker, cuando se separó a los niños de los padres que el Estado consideraba ciudadanos desleales. Las mujeres serán degradadas por el proceso en curso de los movimientos de "liberación de la mujer". El sexo libre será obligatorio.

Si no cumple al menos una vez antes de los 20 años, será castigada con severas represalias contra su persona. El autoaborto se enseñará y practicará después de que nazcan dos hijos de una mujer; estos datos figurarán en el expediente personal de cada mujer en los ordenadores regionales del Gobierno Mundial Único. Si una mujer se queda embarazada después de haber dado a luz a dos hijos, será llevada a la fuerza a una clínica abortiva para que aborte y se esterilice.

Se fomentará la pornografía y se hará obligatoria en todos los cines, incluida la pornografía homosexual y lésbica. El uso de drogas "recreativas" será obligatorio, y a cada persona se le asignarán cuotas de drogas que se comprarán en las tiendas del gobierno mundial en todo el mundo. Se desarrollarán drogas de control mental y su uso será obligatorio. Estas drogas de control mental se administrarán en los alimentos y/o en el agua sin el conocimiento ni el consentimiento de la población. Se establecerán bares de drogas, dirigidos por empleados del Gobierno Mundial Único, donde la clase esclava podrá pasar su tiempo libre. De este modo, las masas no elitistas quedarán reducidas al nivel y al comportamiento de animales controlados, sin voluntad propia y fácilmente controlables.

El sistema económico se basará en que la clase oligárquica dominante produzca los alimentos y servicios suficientes para hacer funcionar los campos de trabajo masivo de esclavos. Toda la riqueza se concentrará en las manos de los miembros de la élite del Comité de los 300. Se adoctrinará a cada individuo para que entienda que es totalmente dependiente del Estado para sobrevivir. El mundo será gobernado por los decretos ejecutivos del Comité de los 300 que se convertirán en ley instantánea. Boris Yeltsin utilizó los decretos del Comité de los 300 para imponer la voluntad del Comité en Rusia a modo de prueba. Habrá tribunales de castigo, no tribunales de justicia. La industria debe ser totalmente destruida, así como los sistemas de energía nuclear. Sólo los 300 miembros del Comité y sus élites tendrán derecho a todos los recursos de la tierra. La agricultura estará únicamente en manos del Comité de los 300 y la producción de alimentos estará estrictamente controlada. Cuando estas medidas empiecen a surtir efecto, grandes poblaciones de las ciudades serán trasladadas por la fuerza a zonas remotas y los que se nieguen a marcharse serán exterminados a la manera del experimento del Gobierno Mundial Único llevado a cabo por Pol Pot en Camboya.

La eutanasia para los enfermos terminales y los ancianos será obligatoria. Ninguna ciudad será mayor que un número predeterminado, como se describe en la obra de Kalergi. Los trabajadores esenciales serán trasladados a otras ciudades si la que tienen está saturada. Otros trabajadores no esenciales serán seleccionados al azar y enviados a ciudades poco pobladas para cubrir "cuotas".

Al menos 4.000 millones de "comedores inútiles" serán eliminados de aquí a 2050 mediante guerras limitadas, epidemias organizadas de enfermedades mortales de acción rápida y hambre. La energía, los alimentos y el agua se mantendrán a niveles de subsistencia para los que no son de la élite, empezando por las poblaciones blancas de Europa Occidental y América del Norte, y extendiéndose después a las demás razas. La población de Canadá, Europa Occidental y Estados Unidos se verá diezmada más rápidamente que la de otros continentes, hasta que la población mundial alcance un nivel manejable de mil millones, de los cuales 500 millones serán chinos y japoneses, seleccionados porque son personas que han sido regimentadas durante siglos y están acostumbradas a obedecer a la autoridad sin rechistar.

De vez en cuando habrá escasez artificial de alimentos, agua y atención médica para recordar a las masas que su propia existencia depende de la buena voluntad del Comité de los 300.

Después de la destrucción de las viviendas, los automóviles, la siderurgia y las industrias pesadas, habrá un número limitado de viviendas, y las industrias de cualquier tipo a las que se permita continuar estarán bajo la dirección del Club de Roma de la OTAN, al igual que el desarrollo de la exploración científica y espacial, limitado a la élite bajo el control del Comité de los 300. Las armas espaciales de todas las naciones anteriores serán destruidas junto con las armas nucleares.

Todos los productos farmacéuticos esenciales y no esenciales, los médicos, los dentistas y el personal sanitario se registrarán en la base de datos informática central y no se prescribirá ningún medicamento ni atención médica sin la autorización expresa de los controladores regionales responsables de cada ciudad y pueblo.

Los Estados Unidos serán invadidos por personas de culturas extranjeras que acabarán arrollando a la América blanca; personas que no tienen ni idea de lo que representa la Constitución de los Estados Unidos y, por tanto, no harán nada para defenderla, y en cuyas mentes los conceptos de libertad y justicia son tan débiles que importan poco. La comida y el refugio serán la principal preocupación. Ningún banco central, excepto el Banco de Pagos Internacionales y el Banco Mundial, podrá operar. Los bancos privados estarán prohibidos. La remuneración por el trabajo realizado se hará según una escala predeterminada y uniforme en todo el gobierno mundial único. No se permitirán disputas salariales ni desviaciones de los baremos uniformes establecidos por el gobierno mundial único. Los que violen la ley serán ejecutados en el acto.

No habrá dinero ni monedas en manos de los que no sean de la élite. Todas las transacciones se realizarán con una tarjeta de débito que lleve el número de identificación del titular. A toda persona que infrinja de algún modo las normas y reglamentos del Comité de los 300 se le suspenderá el uso de su tarjeta durante un periodo de tiempo variable en función de la naturaleza y la gravedad de la infracción.

Estas personas se encontrarán, a la hora de realizar compras, con que su tarjeta está en la lista negra y no podrán obtener servicios de ningún tipo. Los intentos de canjear monedas "antiguas", es decir, monedas de plata de antiguas naciones ya desaparecidas, serán tratados como un delito capital castigado con la muerte. Todas estas monedas tendrán que ser devueltas en un plazo determinado, así como las armas, pistolas, explosivos y automóviles. Sólo la élite y los altos funcionarios del gobierno podrán utilizar transporte privado, armas, monedas y automóviles.

Si la infracción es grave, la tarjeta será confiscada en el puesto de control donde se presente. A partir de entonces, a esa persona se le negará el acceso a la comida, el agua, el refugio y los servicios médicos para el empleo, y se le incluirá oficialmente en la lista de proscritos. Se crearán grandes bandas de forajidos que vivirán en las zonas donde mejor puedan subsistir, sometidos a la caza y al disparo en el acto. Aquellos que ayuden a los forajidos de cualquier manera también serán fusilados. A los proscritos que no se entreguen a la policía o al ejército tras un periodo determinado se les elegirá al azar un antiguo familiar para que cumpla una pena de prisión en su lugar.

Las facciones y grupos rivales, como los árabes, los judíos y las tribus africanas, verán magnificadas sus diferencias y se les permitirá librar guerras de exterminio entre sí, bajo la mirada de los observadores de la OTAN y la ONU. La misma táctica se utilizará en América Central y del Sur. Estas guerras de desgaste tendrán lugar ANTES de que el gobierno mundial único tome el control y se organizarán en todos los continentes donde vivan grandes grupos de personas con diferencias étnicas y religiosas, como los sikhs, los pakistaníes musulmanes y los indios hindúes. Las diferencias étnicas y religiosas se magnificarán y exacerbarán, y se fomentará y promoverá el conflicto violento como medio para "resolver" sus diferencias.

Todos los servicios de noticias y los medios impresos estarán bajo el control del gobierno mundial único. Las medidas habituales de control de lavado de cerebro se presentarán como "entretenimiento", del mismo modo que se han practicado y convertido en un arte en los Estados Unidos. Los jóvenes apartados de los "padres desleales" recibirán una educación especial diseñada para embrutecerlos. Los jóvenes de ambos sexos serán entrenados para convertirse en guardias de prisión para el sistema de campos de trabajo de Un Mundo. De lo anterior se desprende que hay mucho trabajo por hacer antes de que pueda producirse el amanecer del Nuevo Orden Mundial. El Comité de los 300 tiene desde hace tiempo planes para desestabilizar la civilización tal y como la conocemos, algunos de los cuales son conocidos por Zbigniew Brzezinski en su libro clásico *La era tecnotrónica* y por los trabajos de Aurellio Peccei, fundador del Club de Roma, especialmente en su libro

El abismo que nos espera.

En *The Chasm Ahead*, Peccei detalla los 300 planes del Comité para domar al hombre, al que llama "EL ENEMIGO". Peccei citó lo que Felix Dzerzhinsky dijo una vez a Sydney Reilly en el punto álgido del Terror Rojo, cuando millones de rusos estaban siendo asesinados:

"¿Por qué debería importarme el número de muertes? Incluso la Biblia cristiana dice: "¿Qué es el hombre para que Dios se preocupe por él? Para mí, los hombres no son más que un cerebro en un extremo y una fábrica de mierda en el otro".

Fue a partir de esta visión brutal del hombre que Emanuel el Cristo vino a salvar al mundo. Sydney Reilly era el agente del MI6 enviado a vigilar las actividades de Dzerzhinsky. Reilly fue supuestamente tiroteado por su amigo Félix mientras intentaba huir de Rusia. El elaborado complot fue concebido cuando algunos miembros del Parlamento británico pusieron el grito en el cielo y empezaron a clamar por un relato de las actividades de Reilly en Rusia, que podría exponer el papel del Comité de los 300 en la toma de los campos petrolíferos de Bakú y su importante papel en la ayuda a Lenin y Trotsky durante la revolución bolchevique. En lugar de descubrir la verdad sobre Reilly, el MI6 consideró oportuno escenificar su muerte. Reilly vivió sus días con el máximo lujo en una villa rusa normalmente reservada a la élite bolchevique.

Argumentando que el caos sobrevendría si la "Alianza Atlántica", un eufemismo para el Comité de los 300, no gobernaba la América postindustrial, Peccei propuso un triaje maltusiano a escala mundial. Prevé una colisión entre el aparato científico-tecnológico-militar de la Unión Soviética y el mundo occidental. Así, a los países del Pacto de Varsovia se les iba a ofrecer la convergencia con Occidente en un único gobierno mundial para gestionar los asuntos mundiales sobre la base de la gestión de crisis y la planificación global.

Los acontecimientos que se están produciendo en lo que fue la URSS y la aparición de varios estados independientes dentro de una federación laxa en Rusia son exactamente lo que preveían Peccei y el Club de Roma, y esto se explica claramente en los dos libros que he mencionado. Será más fácil tratar con una URSS dividida que con una nación soviética fuerte y unida. Los planes elaborados por el Comité de los 300 para un gobierno mundial único, que incluían la perspectiva de una Rusia dividida, se acercan ahora a un punto de rápida escalada. Los sucesos ocurridos en Rusia a finales de 1991 son aún más dramáticos si se comparan con los planes a largo plazo del Comité de los 300 desarrollados desde 1960.

En Europa Occidental se trabaja por la creación de una federación de Estados bajo un gobierno único con una moneda única. A partir de ahí, el sistema de la CEE se trasladará gradualmente a Estados Unidos y Canadá. Las Naciones Unidas se están transformando, lenta pero inexorablemente, en un gobierno mundial, cuyas políticas son dictadas por los Estados Unidos, como vimos en el caso de la Guerra del Golfo. Exactamente lo mismo ocurre con el Parlamento británico. El debate sobre la participación británica en la Guerra del Golfo se mantuvo en un nivel ridículo y sólo se produjo a última hora del día, durante una moción de aplazamiento de la Cámara. Esto no había sucedido nunca en la historia temprana del Parlamento, donde había que tomar una decisión tan importante y se dejaba tan poco tiempo para el debate. Uno de los acontecimientos más notables de la historia parlamentaria pasó prácticamente desapercibido.

Estamos cerca del punto en el que EE.UU. enviará sus fuerzas militares para resolver todas las disputas llevadas a la ONU. El secretario general saliente, Pérez de Cuéllar, fuertemente cargado de sobornos, fue el dirigente de la ONU más complaciente de la historia, cediendo a las exigencias de Estados Unidos sin rechistar. Su sucesor estará aún más dispuesto a plegarse a todo lo que el gobierno estadounidense le proponga. Este es un paso importante en el camino hacia un gobierno mundial.

La Corte Internacional de Justicia de La Haya se utilizará cada vez más en los próximos dos años para resolver disputas legales de todo tipo. Este es, por supuesto, el prototipo del sistema legal del gobierno mundial que suplantará a todos los demás. En cuanto a los bancos centrales, esenciales en la planificación del Nuevo Orden Mundial, ya es un hecho consumado con el Banco de Pagos Internacionales que domina la escena a finales de 1991. Los bancos privados están desapareciendo rápidamente para dar paso a los diez grandes bancos que controlarán el sector bancario en todo el mundo bajo la dirección del BPI y el FMI.

Los estados de bienestar abundan en Europa, y Estados Unidos se está convirtiendo en el mayor estado de bienestar del mundo. Una vez que la gente llega a depender del gobierno para su subsistencia, será muy difícil desprenderse de él, como vimos en los resultados de las últimas elecciones de mitad de período en los EE.UU., donde el 98% de los titulares fueron enviados de vuelta a Washington para disfrutar de la buena vida a pesar de su historial totalmente deplorable.

La abolición de las armas de fuego de propiedad privada ya está en vigor en tres cuartas partes del mundo. Sólo en Estados Unidos se puede seguir poseyendo armas de fuego de cualquier tipo, pero este derecho legal está siendo restringido a un ritmo alarmante por leyes estatales y locales que violan el derecho constitucional de todos los ciudadanos a portar armas. La tenencia privada de armas será cosa del pasado en EE.UU. en 2010.

Del mismo modo, la educación se está erosionando a un ritmo alarmante. Las escuelas públicas se ven obligadas a cerrar por diversos motivos legales, planes y falta de financiación. El nivel de la educación en los Estados Unidos ya se ha hundido a un nivel tan deplorable que hoy apenas puede llamarse educación. Esto es según el plan; como he descrito antes, el gobierno del mundo único no quiere que nuestros jóvenes sean educados e instruidos adecuadamente.

La destrucción de la identidad nacional avanza a buen ritmo. Ya no es bueno ser patriótico, a menos que sea por la causa de un proyecto que sirva a los puntos de vista del gobierno del mundo único, como la guerra genocida contra la nación de Irak o la inminente destrucción de Libia. El orgullo racial está ahora mal visto y se considera ilegal en muchas partes del mundo, incluidos Estados Unidos, Gran Bretaña, Europa Occidental y Canadá, todos ellos países con las mayores concentraciones de población blanca.

La destrucción de las formas republicanas de gobierno ha continuado a buen ritmo desde el final de la Segunda Guerra Mundial, impulsada por las sociedades secretas estadounidenses. La lista de gobiernos de este tipo destruidos por Estados Unidos es larga, y es difícil para los desinformados aceptar que el gobierno de un país, supuestamente comprometido con el republicanismo bajo una única constitución, se dedique a esta conducta, pero los hechos hablan por sí mismos.

Este es un objetivo fijado por el Comité de los 300 hace más de un siglo. Estados Unidos ha liderado los ataques a estos gobiernos y sigue haciéndolo, incluso mientras la base republicana de Estados Unidos se ve constantemente socavada. Empezando por el asesor jurídico de James Earl Carter, Lloyd Cutler, un comité de abogados constitucionalistas ha trabajado para transformar el Congreso de los Estados Unidos en un sistema parlamentario no representativo. Desde 1979 se está trabajando en el plan para dicho cambio, y debido a su dedicación a la causa, Cutler fue nombrado miembro del Comité de los

300. El proyecto final de gobierno de tipo parlamentario se presentará al Comité de los 300 a finales de 1993.

En el nuevo sistema parlamentario, los diputados no tendrán que rendir cuentas a sus electores, sino a los parlamentarios, y votarán como se les diga. Así, mediante la subversión judicial y burocrática, la Constitución desaparecerá, al igual que la libertad individual. Se intensificará el envilecimiento planificado del hombre mediante prácticas sexuales licenciosas. Incluso la Corona británica, a través de los servicios del SIS y del MI6, está creando nuevos cultos sexualmente degenerados. Como ya sabemos, todas las sectas que operan hoy en el mundo son producto del servicio secreto británico, que actúa en nombre de los gobernantes oligárquicos.

Podemos pensar que esta fase de creación de toda una nueva secta especializada en comportamientos sexuales degenerados está todavía muy lejos, pero según mis informaciones, debería intensificarse en 1992. En 1994, será bastante habitual organizar "espectáculos en vivo" en los clubes y locales de ocio más prestigiosos. La imagen de este tipo de "entretenimiento" ya es más limpia y clara.

Pronto los grandes nombres de Hollywood y del mundo del espectáculo recomendarán tal o cual club como "imprescindible" para los espectáculos de sexo en vivo. El lesbianismo y la homosexualidad no estarán en el punto de mira. Este nuevo "entretenimiento" socialmente aceptable consistirá en espectáculos heterosexuales y estará sujeto al tipo de críticas que se encuentran en los periódicos actuales sobre los espectáculos de Broadway o la última película de éxito.

En 1992 se intensificará un ataque sin precedentes a los valores morales. La pornografía ya no se llamará "pornografía", sino "entretenimiento sexual para adultos". La retórica adoptará la forma de "por qué ocultarlo cuando todo el mundo lo hace". Deshagámonos de la imagen de que la exhibición pública del sexo es fea y sucia". Los amantes de este tipo de deseo sexual desenfrenado ya no se verán obligados a acudir a sórdidos salones pornográficos. En cambio, las cenas de la alta sociedad y los lugares favoritos de los ricos y famosos harán de las exhibiciones sexuales públicas una forma de entretenimiento muy "artística". Peor aún, algunos "líderes" de la iglesia incluso lo recomiendan.

El voluminoso y enorme aparato socio-psiquiátrico creado por el Instituto Tavistock y su enorme red de capacidades conexas ha estado bajo el control de una sola entidad, y esa entidad sigue teniendo el control a principios de 1992. Esta entidad única, la jerarquía de conspiradores, se llama el Comité de los 300, una estructura de mando y un centro de poder que opera mucho más allá del alcance de cualquier líder o gobierno mundial, incluido el gobierno de Estados Unidos y sus presidentes, como descubrió el difunto John F. Kennedy. El asesinato de Kennedy fue una operación del Comité de los 300 y volveremos a ello.

El Comité de los 300 es la sociedad secreta por excelencia de una clase dirigente intocable, que incluye a la Reina de Inglaterra, la Reina de los Países Bajos, la Reina de Dinamarca y las familias reales de Europa. Estos aristócratas decidieron, a la muerte de la reina Victoria, la matriarca de los güelfos negros venecianos, que para obtener el control mundial sería necesario que sus miembros aristocráticos "hicieran negocios" con los líderes no aristocráticos pero extremadamente poderosos de las empresas comerciales del mundo, y así se abrieron las puertas del poder supremo a lo que a la reina de Inglaterra le gusta llamar "los plebeyos".

Al haber trabajado en el campo de la inteligencia, sé que los jefes de los gobiernos extranjeros llaman a este organismo todopoderoso "los magos". Stalin acuñó su propia frase para describirlas: "Las Fuerzas Oscuras", y el presidente Eisenhower, que nunca pudo superar el rango de "hofjuden" (judío de la corte), las llamó, en un eufemismo colosal, "el complejo militar-industrial". Stalin mantuvo a la URSS fuertemente armada con fuerzas convencionales y nucleares porque no confiaba en lo que llamaba "la familia". Su desconfianza y temor hacia el Comité de los 300 resultó ser fundada.

El entretenimiento popular, especialmente el cine, ha sido utilizado para desacreditar a quienes han tratado de advertir contra esta peligrosísima amenaza para la libertad individual y la libertad de la humanidad. La libertad es una ley dada por Dios que el hombre ha tratado constantemente de subvertir y socavar; sin embargo, es tan grande el deseo de libertad en cada individuo que ningún sistema ha podido hasta ahora arrancar este sentimiento del corazón del hombre. Los experimentos realizados en la URSS, Gran Bretaña y Estados Unidos para adormecer y embotar el deseo de libertad del hombre han resultado hasta ahora infructuosos.

Pero con el advenimiento del Nuevo Orden Mundial -un gobierno mundial- se llevarán a cabo experimentos a gran escala para expulsar de la mente, el cuerpo y el alma del hombre el deseo de libertad dado por Dios. Lo que ya estamos viviendo no es nada, una nimiedad, comparado con lo que está por venir. El ataque al alma es el eje de un sinfín de experimentos en ciernes, y lamento decir que las instituciones de Estados Unidos desempeñarán un papel principal en los terribles experimentos que ya se han llevado a cabo a pequeña escala a nivel local, en lugares como el Hospital Naval de Bethesda y la prisión de Vacaville en California.

Las películas que hemos visto hasta ahora incluyen la serie de James Bond, la Oficina de Asesinos, el Círculo Matarese, etc. Eran películas de ficción, diseñadas para ocultar la verdad de que tales organizaciones existen, y a una escala mucho mayor de lo que los fértiles cerebros de Hollywood podían imaginar.

Sin embargo, la Oficina de Asesinatos es absolutamente real. Existe en Europa y en Estados Unidos con el único propósito de cumplir las órdenes del Comité de los 300 y de llevar a cabo asesinatos de alto nivel cuando todos los demás medios han fracasado. Fue PERMINDEX quien dirigió el asesinato de Kennedy bajo la dirección de Sir William Stephenson, que durante años fue el funcionario más importante de la Reina de Inglaterra para el control de plagas.

Clay Shaw, un agente contratado por la CIA, dirigía PERMINDEX desde el Trade Mart Centre de Nueva Orleans. El ex fiscal del distrito de Nueva Orleans, Jim Garrison, estuvo muy cerca de descubrir el complot del asesinato de Kennedy a nivel de Clay Shaw, hasta que Garrison fue "atrapado" y Shaw fue declarado no culpable de participar en el complot del asesinato de Kennedy. El hecho de que Shaw fuera eliminado de la misma manera que Jack Ruby, otro oficial contratado por la CIA -ambos murieron de un cáncer que progresaba rápidamente- demuestra que Garrison estaba en el camino correcto. (Jack Ruby murió de cáncer en la cárcel en enero de 1967).

Una segunda oficina de asesinatos se encuentra en Suiza y, hasta hace poco, estaba dirigida por una figura oscura de la que no existe ninguna fotografía después de 1941. Las operaciones fueron y probablemente siguen siendo financiadas por la familia Oltramaire, la nobleza negra suiza, propietaria del banco Lombard Odier de Ginebra, una rama del Comité de los 300. El principal hombre de contacto era Jacques Soustelle, según los archivos de inteligencia G2 del ejército estadounidense.

El grupo también estaba estrechamente vinculado a Allen Dulles y a Jean de Menil, un miembro destacado del Comité de los 300 y un nombre prominente en la industria petrolera de Texas. Los archivos del

Ejército-G2 muestran que el grupo estaba muy implicado en el comercio de armas en Oriente Medio, pero lo más importante es que la oficina de asesinatos realizó no menos de 30 intentos de asesinar al General de Gaulle, en los que Jacques Soustelle estuvo directamente implicado. El mismo Soustelle era el hombre de contacto del grupo guerrillero Sendero Luminosa-Shining Pathway que protegía a los productores de cocaína peruanos del Comité.

Tras el fracaso de todo lo que la oficina de asesinatos pudo hacer, gracias al excelente trabajo de la DGSE (servicios de inteligencia franceses - antes SDECE), la misión fue encomendada al MI6 - Departamento de Inteligencia Militar Seis, también conocido como Servicio de Inteligencia Secreto (SIS), bajo el nombre en clave de "Chacal". La SDECE empleaba a jóvenes licenciados inteligentes y no estaba infiltrada por el MI6 o el KGB en una medida apreciable. Su historial de seguimiento de agentes extranjeros lo convirtió en la envidia de los servicios secretos de todas las naciones, y fue este grupo el que siguió la operación del Chacal hasta su destino final y lo mató antes de que pudiera disparar contra la comitiva del General de Gaulle.

Fue la SDECE la que descubrió un topo soviético en el gabinete de De Gaulle, que también era oficial de enlace con la CIA en Langley. Para desacreditar a la SDECE, Allen Dulles, que odiaba a De Gaulle (el sentimiento era mutuo), hizo detener a uno de sus agentes, Roger de Louette, en posesión de heroína por valor de 12 millones de dólares. Después de muchos "interrogatorios" de expertos, de Louette "confesó", pero fue incapaz de decir por qué estaba introduciendo drogas en los Estados Unidos. Todo el asunto olía a trampa.

Basándose en un examen de los métodos del SDECE para proteger a De Gaulle, especialmente en las caravanas, el FBI, el Servicio Secreto y la CIA sabían exactamente cómo despojar al presidente Kennedy de su seguridad y facilitar la tarea de los tres pistoleros de PERMINDEX para asesinarle en Dealey Plaza en noviembre de 1963.

Otro ejemplo de realidad disfrazada de ficción es la novela *Topaz* de Leon Uris.[22] En *Topaz*, encontramos un relato fáctico de las actividades de Thyraud de Vosjoli, el mismo agente del KGB descubierto por la SDECE y expuesto como enlace del KGB con la CIA. Hay muchos relatos ficticios de las actividades del MOSSAD, casi todos basados en

---

[22] Del que Alfred Hitchcock hizo una película.

hechos reales.

El MOSSAD también es conocido como "El Instituto". Muchos aspirantes a escritores hacen afirmaciones absurdas al respecto, incluido un escritor favorecido por la derecha cristiana, que se acepta como verdad. Se puede perdonar que el delincuente no tenga formación en inteligencia, pero eso no le impide soltar "nombres del Mossad" por todas partes.

Este tipo de ejercicios de desinformación se llevan a cabo de forma rutinaria contra los grupos patrióticos de derechas en Estados Unidos. El MOSSAD estaba compuesto originalmente por tres grupos, la Oficina de Inteligencia Militar, el Departamento Político del Ministerio de Asuntos Exteriores y el Departamento de Seguridad (Sherut Habitachon). David Ben Gurion, miembro del Comité de los 300, recibió una ayuda considerable del MI6 para su creación.

Pero esto no fue un éxito, y en 1951 Sir William Stephenson, del MI6, lo reestructuró en una sola unidad, como una rama del departamento político del Ministerio de Asuntos Exteriores israelí, con un grupo de operaciones especiales para el espionaje y las operaciones "negras". Los servicios de inteligencia británicos prestan apoyo adicional entrenando y equipando al Sarayet Maktal, también conocido como Unidad de Reconocimiento del Estado Mayor, que sigue el modelo del Servicio Aéreo Especial británico (SAS). Esta unidad de servicio del MOSSAD nunca se menciona por su nombre y se conoce simplemente como "Los chicos".

Los "Guys" no son más que una prolongación de la unidad SAS del servicio secreto británico, que los entrena y actualiza constantemente en nuevos métodos. Fueron los tipos que mataron a los líderes de la OLP y secuestraron a Adolph Eichmann. "The Guys" y de hecho TODOS los agentes del MOSSAD, operan en pie de guerra. El MOSSAD tiene una ventaja considerable sobre otros servicios de inteligencia porque todos los países del mundo tienen una gran comunidad judía.

Mediante el estudio de los antecedentes sociales y penales, el MOSSAD es capaz de seleccionar agentes entre los judíos locales sobre los que puede ejercer un control y hacerlos trabajar para él sin pagarles. La MOSSAD también tiene la ventaja de tener acceso a los registros de todas las fuerzas de seguridad y agencias de inteligencia estadounidenses. La Oficina de Inteligencia Naval (OM) ELINT proporciona servicios al Mossad sin coste alguno para Israel. Los ciudadanos de Estados Unidos estarían sorprendidos, enfadados y consternados si alguna vez se descubriera todo lo que el Mossad sabe sobre la vida de millones de estadounidenses, en todos los ámbitos, incluso los que no son políticos.

El primer jefe del MOSSAD, Reuben Shiloach, fue nombrado miembro del Comité de los 300, pero no se sabe si su sucesor gozó del mismo privilegio. Es muy probable que lo haya hecho. El MOSSAD tiene un inteligente departamento de desinformación. La cantidad de desinformación que proporciona al "mercado" estadounidense es vergonzosa, pero lo que es aún más vergonzoso es la forma en que se traga, con anzuelo, línea y plomada, y todo.

Lo que realmente estamos presenciando en el microcosmos del MOSSAD es el alcance del control ejercido por los "olímpicos" a través de la inteligencia, el entretenimiento, la publicación, las encuestas de opinión y los medios de comunicación televisivos a escala mundial. Ted Turner obtuvo recientemente un puesto en el Comité de los 300 en reconocimiento a sus programas de "noticias" (de fabricación) en la CNN. El Comité tiene el poder y los medios para decirle a la gente de este mundo CUALQUIER COSA, y será creído por la gran mayoría.

Cada vez que un investigador tropieza con este sorprendente grupo de control central, se le compra con éxito o se le somete a una "formación especializada" en el Instituto Tavistock, tras lo cual se convierte en un colaborador más del tipo ficticio de James Bond, es decir, se le da la vuelta y se le recompensa bien. Si alguien como John F. Kennedy descubre la verdad sobre quién dirige los acontecimientos mundiales y no puede ser comprado, es asesinado.

En el caso de John F. Kennedy, el asesinato se llevó a cabo con gran publicidad y brutalidad para que sirviera de advertencia a los líderes mundiales para que no se salieran de la línea. El Papa Juan Pablo Ier fue asesinado discretamente por su cercanía al Comité de los 300 a través de los masones de la jerarquía vaticana. Su sucesor, el Papa Juan Pablo II, fue humillado públicamente para advertirle que cesara y desistiera, lo que hizo. Como veremos, algunos dirigentes del Vaticano forman parte del Comité de los 300.

Es fácil alejar a los investigadores serios de la pista del Comité de los 300, ya que el MI6 británico (SIS) promueve una gran variedad de locuras, como la Nueva Era, el yoga, el budismo zen, la brujería, el sacerdocio de Apolo de Delfos (Aristóteles fue miembro) y cientos de pequeños "cultos" de todo tipo. Un grupo de oficiales de inteligencia británicos "retirados" que siguieron la pista apodaron a la jerarquía de los conspiradores "Fuerza X" y afirmaron que contaba con un superservicio de inteligencia que corrompía al KGB, a la inteligencia del Vaticano, a la CIA, a la ONI, a la DGSE, a la inteligencia militar estadounidense, a la inteligencia del Departamento de Estado e incluso a la más secreta de todas las agencias de inteligencia estadounidenses, la Oficina de Reconocimiento Nacional.

La existencia de la Oficina Nacional de Reconocimiento (NRO) sólo era conocida por un puñado de personas ajenas al Comité de los 300, hasta que Truman la descubrió por casualidad. Churchill participó en la creación de la NRO y, al parecer, se puso furioso cuando Truman descubrió su existencia. Churchill, más que cualquier otro servidor del Comité de los 300, consideraba a Truman, su pequeño hombre de la Independencia, "sin independencia alguna". Esto se refería al hecho de que cada movimiento de Truman estaba controlado por la masonería. Incluso hoy en día, el presupuesto anual de la NRO no es conocido por el Congreso de los Estados Unidos, y sólo rinde cuentas a unos pocos miembros del Congreso. Pero es una criatura del Comité de los 300, al que se envían regularmente sus informes cada hora.

Así pues, los expolios ficticios que se observan en las distintas ramas y brazos de control del Comité estaban destinados a desviar las sospechas de la Comisión.

Pero nunca debemos dudar de que la realidad existe. Tomemos otro ejemplo de lo que quiero decir: el libro El *día del chacal*, del que se creó una película de gran éxito. Los acontecimientos del libro son reales. Aunque, por razones obvias, se han cambiado los nombres de algunos de los actores y las localizaciones, la idea central de la historia, que un solo agente del MI6 fue el responsable de deshacerse del general Charles de Gaulle, es absolutamente correcta. El general De Gaulle se había vuelto ingobernable, negándose a cooperar con el Comité -cuya existencia conocía bien, pues había sido invitado a formar parte de él- y esta negativa culminó con la retirada de Francia de la OTAN y el inicio inmediato de la construcción de su propia fuerza nuclear, la "force de frappe".

Esto hizo peligrar tanto al Comité que se ordenó el asesinato de De Gaulle. Pero los servicios secretos franceses lograron interceptar los planes del "Chacal" y proteger a De Gaulle. Teniendo en cuenta el historial del MI6, que es el principal recurso de inteligencia del Comité de los 300, el trabajo realizado por los servicios de inteligencia franceses es un milagro.

Los orígenes del MI6 se remontan a Sir Francis Walsingham, el estratega de la reina Isabel I para las operaciones encubiertas. Durante cientos de años, el MI6 ha establecido un récord que ninguna otra agencia de inteligencia puede igualar. Los agentes del MI6 han recogido información de todos los rincones del mundo y han llevado a cabo operaciones encubiertas que asombrarían incluso a los más entendidos si se hicieran públicas, por lo que está considerado como el principal servicio del Comité de los 300.

Oficialmente, el MI6 no existe, su presupuesto procede de las arcas de la Reina y de "fondos privados", y se dice que ronda los 350-500 millones de dólares al año, pero nadie sabe a ciencia cierta cuánto. En su forma actual, el MI6 se remonta a 1911, cuando estaba dirigido por Sir Mansfield Cumming, un capitán de la Marina Real, que siempre se identificaba con la letra "C", de la que deriva el nombre "M" en la serie de James Bond.

No existe un registro oficial de los fracasos y éxitos del MI6, es un secreto, aunque los desastres de Burgess-Maclean-Blake-Blunt han hecho mella en la moral del MI6. A diferencia de otros servicios, los futuros miembros son reclutados en universidades y otros ámbitos de aprendizaje por "cazadores de talentos" altamente cualificados, como vimos en el caso de los becarios Rhodes incorporados a la Mesa Redonda. Uno de los requisitos es la capacidad de hablar lenguas extranjeras. Los candidatos se someten a un riguroso "entrenamiento".

Con el apoyo de una fuerza tan formidable, el Comité de los 300 no ha temido ser desenmascarado durante décadas. Lo que hace que el Comité sea intocable es su increíble secretismo. Ningún medio de comunicación ha mencionado nunca esta jerarquía conspirativa, así que, como es de esperar, la gente duda de su existencia.

La estructura del Comité

El Comité de los 300 está en gran medida bajo el control del monarca británico, en este caso Isabel II. Se cree que la reina Victoria era lo suficientemente paranoica como para mantener el secreto y se esforzó por ocultar los escritos masónicos dejados en la escena de los asesinatos de "Jack el Destripador", que aludían a los vínculos del Comité de los 300 con "experimentos" realizados por un miembro de la familia que también era un alto miembro del Rito Escocés de la Masonería. El Comité de los 300 está formado por miembros de la aristocracia británica que tienen intereses y socios en todos los países del mundo, incluida la URSS.

La estructura del comité es la siguiente:

El Instituto Tavistock de la Universidad de Sussex y las sedes de Londres son propiedad y están controladas por el Royal Institute for International Affairs cuyo "hofjuden" en Estados Unidos es Henry Kissinger. El EAGLE STAR GROUP, que cambió su nombre por el de STAR GROUP tras el final de la Segunda Guerra Mundial, está formado por un grupo de grandes empresas internacionales que se dedican a campos que se solapan y se interrelacionan: (1) los seguros (2) la banca (3) el sector inmobiliario (4) el entretenimiento (5) la alta tecnología, incluyendo la cibernética, las comunicaciones electrónicas, etc.

El sector bancario, aunque no es el pilar principal, es de vital importancia, sobre todo en las zonas en las que los bancos sirven de cámaras de compensación y centros de blanqueo de dinero procedente de la droga. Los principales "grandes bancos" son el Banco de Inglaterra, la Reserva Federal, el Banco de Pagos Internacionales, el Banco Mundial y el Banco de Hong Kong y Shanghai. El Banco American Express es una forma de reciclar el dinero de la droga. Cada uno de estos bancos está afiliado y/o controla cientos de miles de bancos grandes y pequeños en todo el mundo.

Miles de bancos, grandes y pequeños, forman parte de la red del Comité de los 300, entre los que se encuentran Banca Commerciale d'Italia, Banca Privata, Banco Ambrosiano (Roberto Calvi - leer *In God's Name* de David Yallop), Netherlands Bank, Barclays Bank, Banco del Colombia, Banco de Iberoamérica. Resulta especialmente interesante la Banca del la Svizzeria Italiana (BSI), que gestiona las inversiones de capital de fuga hacia y desde Estados Unidos -principalmente en dólares y bonos estadounidenses-, situada y aislada en la ciudad "neutral" de Lugano, centro del capital concentrado de la nobleza negra veneciana. Lugano no está ni en Italia ni en Suiza, y es una especie de zona gris para operaciones dudosas de desvío de capitales. George Ball, que posee un importante paquete de acciones de BSI, es un importante "insider" y representante del banco en Estados Unidos.

BCCI, BNL, Banco Mercantil de México, Banco Nacional de Panamá, Bangkok Metropolitan Bank, Bank Leumi, Bank Hapoalim, Standard Bank, Bank of Geneva, Bank of Ireland, Bank of Scotland, Bank of Montreal, Bank of Nova Scotia, Bank of Paris and the Netherlands, British Bank of the Middle-East y Royal Bank of Canada, por citar sólo algunos de los bancos "especializados".

Los Oppenheimers de Sudáfrica son unos "pesos pesados" mucho mayores que los Rockefeller. Por ejemplo, en 1981 Harry Oppenheimer, presidente del gigante Anglo American Corporation, que controla la extracción, venta y distribución de oro y diamantes en todo el mundo, dijo que estaba a punto de entrar en el mercado bancario norteamericano. Oppenheimer se ha apresurado a invertir 10.000 millones de dólares en una sociedad instrumental creada para comprar los principales bancos de Estados Unidos, entre ellos Citicorp. El vehículo de inversión de Oppenheimer se llama Minorco y tiene su sede en las Bermudas, una reserva de la familia real británica. En el consejo de administración de Minorco estaban Walter Wriston, de Citicorp, y Robert Clare, su principal asesor jurídico.

La única otra empresa que rivalizaba con Oppenheimer en metales preciosos y minerales era Consolidated Gold Fields de Sudáfrica, pero Oppenheimer tomó el control con una participación del 28%, el mayor accionista individual. Como resultado, el oro, los diamantes, el platino, el titanio, la tantalita, el cobre, el mineral de hierro, el uranio y el uranio fueron adquiridos por Oppenheimer.

Otros 52 metales y minerales, muchos de los cuales tienen un valor estratégico absolutamente vital para Estados Unidos, han pasado a manos del Comité de los 300.

De este modo, la visión de uno de los primeros miembros sudafricanos del Comité de los 300, Cecil John Rhodes, se hizo plenamente realidad; una visión que comenzó con el derramamiento de la sangre de miles y miles de granjeros blancos y sus familias en Sudáfrica, conocidos por la historia como los "bóers". Mientras Estados Unidos, al igual que el resto del mundo, se quedaba de brazos cruzados, esta pequeña nación era sometida a la guerra de genocidio más despiadada de la historia. Los Estados Unidos serán sometidos al mismo tratamiento por el Comité de los 300 cuando llegue nuestro turno, y llegará pronto.

Las compañías de seguros desempeñan un papel fundamental en las actividades del Comité de los 300, entre las que se encuentran las principales compañías de seguros, como Assicurazioni Generali de Venecia y Riunione Adriatica di Sicurta, la mayor y la segunda compañía de seguros del mundo, que mantienen sus cuentas bancarias en el Banco de Pagos Internacionales en francos suizos. Ambos controlan una multiplicidad de bancos de inversión cuyo volumen de negocio en acciones en Wall Street duplica el de los inversores estadounidenses.

Entre los miembros del consejo de administración de estos dos gigantes de los seguros se encuentran los miembros del Comité de los 300: La familia Giustiniani, la nobleza negra de Roma y Venecia, cuyo linaje se remonta al emperador Justiano; Sir Jocelyn Hambro, del Banco Hambros (Mercantil); Pierpaolo Luzzatti Fequiz, cuyo linaje se remonta seis siglos atrás al más antiguo Luzzato, la nobleza negra de Venecia, y Umberto Ortolani, de la antigua familia de la nobleza negra del mismo nombre.

Otros miembros de la antigua nobleza negra veneciana del Comité de los 300 y miembros del consejo de administración de la ASG y la RAS son la familia Doria, los financieros de los Habsburgo españoles, Élie de Rothschild de la rama francesa de la familia Rothschild, el barón August von Finck (Finck, el segundo hombre más rico de Alemania ya ha fallecido), Franco Orsini Bonacassi, de la antigua nobleza negra de los Orsini, cuyo linaje se remonta a un antiguo senador romano del mismo nombre, los Alba, cuyo linaje se remonta al Gran Duque de Alba, y el barón Pierre Lambert, primo de la familia belga Rothschild.

Las empresas británicas controladas por la familia real británica son Eagle Star, Prudential Assurance Company, Prudential Insurance Company, que poseen y controlan la mayoría de las aseguradoras estadounidenses, incluida Allstate Insurance. A la cabeza de la lista se encuentra Eagle Star, probablemente el "frente" más poderoso del Sexto

Departamento de Inteligencia Militar (MI6). Eagle Star, aunque no es tan importante como Assicurazioni Generale, es quizás igual de importante simplemente porque es propiedad de miembros de la familia de la Reina de Inglaterra y, como jefe titular del Comité de los 300, Eagle Star tiene un gran impacto. Eagle Star es algo más que una importante "tapadera" del MI6, también es una "tapadera" de los principales bancos británicos, entre ellos Hill-Samuels, N. M. Rothschild and Sons (uno de los "fijadores" del precio del oro que se reúnen a diario en Londres), y Barclays Bank (uno de los patrocinadores del Congreso Nacional Africano-ANC). Se puede afirmar con un alto grado de precisión que las familias oligárquicas británicas más poderosas crearon Eagle Star como vehículo de "operaciones negras" contra quienes se oponen a las políticas del Comité de los 300.

A diferencia de la CIA, el nombramiento de funcionarios del MI6 es un delito grave según la legislación británica. Por lo tanto, la siguiente es sólo una lista parcial de los "altos funcionarios" del MI6 que son (o fueron) también miembros del Comité de los 300:

- Lord Hartley Shawcross.
- Sir Brian Edward Mountain.
- Sir Kenneth Keith.
- Sir Kenneth Strong.
- Sir William Stephenson.
- Sir William Wiseman.

Todos ellos están (o estaban) muy implicados en las actividades clave del Comité de 300 empresas que interactúan con miles de empresas dedicadas a todas las ramas de la actividad empresarial, como veremos.

Entre ellas, Rank Organisation, Xerox Corporation, ITT, IBM, RCA, CBS, NBC, BBC y CBC en comunicaciones, Raytheon, Textron, Bendix, Atlantic Richfield, British Petroleum, Royal Dutch Shell, Marine Midland Bank, Lehman Brothers, Kuhn Loeb, General Electric, Westinghouse Corporation, United Fruit Company y muchas otras.

El MI6 dirigía muchas de estas empresas a través de los servicios de inteligencia británicos destacados en el edificio de la RCA en Nueva York, que era la sede de su director general, Sir William Stephenson. La Radio Corporation of America (RCA) fue creada por G.E., Westinghouse, Morgan Guarantee and Trust (en nombre de la Corona británica) y United Fruit en 1919 como centro de inteligencia británico. El primer presidente de la RCA fue Owen Young, de J.P. Morgan, que dio nombre al plan Young. En 1929, David Sarnoff fue nombrado director de la RCA. Sarnoff había sido asistente de Young en la Conferencia de Paz de París de 1919, donde una Alemania caída fue apuñalada por la espalda por los "aliados" victoriosos.

Una red de bancos y casas de bolsa de Wall Street se encarga del mercado de valores para el Comité, y entre los más importantes están Blyth, Eastman Dillon, los Grupos Morgan, Lazard Frères y Kuhn Loeb Rhodes. En Wall Street no ocurría nada que no estuviera controlado por el Banco de Inglaterra, cuyas instrucciones eran transmitidas por los grupos Morgan y luego puestas en práctica por las principales casas de bolsa, cuyos altos ejecutivos eran los responsables últimos de llevar a cabo las directivas del Comité.

Antes de sobrepasar los límites fijados por Morgan Guarantee, Drexel Burnham Lambert era uno de los favoritos del Comité de los 300, y en 1981 casi todas las grandes casas de bolsa de Wall Street se habían vendido al Comité, con la fusión de Phibro con Salomon Brothers. Phibro es el brazo comercial de los Oppenheimers de la Anglo American Corporation. A través de este mecanismo de control, el Comité de los 300 se asegura de que sus miembros y sus empresas de comercio a distancia realicen sus inversiones en Wall Street al doble de los inversores extranjeros "legos".

Recuerde que algunas de las familias más ricas del mundo viven en Europa, por lo que es natural que tengan una preponderancia de miembros en el Comité. La familia Von Thurn and Taxis, que en su día fue propietaria de la franquicia postal alemana, hace que David Rockefeller parezca un pariente muy pobre. La dinastía Von Thurn und Taxis se remonta a 300 años atrás y los miembros de esta familia han ocupado puestos en el Comité generación tras generación y siguen estando presentes en la actualidad. Ya hemos mencionado a varios de los miembros más acaudalados de la nobleza de Von Thurn en el Comité de los 300 y se añadirán más nombres a medida que los conozcamos en sus distintos ámbitos de actividad. A continuación incluiremos a algunos de los miembros estadounidenses del Comité de los 300 e intentaremos rastrear sus afiliaciones y vínculos con la Corona británica.

¿Cómo se pueden verificar estos hechos? Algunos de ellos no pueden verificarse con precisión porque la información procede directamente de los archivos de inteligencia, pero con mucho trabajo hay muchas fuentes que pueden verificar al menos algunos de los hechos. Este trabajo implicaría una investigación diligente en el libro de referencia de empresas de Dun and Bradstreet, Standard and Poors, el "Who's Who" británico y americano, con largas horas de trabajo para cotejar los nombres con sus afiliaciones corporativas.

El Comité, compuesto por 300 empresas, bancos y compañías de seguros, opera bajo un mando unificado que abarca todos los aspectos imaginables de la estrategia y la acción cohesiva. El Comité es la ÚNICA jerarquía de poder organizada en el mundo que trasciende a todos los gobiernos e individuos, por muy poderosos y seguros que se sientan. Abarca las finanzas, las cuestiones de defensa y los partidos políticos de todos los colores y tipos.

No hay entidad que el Comité no pueda alcanzar y controlar, y eso incluye a las religiones organizadas del mundo. Así es el todopoderoso GRUPO OLIMPICO cuya base de poder está en Londres y en los centros financieros de la City londinense, con su dominio sobre los minerales, metales y gemas, la cocaína, el opio y las drogas, los banqueros rentistas-financieros, los promotores de cultos y los fundadores de la música rock. La Corona Británica es el punto de control desde el que todo irradia. Como dice el refrán, "tienen un dedo en cada pastel".

Está claro que el campo de las comunicaciones está muy controlado. Volviendo a la RCA, nos encontramos con que su dirección está formada por figuras del establishment británico-estadounidense que destacan en otras organizaciones como el CFR, la OTAN, el Club de Roma, la Comisión Trilateral, la Masonería, Skull and Bones, los Bilderbergers, la Mesa Redonda, la Sociedad Milner y la Sociedad Jesuita-Aristóteles. Entre ellos, David Sarnoff se trasladó a Londres al mismo tiempo que Sir William Stephenson se trasladó al edificio de la RCA en Nueva York.

Las tres principales cadenas de televisión surgieron de la RCA, en particular la National Broadcasting Company (NBC), que fue la primera, seguida de cerca por la American Broadcasting Company (ABC) en 1951. La tercera gran cadena de televisión era Columbia Broadcasting System (CBS) que, al igual que sus empresas hermanas, estaba, y sigue estando, dominada por el servicio secreto británico. William Paley se formó en técnicas de lavado de cerebro masivo en el Instituto Tavistock antes de considerarse cualificado para dirigir la CBS. Así que, por si nosotros, los ciudadanos de Estados Unidos, no lo sabíamos, todas nuestras principales cadenas de televisión están sometidas a la vigilancia británica, y la información que proporcionan va primero a Londres para su autorización. Es interesante señalar que el documento de inteligencia Tavistock escrito por el Instituto de Investigación de Stanford, comúnmente conocido como "La Conspiración de Acuario" fue financiado por donaciones de las tres principales cadenas de televisión.

Las tres principales redes están representadas en el Comité de los 300 y están afiliadas al gigante de la comunicación de masas, Xerox Corporation de Rochester, Nueva York, del que Robert M. Beck ocupa un puesto en el Comité. Beck también es director de Prudential Life Insurance Company, que es una filial de London Prudential Assurance Company Limited.

Otros miembros de la junta directiva de Xerox son Howard Clark, de la compañía American Express, uno de los principales canales de transferencia de dinero del narcotráfico a través de cheques de viaje, William Simon, ex secretario del Tesoro, y Sol Linowitz, que negoció los tratados del Canal de Panamá para el Comité. Linowitz es importante para el Comité por su larga experiencia en el blanqueo de dinero procedente del narcotráfico a través de Marine Midland y del Hong Kong and Shanghai Bank.

Otro miembro de la junta directiva de Xerox es Robert Sproull, que es de verdadero interés porque, como presidente de la Universidad de Rochester, permitió que el Instituto Tavistock, a través de la CIA, utilizara las instalaciones de la universidad para los experimentos MK-Ultra con LSD, que duraron 20 años. Otras 85 universidades de EE.UU. también permitieron el uso de sus instalaciones de esta manera. Por muy grande que sea Xerox, se ve empequeñecida por la Rank Organisation, un conglomerado con sede en Londres controlado en su totalidad por miembros de la familia inmediata de la reina Isabel.

Los miembros destacados del Consejo de Administración de Rank Organisation que también son miembros del Comité de los 300 son

Lord Helsby, presidente del Midland Bank, la cámara de compensación del dinero de la droga. Otros cargos de Helsby son los de director del gigante Imperial Group y de la Industrial and Commercial Finance Corporation.

Sir Arnold France, director de Tube Investments, que gestiona el servicio de metro de Londres. Francia es también un director del BANCO DE INGLATERRA que tiene tanto control sobre los Bancos de la Reserva Federal.

Sir Dennis Mountain, presidente del poderoso grupo Eagle Star y director de English Property Corp, una de las empresas financieras y de rentas vitalicias de la familia real británica. Uno de estos miembros es el Honorable Angus Ogilvie, "Príncipe de las Compañías", que está casado con Su Alteza Real la Princesa Alexandria, hermana del Duque de Kent, jefe del Rito Escocés de la Francmasonería y que sustituye a la Reina cuando está fuera de Gran Bretaña. Ogilvie es director del Banco de Inglaterra y presidente del gigantesco conglomerado LONRHO. Fue la LONRHO la que acabó con el gobierno de Ian Smith en Rodesia, para que pudiera ser sustituido por Robert Mugabe. Lo que estaba en juego eran las minas de cromo de Rodesia, que producen el mejor mineral de cromo de alta calidad del mundo.

Cyril Hamilton, presidente del Standard and Chartered Bank (el antiguo banco de Lord Milner-Cecil Rhodes) y miembro del consejo del Banco de Inglaterra. Hamilton es también director de la Xerox Corporation, la Malta International Banking Corporation (un banco de los Caballeros de Malta), director del Standard Bank de Sudáfrica -el mayor banco de ese país- y director del Belgian Bank of Africa.

Lord O'Brien de Lotherby, ex presidente de la Asociación de Banqueros Británicos, director de Morgan Grenfell -un poderoso banco-, director de Prudential Assurance, director de J. P. Morgan, director del Banco de Inglaterra, miembro del consejo del Banco de Pagos Internacionales, director del gigantesco conglomerado Unilever.

Sir Reay Geddes, presidente de los gigantes de los neumáticos Dunlop y Pirelli, director de los bancos Midland e International, director del Banco de Inglaterra. Obsérvese cómo muchos de estos poderosos hombres son directores del Banco de Inglaterra, lo que facilita el control de las políticas fiscales estadounidenses.

Muchas de estas organizaciones e instituciones, empresas y bancos están tan entrelazados y son tan interdependientes que es casi imposible desentrañarlos. En el consejo de administración de la RCA se encuentra Thornton Bradshaw, presidente de Atlantic Richfield y miembro de la OTAN, el Fondo Mundial para la Naturaleza, el Club de Roma, el Instituto Aspen de Estudios Humanísticos y el Consejo de Relaciones Exteriores. Bradshaw es también presidente de la NBC. La función más importante de RCA sigue siendo su servicio a la inteligencia británica.

No se sabe en general la importancia que tuvo el Comité de los 300 en la detención de la investigación de la CIA, que el senador McCarthy casi consiguió poner en marcha. Si McCarthy hubiera tenido éxito, es muy probable que el presidente John F. Kennedy siguiera vivo hoy.

Cuando McCarthy anunció que iba a citar a William Bundy para que compareciera ante su comisión de investigación, el pánico se extendió a Washington y Londres. Si Bundy hubiera sido llamado a declarar, lo más probable es que se hubiera derrumbado y hubiera abierto la puerta a la "relación especial" que existía entre los círculos oligárquicos británicos y sus primos en el gobierno estadounidense.

Esta posibilidad no se podía contemplar. El Real Instituto de Asuntos Internacionales fue llamado para poner fin a McCarthy. La RIIA eligió a Allen Dulles, un hombre totalmente enamorado de la decadente sociedad británica, para atacar de frente a McCarthy. Dulles nombró a Patrick Lyman y Richard Helms para llevar el caso McCarthy. Más tarde, Helms fue recompensado por sus servicios contra McCarthy al ser nombrado jefe de la CIA.

El general Mark Clark, miembro del CFR y una figura militar muy popular en los círculos londinenses, fue nombrado por el general Eisenhower para defenderse del ataque a gran escala de McCarthy contra la CIA. McCarthy se adelantó cuando Clark anunció que se iba a nombrar un comité especial para revisar la agencia. Clark, siguiendo las instrucciones de la RIIA, recomendó la creación de un comité de supervisión del Congreso para "revisar periódicamente el trabajo de las agencias de inteligencia del gobierno". Todo esto fue una gran tragedia para Estados Unidos y una victoria para los británicos, que temían que McCarthy tropezara accidentalmente con el Comité de los 300 y su control sobre todos los aspectos de los asuntos estadounidenses.

El antiguo presidente de Lehman Brothers-Kuhn Loeb, Peter G. Peterson, sirvió a las órdenes del antiguo jefe del MI6, Sir William Wiseman, por lo que no era ajeno a la realeza británica. Peterson está vinculado al Instituto Aspen, otra rama del servicio secreto británico.

John R. Petty es el presidente del Marine Midland Bank, un banco con vínculos establecidos con el tráfico de drogas mucho antes de que fuera adquirido por el Hong Kong and Shanghai Bank, probablemente el banco líder en el comercio de opio, posición que ocupa desde 1814.

Pero la mejor prueba que puedo ofrecer de la existencia del Comité de los 300 es la organización Rank que, junto con Eagle Star, es la Corona Británica. También es el centro de operaciones negras del MI6 (SIS). Entre todos, este Comité de 300 empresas controla el Dominio de Su Majestad de Canadá, utilizando a la familia Bronfman, "hofjuden", para cumplir sus órdenes.

Trizec Holdings, aparentemente propiedad de la familia Bronfman, es en realidad el principal activo de la Reina de Inglaterra en Canadá. Todo el comercio de opio en el sudeste asiático está vinculado al imperio Bronfman y es una de las formas de llevar la heroína a América. En cierto sentido, Canadá es como Suiza: paisajes nevados y prístinos, grandes ciudades, un lugar de gran belleza, pero bajo él se esconde una profunda capa de mugre y suciedad por su enorme tráfico de heroína.

La familia Bronfman son "siluetas", lo que el MI6 llama "hombres de paja" controlados desde Londres por los "deskmen" del MI6[23], la jerga de inteligencia para los controladores del cuartel general. Edgar Bronfman, el jefe de la familia, fue enviado en numerosas ocasiones al "Centro de Moscú", el nombre encubierto del cuartel general del KGB en el número 2 de la plaza Dzerzhinsk de Moscú.

A un nivel inferior, Bronfman fue probablemente muy útil como hombre de contacto con Moscú. Bronfman nunca fue un oficial contratado por el MI6 y, por tanto, nunca llevó el título de "Palabras", una palabra clave de inteligencia para la identificación mutua entre agentes, lo que supuso una gran decepción para el jefe de la familia Bronfman. En algún momento, cuando se pensó que algunos miembros de la familia actuaban de forma sospechosa, se colocaron "observadores" -la jerga de los servicios de inteligencia que vigilan a las personas- sobre la familia Bronfman, sólo para descubrir que uno de los Bronfman se había jactado ante un "primo" estadounidense (el término utilizado por el MI6 para referirse a la CIA) que no conocía el papel de Edgar Bronfman. Esto se corrigió rápidamente.

Dos directores de Eagle Star, que también eran los dos principales agentes del MI6, se hicieron cargo de la familia Bronfman unos seis meses después del final de la guerra. Sir Kenneth Keith y Sir Kenneth Strong, a quienes ya hemos conocido, legitimaron a la familia Bronfman creando Trizec Holdings. No hay nadie en el mundo que pueda hacer un mejor trabajo de "fachada", a través de las empresas, que el MI6...

Sin embargo, al igual que Suiza, Canadá tiene un lado sucio que ha sido bien ocultado por el Comité de los 300 bajo la apariencia de la Ley de Secretos Oficiales, un calco de la ley británica aprobada en 1913. Las drogas, el blanqueo de dinero, el crimen y el chantaje están cubiertos

---

[23] Funcionarios, NDT.

por esta infame ley.

Muchos desconocen que si se les acusa en virtud de la Ley de Secretos Oficiales, que los agentes de la Corona pueden interpretar a su antojo, se enfrentan a la pena de muerte. Como he dicho muchas veces desde 1980, Canadá no es una nación como Sudáfrica, Holanda o Bélgica; siempre ha estado y sigue estando atada a los hilos de la Reina de Inglaterra. Canadá, según se ve, es siempre el primero en cumplir los deseos de la Reina Isabel. Las tropas canadienses han participado en todas las guerras de Su Majestad, incluida la Guerra de los Bóers (1899-1903).

Al igual que su homólogo estadounidense, el Instituto Canadiense de Asuntos Internacionales es hijo del Real Instituto de Asuntos Internacionales (RIIA) y dirige la política canadiense. Sus miembros han ocupado el cargo de Secretario de Estado desde su fundación en 1925. El Instituto de Relaciones con el Pacífico, la organización que promovió el ataque a Pearl Harbour, fue acogido en Canadá después de que Owen Lattimore y sus colegas fueran desenmascarados por sus actividades de traición en 1947 y abandonaran Estados Unidos antes de que pudieran ser acusados.

El Instituto Canadiense de Asuntos Internacionales está vinculado a la organización Rank a través de Sir Kenneth Strong, que fue jefe adjunto del MI6 al final de la Segunda Guerra Mundial. Como miembro de la Orden de San Juan de Jerusalén, Strong es el número dos de Canadá para los intereses comerciales de Rank y la Corona británica. Forma parte del consejo de administración del Bank of Nova Scotia, uno de los bancos de la droga más prolíficos del mundo después de los de Hong Kong y Shangai, a través del cual fluyen las ganancias del tráfico de heroína en Canadá.

El primero en la fila es Sir Brian Edward Mountain, el miembro más antiguo de los Caballeros de San Juan de Jerusalén. Cabe recordar que cuando la Corona británica quiso que Estados Unidos entrara en la Segunda Guerra Mundial, envió a Lord Beaverbrook y a Sir Brian Mountain a reunirse con el presidente Roosevelt para transmitirle las órdenes de la Corona en este sentido. Roosevelt cumplió con la orden de que la Armada estadounidense operara desde una base en Groenlandia, desde donde se habían realizado ataques a submarinos alemanes nueve meses antes de Pearl Harbour. Esto se hizo sin el conocimiento ni el consentimiento del Congreso.

Otro nombre importante en la interfaz Rank-Canadá era Sir Kenneth

Keith, director del equivalente canadiense del Banco de Hong Kong y Shangai, el Banco de Nueva Escocia, que estaba implicado en el blanqueo de dinero de la droga. También formó parte del consejo de administración de la institución periodística más antigua y venerable de Gran Bretaña, el *London Times* y el *Sunday Times*. Durante más de 100 años, The *Times ha sido la* voz de la Corona en materia de asuntos exteriores, financieros y políticos en Inglaterra.

Como tantos miembros del Comité de los 300, Sir Kenneth se movía entre el MI6 y la cadena de suministro de opio, la cadena de mando en Hong Kong y China, aparentemente en nombre del Instituto Canadiense de Asuntos Internacionales, del que era miembro. Además, como director de la casa bancaria Hill Samuel, su presencia en China y Hong Kong podría explicarse fácilmente. Uno de sus más estrechos colaboradores fuera de los círculos del MI6 era Sir Philip de Zuleta, controlador directo de todos los primeros ministros británicos, tanto conservadores como laboristas, por el Comité de los 300. Sir Kenneth Strong vinculaba todos los radios de la rueda de la droga, incluidos el terrorismo, la producción de opio, los mercados del oro, el blanqueo de dinero y la banca a su núcleo central, la Corona británica.

En la cúspide del control de la Corona británica sobre Canadá está Walter Gordon. Antiguo miembro del Comité de Supervisión de la Reina, también conocido como Consejo Privado, Gordon patrocinó el Instituto de Relaciones del Pacífico a través del Instituto Canadiense de Asuntos Internacionales. Como antiguo Ministro de Finanzas, Gordon consiguió colocar un comité de 300 contables y abogados seleccionados en los tres principales bancos colegiados: el Bank of Nova Scotia, el Canadian Imperial Bank y el Toronto Dominion Bank.

A través de estos tres "Bancos de la Corona", una red de 300 agentes responsables ante Gordon supervisaba la segunda mayor operación de blanqueo de dinero y drogas del mundo, con una puerta de entrada directa a China. Antes de su muerte, Gordon controlaba a James Endicott, Chester Ronning y Paul Linn, identificados por el MI6 como los principales "especialistas en China" de Canadá. Los tres hombres trabajaron estrechamente con Chou-En-lai, que en una ocasión había dicho a Gamal Abdul Nasser que haría a Gran Bretaña y a Estados Unidos lo que ellos habían hecho a China: convertirlos en naciones adictas a la heroína. Chou-En-lai cumplió su promesa, empezando por los soldados estadounidenses en Vietnam. Otros estrechos colaboradores de la red canadiense de tráfico de heroína eran John D. Gilmer y John Robert Nicholson, ambos miembros de la Orden de los

Caballeros de San Juan de Jerusalén. Lord Hartley Shawcross, que se cree que depende directamente de la Reina Isabel II, formó parte del Consejo del Real Instituto de Asuntos Internacionales y fue rector de la Universidad de Sussex, sede del notorio Instituto Tavistock de Relaciones Humanas, que tiene amplias conexiones en Canadá.

En las operaciones de Rank en EE.UU., ninguna otra empresa ha tenido tanto éxito para Rank como el Grupo Corning, propietario de Metropolitan Life Insurance Company y New York Life Insurance Company. Comité de 300 miembros Amory Houghton y su hermano James Houghton han prestado durante mucho tiempo sus servicios a la Corona británica a través de las citadas compañías de seguros y de Corning Glass, Dow Corning y Corning International. Ambos forman parte de los consejos de administración de IBM y Citicorp. James Houghton es director del Instituto de Estudios Avanzados de Princeton, director de la Biblioteca J. Pierpont Morgan, un baluarte de la RIIA y del CFR, y también es director de la CBS.

Fueron los hermanos Houghton quienes donaron al Instituto Aspen de la Corona Británica cientos de acres conocidos como Wye Plantation en Maryland. El obispo de la Archidiócesis de la Iglesia Anglicana (Episcopal) de Boston también forma parte del consejo de administración de Corning Glass. Todo esto da al grupo su tan cacareado aire de respetabilidad, que los ejecutivos de las compañías de seguros deben llevar, y como veremos, además de James Houghton, Keith Funston y John Harper, ambos miembros del consejo de administración de Corning, dirigen la Metropolitan Life Insurance Company.

La MASIVA conexión en red y la interconexión de esta única unidad del Comité de los 300 nos dará una buena indicación del vasto poder de que dispone la jerarquía de conspiradores, ante la que se doblan todas las rodillas, incluida la del Presidente de los Estados Unidos, sea quien sea.

Lo que es importante señalar es cómo esta empresa estadounidense, una de cientos, está conectada con el Servicio Secreto Británico, Canadá, el Lejano Oriente y Sudáfrica, sin mencionar su red de funcionarios gubernamentales y ejecutivos corporativos que toca todos los aspectos de los negocios y la política estadounidenses.

Aunque la Metropolitan Life Insurance Company no es comparable con el gigante Assicurazioni Generale del Comité de los 300, no deja de ser un buen indicador de cómo el poder de los Houghton se extiende por todo el espectro empresarial en Estados Unidos y Canadá. Empezando por R. H. Macy (cuyos empleados ya no llevan claveles rojos en honor a la afiliación de la empresa con el comunismo), el Royal Bank of Canada, el National and Westminster Bank, Intertel (una virulenta y vil agencia de inteligencia privada), Canadian Pacific, The Reader's Digest, RCA, AT&T, Harvard Business School, W. R. Grace Shipping Company, Ralston Purina Company, U.S. Steel, Irving Trust, Consolidated Edison of New York y el ABC.

Otra empresa de éxito de Rank en Estados Unidos es Reliance Insurance Group. Como parte de la Encuesta Estratégica de Bombardeo, Reliance estableció la base estructural inicial para el lavado de cerebro, la formación de opinión, los sondeos, las encuestas y el análisis de sistemas utilizados por el Instituto Tavistock en Estados Unidos. La compañía de seguros Reliance, con sede en Filadelfia, creó la estructura corporativa para poner el Estudio de Bombardeo Estratégico en contra del pueblo de Estados Unidos, que, aunque no lo sabe, ha sido sometido a una salvaje guerra psicológica durante los últimos 45 años.

Uno de los actores clave en este asalto a EE.UU. fue David Bialkin, del bufete de abogados Wilkie, Farr y Gallagher, el Comité de los 300. Bialkin dirigió la Liga Antidifamación (ADL) durante muchos años. La ADL es una operación de inteligencia británica fundada en Estados Unidos por el MI6 y dirigida por Saul Steinberg y Eric Trist de Tavistock. Saul Steinberg es el representante y socio comercial en Estados Unidos de la familia Jacob de Rothschild de Londres.

La Reliance Corporation es la sede de Carl Lindner, que tomó el relevo de Eli Black cuando éste "cayó" desde una ventana en el piso 44 de un rascacielos de Nueva York. La empresa Reliance está conectada con la poderosa United Fruit Company de Boston y Nueva Orleans, dirigida por Max Fisber que, antes de que le robaran una oveja, era una figura muy conocida en los bajos fondos de Detroit. La United Fruit Company ha sido durante mucho tiempo un transportista de heroína y cocaína a Estados Unidos, gracias a la experiencia de Misbulam Riklis, de la Rapid American Corporation, que organiza los envíos desde Canadá a Estados Unidos. Recuerde que todo esto está bajo el paraguas de una empresa, que está vinculada a una miríada de empresas y operaciones más pequeñas, para dar al Comité de los 300 un control total sobre una multitud de operaciones, cada una cuidadosamente integrada en la red.

Reliance Group es una escisión de la empresa matriz cuya función es lavar el cerebro del pueblo estadounidense a través de una red de investigadores y creadores de opinión y utiliza la investigación de operaciones para establecer vínculos directos con el Instituto Tavistock. Otra empresa asociada es Leasco, que está estrechamente relacionada con AT&T, Disclosure Incorporated, Western Union International, Imbucon Ltd y Yankelovich, Skelly and White.

Daniel Yankelovich es el emperador de la estructura corporativa de encuestas/opiniones en los Estados Unidos, un vasto aparato que proporciona "opiniones públicas sobre cuestiones sociales, económicas y políticas sustanciales", en palabras de Edward Bernays. Es este vasto aparato el que ha transformado a la mayoría de los estadounidenses, que nunca habían oído hablar de Saddam Hussein y sabían vagamente que Irak era un país en algún lugar de Oriente Medio, en un pueblo que aúlla por su sangre y por el exterminio de Irak como nación.

Yankelovich aprovechó al máximo todos los conocimientos que había adquirido durante la Segunda Guerra Mundial. Como guerrero de segunda generación, Yankelovich no tiene parangón, por lo que las encuestas de ABC, realizadas por su empresa, están siempre a la cabeza de la "opinión pública". El objetivo de la población estadounidense era el mismo que el de las viviendas de la clase obrera alemana, atacando el sentido de la realidad. Esta técnica es, por supuesto, un entrenamiento estándar para ciertos grupos de inteligencia, incluyendo la CIA.

La tarea de Yankelovich consistía en destruir los valores tradicionales estadounidenses y sustituirlos por los valores de la nueva era y la Era de Acuario. Como máximo responsable de la opinión pública del Comité de los 300, nadie puede dudar de que Yankelovich hizo un trabajo soberbio.

La mejor manera de explicar los métodos utilizados y los resultados esperados es probablemente citar el trabajo de John Naisbitt, explicado en su "Informe de tendencias". Naisbitt ha sido asesor de Lyndon Johnson, Eastman Kodak, IBM, American Express, el Centro de Estudios Políticos, Chase Manhattan, General Motors, Louis Harris Polls, la Casa Blanca, el Instituto de Seguros de Vida, la Cruz Roja Americana, Mobil Oil, B.P. y una serie de empresas e instituciones del Comité de los 300. Su metodología, derivada de los procedimientos Tavistock del MI6, no es, por supuesto, única:

> "Voy a presentar brevemente nuestra metodología. Para elaborar el informe de tendencias para nuestros clientes, nos basamos principalmente en un sistema de seguimiento de los acontecimientos y comportamientos locales. Estamos muy impresionados por la movilidad ascendente de esta empresa, por lo

que seguimos lo que sucede a nivel local, en lugar de lo que ocurre en Washington o Nueva York. Las cosas empiezan en Los Ángeles, Tampa, Hartford, Wichita, Portland, San Diego y Denver. Es una sociedad ascendente.

"El concepto de seguimiento utilizado para determinar estas tendencias tiene su origen en la Segunda Guerra Mundial. Durante la guerra, los expertos en inteligencia trataron de encontrar un método para obtener información sobre las naciones enemigas que las encuestas de opinión pública normalmente proporcionarían. Bajo la dirección de Paul Lazarsfeld y Harold Laswell, se desarrolló un método para seguir lo que ocurría en estas sociedades analizando el contenido de la prensa diaria.

"Mientras este método de vigilancia del pensamiento público sigue siendo la elección de la comunidad de inteligencia, la nación gasta millones de dólares cada año en el análisis del contenido de los periódicos en todas partes del mundo.

La razón por la que este sistema de seguimiento de los cambios en la sociedad funciona tan bien es que los "agujeros informativos" de los periódicos son un sistema cerrado. Por razones económicas, la cantidad de espacio dedicado a las noticias en un periódico no cambia con el tiempo.

"Así, cuando se introduce algo nuevo en este agujero de información, algo o alguna combinación de cosas debe salir o ser omitida. El principio en cuestión se clasifica como una elección forzada en un sistema cerrado. En esta situación forzada, las sociedades añaden nuevas preocupaciones y olvidan las antiguas. Llevamos la cuenta de los que se añaden y los que se eliminan.

"Obviamente, las sociedades son como los seres humanos. No sé cuál es el número, pero una persona sólo puede mantener un cierto número de problemas y preocupaciones en su cabeza en un momento dado. Si se añaden nuevos problemas o preocupaciones, algunos tienen que ser eliminados. Llevamos la cuenta de lo que los estadounidenses cedieron y lo que recuperaron.

"Estados Unidos está pasando rápidamente de una sociedad industrial de masas a una sociedad de la información, y el impacto final será más profundo que el cambio en el siglo XIX de una sociedad agrícola a una sociedad industrial. A partir de 1979, la ocupación número uno en Estados Unidos pasó a ser la de oficinista, sustituyendo a los trabajadores manuales y a los agricultores. En esta última afirmación se encuentra una breve historia de los

Estados Unidos".

No es casualidad que Naisbitt sea miembro del Club de Roma y, como tal, un alto funcionario del Comité de los 300, y un vicepresidente senior de Yankelovich, Skelly and White. Lo que hace Naisbitt no es predecir tendencias, sino HACERlas. Hemos visto cómo se ha destruido la base industrial de EEUU, empezando por la industria del acero. En 1982 escribí un libro titulado *Death of the Steel Industry (La muerte de la industria siderúrgica)*, en el que sostenía que a mediados de la década de 1990 la producción de acero en EE.UU. habrá disminuido hasta un punto sin retorno, y que las industrias del automóvil y de la vivienda seguirán su ejemplo.

Todo esto ha sucedido, y lo que estamos presenciando hoy (1992) es una recesión económica debida no sólo a políticas económicas erróneas, sino también a la destrucción deliberadamente planificada de nuestra base industrial - y con ella, la destrucción de la singular clase media estadounidense - la columna vertebral del país - que depende de la expansión industrial progresiva para el crecimiento y el empleo estable.

Esta es una de las razones por las que la recesión, que empezó en serio en enero de 1991, se convirtió en una depresión de la que Estados Unidos, tal y como la conocimos en los años 60 y 70, probablemente nunca volverá. La economía no saldrá de la depresión de 1991 hasta, al menos, 1995-96, momento en el que Estados Unidos se habrá convertido en una sociedad totalmente diferente a la que había al principio de la recesión. [24]

Los creadores de opinión desempeñaron un papel importante en esta guerra contra Estados Unidos; debemos examinar el papel del Comité de los 300 en la realización de estos profundos cambios y cómo los ingenieros sociales utilizaron el análisis de sistemas centrales para impedir que la opinión pública expresara algo distinto a las políticas del gobierno invisible. ¿Cómo y dónde empezó todo?

De los documentos relativos a la Primera Guerra Mundial que he podido recopilar y examinar en la Oficina de Guerra de Whitehall, en Londres, se desprende que el Real Instituto de Asuntos Internacionales recibió el encargo del Comité de los 300 de realizar un estudio sobre la manipulación de la información bélica. Esta tarea fue encomendada a

---

[24] La predicción del Dr. Coleman se ha hecho realidad. Fíjate en el comercio electrónico. N/A.

Lord Northcliffe, Lord Rothmere y Arnold Toynbee, que era el agente del MI6 en la RIIA. La familia de Lord Rothmere era propietaria de un periódico que se utilizaba para apoyar diversas posiciones del gobierno, por lo que se pensó que los medios de comunicación podrían cambiar la percepción del público, especialmente en las filas de la creciente oposición a la guerra.

El proyecto se alojó en la Casa Wellington, que lleva el nombre del Duque de Wellesly. Entre los expertos estadounidenses contratados para ayudar a Lords Rothmere y Northcliffe se encontraban Edward Bernays y Walter Lippmann. El grupo celebró sesiones de "lluvia de ideas" para desarrollar técnicas para movilizar a las masas para la guerra, en particular entre la clase obrera cuyos hijos se esperaba que fueran a los campos de batalla de Flandes en un número récord.

Utilizando el diario de Lord Rothmere, se probaron nuevas técnicas de manipulación y, tras un periodo de unos 6 meses, se comprobó que tenían éxito. Los investigadores descubrieron que sólo un grupo muy pequeño de personas comprendía el proceso de razonamiento y la capacidad de observar el problema en lugar de opinar sobre él. Según Lord Rothmere, esta es la forma en que el 87% de la población británica enfocó la guerra, y el mismo principio se aplica no sólo a la guerra, sino a cualquier problema imaginable de la sociedad en general.

De este modo, la irracionalidad se elevó a un alto nivel de conciencia pública. Los manipuladores aprovecharon entonces para socavar y distraer la atención del público de la realidad que rige cualquier situación, y cuanto más complejos se volvían los problemas de una sociedad industrial moderna, más fácil era proporcionar distracciones cada vez mayores, de modo que al final las opiniones absolutamente inconsecuentes de las masas, creadas por hábiles manipuladores, ocuparon el lugar de los hechos científicos.

Habiendo llegado literalmente a una conclusión tan profunda, los manipuladores la pusieron a prueba una tras otra durante la guerra, de modo que, a pesar de los cientos de miles de jóvenes británicos masacrados en los campos de batalla de Francia, no hubo prácticamente ninguna oposición a la sangrienta guerra. Los registros de la época muestran que en 1917, justo antes de que Estados Unidos entrara en la guerra, el 94% de la clase trabajadora británica que estaba soportando el peso de la guerra no tenía ni idea de por qué estaban luchando, aparte de la imagen creada por los medios de comunicación manipuladores de que los alemanes eran una raza horrible, empeñada en destruir a su monarca y a su país, y que debían ser borrados de la faz de la tierra.

Ciertamente nada ha cambiado, porque en 1991 tuvimos exactamente la misma situación creada por los medios de comunicación que permitió al presidente Bush violar descaradamente la Constitución al emprender una guerra genocida contra la nación de Irak con el pleno consentimiento del 87% del pueblo estadounidense. A Woodrow Wilson se le puede atribuir -si es que esa es la frase apropiada- el haberse subido al carro de los manipuladores de la opinión pública y haberlo utilizado para promover las causas que le susurraba al oído su controlador, el coronel House.

Siguiendo las instrucciones del presidente Wilson, o más bien del coronel House, se creó la Comisión Creel y, por lo que se puede comprobar, la Comisión Creel fue la primera organización de Estados Unidos que utilizó las técnicas y la metodología de las encuestas de la RIIA y la propaganda de masas. Los experimentos de guerra psicológica perfeccionados en Wellington House se utilizaron durante la Segunda Guerra Mundial con el mismo éxito, y se han utilizado continuamente en la guerra psicológica masiva contra los Estados Unidos que comenzó en 1946. Los métodos no han cambiado, sólo el objetivo. Ahora ya no son las viviendas de la clase trabajadora alemana, sino la clase media estadounidense la que está en el punto de mira.

Como suele ocurrir, los conspiradores no pudieron contener su alegría. Después de la Primera Guerra Mundial, concretamente en 1922, Lippmann detalló el trabajo realizado por el RIIA en un libro titulado "*OPINIÓN PÚBLICA*":

> "La opinión pública se ocupa de hechos indirectos, invisibles y confusos, y no hay nada evidente en ellos. Las situaciones a las que se refiere la opinión pública sólo se conocen como opiniones, las imágenes en la cabeza de los seres humanos, imágenes de sí mismos, de los demás, de sus necesidades, objetivos y relaciones, son sus opiniones públicas. Estas imágenes, sobre las que actúan grupos de personas o individuos que actúan en nombre de grupos, constituyen una OPINIÓN PÚBLICA con mayúsculas. La imagen interior en sus cabezas a menudo engaña a los hombres en sus relaciones con el mundo exterior".

No es de extrañar que Lippmann fuera elegido para hacer que el pueblo de Estados Unidos "amara" a los Beatles cuando llegaron a nuestras costas y se impusieron a un país desprevenido. Si a esto le añadimos la propaganda emitida día y noche por la radio y la televisión, los Beatles tardaron relativamente poco en hacerse "populares". La técnica de que las emisoras de radio reciban cientos de peticiones de música de los

Beatles por parte de oyentes imaginarios condujo a la creación de las listas y clasificaciones de los "10 principales", y luego a una escalada gradual hasta las "listas de los 40 principales" en 1992.

En 1928, el compatriota de Lippmann, Edward Bernays, escribió un libro titulado *Crystallising Public Opinion (Cristalización de la opinión pública)* y en 1928 se publicó un segundo libro suyo, titulado simplemente *PROPAGANDA*. En este libro, Bernays describe sus experiencias en Wellington House. Bernays era un amigo íntimo del maestro manipulador H.G. Wells, cuyas numerosas cuasi-novelas fueron utilizadas por Bernays para ayudarle a formular técnicas de control mental de masas.

Wells no se avergonzó de su papel de líder en el cambio de la sociedad de clase baja, sobre todo porque era muy amigo de los miembros de la familia real británica y pasaba mucho tiempo con algunos de los políticos más importantes de la época, hombres como Sir Edward Grey, Lord Haldane, Robert Cecil, de la familia judía Cecil, que controlaba la monarquía británica desde que un Cecil se había convertido en el secretario privado y amante de la reina Isabel I, Leo Amery, Halford Mackinder, del MI6 y más tarde director de la London School of Economics, cuyo alumno, Bruce Lockhart, se convertiría en el controlador del MI6 de Lenin y Trotsky durante la revolución bolchevique, e incluso el propio gran hombre, Lord Alfred Milner. Uno de los lugares favoritos de Wells era el prestigioso hotel St Ermins, lugar de reunión del Coefficient Club, un club al que sólo se admitían caballeros certificados y donde se reunían una vez al mes. Todos los hombres mencionados anteriormente eran miembros, así como miembros del Club de las Almas. Wells afirmaba que cualquier nación podía ser derrotada, no mediante la confrontación directa, sino comprendiendo la mente humana, lo que él llamaba "el fondo mental oculto tras la personalidad".

Con un apoyo tan poderoso, Bernays se sintió lo suficientemente seguro como para lanzar su *PROPAGANDA*:

> "A medida que la civilización se hace más compleja y se *demuestra cada vez más la necesidad de un gobierno invisible (el* subrayado es nuestro) se han inventado y desarrollado los medios técnicos *por los que se puede gobernar la opinión pública* (el subrayado es nuestro). Con la imprenta y los periódicos, el teléfono, el telégrafo, la radio y el avión, las ideas pueden difundirse rápidamente, incluso instantáneamente, por toda América."

Bernays todavía no había visto que la televisión, que iba a seguir, iba a hacer el trabajo mucho mejor.

> "La manipulación consciente e inteligente de los hábitos y opiniones organizadas de las masas es un elemento importante en una sociedad democrática. Los que manipulan este mecanismo invisible de la sociedad constituyen un GOBIERNO INVISIBLE QUE ES EL VERDADERO PODER GOBIERNO DE NUESTRO PAÍS".

Para apoyar su posición, Bernays cita el artículo de H. G. Wells en el *New York Times* en el que Wells apoya con entusiasmo la idea de que los medios de comunicación modernos "abren un nuevo mundo de procesos políticos que documentarán y sostendrán el propósito común contra la perversión y la traición" (del gobierno invisible).

Para continuar con las revelaciones contenidas en *PROPAGANDA* :

> "Somos gobernados, nuestras mentes moldeadas, nuestros gustos formados, nuestras ideas sugeridas, en gran parte por hombres de los que nunca hemos oído hablar. Sea cual sea la actitud que se adopte ante esta situación, el hecho es que en casi todos los actos de nuestra vida cotidiana, ya sea en la política o en los negocios, en nuestra conducta social o en nuestro pensamiento ético, estamos dominados por un número relativamente pequeño de personas, una fracción insignificante de nuestros ciento veinte millones (en 1928), que comprenden los procesos mentales y las pautas sociales de las masas. Son ellos los que tiran de los hilos que controlan la mente del público, y los que encauzan las viejas fuerzas sociales e inventan nuevas formas de atar y guiar el mundo."

Bernays no tuvo la audacia de decir al mundo quiénes son "ELLOS" que "mueven los hilos que controlan las mentes del público...", pero en este libro compensaremos su intencionado olvido revelando la existencia de ese "número relativamente pequeño de personas", el Comité de los 300. Bernays fue aplaudido por su trabajo por el CFR, cuyos miembros votaron para ponerlo al frente de la CBS. William Paley se convirtió en su "alumno" y acabó sustituyendo a Bernays, tras conocer a fondo la nueva ciencia de la creación de opinión pública, lo que convirtió a la CBS en líder en este campo, papel que la cadena de televisión y radio CBS nunca abandonó.

El control político y financiero de los "relativamente pocos", como los llamó Bernays, se ejerce a través de una serie de sociedades secretas, en particular el Rito Escocés de la Masonería, y quizás lo más importante, a través de la Orden Adoradora de los Caballeros de San Juan de Jerusalén, una antigua orden de oficiales elegidos a dedo por el monarca británico por su experiencia en áreas vitales para el control continuo del Comité.

En mi libro *La Orden de San Juan de Jerusalén*, publicado en 1986, describí la Orden como sigue

> "...No es, por tanto, una sociedad secreta, salvo cuando sus objetivos se han pervertido en los consejos internos, como la Orden de la Jarretera, que es una creación oligárquica prostituida de la Familia Real británica, que se burla de lo que representa la Soberana Orden de San Juan de Jerusalén.
>
> "Como ejemplo, encontramos al ateo Lord Peter Carrington, que dice ser un cristiano anglicano, pero es miembro de la Orden de Osiris y de otras sectas demoníacas, incluyendo la masonería, inducido como Caballero de la Jarretera en la Capilla de San Jorge, en el Castillo de Windsor, por Su Majestad, la Reina Isabel II de Inglaterra, de la Nobleza Guelfish Negra, también cabeza de la Iglesia Anglicana, a la que desprecia profundamente."

Carrington fue elegido por el Comité de los 300 para derrocar al gobierno de Rodesia, poner las riquezas minerales de Angola y el suroeste de África bajo el control de la City de Londres, destruir Argentina y convertir la OTAN en una organización política de izquierdas a sueldo del Comité de los 300.

Otra cara extraña que vemos ligada a la Sagrada Orden Cristiana de San Juan de Jerusalén, y uso la palabra extraña como se usa en el hebreo original del Antiguo Testamento para referirse al linaje de un individuo, es la del Mayor Louis Mortimer Bloomfield, el hombre que ayudó a planear el asesinato de John F. Kennedy. Vemos fotos de este "extraño" hombre que lleva con orgullo la Cruz de Malta, la misma cruz que llevan en la manga los Caballeros de la Jarretera.

Nos han lavado tanto el cerebro haciéndonos creer que la Familia Real Británica es una institución simpática, inofensiva y pintoresca, que no nos damos cuenta de lo corrupta y, por tanto, muy peligrosa que es esta institución llamada Monarquía Británica. Los Caballeros de la Jarretera son el círculo más íntimo de los funcionarios más corruptos que han traicionado totalmente la confianza depositada en ellos por su nación, su pueblo.

Los Caballeros de la Orden de la Jarretera son los jefes del Comité de los 300, el "Consejo Privado" de mayor confianza de la Reina Isabel II.

Cuando investigaba sobre la Orden de San Juan de Jerusalén hace algunos años, fui a Oxford a hablar con uno de los maestros, especialista en tradiciones británicas antiguas y modernas. Me dijo que los Caballeros de la Jarretera son el sancta sanctorum, la élite de la élite de la Muy Venerable Orden de San Juan de Jerusalén de Su Majestad. Permítanme decir que *no* es la orden original fundada por el verdadero guerrero cristiano, Peter Gerard, pero es típica de muchas buenas instituciones que son tomadas y destruidas desde dentro, mientras que *a* los no iniciados *les* parece la original.

Desde Oxford fui al Victoria and Albert Museum y tuve acceso a los papeles de Lord Palmerston, uno de los fundadores de la dinastía del opio en China. Palmerston, como tantos de su clase, no sólo era masón, sino también un devoto servidor del gnosticismo... Como la actual "familia real", Palmerston pretendía ser cristiano, pero en realidad era un servidor de Satanás. Muchos satanistas se convirtieron en gobernantes de la aristocracia británica e hicieron una fortuna con el comercio del opio en China.

En los documentos del museo que llevan el nombre de Victoria me enteré de que ella cambió el nombre de la Orden de San Juan de Jerusalén en 1885 para romper con la conexión católica del fundador de la Orden, Peter Gerard, y la rebautizó como "Muy Venerable Orden Protestante de Jerusalén". La afiliación estaba abierta a todas las familias oligárquicas que habían hecho fortuna con el comercio del opio en China, y todas las familias completamente decadentes tenían un lugar en el "nuevo orden".

Muchos de estos venerables caballeros se encargaron de supervisar la época de la Prohibición en Estados Unidos desde Canadá, donde varios de sus miembros suministraban el whisky, que se enviaba a Estados Unidos. Entre este grupo estaba el miembro del Comité de los 300, Earl Haig, que cedió su franquicia de whisky al viejo Joe Kennedy. Tanto la Prohibición como las destilerías que satisfacían la demanda de alcohol fueron creaciones de la Corona británica actuando a través del Comité de los 300. Fue un experimento que se convirtió en el precursor del actual comercio de drogas, y las lecciones aprendidas de la época de la Prohibición se están aplicando al comercio de drogas que pronto se legalizará.

Canadá es la ruta más importante utilizada por los proveedores de heroína de Extremo Oriente. La monarquía británica asegura que esta información nunca se hace pública. A través de sus poderes, la Reina Isabel gobierna Canadá a través del Gobernador General (uno se pregunta cómo los canadienses modernos pueden aceptar un acuerdo tan arcaico), que es el representante PERSONAL de la Reina, y luego a través del Consejo Privado (otro remanente arcaico de la era colonial) y los Caballeros de San Juan de Jerusalén, que controlan todas las facetas del comercio canadiense. Se suprime la oposición al dominio británico. Canadá tiene algunas de las leyes más restrictivas del mundo, incluidas las llamadas leyes de "delitos de odio" impuestas en el país por los miembros judíos de la Cámara de los Lores en Inglaterra. En la actualidad, hay cuatro grandes juicios en distintas fases en Canadá que implican a personas acusadas de "delitos de odio". Se trata de los casos Finta, Keegstra, Zundel y Ross. Cualquiera que se atreva a intentar mostrar pruebas del control judío de Canadá (que ejercen los Bronfman) es inmediatamente detenido y acusado de los llamados "delitos de odio". Esto nos da una idea del alcance del Comité de los 300, que literalmente está por encima de todo en este mundo.

Lo confirma el hecho de que el Comité de los 300 creó el Instituto Internacional de Estudios Estratégicos (IISS) bajo la égida de la Mesa Redonda. Este instituto es el vehículo de la propaganda negra del MI6 y de Tavistock y de los "wet-jobs" (nombre de tapadera de los servicios de inteligencia para una operación de derramamiento de sangre),[25] nucleares y terroristas, que se difunden en la prensa mundial, así como a los gobiernos e instituciones militares.

Entre los miembros del IISS se encuentran representantes de 87 grandes agencias y asociaciones de noticias, así como 138 redactores y columnistas de periódicos y revistas internacionales. Ahora ya sabes de dónde saca tu columnista favorito toda su información y opiniones. Recuerde a Jack Anderson, Tom Wicker, Sam Donaldson, John Chancellor, Mary McGrory, Seymour Hersh, Flora Lewis y Anthony Lewis, etc. La información proporcionada por el IISS, especialmente los guiones como los preparados para ennegrecer al presidente Hussein, justificar el próximo ataque a Libia y condenar a la OLP, están todos especialmente adaptados para la ocasión. La historia de la masacre de Mai Lai publicada por Seymour Hersh vino directamente del IISS, por si asumimos erróneamente que hombres como Hersh hacen su propia investigación.

El Instituto Internacional de Estudios Estratégicos no es más que un

---

[25] Literalmente, trabajos en los que hay que mojarse... NDT.

creador de opinión de alto nivel, tal como lo definieron Lippmann y Bernays. En lugar de escribir libros, los periódicos informan de las opiniones presentadas por columnistas seleccionados, y el IISS se creó para ser un punto de encuentro no sólo para crear opiniones, sino también para difundir estas opiniones y escenarios mucho más rápidamente y a un público más amplio que el que podría alcanzar un libro. El IISS es un buen ejemplo de la creación de redes y la interconexión de las instituciones del Comité de los 300.

La idea de crear el IISS nació en la reunión de los Bilderberger de 1957. Cabe recordar que la conferencia Bilderberger fue una creación del MI6 bajo la dirección del Royal Institute of International Affairs. La idea fue de Alastair Buchan, hijo de Lord Tweedsmuir. Buchan era entonces presidente, miembro de la junta directiva de la RIIA y miembro de la Mesa Redonda, de la que se dice que es muy cercana a la familia real británica. Fue la misma conferencia que dio la bienvenida al líder del Partido Laborista, Dennis Healey, a sus filas. Otros participantes fueron François Duchene, cuyo mentor, Jean Monet Duchenes, dirigió la Comisión Trilateral bajo la tutela de H. V. Dicks, del Centro Columbus de Tavistock.

Entre los miembros del consejo de administración de esta gigantesca máquina de propaganda y opinión se encuentran las siguientes personas:

- Frank Kitson, antiguo controlador de las PROVISIONES del IRA, el hombre que lanzó la insurgencia Mau-Mau en Kenia.
- Lazard Frères, representado por Robert Ellsworth.
- N. M. Rothschild, representado por John Loudon.
- Paul Nitze, representante del Banco Schroeder.

Nitze ha desempeñado un papel muy importante y sustancial en las cuestiones relativas a los acuerdos de control de armamento, que han estado SIEMPRE bajo la dirección de la RIIA.

- C. L. Sulzberger del *New York Times*.
- Stansfield Turner, ex director de la CIA.
- Peter Calvocoressi, representante de Penguin Books.
- Royal Institute for International Affairs, representado por Andrew Schoenberg.

- Columnistas y reporteros, representados por Flora Lewis, Drew Middleton, Anthony Lewis, Max Frankel.
- Daniel Ellsberg.
- Henry Kissinger.
- Robert Bowie, ex director de la Estimación Nacional de Inteligencia de la CIA.

Tras la reunión de los Bilderberger de 1957, Kissinger recibió la orden de abrir una oficina de la Mesa Redonda en Manhattan, cuyo núcleo era Haig, Ellsberg, Halperin, Schlessinger, McNamara y los hermanos McBundy. Kissinger recibió la orden de llenar todos los altos cargos de la administración Nixon con miembros de la Mesa Redonda, leales a la RIIA y, por tanto, a la Reina de Inglaterra. No es casualidad que Kissinger eligiera la antigua guarida del presidente Nixon, el hotel Pierre, como centro de operaciones.

El significado de la Operación Mesa Redonda-Kissinger fue el siguiente: Por orden del presidente de la RIIA, Andrew Schoeberg, se impidió que todas las agencias relacionadas con la inteligencia dieran información al presidente Nixon. Esto significaba que Kissinger y su equipo recibían TODA la información de inteligencia, extranjera y nacional, de las fuerzas del orden y de seguridad, incluida la División 5 del FBI, antes de que fuera entregada al Presidente. Esto garantizó que todas las operaciones terroristas controladas por el MI6 en los Estados Unidos no tuvieran ninguna posibilidad de ser reveladas. Este era el dominio de Halperin.

Utilizando esta metodología, Kissinger estableció inmediatamente su hegemonía sobre la presidencia de Nixon, y después de que Nixon fuera deshonrado por el grupo de Kissinger y expulsado de su cargo, Kissinger emergió con poderes sin precedentes como no se han igualado ni antes ni después del Watergate. Algunos de estos poderes raramente enumerados son:

Kissinger ordenó que el Memorando de Decisión de Seguridad Nacional nº 1 fuera redactado por Halperin, que recibió la redacción real directamente de la RIIA a través de los círculos de la Mesa Redonda. El memorando designaba a Kissinger como la máxima autoridad estadounidense, presidiendo el grupo de verificación. Todas las negociaciones del SALT fueron llevadas a cabo por los mismos organismos, dirigidos por Paul Nitze, Paul Warnke y un grupo de traidores en la misión de control de armas de Ginebra.

Además, Kissinger fue nombrado miembro del Grupo Especial de Estudio sobre Vietnam, que supervisó y evaluó todos los informes, civiles y militares, incluidos los de inteligencia de Vietnam. Kissinger también exigió y recibió la supervisión del "Comité 40", una agencia supersecreta cuyo trabajo consiste en decidir cuándo y dónde lanzar actividades encubiertas y luego supervisar el progreso de las operaciones que pone en marcha.

Mientras tanto, Kissinger ordenó una avalancha de escuchas telefónicas por parte del FBI, incluso a sus ayudantes más cercanos, para dar la impresión de que lo sabía todo. La mayor parte de su entorno fue informada de que estaba siendo intervenida. Esto estuvo a punto de salirle el tiro por la culata cuando un agente del MI6 llamado Henry Brandon recibió la orden de que le pusieran micrófonos, pero no fue informado por Kissinger. Brandon se hacía pasar por reportero del *London Times* y Kissinger estuvo a punto de ser despedido porque nadie hace eso en el *London Times*.

La historia completa de la irrupción de Ellsberg y el posterior escándalo Watergate de Nixon es demasiado larga para incluirla aquí. Basta decir que Kissinger tenía el control de Ellsberg desde el día en que fue reclutado mientras estaba en Cambridge. Ellsberg siempre había sido un firme partidario de la guerra de Vietnam, pero poco a poco se fue "convirtiendo" en un activista radical de izquierdas. Su "conversión" no fue menos milagrosa que la experiencia de San Pablo en el camino de Damasco.

Todo el espectro de la nueva izquierda en EE.UU. era obra del servicio secreto británico (MI6) que actuaba a través de los agentes de la Mesa Redonda y del Instituto de Estudios Políticos (IPS). Como hizo con todos los países de base republicana, cuya política había que cambiar, el IPS desempeñó un papel destacado, como hace hoy en Sudáfrica y Corea del Sur. Gran parte del trabajo del IPS se explica en mi libro *IPS Revisited*, publicado en 1990.

El IPS tenía una función principal, sembrar la discordia y difundir información errónea, provocando así el caos. Uno de estos programas, dirigido a la juventud estadounidense, se centró en las drogas. A través de una serie de frentes del IPS, de actos como el apedreamiento de la caravana de Nixon y de un gran número de atentados, se creó efectivamente un clima de engaño, que llevó a la mayoría de los estadounidenses a creer que Estados Unidos estaba amenazado por el KGB, el GRU y el BMI cubano. Se rumoreaba que muchos de estos agentes imaginarios tenían estrechos vínculos con los demócratas a través de George McGovern. De hecho, se trataba de una campaña de desinformación ejemplar por la que el MI6 es justamente famoso.

Haldeman, Ehrlichman y los ayudantes más cercanos de Nixon no tenían ni idea de lo que estaba ocurriendo, lo que dio lugar a un aluvión de declaraciones de la Casa Blanca de que Alemania Oriental, la Unión Soviética, Corea del Norte y Cuba estaban entrenando a terroristas y financiando sus operaciones en Estados Unidos. Dudo que Nixon supiera mucho sobre el IPS, y mucho menos que sospechara lo que estaba haciendo a su presidencia. Sufrimos el mismo tipo de desinformación durante la Guerra del Golfo, cuando se rumoreaba que los terroristas de todos los bandos estaban a punto de invadir los EE.UU. y volar todo lo que estuviera a la vista.

El presidente Nixon se quedó literalmente en la oscuridad. Ni siquiera sabía que David Young, alumno de Kissinger, estaba trabajando en el sótano de la Casa Blanca, supervisando las "filtraciones". Young se graduó en Oxford y fue asociado de Kissinger durante mucho tiempo a través de activos de la Mesa Redonda como el bufete de abogados Milbank Tweed. El presidente Nixon no fue rival para las fuerzas desplegadas contra él bajo la dirección del MI6 en nombre del Real Instituto de Asuntos Internacionales y, por tanto, de la familia real británica. De lo único que fue culpable Nixon, en lo que respecta al Watergate, fue de su ignorancia de lo que ocurría a su alrededor. Cuando James McCord "confesó" ante el juez John Sirica, Nixon debería haberse dado cuenta en un instante de que McCord estaba jugando un doble juego. Debería haber llamado la atención a Kissinger sobre su relación con McCord en el acto. Eso habría echado por tierra toda la operación MI6-Watergate.

Nixon no abusó de sus poderes presidenciales. Su delito fue no defender la Constitución de los Estados Unidos de América y no acusar a la Sra. Katherine Meyer Graham y a Ben Bradley de conspiración para cometer insurrección. El pedigrí de la Sra. Katherine Meyer Graham es muy dudoso, como habría descubierto rápidamente la "Jessica Fletcher" de "Murder She Wrote". Pero incluso sabiendo esto, los controladores de la Sra. Graham en la Mesa Redonda habrían luchado duro para mantener el secreto. El papel del *Washington Post* fue mantener la olla en ebullición generando una "revelación" tras otra, engendrando así un clima de desconfianza pública hacia el presidente Nixon, a pesar de que no había ni una pizca de pruebas de que hubiera cometido alguna infracción por su parte.

Sin embargo, muestra el inmenso poder de la prensa, como anticiparon acertadamente Lippmann y Bernays, en el sentido de que la Sra. Graham, sospechosa durante mucho tiempo del asesinato de su marido, Philip L. Graham, clasificado oficialmente como "suicidio", debería haber conservado cierta credibilidad. Otros traidores que deberían haber sido acusados de insurrección y traición fueron Kissinger, Haig, Halperin, Ellsberg, Young, McCord, Joseph Califano y Chomsky del IPS y aquellos agentes de la CIA que fueron a casa de McCord y quemaron todos sus papeles. Una vez más, vale la pena repetir que el Watergate, como muchas otras operaciones que no tenemos espacio para incluir aquí, demostró el CONTROL TOTAL ejercido sobre los Estados Unidos por el Comité de los 300.

Aunque Nixon se juntó con gente como Earl Warren y algunos de los mafiosos que construyeron la casa de Warren, eso no significa que debiera haber caído en desgracia por el asunto Watergate. Mi aversión a Nixon se debe a su voluntad de firmar el infame tratado ABM en 1972 y a su relación excesivamente íntima con Leonid Brezhnev. Uno de los errores más lamentables del Consejo de la Minoría fue su abyecto fracaso a la hora de exponer el sucio papel desempeñado por INTERTEL, la horrible agencia de inteligencia privada del Grupo Corning, que ya hemos conocido, en la "filtración" de gran parte del Watergate a Edward Kennedy. Las agencias de inteligencia privadas como INTERTEL no tienen derecho a existir en los Estados Unidos. Son una AMENAZA a nuestro derecho a la intimidad y un insulto a todos los hombres libres del mundo.

La culpa también es de quienes debían proteger al presidente Nixon de la especie de red de malla de acero que se lanzó a su alrededor para aislarlo. El personal de inteligencia que rodeaba a Nixon no conocía los rigores de las operaciones de la inteligencia británica; de hecho, no tenían ni idea de que Watergate era una operación de la inteligencia británica en su totalidad. El complot del Watergate fue un golpe contra los Estados Unidos de América, al igual que el asesinato de John F. Kennedy. Aunque este hecho no se reconozca como tal hoy en día, estoy convencido de que cuando se abran finalmente todos los documentos secretos, la historia registrará que los dos golpes de Estado, uno contra Kennedy y otro contra Nixon, tuvieron efectivamente lugar, y que trajeron consigo la más violenta violación y ataque a las instituciones sobre las que descansa la República de los Estados Unidos.

El individuo que más merece el título de traidor y más culpable de sedición es el general Alexander Haig. Este coronel clérigo, cuya carrera como chupatintas no incluía el mando de tropas en combate, se vio de repente empujado a la palestra por el invisible gobierno paralelo de la cúpula. El presidente Nixon lo describió una vez como un hombre que tenía que pedir permiso a Kissinger para ir al baño. Haig es un producto de la Mesa Redonda. Se fijó en él el destacado miembro Joseph Califano, uno de los representantes de mayor confianza de Su Majestad en Estados Unidos. Joseph Califano, asesor jurídico de la Convención Nacional Demócrata, había entrevistado a Alfred Baldwin, uno de los fontaneros, un mes antes de que se produjera el robo. Califano fue lo suficientemente insensato como para escribir un memorándum sobre su entrevista con Baldwin, en el que daba detalles de los antecedentes de McCord y de por qué éste había elegido a Baldwin para formar parte del "equipo".

Y lo que es más importante, el memorando de Califano contenía todos los detalles de las transcripciones de las escuchas telefónicas de las conversaciones entre Nixon y el comité de reelección, todo ello ANTES de que se produjera el allanamiento. Califano debería haber sido acusado de multitud de delitos federales; en cambio, salió indemne de su actividad delictiva. El santurrón Sam Ervin se negó a permitir que el abogado de la minoría Fred Thompson presentara esta evidencia altamente perjudicial en las audiencias del Watergate - con el espurio argumento de que era "demasiado especulativa".

A instancias de la Mesa Redonda, Kissinger ascendió a Haig de coronel a general de cuatro estrellas en el ascenso más meteórico jamás registrado en los anales de la historia militar estadounidense, durante el cual Haig superó a 280 generales y oficiales superiores del Ejército de Estados Unidos.

Durante el "ascenso" de Haig, y como consecuencia del mismo, 25 generales de alto rango se vieron obligados a dimitir. Como recompensa por su traición al presidente Nixon y a Estados Unidos, Haig recibió entonces el cargo de comandante general de las fuerzas de la Organización del Tratado del Atlántico Norte (OTAN), a pesar de ser el comandante menos cualificado que jamás haya ocupado ese puesto. Una vez más, fue superado por 400 generales de alto rango de los países de la OTAN y de Estados Unidos.

Cuando la noticia de su nombramiento llegó al Alto Mando de las Fuerzas Armadas soviéticas, el mariscal Orgakov convocó a sus tres principales generales del Pacto de Varsovia de Polonia y Alemania Oriental, y hubo mucho júbilo, chocando copas y bebiendo champán hasta altas horas de la noche. Durante todo el mandato de Haig como comandante de las fuerzas de la OTAN, los cuadros profesionales de élite de las fuerzas armadas soviéticas, hombres que nunca habían sido otra cosa que soldados profesionales, tenían a Haig en el mayor de los desprecios y se referían a él abiertamente como un "director de oficina de la OTAN". Sabían que Haig debía su nombramiento a la RIIA y no al ejército estadounidense.

Pero antes de que su ascenso militar lo sacara de Washington, Alexander Haig, junto con Kissinger, prácticamente destruyó la oficina del Presidente de Estados Unidos y su gobierno. Que yo sepa, el caos que dejaron Kissinger y Haig tras el Watergate nunca ha sido relatado. Ante la insistencia de la RIIA, Haig prácticamente asumió la dirección del gobierno estadounidense tras el golpe de abril de 1973. Al traer a 100 agentes de la Mesa Redonda elegidos a dedo por la Brookings Institution, el Institute Policy Studies y el Council on Foreign Relations, Haig llenó los cien puestos más importantes de Washington con hombres que, como él, estaban en deuda con una potencia extranjera. En la debacle subsiguiente, la administración Nixon salió perjudicada y Estados Unidos con ella.

Más allá de los tópicos piadosos y de las posturas en defensa de la Constitución, el senador Sam Ervin hizo más por cambiar los Estados Unidos que cualquier cosa que hubiera hecho el presidente Nixon, y los Estados Unidos aún no se han recuperado de la herida casi mortal del Watergate, una operación patrocinada por el Comité de los 300 y llevada a cabo por el Royal Institute for International Affairs, la Mesa Redonda y agentes del MI6 con sede en Estados Unidos.

La forma en que el presidente Nixon fue primero aislado, rodeado de traidores y luego confundido siguió al pie de la letra el método Tavistock de tomar el control total de una persona según la metodología establecida por el principal teórico de Tavistock, el Dr. Kurt Lewin. He detallado la metodología de Lewin en otra parte de este libro, pero a la vista del estudio del caso del presidente Richard M. Nixon, creo que vale la pena repetirlo:

> "Una de las principales técnicas para romper la moral, mediante una estrategia de terror, es exactamente esta táctica: mantener a la persona en un estado de limbo sobre su situación y lo que puede esperar. Además, si las frecuentes oscilaciones entre las duras medidas disciplinarias y las promesas de buen trato, así como la difusión de noticias contradictorias, hacen que la estructura cognitiva de esta situación sea completamente confusa, el individuo puede incluso dejar de saber si un determinado plan le conduciría

hacia la meta o la alejaría. En estas condiciones, incluso las personas que tienen objetivos claros y están dispuestas a asumir riesgos se ven paralizadas por un grave conflicto interno sobre qué hacer.

Kissinger y Haig siguieron al pie de la letra los manuales de formación de Tavistock. El resultado fue un presidente Nixon desconcertado, confundido, asustado y desmoralizado, cuya única medida -le dijo Haig- era dimitir. En 1983 escribí dos libros, *The Tavistock Institute: Sinister and Deadly* y *The Tavistock Institute: Britain's Control of U.S. Policy*,[26] basados en los manuales secretos de Tavistock que habían caído en mis manos. Los métodos y acciones del Instituto Tavistock se detallan en estos dos libros.

Los métodos de Tavistock se aplicaron con tanto éxito para destituir al presidente Nixon que el pueblo de esta nación creyó plenamente la calumnia de los conspiradores de mentiras, distorsiones y situaciones fabricadas como verdad, cuando en realidad el Watergate fue una mentira diabólica hasta el final. Es importante señalar esto, ya que ciertamente no hemos visto el fin de las operaciones tipo Watergate.

¿Cuáles fueron los supuestos delitos impugnables cometidos por el Presidente Nixon, y las llamadas pruebas "humeantes" que supuestamente apoyaban estas acusaciones? Primero, la "pistola humeante". Esta pieza de FICCIÓN fue creada por Kissinger y Haig en torno a la cinta del 23 de junio, que Haig obligó a Nixon a entregar a Leon Jaworski.

Haig se pasó horas convenciendo al presidente Nixon de que esta cinta lo hundiría, porque demostraba "más allá de toda duda" que Nixon era culpable de una grave mala conducta y que era co-conspirador en la irrupción del Watergate. La primera reacción del presidente Nixon fue decirle a Haig: "Es completamente absurdo hacer un gran problema de esto", pero Haig continuó trabajando hasta que Nixon se convenció de que no podría defenderse con éxito ante el Senado únicamente sobre la base de esta grabación en particular del 23 de junio.

¿Cómo había cumplido Haig su misión? Siguiendo un guión preparado para él por sus monitores de la Mesa Redonda, Haig hizo transcribir sin

---

[26] Véase la actualización de estos libros en *The Tavistock Institute of Human Relations*, Omnia Veritas Ltd, www.omnia-veritas.com.

editar la cinta de la "pistola humeante"[27] mecanografiada por su personal. De hecho, no había nada en la cinta que el presidente Nixon no pudiera explicar. Intuyendo esto, Haig hizo circular su transcripción no autorizada y no editada de la cinta entre los partidarios más ardientes de Nixon en la Cámara y el Senado y el alto mando del Partido Republicano. Salpicado de pensamientos sobre la "pistola humeante" y el efecto "devastador" que seguramente tendría. Viniendo del ayudante de confianza de Nixon, la transcripción tuvo el efecto de un halcón golpeando una bandada de palomas; los partidarios de Nixon entraron en pánico y se pusieron a cubierto.

Tras su sedición e insurrección, Haig convocó a su despacho al congresista Charles Wiggins, un acérrimo partidario de Nixon que había aceptado liderar la lucha en la Cámara de Representantes para evitar el proceso de destitución. En una mentira descarada, Haig le dijo a Wiggins: "La lucha está perdida. Después de esto, Wiggins perdió el interés en defender a Nixon, creyendo que el propio Nixon había accedido a dejarlo. Haig trató entonces del mismo modo al senador Griffin, uno de los principales apoyos del presidente en el Senado. Como resultado de las actividades sediciosas y de traición de Haig, el senador Griffin escribió inmediatamente una carta al presidente Nixon pidiéndole que dimitiera.

TRES MESES ANTES, el Instituto de Estudios Políticos controlado por la Mesa Redonda, hijo de James Warburg, fundador y miembro Marcus Raskin, lanzó EXACTAMENTE el mismo ultimátum al presidente Nixon para que dimitiera, utilizando el periódico de propaganda del Servicio Secreto Británico, el *New York Times* del 25 de mayo. La tragedia del Watergate fue un paso en la transición irreversible a la barbarie que está envolviendo a los Estados Unidos, y que nos lleva al Gobierno Mundial Único/Nuevo Orden Mundial. Estados Unidos se encuentra ahora en la misma fase que Italia cuando Aldo Moro intentó salvarla de la inestabilidad que había creado.

¿De qué delito se acusó a Nixon? John Doar, cuyo desparpajo se adaptaba perfectamente a su tarea de presentar artículos de impugnación contra el Presidente, fue el autor y finalizador de una de las mayores operaciones ilegales de vigilancia y contrainteligencia doméstica jamás realizadas en Estados Unidos.

---

[27] "Smoking gun", un término sinónimo de prueba irrefutable.

Como jefe de la Unidad de Inteligencia Interdepartamental (IDIU), Doar recopiló información de todos los organismos imaginables del gobierno federal, incluido el Servicio de Impuestos Internos. El programa estaba vinculado al Instituto de Estudios Políticos. Uno de los aspectos más destacados de la carrera de Doar fue proporcionar a la CIA -que tiene prohibido por ley ejercer la vigilancia nacional- entre 10.000 y 12.000 nombres de ciudadanos que sospechaba que eran disidentes políticos para que los investigara.

El 18 de julio de 1974, este gran defensor de la ley, con mesurada pomposidad, presentó los "cargos" contra el presidente Nixon, episodio que fue televisado a nivel nacional. Sin embargo, no había ni una pizca de evidencia de que Nixon hubiera hecho algo reprobable que condujera a su destitución; de hecho, la patética letanía de Doar de los supuestos "crímenes" de Nixon era tan trivial que es sorprendente que el proceso fuera más allá de ese punto. La falsificación del impuesto sobre la renta, el bombardeo no autorizado de Camboya y una vaga acusación de "abuso de poder", que nunca se habría sostenido en un tribunal, fue lo mejor que pudo hacer Doar. Los Estados Unidos eran tan inestables como nunca lo habían sido cuando el Presidente Nixon dimitió el 8 de agosto de 1974.

En ningún lugar más que en nuestras políticas económicas y fiscales. En 1983, los banqueros internacionales se reunieron en Williamsburg, Virginia, para diseñar una estrategia para preparar a Estados Unidos para una desintegración total de su sistema bancario. Este evento planeado era para empujar al Senado de los Estados Unidos a aceptar el control de nuestras políticas monetarias y fiscales por parte del Fondo Monetario Internacional (FMI). Dennis Weatherstone, de Morgan Guarantee, en Wall Street, se mostró convencido de que ésta es la única forma en que Estados Unidos puede salvarse.

Esta propuesta fue respaldada por el Grupo Ditchley, que se originó en mayo de 1982 en Ditchley Park, Londres. Los días 10 y 11 de enero de 1983, este grupo de forasteros se reunió en Washington D.C., violando la Ley Antimonopolio Sherman y la Ley Clayton, y conspiró para subvertir la soberanía de los Estados Unidos de América en su libertad monetaria y financiera. El Fiscal General de los Estados Unidos estaba al tanto de la reunión y de su propósito. En lugar de acusar al grupo de conspiración para cometer un delito federal, simplemente miró hacia otro lado.

De acuerdo con las leyes mencionadas, la prueba de la conspiración es todo lo que se requiere para una condena por un delito grave, y había amplias pruebas de que se había producido una conspiración. Pero como la Fundación Ditchley se había convocado a petición del Real Instituto de Asuntos Internacionales y fue acogida por la Mesa Redonda, nadie en el Departamento de Justicia tuvo el valor de actuar como exigen quienes han jurado defender las leyes de Estados Unidos.

El plan Ditchley, cuyo objetivo era tomar el control de las políticas fiscales y monetarias de Estados Unidos, fue una idea de Sir Harold Lever, un ardiente partidario del sionismo, confidente cercano de la familia real británica y miembro del Comité de los 300. Sir Harold Lever era director del gigantesco conglomerado UNILEVER, una empresa importante del Comité de los 300. El plan de Lever pedía que se ampliara la influencia del FMI para que pudiera influir en los bancos centrales de todas las naciones, incluido Estados Unidos, y guiarlos a las manos de un único banco gubernamental mundial.

Este fue un paso esencial para que el FMI se convirtiera en el árbitro último del sistema bancario mundial. La reunión ultrasecreta de enero fue precedida por otra en octubre de 1982, a la que asistieron representantes de 36 de los mayores bancos del mundo, reunidos en el Hotel Vista de Nueva York. La seguridad en el seminario de los días 26 y 27 de octubre fue tan estricta como cualquier otra que se haya visto en la Gran Manzana. Esta reunión anterior del Grupo Ditchley también violó la legislación estadounidense.

En su intervención, Sir Harold Lever dijo que era esencial acabar con la soberanía nacional como vestigio arcaico antes del año 2000.

> "Estados Unidos pronto tendrá que darse cuenta de que no estará mejor que cualquier país del tercer mundo cuando el FMI tome el control", dijo Sir Harold.

Más tarde se informó a los delegados de que se estaban preparando planes para designar al FMI como supervisor de la política fiscal estadounidense, con el fin de presentarlos al Senado de Estados Unidos en el año 2000.

Rimmer de Vries, hablando en nombre de Morgan Guarantee, dijo que ya era hora de que Estados Unidos se convirtiera en miembro del Banco de Pagos Internacionales. "Hay que reconsiderar las vacilaciones de Estados Unidos en los últimos 50 años", dijo de Vries. Algunos banqueros británicos y alemanes, temiendo posibles violaciones de la legislación estadounidense, dijeron que el grupo Ditchley no era más que un comité para limar los problemas de los tipos de cambio. Felix Rohatyn también habló de la gran necesidad de cambiar las leyes bancarias de Estados Unidos para que el FMI pueda desempeñar un papel más importante en ese país. Rohatyn fue director de Lazard Frères, un banco del Club de Roma que forma parte del grupo Eagle Star, al que ya hemos conocido.

Los representantes de la mesa redonda, William Ogden y Werner Stang, se pronunciaron con entusiasmo a favor de la cesión de la soberanía fiscal estadounidense al Fondo Monetario Internacional y al Banco de Pagos Internacionales. Los delegados que representan al Alpha Ranking Group, un banco de la masonería P2, declararon que hay que obligar a Estados Unidos a someterse a la "autoridad superior de un banco mundial" antes de que se pueda avanzar hacia el Nuevo Orden Mundial.

El 8 de enero de 1983, antes de su gran reunión de los días 10 y 11 de enero, Hans Vogel, miembro destacado del Club de Roma, fue recibido en la Casa Blanca. El presidente Ronald Reagan había invitado a George Schultz, Caspar Weinberger, George Kennan y Lane Kirkland a asistir a su reunión con Vogel, quien le explicó al presidente Reagan las metas y objetivos del Grupo Ditchley. A partir de ese día, el presidente Reagan dio un giro y trabajó con las distintas agencias del Comité de los 300 para impulsar el Fondo Monetario Internacional y el Banco de Pagos Internacionales como autoridad en las políticas monetarias nacionales y extranjeras de Estados Unidos.

El gobierno invisible del Comité de los 300 ha ejercido una enorme presión sobre Estados Unidos para que cambie sus costumbres, para mal. Estados Unidos es el último bastión de la libertad, y a menos que nos quiten nuestras libertades, el progreso hacia un Gobierno Mundial Único se frenará considerablemente. Una empresa como el Gobierno Mundial Único es una empresa enorme, que requiere mucha habilidad, capacidad de organización, control de los gobiernos y de sus políticas. La única organización que podría haber emprendido esta gigantesca tarea con alguna esperanza de éxito es el Comité de los 300, y hemos visto hasta dónde ha llegado su éxito total.

Es sobre todo una lucha espiritual. Desgraciadamente, las iglesias cristianas se han convertido en poco más que clubes sociales dirigidos por el infinitamente malo Consejo Mundial de Iglesias (CMI), cuyos orígenes no están en Moscú, sino en la City de Londres, como vemos en el gráfico al final del libro que da la estructura de la Iglesia del Gobierno Mundial Único. Este organismo fue creado en la década de 1920 como vehículo para las políticas del Gobierno Mundial Único, y es un monumento a la capacidad de planificación a largo plazo del

Comité de los 300.

Otra organización corrupta similar al CMI en estructura y diseño es la Unión de Científicos Preocupados, creada por la Comisión Trilateral y financiada por el Carnegie Endowment Fund, la Fundación Ford y el Instituto Aspen. Fue este grupo el que lideró la lucha para evitar que Estados Unidos estableciera una disuasión eficaz contra las Cosmosferas soviéticas, armas de rayo láser basadas en el espacio que pueden destruir objetivos seleccionados en Estados Unidos o en otros lugares desde el espacio.

El programa SDI de EE.UU. se diseñó para contrarrestar la amenaza que suponían las cosmosferas soviéticas, una amenaza que todavía existe a pesar de las garantías de que "el comunismo ha muerto". El portavoz soviético Georgi Arbatov dijo en una reunión de la Unión de Científicos Preocupados que era importante que se opusieran al programa SDI, porque si éste llegara a funcionar, "sería una catástrofe militar". Año tras año, la Union of Concerned Scientists se opuso a todos los presupuestos que incluían fondos para el vital programa SDI, hasta que a finales de 1991 ni siquiera había dinero suficiente para financiar la investigación adicional que aún se necesitaba, y mucho menos para poner el sistema en órbita. La Union of Concerned Scientists está dirigida por el Royal Institute for International Affairs y está fuertemente infiltrada por agentes del MI6, el servicio de inteligencia británico.

No hay un solo aspecto de la vida en Estados Unidos que no esté vigilado, dirigido en la dirección "correcta", manipulado y controlado por el gobierno invisible del Comité de los 300. No hay un solo funcionario electo o líder político que no esté sujeto a su autoridad. Hasta ahora, nadie ha sido capaz de desafiar a nuestros gobernantes secretos, que no dudan en dar un "feo ejemplo" a cualquiera, incluido el Presidente de los Estados Unidos de América.

Desde 1776, cuando Jeremy Bentham y William Petty, el conde de Shelburne, recién llegados del triunfo de la Revolución Francesa que habían planeado y dirigido, fueron reclutados por la Corona británica para poner su experiencia combinada al servicio de los colonos; hasta 1812, cuando los británicos saquearon e incendiaron Washington, destruyendo documentos secretos que habrían revelado la traición de los incipientes Estados Unidos de América; hasta el Watergate del presidente Nixon y el asesinato del presidente Kennedy; la mano del Comité de los 300 se ve claramente. Este libro es un intento de abrir los ojos del pueblo estadounidense a esta terrible verdad: *no* somos una nación independiente, y *nunca* podremos serlo, mientras nos gobierne un gobierno invisible, el Comité de los 300.

Instituciones/organizaciones pasadas y presentes bajo la influencia directa del Comité de los 300

- Academia de Problemas Contemporáneos.
- Fondo para África.
- Agencia de Desarrollo Internacional.
- Fundación Albert Previn.
- Alianza Israelita Universal.
- Unión Americana de Libertades Civiles
- Consejo Americano de Relaciones Raciales.
- Sociedad Americana de Defensa.
- Instituto Americano de Prensa.
- Liga Americana de Protección.
- Liga Antidifamación.
- Instituto de Investigación Social.
- Instituto para el Futuro.
- Instituto para el Orden Mundial.
- Instituto sobre Drogas, Crimen y Justicia.
- Inter-Alpha.
- Instituto Interamericano de Desarrollo Social.
- Instituto Internacional de Estudios Estratégicos.
- Coloquio interreligioso por la paz.
- Irgun.
- Caballeros de Malta.
- La Liga de las

- Oficina Árabe.
- Comité Superior Árabe.
- Fundación ARCA.
- Fundación de Investigación Armour.
- Control de armas y política exterior
- Caucus.
- Arthur D. Little, Inc.
- Instituto de Investigación de Asia.
- Instituto Aspen.
- Asociación de Psicología Humanista.
- Centro de Investigación de Aumentos.
- Fondo Barón de Hirsh.
- Instituto Conmemorativo Battelle.
- Fundación Nacional Berger.
- Centro de Investigación del Futuro de Berlín.
- Bilderbergers.
- Orden negro.
- Naciones.
- Instituto de Gestión Logística.
- Junta de Diputados de los Judíos Británicos de Londres.
- London School of Economics.
- Mary Carter Paint Company.
- Instituto Tecnológico de Massachusetts.
- Instituto Mellon. Sociedad Metafísica.
- Grupo Milner.
- Mocatto Metals.
- Sociedad Mount Pelerin.
- NAACP.
- Investigación de Acción Nacional sobre el Complejo Militar/Industrial.
- Instituto del Centro Nacional de Productividad.
- Consejo Nacional de Iglesias.
- Centro Nacional de Estudios de Opinión.
- Laboratorios Nacionales de

- Conferencia sobre el boicot a los productos japoneses.
- British Newfoundland Corporation.
- La Real Sociedad Británica.
- Hermandad de la Oficina Cooperativa de la Mancomunidad Internacional.
- Propaganda revolucionaria.
- Congreso Judío Canadiense.
- Catedral de San Juan el Divino, Nueva York.
- Centro de Estudios Avanzados en Ciencias del Comportamiento.
- Centro de Derechos Constitucionales.
- Centro de Estudios Cubanos.
- Centro de Instituciones Democráticas.
- Centro de Política Internacional.
- Centro de Estudios de Derecho Responsables.
- Formación.
- Nueva Coalición Democrática.
- Fundación Nuevo Mundo.
- Instituto Rand de Nueva York.
- NORML. Organización del Tratado del Atlántico Norte (OTAN).
- Odd Fellows. Orden de San Juan de Jerusalén.
- Orden de la Aurora Dorada. OXFAM.
- Oxford Univac.
- Centro de Estudios del Pacífico.
- Fundación Palisades.
- Compañía de Navegación Peninsular y Oriental (P&O.).
- PERMINDEX.
- Universidad de Princeton.
- Rand Corporation.
- Escuela Rand de Ciencias Sociales.
- Institución del Triángulo de la Investigación.

- Liga Socialista Cristiana.
- Fundación Cini.
- Club de Roma. Cominform.
- Comité para los próximos treinta años.
- Comité de los Catorce.
- Comité sobre la moral nacional.
- Comité para la elaboración de una Constitución Mundial.
- Liga Comunista.
- Congreso de Organizaciones Industriales.
- Consejo de Relaciones Exteriores.
- Empresa David Sassoon.
- De Beers Consolidated Mines.
- Liga Democrática de Bruselas.
- India Oriental El Comité de los 300.
- Control Económico y Social (ECOSOC).
- Fondo para el Medio

- Comité de Becas Rhodes.
- Rio Tinto Zinc Company.
- Programa de desarme de la Iglesia de Riverside.
- Mesa redonda.
- Real Instituto de Asuntos Internacionales.
- Fundación Russell Sage.
- Fundación San Francisco.
- Sharps Pixley Ward.
- Consejo de Investigación en Ciencias Sociales.
- Internacional Socialista.
- Partido Socialista de los Estados Unidos.
- Sociedad para la Promoción del Estudio de las Religiones.
- Sociedad del Cielo (TRIADS).
- Comité Estatal Soviético de Ciencia y Tecnología.
- Instituto de Investigación de

- Ambiente.
- Environmetrics Inc.
- Instituto Esalen.
- Sociedad Fabiana.
- Federación de Sionistas Americanos.
- Compañerismo para un orden social cristiano.
- Comunidad de Reconciliación.
- Fundación Ford.
- Institución de la Universidad de Fordham
- Investigación educativa.
- Fundación para el Progreso Nacional.
- Fondo Garland.
- German Marshall Fund.
- Órgano de gobierno de los israelitas
- Comunidad religiosa.
- Instituto de Investigación del Sur del Golfo.
- Haganah. Universidad de Harvard.
- El Club del Fuego del Stanford.
- Instituto Internacional de Investigación para la Paz de Estocolmo.
- Sociedad Sun Yat Sen.
- Corporación de Desarrollo de Sistemas.
- Instituto Tavistock de Relaciones Humanas.
- Tempo Corporation.
- El Alto Doce Internacional.
- La Fundación Agenda Pública.
- El Instituto de Calidad de Vida.
- Sociedad Teosófica.
- Sociedad Thule.
- Consejo Transatlántico.
- Comisión Trilateral.
- Asociación estadounidense del Club de Roma.
- Instituto Estadounidense para la Paz.
- Unión de Científicos Preocupados.
- UNITAR.

Infierno.
- Liga Horace Mann.
- Hudson Guild.
- Instituto Hudson.
- Hudson Bay Company.
- Imperial College, Universidad de Londres.
- La Fraternidad Cristiana Industrial.
- Instituto de Investigación Cerebral.
- Instituto de Relaciones con el Pacífico.
- Instituto de Estudios Políticos.
- Escuela Wharton de la Universidad de Pensilvania.
- Warburg, James P. y familia.
- Laboratorios de formación occidentales.
- Wilton Park.
- Women's Christian Temperance Union.
- Compañía Wong Hong Hon.
- Instituto de Trabajo en América.
- Consejo Mundial de Iglesias.

Fundaciones y grupos de interés especiales

- Oficina Árabe.
- Sociedad Aristotélica.
- Instituto de Investigación de Asia.
- Fundación Bertrand Russell para la Paz.
- British American Canadian Corporation.
- Sociedad de Pueblos en Peligro.
- English Property Corporation Ltd.
- Hospice Inc.
- Hermandad Internacional de Camioneros.
- Cruz Roja Internacional.
- Fundación Jerusalén,

- Hermandad del Amor Eterno.
- Apóstoles de Cambridge.
- Campaña de la Histadrut canadiense.
- Canadian Pacific Ltd.
- Grupo de Acción Caribe-Centroamérica.
- China Everbright Holdings Ltd.
- Instituto Popular de Asuntos Exteriores de China.
- Consejo de América del Sur.
- Canadá.
- Kissinger Associates.
- Cámara de Comercio de Kowloon.
- Organización de Estados Americanos.
- Comisión de Asuntos de China en el Extranjero.
- Radio Corporation of America (RCA).
- Policía Real de Hong Kong. YMCA.

BANCOS

- American Express.
- BCCI.[28] Banco

---

[28] BCCI. Este banco ha sido acusado en repetidas ocasiones de estar muy implicado en el blanqueo de dinero procedente de la droga en todo el mundo. Su estructura engloba todas las operaciones del Comité de los 300. Su estructura corporativa es interesante. Middle East Interests, 35% de las acciones en manos de :

- Familia reinante de Bahrein.
- Familia reinante de Sharjah.
- La familia gobernante de Dubai.
- La familia gobernante de Irán.
- Un grupo de empresarios de Oriente Medio.
- BCCI Islas Caimán

- Banca de la Svizzera d'Italia.
- Banca Andioino.
- Banca d'America d'Italia.
- Banca Nazionale del Lavoro.
- Banca Privada.
- Banco Ambrosiano.
- Banco Caribe.
- Banco Commercial Mexicana.
- Banco Consolidado.
- Banco de España.
- Banco de Colombia.
- Banco de Commercio.
- Banco de Iberioamérica.
- Banco de la Nación.
- Banco del Estada.
- Banco Internacional.
- Banco Latino.
- Banco Mercantil de

- Imperial Canadiense de Comercio.
- Centrust Bank.
- Chartered Bank.
- Banco Charterhouse Japhet.
- Chase Manhattan Bank.
- Banco Químico.
- Citibank.
- Citizens and Southern Bank of Atlanta.
- City National Bank de Miami.
- Banco Claridon.
- Cleveland National City Bank.
- Corporate Bank and Trust Company.
- Credit y Commerce American Holdings.
- Créditos y Comercio, Antillas Holandesas.
- Credit Suisse.

- La familia gobernante de Arabia Saudí.

41%.
- Bank of America 24%.

BCCI Cayman Islands y BCCI Luxembourg han establecido oficinas de representación en Miami, Boca Ratón, Tampa, Nueva York, San Francisco y Los Ángeles.

- México.
- Banco Nacional de Cuba.
- Banco Nacional de Panamá y bancos panameños más pequeños.
- Bangkok Commercial d'Italian.
- Banco Metropolitano de Bangkok.
- Banco al Meshreq.
- Banco América.
- Banco de Pagos Internacionales.
- Banco Hapoalim.
- Banco Leu.
- Banco Leumi.
- Banco de Bangkok.
- Banco de Boston.
- Banco de Canadá.
- Banco de Crédito y Comercio.
- Banco de Asia Oriental.
- Internacional.
- Banco de Inglaterra.
- Banco de Escambia.
- Banco de Ginebra.
- Banco de Irlanda.
- Crocker National Bank. de'Neuflize, Schlumberger, Mallet Bank.
- Dresdener Bank.
- Banco Global de Dusseldorf.
- Banco Litex.
- Banco Ljubljanska.
- Lloyds Bank.
- Marine Midland Bank.
- Midland Bank.
- Banco Morgan.
- Morgan & Co.
- Banco Morgan Grenfell.
- Banco Narodny.
- Banco Nacional de Cleveland.
- Banco Nacional de Florida.
- National Westminster Bank.
- Banco Orion.
- Banco Paravicini Ltd.
- Republic National Bank.
- Royal Bank of Canada.
- Banco Schroeder.

- ➤ Banco de Londres y México.
- ➤ Banco de Montreal.
- ➤ Banco de Norfolk.
- ➤ Banco de Nueva Escocia.
- ➤ Banco de Ohio.
- ➤ Banque Bruxelles-Lambert.
- ➤ Banco Comercial Árabe.
- ➤ Banco de Crédito Internacional.
- ➤ Banco de París y Países Bajos.
- ➤ Banco francés e italiano para América del Sur.
- ➤ Banco Louis Dreyfus de París.
- ➤ Banca Privada.
- ➤ Banques Sud Ameris.
- ➤ Barclays Bank.
- ➤ Banco Baring Brothers.
- ➤ Bancos Barnett.
- ➤ Baseler Handeslbank.
- ➤ Comité de Supervisión Bancaria de Basilea.

- ➤ Banco Seligman.
- ➤ Banco Comercial de Shanghai.
- ➤ Banco Soong.
- ➤ Standard y Chartered Bank.
- ➤ Standard Bank.
- ➤ Corporación Bancaria Suiza.
- ➤ Banco de comercio suizo-israelí.
- ➤ Banco de Desarrollo Comercial.
- ➤ Unibank.
- ➤ Union Bank of Israel.
- ➤ Banco de la Unión de Suiza.
- ➤ Banco Vanying.
- ➤ Banco White Weld.
- ➤ Banco Mundial.
- ➤ Banco de Comercio Mundial de Nassau.
- ➤ Banco Mundial de Comercio.
- ➤ Wozchod Handelsbank.

Nota: Con la excepción del Comité Bancario de Basilea, cada uno de los bancos mencionados anteriormente ha estado, y puede seguir estando, implicado en el comercio de drogas, diamantes, oro y armas.

Asociaciones jurídicas y abogados

- Asociación Americana de Abogados.
- Clifford y Warnke.
- Hermanos Coudert.
- Cravaith, Swain y Moore.
- Wilkie, Farr y Gallagher.

Contables/auditores

- Price, Waterhouse.

Instituciones Tavistock en Estados Unidos

Obtiene contratos del Instituto Nacional de Salud.

- CORPORACIÓN MERLE THOMAS

Obtiene contratos de la Marina de los Estados Unidos, analiza los datos de los satélites.

- INVESTIGACIÓN WALDEN

Trabaja en el ámbito de la lucha contra la contaminación.

- PLANNING RESEARCH CORPORATION, ARTHUR D. LITTLE, G.E. "TEMPO", OPERATIONS RESEARCH INC.

Se encuentran entre las cerca de 350 empresas que realizan investigaciones y encuestas, y hacen recomendaciones al gobierno. Forman parte de lo que el presidente Eisenhower denominó "un posible peligro para la política pública que podría convertirse en cautiva de una élite científico-tecnológica".

- INSTITUCIÓN DE BROOKINGS

Dedicó su trabajo a lo que llamó una "agenda nacional". Escribió el programa del presidente Hoover, el "New Deal" del presidente Roosevelt, el programa "Nuevas Fronteras" de la administración Kennedy (desviarse de él le costó la vida a John F. Kennedy) y la "Gran

Sociedad" del presidente Johnson. Brookings ha dicho al gobierno de EE.UU. cómo llevar a cabo sus negocios durante los últimos 70 años y sigue haciéndolo en nombre del Comité de los 300.

> INSTITUTO HUDSON

Bajo el liderazgo de Herman Khan, esta institución ha hecho más para moldear la forma en que los estadounidenses reaccionan a los acontecimientos políticos y sociales, piensan, votan y se comportan en general, que cualquier otra institución, excepto los CINCO GRANDES. Hudson está especializado en la investigación de la política de defensa y las relaciones con la URSS. La mayor parte de su trabajo militar está clasificado como SECRETO. (Algunos de sus primeros trabajos se titulaban "Stability and Tranquillity Among Older Nations" y "Analytical Summary of U.S. National Security Policy Issues". Hudson se enorgullece de su diversidad; ha ayudado a la NASA con sus programas espaciales y ha contribuido a promover nuevas modas e ideas juveniles, la rebelión y la alienación de los jóvenes para el Comité de los 300, aparentemente financiado por *Coca Cola*. Hudson puede ser clasificado, con razón, como uno de los establecimientos de lavado de cerebro del Comité de los 300. Algunos de sus escenarios de guerra nuclear son una lectura muy interesante y, si puedes conseguirlos, te recomiendo "Las 6 amenazas termonucleares básicas" y los posibles resultados de una guerra termonuclear" y uno de sus documentos más aterradores titulado "Guerra nuclear entre israelíes y árabes". Hudson también asesora al Comité de 300 empresas, Rank, Xerox, General Electric, IBM y General Motors, por nombrar algunas, pero su mayor cliente sigue siendo el Departamento de Defensa de EE.UU., que se ocupa de cuestiones de defensa civil, seguridad nacional, política militar y control de armas. Hasta la fecha, todavía no se ha embarcado en la "NASA húmeda", es decir, la Agencia Nacional de Oceanografía.

> LABORATORIOS NACIONALES DE FORMACIÓN

El NTL también se conoce como Instituto Internacional de Ciencias del Comportamiento Aplicadas. Este instituto es, sin duda, un centro de lavado de cerebro basado en los principios de Kurt Lewin, que incluye los llamados T-Groups (grupos de entrenamiento), un entrenamiento de estrés artificial en el que los participantes se ven abocados de repente a defenderse de acusaciones viciosas. La NTL es la sede de la Asociación Nacional de Educación, el mayor grupo de profesores de Estados Unidos.

Aunque oficialmente denuncia el "racismo", es interesante observar que el NTL, en colaboración con la NEA, elaboró un documento en el que se proponen bonos de educación que separarían a los niños difíciles de enseñar de los más brillantes, y los fondos se asignarían en función del número de niños difíciles que se separarían de los que progresan a un ritmo normal. Esta propuesta no fue aprobada.

> ➢ UNIVERSIDAD DE PENNSYLVANIA, ESCUELA WHARTON DE FINANZAS Y COMERCIO

Fundada por Eric Trist, uno de los "cerebros" de Tavistock, Wharton se ha convertido en una de las instituciones más importantes de Tavistock en Estados Unidos para la "investigación del comportamiento". Wharton atrae a clientes como el Departamento de Trabajo de EE.UU.: enseña a elaborar estadísticas "cocinadas" en Wharton Econometric Forecasting Associates Incorporated. Este método tiene una gran demanda, ya que llegamos a finales de 1991 con millones de parados más de lo que reflejan las estadísticas de la USDL.

Los modelos económicos de Wharton son utilizados por todas las grandes empresas de Estados Unidos y Europa Occidental, así como por el Fondo Monetario Internacional, las Naciones Unidas y el Banco Mundial. Wharton ha producido personas tan notables como George Schultz y Alan Greenspan.

> ➢ INSTITUTO DE INVESTIGACIÓN SOCIAL

Se trata del instituto creado por los cerebros de Tavistock: Rensis Likert, Dorwin Cartwright y Ronald Lippert. Entre sus estudios figuran "El significado humano del cambio social", "La juventud en transición" y "Cómo ven los estadounidenses su salud mental". Entre los clientes del Instituto se encuentran la Fundación Ford, el Departamento de Defensa de Estados Unidos, el Servicio Postal de Estados Unidos y el Departamento de Justicia de Estados Unidos.

> ➢ INSTITUTO PARA EL FUTURO

No es una institución típica de Tavistock, ya que está financiada por la Fundación Ford, pero toma su metodología de previsión a largo plazo de la madre de todos los think tanks. El Instituto para el Futuro proyecta lo que cree que serán los cambios que se producirán dentro de cincuenta años. Se supone que el instituto puede prever las tendencias socioeconómicas y señalar cualquier desviación de lo que considera normal. El Instituto del Futuro cree que es posible y normal intervenir ahora y tomar decisiones para el futuro. Los paneles Delphi deciden lo que es normal y lo que no lo es, y preparan documentos de posición para "dirigir" al gobierno en la dirección correcta para evitar que los grupos creen disturbios civiles. [Puede tratarse de grupos patrióticos que piden la abolición de los impuestos progresivos o que exigen que no se viole su "derecho a portar armas"]. El instituto recomienda acciones como la liberalización de las leyes sobre el aborto, el consumo de drogas y los peajes para los coches que entren en una zona urbana, la enseñanza de la anticoncepción en las escuelas públicas, la obligación de registrar las armas, la legalización de la homosexualidad, el pago a los estudiantes por sus logros académicos, el control estatal de la zonificación, la provisión de incentivos para la planificación familiar y, por último, pero no por ello menos importante, la propuesta, a la manera de Pol Pot en Camboya, de crear nuevas comunidades en zonas rurales. Como puede verse, muchos de los objetivos del Instituto del Futuro ya se han cumplido con creces.

> INSTITUTO DE ESTUDIOS POLÍTICOS (IPS)

Uno de los "tres grandes", el IPS ha moldeado y reconfigurado la política estadounidense, exterior e interior, desde su fundación por James P. Warburg y las entidades Rothschild en los Estados Unidos, con el apoyo de Bertrand Russell y los socialistas británicos a través de sus redes en América, que incluyen la Liga para la Democracia Industrial en la que Leonard Woodcock desempeñó un papel destacado, aunque entre bastidores. Entre los principales actores locales de la Liga para la Democracia Industrial se encontraban la "conservadora" Jeane Kirkpatrick, Irwin Suall (de la ADL), Eugene Rostow (negociador del control de armas), Lane Kirkland (líder laborista) y Albert Shanker.

Para que conste, el IPS fue creado en 1963 por Marcus Raskin y Richard Barnett, ambos graduados del Instituto Tavistock. La mayoría de los fondos procedían de socios de Rothschild en América, como la familia James Warburg, la fundación de la familia Stern y la fundación Samuel Rubin. Samuel Rubin era un miembro registrado del Partido Comunista que robó el nombre Fabergé [Fabergé era el "joyero de la corte imperial rusa"] e hizo una fortuna con el nombre Fabergé.

Los objetivos del IPS se derivaban de un programa elaborado por la Mesa Redonda británica, que a su vez procedía del Instituto Tavistock, siendo uno de los más destacados la creación de la "Nueva Izquierda" como movimiento popular en Estados Unidos. El IPS debía crear conflictos y disturbios y extender el caos como un incendio incontrolable, proliferar los "ideales" del socialismo nihilista de izquierdas, apoyar el uso ilimitado de drogas de todo tipo y ser el "gran palo" con el que golpear al establishment político estadounidense.

Barnett y Raskin controlaban elementos tan diversos como los Panteras Negras, Daniel Ellsberg, el miembro del Consejo de Seguridad Nacional Halperin, los Weathermen Underground, los Venceramos y el personal de la campaña del candidato George McGovern. Ningún proyecto era demasiado grande para que el IPS y sus controladores lo asumieran y gestionaran.

Por ejemplo, el complot para "secuestrar" a Kissinger, que estaba en manos de Eqbal Ahmed, un oficial de inteligencia británico del MI6 de origen pakistaní, autorizado por "TROTS" (terroristas trotskistas con sede en Londres). El "complot" fue "descubierto" por el FBI para que no llegara demasiado lejos. Ahmed se convirtió entonces en el director de una de las agencias más influyentes del IPS, el Instituto Transnacional, que, como un camaleón, cambió su antiguo nombre por el de Instituto de Relaciones Raciales cuando los agentes de inteligencia de la BOSS (Oficina de Seguridad del Estado) en Sudáfrica desenmascararon el hecho de que estaba directamente vinculado a la beca Rhodes-Harry Oppenheimer y a los intereses mineros anglo-americanos-británicos en Sudáfrica. El BOSS también desacreditó al mismo tiempo a la Fundación Sudáfrica.

A través de sus numerosos y poderosos grupos de presión en el Capitolio, el IPS ha utilizado implacablemente su "gran garrote" para golpear al Congreso. El IPS cuenta con una red de grupos de presión, que supuestamente operan de forma independiente, pero que en realidad actúan de forma cohesionada, de modo que los miembros del Congreso son asediados desde todos los lados por grupos de presión aparentemente diferentes y variados. De este modo, el IPS fue, y sigue siendo, capaz de influir con éxito en los representantes y senadores individuales para que voten a favor de "la tendencia, la forma en que van las cosas". Utilizando a hombres clave del Capitolio, el IPS pudo penetrar en la propia infraestructura de nuestro sistema legislativo y en su funcionamiento.

Para dar sólo un ejemplo concreto de lo que estoy hablando: en 1975, un funcionario del IPS convenció al representante John Conyers (demócrata de Michigan) y a cuarenta y siete miembros de la Cámara de Representantes para que pidieran al IPS que preparara un estudio presupuestario que se opusiera al presupuesto elaborado por el presidente Gerald Ford. Aunque no se aprobó, la solicitud se volvió a presentar en 1976, 1977 y 1978, con nuevos patrocinadores.

Posteriormente, en 1978, cincuenta y seis miembros del Congreso firmaron para patrocinar un estudio presupuestario del IPS. Esto fue preparado por Marcus Raskin. El presupuesto de Raskin exigía un recorte del 50% en el presupuesto de defensa, un programa de vivienda socialista "que compitiera con los mercados privados de la vivienda y las hipotecas y los sustituyera gradualmente", un servicio nacional de salud, "cambios radicales en el sistema educativo que perturbaran el control capitalista sobre la distribución del conocimiento", y varias otras ideas radicales.

La influencia del IPS en las negociaciones de control de armas fue un factor importante para conseguir que Nixon firmara el traicionero tratado ABM en 1972, que dejó a Estados Unidos prácticamente indefenso frente a los ataques con misiles balísticos intercontinentales durante casi una década. El IPS se convirtió, y sigue siendo hasta hoy, uno de los más prestigiosos "think tanks" que controlan las decisiones de política exterior que nosotros, el pueblo, creemos tontamente que toman nuestros legisladores.

Patrocinando el activismo en casa y manteniendo los vínculos con los revolucionarios en el extranjero, organizando victorias como la de los "Papeles del Pentágono", asediando la estructura corporativa, salvando la brecha de credibilidad entre los movimientos clandestinos y el activismo político aceptable, Al penetrar en las organizaciones religiosas y utilizarlas para sembrar la discordia en América, como la política racial radical bajo el disfraz de la religión, al utilizar los medios de comunicación establecidos para difundir las ideas del IPS y luego apoyarlos, el IPS ha estado a la altura del papel para el que fue fundado.

> INSTITUTO DE INVESTIGACIÓN STANFORD

Jesse Hobson, el primer presidente del Instituto de Investigación de Stanford, en un discurso pronunciado en 1952, indicó claramente las líneas que debía seguir la institución. Stanford puede describirse como una de las "joyas" de la corona de Tavistock en su reinado sobre los Estados Unidos. Fundado en 1946, inmediatamente después del final de la Segunda Guerra Mundial, fue presidido por Charles A. Anderson y se centró en el desarrollo de la universidad. Fue presidido por Charles A. Anderson y se centró en la investigación del control mental y las "ciencias del futuro". La Fundación Charles F. Kettering, que desarrolló las "Imágenes cambiantes del hombre" en las que se basa la Conspiración de Acuario, se incluyó en el marco de Stanford.

Algunos de los principales clientes y contratos de Stanford se centraban inicialmente en la industria de la defensa, pero a medida que Stanford ha ido creciendo, la diversidad de sus servicios ha aumentado:

- ➢ Aplicaciones de las ciencias del comportamiento a la gestión de la investigación
- ➢ Oficina de Ciencia y Tecnología.
- ➢ Programa de inteligencia económica SRI.
- ➢ Departamento de Defensa de EE.UU. Dirección de Investigación e Ingeniería de Defensa.
- ➢ Oficina de Investigación Aeroespacial del Departamento de Defensa de los Estados Unidos.

Entre las empresas que utilizaron los servicios de Stanford se encuentran Wells Fargo Bank, Bechtel Corporation, Hewlett Packard, Bank of America, McDonnell-Douglas Corporation, Blyth, Eastman Dillon y TRW Company. Uno de los proyectos más secretos de Stanford fue un extenso trabajo sobre armas de guerra química y bacteriológica (CBW). Stanford Research está conectado con al menos 200 pequeños "think tanks" que realizan investigaciones sobre todos los aspectos de la vida en Estados Unidos. Esto se llama red ARPA y representa la aparición de, probablemente, el esfuerzo más amplio para controlar el entorno de cada individuo en el país. En la actualidad, los ordenadores de Stanford están conectados a 2.500 consolas de investigación "hermanas", entre las que se encuentran la Agencia Central de Inteligencia (CIA), los Laboratorios Telefónicos Bell, la Inteligencia del Ejército de Estados Unidos, la Oficina de Inteligencia Naval (ONI), el RANI, el MIT, Harvard y la UCLA. Stanford desempeña un papel fundamental, ya que es la "biblioteca" que cataloga toda la documentación de ARPA.

A las "otras agencias" -y aquí se puede ser imaginativo- se les permite buscar palabras y frases clave en la "biblioteca" del SRI, consultar fuentes y actualizar sus propios archivos maestros con los del Centro de Investigación de Stanford. El Pentágono, por ejemplo, hace un amplio uso de los archivos maestros de la ISR, y no cabe duda de que otras agencias gubernamentales estadounidenses hacen lo mismo. Los problemas de "mando y control" del Pentágono los resuelve Stanford.

Aunque esta investigación se aplica ostensiblemente sólo a las armas y a los soldados, no hay absolutamente ninguna garantía de que la misma investigación no pueda, y no vaya a, dirigirse hacia las aplicaciones civiles. Stanford tiene fama de estar dispuesto a hacer cualquier cosa por cualquiera, y estoy convencido de que si el IRS se expusiera por completo, la hostilidad que provocaría la revelación de lo que realmente hace obligaría muy probablemente al IRS a cerrar.

- ➢ INSTITUTO TECNOLÓGICO DE MASSACHUSETTS, ESCUELA DE ADMINISTRACIÓN ALFRED P. SLOAN

Este gran instituto no es generalmente reconocido como parte de Tavistock. La mayoría de la gente piensa que se trata de una institución puramente estadounidense, pero esto está lejos de ser así. El MIT-Alfred Sloan puede dividirse a grandes rasgos en varios grupos:

- ➢ Tecnología contemporánea.
- ➢ Relaciones laborales.
- ➢ Psicología del grupo Lewin.
- ➢ Laboratorios de investigación informática de la NASA-ERC.
- ➢ Grupo de la Oficina de Investigación Naval, Psicología.

Dinámica del sistema. Forrestor y Meadows redactaron el estudio del Club de Roma sobre el crecimiento cero, titulado "Los límites del crecimiento".

Entre los clientes del MIT se encuentran los siguientes:

- ➢ American Management Association.
- ➢ Cruz Roja Americana.
- ➢ Comisión de Desarrollo Económico.
- ➢ GTE.
- ➢ Instituto de Análisis de la Defensa
- ➢ (IDA).
- ➢ LA NASA.
- ➢ Academia Nacional de Ciencias.
- ➢ Consejo Nacional de Iglesias.
- ➢ Sylvania.
- ➢ TRW.
- ➢ Ejército de los Estados Unidos.
- ➢ Departamento de Estado de los Estados Unidos.
- ➢ Marina de los Estados Unidos.
- ➢ El Tesoro de los Estados Unidos.
- ➢ Empresa Volkswagen.

El alcance del trabajo de IDA es tan amplio que se necesitarían cientos de páginas para describir las actividades en las que participa.

> RAND RESEARCH AND DEVELOPMENT CORPORATION

Sin duda, RAND es EL think-tank más deudor del Instituto Tavistock y ciertamente el vehículo más prestigioso de la RIIA para controlar la política estadounidense a todos los niveles. Las políticas específicas de la RAND que se han hecho operativas incluyen nuestro programa de misiles balísticos intercontinentales, los principales análisis para la política exterior de EE.UU., el instigador de los programas espaciales, las políticas nucleares de EE.UU., los análisis corporativos, cientos de proyectos para el ejército, la Agencia Central de Inteligencia (CIA) en relación con el uso de drogas que alteran la mente como el peyote, el LSD (la operación encubierta MK-Ultra de 20 años)

Entre los clientes de RAND se encuentran los siguientes:

> American Telephone and Telegraph Company (AT&T).
> International Business Machines (IBM).
> Chase Manhattan Bank.
> Fundación Nacional de la Ciencia.
> Partido Republicano.
> TRW.
> Fuerza Aérea de los Estados Unidos.
> Departamento de Energía de los Estados Unidos.
> Departamento de Salud de los Estados Unidos.

Hay literalmente MILES de empresas, instituciones gubernamentales y organizaciones muy importantes que utilizan los servicios de RAND, y enumerarlos todos sería una tarea imposible. Entre las "especialidades" de RAND se encuentra un grupo de estudio que predice el momento y la dirección de una guerra termonuclear y desarrolla los numerosos escenarios basados en sus conclusiones. La RAND fue acusada en su día de haber sido encargada por la URSS de elaborar las condiciones de la rendición del gobierno estadounidense, acusación que llegó hasta el Senado de los Estados Unidos, donde fue retomada por el senador Symington y luego fue víctima de los artículos despectivos vertidos por la prensa del establishment. El lavado de cerebro sigue siendo la función principal de RAND.

En resumen, las principales instituciones de Tavistock en Estados Unidos que se dedican al lavado de cerebro a todos los niveles, incluyendo el gobierno, el ejército, las empresas, las organizaciones religiosas y la educación son las siguientes:

- ➢ Institución Brookings.
- ➢ Instituto Hudson.
- ➢ Instituto de Estudios Políticos.
- ➢ Instituto Tecnológico de Massachusetts.

- ➢ Laboratorios Nacionales de Formación.
- ➢ Rand Research and Development Corporation.
- ➢ Instituto de Investigación de Stanford.
- ➢ Wharton School de la Universidad de Pensilvania.

Según algunas de mis fuentes, el número total de personas empleadas por estas instituciones ronda los 50.000, con una financiación cercana a los 10.000 millones de dólares.

Algunas de las principales instituciones y organizaciones mundiales del Comité de los 300

- ➢ Americanos por un Israel Seguro.
- ➢ Revista de Arqueología Bíblica.
- ➢ Bilderbergers.
- ➢ British Petroleum.
- ➢ Instituto Canadiense de Relaciones Exteriores.
- ➢ Fundamentalismo

- ➢ Fundación del Monte del Templo.
- ➢ El Club de los Ateos.
- ➢ El Club del Cuarto Estado de Conciencia.
- ➢ La Orden Hermética de la Aurora Dorada.
- ➢ El Grupo Milner.

- cristiano.
- Consejo de Relaciones Exteriores, Nueva York.
- Sociedad Egipcia de Exploración.
- Imperial Chemical Industries.
- Instituto Internacional de Estudios Estratégicos.
- Orden de la Calavera y los Huesos.
- Fondo de exploración de Palestina.
- Pobres Caballeros de los Templarios.
- Royal Dutch Shell Company.
- Internacional Socialista.
- Fundación Sudáfrica.
- Instituto Tavistock de Relaciones Humanas.

- Los Príncipes Nasi.
- La Orden de Magna Mater.
- El orden del desorden divino.
- La RIIA.
- La Mesa Redonda.
- Comisión Trilateral.
- Masonería universal.
- El sionismo universal.
- Vickers Armament Company.
- La Comisión Warren.
- Comité Watergate.
- Wilton Park.
- Consejo Mundial de Iglesias.

Miembros anteriores y actuales del Comité de los 300

- Abergavemy, Marqués de.
- Acheson, Dean.
- Adeane, Lord

- Keswick, William Johnston.
- Keynes, John Maynard.

- Michael.
- Agnelli, Giovanni.
- Alba, Duque de Aldington, Señor.
- Alemán, Miguel.
- Allihone, Profesor T. E.
- Heredero de la familia Alsop.
- Amory, Houghton.
- Anderson, Charles A.
- Anderson, Robert O.
- Andreas, Dwayne.
- Asquith, Lord.
- Astor, John Jacob y su sucesor, Waldorf.
- Aurangzeb, descendientes de.
- Austin, Paul.
- Baco, Sir Ranulph
- Balfour, Arthur.
- Balogh, Señor.
- Bancroft, Barón de Stormont.
- Baring.
- Barnato, B.
- Barran, Sir John.
- Baxendell, Sir Peter.
- Beatriz de Saboya, princesa.
- Kimberly, Señor.
- King, Dr. Alexander.
- Kirk, Grayson L.
- Kissinger, Henry.
- Kitchener, Lord Horatio.
- Kohnstamm, Max.
- Korsch, Karl.
- Lambert, Barón Pierre.
- Lawrence, G.
- Lazar. Lehman, Lewis.
- Lever, Sir Harold.
- Lewin, Dr. Kurt.
- Linowitz, S.
- Lippmann, Walter.
- Livingstone, Robert R. Representante de la familia.
- Lockhart, Bruce.
- Lockhart, Gordon.
- Loudon, Sir John.
- Luzzatto, Pieipaolo.
- Mackay, Lord, de Clashfern.
- Mackay-Tallack, Sir Hugh.
- Mackinder, Halford.
- MacMillan, Harold.

- Beaverbrook, Lord.
- Beck, Robert.
- Beeley, Sir Harold.
- Beit, Alfred.
- Benn, Anthony Wedgewood.
- Bennet, John W.
- Benetton, Gilberto o Carlo alternativamente.
- Bertie, Andrew.
- Besant, Sir Walter.
- Bethal, Lord Nicholas.
- Bialkin, David.
- Biao, Keng.
- Bingham, William. Binny, J. F.
- Blunt, Wilfred.
- Bonacassi, Franco Orsini.
- Bottcher, Fritz.
- Bradshaw, Thornton.
- Brandt, Willy.
- Brewster, Kingman.
- Buchan, Alastair.
- Buffet, Warren.
- Bullitt, William C.
- Bulwer-Lytton, Edward.

- Matheson, Jardine.
- Mazzini, Gueseppi.
- McClaughlin, W. E.
- McCloy, John J.
- McFadyean, Sir Andrew.
- McGhee, George.
- McMillan, Harold.
- Mellon, Andrew.
- Mellon, William Larimer o representante de la familia.
- Meyer, Frank.
- Michener, Roland.
- Mikovan, Anastas.
- Milner, Lord Alfred.
- Mitterand, François.
- Monet, Jean.
- Montague, Samuel.
- Montefiore, Lord Sebag o el Obispo Hugh.
- Morgan, John P.
- Mott, Stewart.
- Mountain, Sir Brian Edward.
- Mountain, Sir Dennis.
- Mountbatten, Lord

- Bundy, McGeorge.
- Bundy, William.
- Bush, George.
- Cabot, John. Representante de la familia.
- Caccia, Barón Harold Anthony.
- Cadman, Sir John.
- Califano, Joseph.
- Carrington, Señor.
- Carter, Edward.
- Catlin, Donat.
- Catto, Señor.
- Cavendish, Victor C. W., Duque de Devonshire.
- Chamberlain, Houston Stewart. Chang, V. F.
- Chechirin, Georgi o la familia designada.
- Churchill, Winston.
- Cicireni, V. o familia designada.
- Cini, Conde Vittorio.
- Clark, Howard.
- Cleveland, Amory.
- Cleveland, Harland.
- Clifford, Clark.

Louis.
- Munthe, A., o representante de la familia.
- Naisbitt, John.
- Neeman, Yuval.
- Newbigging, David.
- Nicols, Lord Nicholas de Bethal.
- Norman, Montague.
- O'Brien de Lotherby, Lord.
- Ogilvie, Angus.
- Okita, Saburo.
- Oldfield, Sir Morris.
- Oppenheimer, Sir Earnest, y su sucesor, Harry.
- Ormsby Gore, David (Lord Harlech).
- Orsini, Franco Bonacassi.
- Ortolani, Umberto.
- Ostiguy, J.P.W.
- Paley, William S. Pallavacini.
- Palme, Olaf.
- Palmerston.
- Palmstierna, Jacob.
- Pao, Y.K.

- Cobold, Señor.
- Coffin, Reverendo William Sloane.
- Constanti, Casa de la Naranja.
- Cooper, John. Familia con nombre.
- Coudenhove-Kalergi, Conde.
- Cowdray, Señor.
- Cox, Sir Percy.
- Cromer, Lord Evelyn Baring.
- Crowther, Sir Eric.
- Cumming, Sir Mansfield.
- Curtis, Lionel.
- d'Arcy, William K.
- D'Avignon, Conde Etienne.
- Danner, Jean Duroc.
- Davis, John W. por Benneditti, Carlo.
- De Bruyne, Dirk.
- De Gunzberg, Barón Alain.
- De Lamater, el General de División Walter.
- De Menil, Jean.
- De Vries, Rimmer.
- Pease, Richard T.
- Peccei, Aurellio.
- Peek, Sir Edmund.
- Pellegreno, Michael, Cardenal.
- Perkins, Nelson.
- Pestel, Eduard.
- Peterson, Rudolph.
- Petterson, Peter G.
- Petty, John R.
- Felipe, Príncipe, Duque de Edimburgo.
- Piercy, George.
- Pinchott, Gifford.
- Pratt, Charles.
- Price Waterhouse, representante designado.
- Radziwall.
- Rainiero, Príncipe.
- Raskob, John Jacob.
- Recanati.
- Rees, John.
- Reese, John Rawlings.
- Rennie, Sir John.
- Rettinger, Joseph.
- Rhodes, Cecil John.

- de Zulueta, Sir Philip.
- d'Aremberg, Marqués Charles Louis.
- Delano. representante de la familia.
- Dent, R.
- Deterding, Sir Henri.
- di Spadaforas, Conde Guitierez (heredero)
- Douglas-Home, Sir Alec.
- Drake, Sir Eric.
- Duchêne, François.
- DuPont. Eduardo, Duque de Kent.
- Eisenberg, Shaul.
- Elliott, Nicholas.
- Elliott, William Yandel.
- Elsworthy, Señor.
- Farmer, Victor.
- Forbes, John M.
- Foscaro, Pierre.
- Francia, Sir Arnold.
- Fraser, Sir Hugh.
- Frederik IX, rey de Dinamarca, en representación de la familia.
- Rockefeller, David.
- Papel, Lord Eric de Ipsden.
- Rosenthal, Morton.
- Rostow, Eugene.
- Rothmere, Señor.
- Rothschild Élie de o Edmond de y/o Barón de Rothschild
- Runcie, Dr. Robert.
- Russell, Lord John.
- Russell, Sir Bertrand.
- Saint Gouers, Jean.
- Salisbury, marquesa de
- Robert Gascoigne Cecil.
- Shelburne, Les Salisbury, Lord.
- Samuel, Sir Marcus.
- Sandberg, M. G.
- Sarnoff, Robert.
- Schmidheiny, Stephan o los hermanos alternativos Thomas, Alexander.
- Schoenberg, Andrew.
- Schroeder.
- Schultz, George.
- Schwartzenburg, E.
- Shawcross, Sir

- Frères, Lazard.
- Frescobaldi, Lamberto.
- Friburgo, Michael.
- Gabor, Dennis.
- Gallatin, Albert. Representante de la familia
- Gardner, Richard.
- Geddes, Sir Auckland.
- Geddes, Sir Reay.
- George, Lloyd.
- Giffen, James.
- Gilmer, John D.
- Giustiniani, Justin.
- Gladstone, Lord.
- Gloucester, El Duque de.
- Gordon, Walter Lockhart.
- Grace, Peter J.
- Greenhill, Lord Dennis Arthur.
- Greenhill, Sir Dennis.
- Grey, Sir Edward.
- Gyllenhammar, Stones.
- Haakon, Rey de Noruega.
- Hartley.
- Sheridan, Walter.
- Shiloach, Rubin.
- Silitoe, Sir Percy.
- Simon, William.
- Sloan, Alfred P.
- Smutts, Jan.
- Spelman.
- Sproull, Robert.
- Stals, Dr. C.
- Stamp, Señor representante de la familia.
- Steel, David.
- Stiger, George.
- Strathmore, Señor.
- Strong, Sir Kenneth.
- Fuerte, Maurice.
- Sutherland.
- Swathling, Señor.
- Swire, J. K.
- Tasse, G. o la familia designada.
- Temple, Sir R.
- Thompson, William Boyce.
- Thompson, Señor.
- Thyssen-Bornamisza,
- Barón Hans Henrich.

LA JERARQUÍA DE LOS CONSPIRADORES - EL COMITÉ DE LOS 300

- Haig, Sir Douglas.
- Hailsham, Señor.
- Haldane, Richard Burdone.
- Halifax, Señor.
- Hall, Sir Peter Vickers.
- Hambro, Sir Jocelyn.
- Hamilton, Cyril.
- Harriman, Averill.
- Hart, Sir Robert.
- Hartman, Arthur H.
- Healey, Dennis.
- Helsby, Lord.
- Su Majestad la Reina Isabel II.
- Su Majestad la Reina Juliana.
- Su Alteza Real la Princesa Beatriz.
- Su Alteza Real la Reina Margarita.
- Hesse, descendientes del Gran Duque, representante de la familia.
- Heseltine, Sir William.
- Hoffman, Paul G.
- Holland, William.
- Casa de Braganza.
- Trevelyn, Lord Humphrey.
- Turner, Sir Mark.
- Turner, Ted.
- Tyron, Señor.
- Urquidi, Victor.
- Van Den Broek, H.
- Vanderbilt.
- Vance, Cyrus.
- Verity, William C.
- Vesty, Lord Amuel.
- Vickers, Sir Geoffrey.
- Villiers, Gerald Hyde familia alterna.
- Volpi, Conde.
- von Finck, Barón August.
- von Hapsburg, Archiduque Otto, Casa de Habsburgo-Lorena.
- Wallenberg, Peter o representante de la familia.
- Von Thurn y Taxis, Max.
- Wang, Kwan Cheng, Dr. Kwan Cheng
- Warburg, S. C.
- Ward Jackson, Lady

- Casa de Hohenzollern.
- House, Coronel Mandel.
- Howe, Sir Geoffrey.
- Hughes, Thomas H.
- Hugo, Thieman.
- Hutchins, Robert M.
- Huxley, Aldous.
- Inchcape, Señor.
- Jamieson, Ken.
- Japhet, Ernst Israel.
- Jay, John. Representante de la familia.
- Jodry, J. J.
- Joseph, Sir Keith.
- Katz, Milton.
- Kaufman, Asher.
- Keith, Sir Kenneth.
- Keswick, Sir William Johnston, o Keswick, H.N.L.
- Barbara.
- Warner, Rawleigh.
- Warnke, Paul.
- Warren, Earl.
- Watson, Thomas.
- Webb, Sydney.
- Weill, David.
- Weill, Dr. Andrew.
- Weinberger, Sir Caspar.
- Weizman, Chaim.
- Wells, H. G.
- Wheetman, Pearson (Lord Cowdray).
- White, Sir Dick Goldsmith.
- Whitney, recto.
- Wiseman, Sir William.
- Wittelsbach.
- Wolfson, Sir Isaac.
- Wood, Charles.
- Young, Owen.

Bibliografía

PROYECTO DE 1980, Vance, Cyrus y Yankelovich, Daniel.

1984, Orwell, George.

DESPUÉS DE VEINTE AÑOS: LA DECLINACIÓN DE LA OTAN Y LA BÚSQUEDA DE UNA NUEVA POLÍTICA EN EUROPA, Raskin, Marcus y Barnett, Richard.

GUERRA AÉREA Y ESTRÉS, Janus, Irving.

AN AMERICAN COMPANY; THE UNITED FRUIT TRAGEDY, Scammel, Henry and McCann, Thomas.

UNA INTRODUCCIÓN A LOS PRINCIPIOS Y LA MORAL DE LA LEGISLACIÓN, Bentham, Jeremy. En esta obra de 1780, Bentham afirma que "la naturaleza ha puesto a la humanidad bajo el gobierno de dos amos soberanos, el dolor y el placer.... Nos gobiernan en todo lo que hacemos". Bentham llegó a justificar los horrores de los terroristas jacobinos de la Revolución Francesa.

INFORME ANUAL DEL BANCO LEUMI, 1977.

EN ESE MOMENTO: LA HISTORIA INTERIOR DEL COMITÉ DE AGUA DEL SENADO, Thompson, Fred. Bernard Barker, uno de los ladrones de Watergate, me dijo dónde encontrar a Thompson, que era el asesor de la minoría en el Comité Ervin. Mi encuentro con Barker tuvo lugar a la salida de un supermercado A&P bastante cerca del Coral Gables Country Club en Coral Gables, Florida. Barker dijo que Thompson estaba con su pareja de abogados que estaba haciendo una breve visita a su madre en Coral Gables, que está a sólo cinco minutos del supermercado A&P. Fui allí y conocí a Thompson. Fui allí y me reuní con Thompson, quien expresó su decepción por la forma en que Ervin había puesto restricciones tan severas a las pruebas que él, Thompson, podía admitir.

BAKU UNA HISTORIA EVENTUAL, Henry, J. D.

BESTIAS DEL APOCALIPSIS, O'Grady, Olivia Maria. Este notable libro da detalles de una amplia gama de figuras históricas, incluyendo a William C. Bullitt, que conspiró con Lloyd George para tirar de la manta bajo la Unión Europea.

Los generales rusos blancos Denekin y Rangle en un momento en que tenían al Ejército Rojo bolchevique al borde de la derrota. También proporciona mucha información sobre la industria petrolera, totalmente corrupta. Resulta especialmente interesante la información que proporciona sobre Sir Moses Montefiore, de la antigua nobleza negra veneciana de los Montefiores.

BRAVE NEW WORLD, Aldous Huxley.

POLÍTICA BRITÁNICA DEL OPIO EN CHINA, Owen, David Edward.

BRITISH OPIUM POLICY, F. S. Turner.

CECIL RHODES, Flint, John.

CECIL RHODES, LA ANATOMÍA DE UN IMPERIO, Marlow, John.

CONFERENCIA SOBRE EL DESEQUILIBRIO TRANSATLÁNTICO Y LA COLABORACIÓN, Rappaport, Dr. Anatol.

CONVERSACIONES CON DZERZHINSKY, Reilly, Sydney. En documentos inéditos del Servicio Secreto Británico.

CREACIÓN DE UNA ESTRUCTURA DE COMPORTAMIENTO PARTICULAR, Cartwright, Dorwin.

CRYSTALLISING PUBLIC OPINION, Bernays, Edward.

IDEALES DEMOCRÁTICOS Y REALIDAD, Mackinder, Halford.

ERVIN, SENADOR SAM. Además de obstruir la introducción de pruebas vitales en las audiencias de Watergate, Ervin, en mi opinión, mientras se presentaba como una autoridad constitucional, traicionó constantemente a esta nación al oponerse a la ayuda a las escuelas religiosas, citando opiniones judiciales en el caso Everson. Ervin, un masón del Rito Escocés -lo que creo que explica por qué se le dio la presidencia del Comité Watergate- fue finalmente honrado, recibiendo el prestigioso premio del Rito Escocés "Apoyo al Derecho Individual". En 1973, Ervin organizó un almuerzo en el comedor del Senado en honor del Soberano Gran Comandante Clausen.

EVERSON VS. CONSEJO DE EDUCACIÓN, 33 O U.S. I, 1947.

PAPELES DE FRANKFURTER, Caja 99 y Caja 125, *"CORRESPONDENCIA DE HUGO BLACK. "*

GNOSTICISMO, MANICHEISMO, CATARISMO, La Nueva Enciclopedia Columbia

GOLES DE MANLL, Lazlo, Ernin.

GOD'S BANKER, Cornwell, Rupert. Este libro ofrece una visión general de la P2 y del asesinato de Roberto Calvi - Masonería P2.

CALIDAD HUMANA, Peccei, A.

REVISTA INTERNACIONAL DE ELECTRÓNICA.

INTRODUCCIÓN A LA SOCIOLOGÍA DE LA MÚSICA, Adorno, Theo. Adorno fue expulsado de Alemania por Hitler debido a sus experimentos musicales sobre el culto a Dionisio. Fue trasladado a Inglaterra por los Oppenheimers, donde la familia real británica le ofreció instalaciones en la escuela Gordonstoun y apoyo. Fue aquí donde Adorno perfeccionó el "Rock Beatlemusic", el "Punk Rock", el "Heavy Metal Rock" y todo ese clamor decadente que pasa por música hoy en día. Es interesante señalar que el nombre "The Beatles" se eligió para mostrar un vínculo entre el rock moderno, el culto a Isis y el escarabajo, un símbolo religioso del antiguo Egipto.

INVASIÓN DE MARTE, Cantril. En este libro, Cantril analiza las pautas de comportamiento de las personas que huyeron despavoridas tras el experimento de histeria colectiva de Orson Wells, a partir de "La guerra de los mundos" de H.G. Wells.

INVESTIGACIÓN DEL ASESINATO DE KENNEDY, EL INFORME NO COMISIONADO DE LOS HALLAZGOS DE JIM GARRISON. París, Flammonde.

IPS REVISADO, Coleman, Dr. John.

ISIS DESVELADO, UNA CLAVE MAESTRA DE LA CIENCIA Y LA TEOLOGÍA ANTIGUAS Y MODERNAS, Blavatsky, Madame Helena.

JOHN JACOB ASTOR, EMPRESARIO, Porter, Kenneth Wiggins.

JUSTICE BLACK'S PAPERS, Caja 25, Correspondencia general, Davies.

REYES QUE HACEN, REYES QUE ROMPEN, LA HISTORIA DE LA FAMILIA CECIL, Coleman, Dr. John.

LA TEOLOGÍA DE LA LIBERACIÓN. La información se extrajo de la obra de Juan Luis Segundo, que a su vez se basó en gran medida en los escritos de Karl Marx. Segundo atacó salvajemente las instrucciones de la Iglesia Católica contra la teología de la liberación, contenidas en la "Instrucción sobre ciertos aspectos de la 'Teología de la Liberación'", publicada el 6 de agosto de 1984.

Mentiras más claras que la verdad, Barnett, Richard (miembro fundador del IPS). Revista McCalls, enero de 1983.

McGRAW HILL GROUP, ASSOCIATED PRESS. Partes de informes de 28 revistas propiedad de McGraw Hill, y artículos de AP.

MEMORIAS DE UN AGENTE BRITÁNICO, Lockhart, Bruce. Este libro explica cómo se controló la revolución bolchevique desde Londres. Lockhart era el representante de Lord Milner que iba a Rusia para supervisar las inversiones de Milner en Lenin y Trotsky. Lockhart tenía acceso a Lenin y Trotsky en cualquier momento, a pesar de que Lenin tenía a menudo una sala de espera llena de altos funcionarios y delegados extranjeros, algunos de los cuales llevaban cinco días esperando para verle. Sin embargo, Lockhart nunca tuvo que esperar más de unas horas para ver a ninguno de estos hombres. Lockhart llevaba una carta firmada por Trotsky en la que se informaba a todos los funcionarios bolcheviques de que Lockhart tenía un estatus especial y que debía recibir la máxima cooperación en todo momento.

Juegos mentales, Murphy, Michael.

VARIOS REGISTROS ANTIGUOS, Documentos de la Casa de la India, Londres.

EXPERIMENTO MK ULTRA LSD, Archivos de la CIA 1953-1957.

MR. WILLIAM CECIL Y LA REINA ELIZABETH, Read, Conyers.

ASESINATO, Anslinger, Henry. Anslinger fue en su día el agente número uno de la Agencia Antidroga y su libro es muy crítico con la llamada guerra contra las drogas que supuestamente lleva a cabo el gobierno estadounidense.

MI PADRE, UN RECUERDO, Black, Hugo L., Jr.

CONSEJO NACIONAL DE IGLESIAS, Josephson, Emmanuel en su libro "ROCKEFELLER, INTERNACIONALISTA".

IMPERIALISMO PETROLERO, LA LUCHA INTERNACIONAL POR EL PETROLEO, Fischer, Louis.

PAPELES DE SIR GEORGE BIRDWOOD, India House Documents, Londres.

PATRONES EN LAS PRUEBAS DE LECTURA DEL TÍTULO I DE EASDEA, Stanford. Instituto de Investigación.

POPULATION BOMB, Erlich, Paul.

PROFESSOR FREDERICK WELLS WILLIAMSON, India House Papers, Londres.

FUNDACIÓN AGENDA PÚBLICA. Fundada en 1975 por Cyrus Vance y Daniel Yankelovich.

OPINIÓN PÚBLICA, Lippmann, Walter.

REVOLUCIÓN A TRAVÉS DE LA TECNOLOGÍA, Coudenhove Kalergi, Conde.

ROCKEFELLER, INTERNACIONALISTA. Josephson detalla cómo los Rockefeller utilizaron su ricHisse para penetrar en la Iglesia Cristiana en América y cómo luego utilizaron a su agente número uno, John Foster Dulles - que estaba emparentado con ellos - para mantener su control sobre todos los aspectos de la vida eclesiástica en este país.

SALA 3603, Hyde, Montgomery. El libro da algunos detalles de las operaciones del servicio de inteligencia británico MI6, dirigido por Sir William Stephenson desde el edificio RCA de Nueva York; pero, como es habitual en las "historias de portada", se han omitido los hechos reales.

RELACIONES ESPECIALES: AMÉRICA EN PAZ Y GUERRA, Wheeler-Bennet, Sir John.

PASOS PARA LA ECOLOGÍA DE LA MENTE, Bateson, Gregory. Bateson fue uno de los cinco científicos más importantes de Tavistock en las nuevas ciencias. En años posteriores, fue fundamental en la formulación y gestión de la guerra de 46 años de Tavistock contra Estados Unidos.

DROGA DE ESTERLINA. William C. Bullitt fue miembro de su consejo de administración y también miembro del consejo de administración de I.G. Farben.

ERA TECNOLÓGICA, Brzezinski, Z.

TERRORISMO EN LOS ESTADOS UNIDOS, INCLUIDOS LOS ATAQUES A LAS AGENCIAS DE INTELIGENCIA DE LOS ESTADOS

UNIDOS: Archivos del FBI n° 100-447935, n° 100-447735 y n° 100-446784.

LOS DOCUMENTOS DEL CAIRO, Haikal, Mohammed. Haikal fue el abuelo del periodismo egipcio, y estuvo presente en la entrevista de Nasser con Chou En-lai, en la que el líder chino juró vengarse de Gran Bretaña y Estados Unidos por su comercio de opio en China.

EL CHASMA POR DELANTE, Peccei, A.

LOS DIARIOS DE SIR BRUCE LOCKHART, Lockhart, Bruce.

LA INGENIERÍA DEL CONSENTIMIENTO, Bernays. En este libro de 1955, Bernays esboza el modus operandi para persuadir a grupos específicos para que cambien de opinión sobre cuestiones importantes que pueden cambiar, y de hecho cambian, la orientación nacional de un país. El libro también analiza el desencadenamiento de tropas de choque psiquiátricas como las que se encuentran en las organizaciones de lesbianas y gays, grupos ecologistas, grupos por el derecho al aborto, etc. "Tropas de choque psiquiátricas" es un concepto desarrollado por John Rawlings Reese, fundador del Instituto Tavistock de Relaciones Humanas.

EL PRESUPUESTO FEDERAL Y LA RECONSTRUCCIÓN SOCIAL, IPS Fellows Raskin y Barnett. La lista de congresistas que pidieron a IPS que elaborara el estudio presupuestario alternativo y/o que lo apoyaron es demasiado larga para incluirla aquí, pero incluye nombres tan destacados como Tom Harkness, Henry Ruess, Patricia Schroeder, Les Aspin, Ted Weiss, Don Edwards, Barbara Mikulski, Mary Rose Oakar, Ronald Dellums y Peter Rodino.

THE HUXLEYS, Clark.

THE IMPERIAL DRUG TRADE, Rowntree.

THE JESUITS, Martin, Malachi.

THE LATER CECILS, Rose, Kenneth.

EL LEGADO DE MALTHUS, Chase, Allan.

LA GESTIÓN DEL CRECIMIENTO SOSTENIBLE, Cleveland, Harlan. Cleveland recibió el encargo de la OTAN de informar sobre el grado de éxito del proyecto del Club de Roma para una sociedad postindustrial de crecimiento cero, cuyo objetivo es destruir la base industrial de Estados Unidos. Este estremecedor documento debería ser leído por todo estadounidense patriota que sienta la necesidad urgente de explicar por qué Estados Unidos está sumido en una profunda depresión económica desde 1991.

LOS HOMBRES QUE GOBIERON LA INDIA, Woodruff, Philip.

LA CONSPIRACIÓN ABIERTA, Wells, H. G. En este libro, Wells describe cómo, en el Nuevo Orden Mundial (que él llama la Nueva República), se eliminarán los "comedores inútiles", es decir, la población excedente:

> "Los hombres de la Nueva República no tendrán miedo de enfrentarse a la muerte o de infligirla... Tendrán un ideal que haga que matar merezca la pena; como Abraham, tendrán la fe de matar, y no tendrán supersticiones sobre la muerte..... Sostendrán, según preveo, que cierta parte de la población sólo existe por el sufrimiento, la piedad y la paciencia, y, siempre que no se propaguen, y no preveo ninguna razón para oponerse a ellos, no dudarán en matar cuando se abuse de este sufrimiento... Todos esos asesinatos se harán con un opiáceo... Si se utilizan penas disuasorias en el código del futuro, la disuasión no será ni la muerte ni la mutilación del cuerpo... sino un buen dolor científicamente provocado."

Los Estados Unidos tienen un gran contingente de conversos de Wells que no dudarían en seguir los dictados de Wells una vez que el Nuevo Orden Mundial sea una realidad. Walter Lippmann fue uno de los más fervientes seguidores de Wells.

LA POLÍTICA DE LA EXPERIENCIA, R.D. Laing era el psicólogo de plantilla de Tavistock y, bajo la dirección de Andrew Schofield, miembro del Consejo de Administración.

THE POLITICS OF HEROIN IN SOUTH EAST ASIA, McCoy, Alfred W., Read, C.B. and Adams, Leonard P.

EL PROBLEMA DE CHINA, Russell, Bertrand.

LAS CONFERENCIAS DE PUGWASH, Bertrand Russell. A principios de la década de 1950, Russell lideró un movimiento que abogaba por un ataque nuclear a Rusia. Cuando se descubrió, Stalin advirtió que no dudaría en tomar represalias. Russell cambió de opinión y se convirtió en pacifista de la noche a la mañana, lo que dio lugar a la campaña Ban the Bomb (CND) para el desarme nuclear, de la que surgieron los científicos antinucleares de Pugwash. En 1957, el primer grupo se reunió en la casa de Cyrus Eaton en Nueva Escocia, un comunista estadounidense de larga data. Los compañeros de

Pugwash se dedicaban a cuestiones antinucleares y medioambientales y eran una espina clavada en los esfuerzos estadounidenses por desarrollar armas nucleares.

EL MOVIMIENTO DE LA MESA REDONDA Y LA UNIÓN IMPERIAL, Kendle, John.

LA ESTRUCTURA DE LA INDUSTRIA DE LA MÚSICA POPULAR; EL PROCESO DE FILTRACIÓN POR EL QUE SE SELECCIONAN LAS GRABACIONES PARA EL CONSUMO DEL PÚBLICO, Instituto de Investigación Social. Este libro explica cómo los "Hit Parades", los "Top Ten" -ahora ampliados a los "Top Forty"- y otras farsas construidas para engañar a los oyentes y convencerles de que lo que escuchan es lo que les gusta a "ELLOS".

LAS OBRAS DE JEREMY BENTHAM, Bowering, John. Bentham fue el liberal de su época y el agente de Lord Shelburne, el primer ministro británico al final de la Guerra de la Independencia de Estados Unidos. Bentham creía que el hombre no era más que un animal ordinario, y las teorías de Bentham fueron retomadas posteriormente por su protegido, David Hume. Sobre el instinto en los animales, Hume escribió:

> "... que tan pronto admiramos como extraordinario e inexplicable. Pero nuestro asombro tal vez cese o disminuya si consideramos que el propio razonamiento experimental, que poseemos en común con las bestias, y del que depende toda la conducta de la vida, no es más que una especie de instinto, o poder mecánico que actúa en nosotros sin que lo sepamos... Aunque los instintos sean diferentes, sigue siendo un instinto."

PERSPECTIVA DE TIEMPO Y MORAL, Levin B.

HACIA UNA PSICOLOGÍA HUMANÍSTICA, Cantril.

TREND REPORT, Naisbitt, John.

CONGRESO DE LOS ESTADOS UNIDOS, COMITÉ DE SEGURIDAD INTERNA DE LA CÁMARA DE REPRESENTANTES, INFORME SOBRE EL INSTITUTO DE ESTUDIOS POLÍTICOS (IPS) Y LOS DOCUMENTOS DEL PENTÁGONO. En la primavera de 1970, el agente del FBI William McDermott se dirigió a Richard Best, máximo responsable de la seguridad de Rand en ese momento, para advertirle de la posibilidad de que Ellsberg hubiera retirado el material de estudio de Rand sobre Vietnam y lo hubiera copiado fuera de las instalaciones de Rand. Best llevó a McDermott a ver al Dr. Harry

Rowan, que dirigía a Rand y era también uno de los amigos más cercanos de Ellsberg. Rowan informó al FBI de que se estaba llevando a cabo una investigación del Departamento de Defensa y, con su garantía, el FBI aparentemente abandonó su investigación sobre Ellsberg. De hecho, no había ninguna investigación en curso, y el Departamento de Defensa nunca la llevó a cabo. Ellsberg conservó su autorización de seguridad en la Rand y continuó descaradamente sustrayendo y copiando documentos sobre la guerra de Vietnam hasta que fue desenmascarado en el asunto de los Papeles del Pentágono, que sacudió a la administración Nixon hasta sus cimientos.

COMPRENDIENDO EL COMPORTAMIENTO SOCIAL DEL HOMBRE, Cantril. Cantril es el principal fundador de la Asociación de Psicología Humanista, con sede en San Francisco, que enseña los métodos Tavistock. Es en instituciones de este tipo donde la línea entre la ciencia pura y la ingeniería social se vuelve completamente borrosa. El término "ingeniería social" abarca todos los aspectos de los métodos utilizados por Tavistock para provocar cambios masivos en la orientación de los grupos hacia los acontecimientos sociales, económicos, religiosos y políticos y el lavado de cerebro de los grupos objetivo para que crean que las opiniones expresadas y los puntos de vista adoptados son los suyos propios. Los individuos seleccionados fueron sometidos al mismo tratamiento tavistockiano, lo que provocó importantes cambios en su personalidad y comportamiento. El efecto de esto en la escena nacional fue, y sigue siendo, devastador, y es uno de los principales factores que llevaron a Estados Unidos al estado crepuscular de decadencia y caída en el que se encuentra el país a finales de 1991. Informé sobre esta condición nacional bajo el título: "Crepúsculo, decadencia y caída de los Estados Unidos de América", publicado en 1987. La Asociación de Psicología Humana fue fundada por Abraham Maselov en 1957 como proyecto del Club de Roma. Risis Likhert y Ronald Lippert, que lo llamaron Centro de Investigación sobre el Uso del Conocimiento Científico, crearon otro centro de investigación sobre la toma de decisiones, por encargo del Club de Roma en Tavistock. El centro estuvo bajo la dirección de Donald Michael, del Club de Roma. El centro se basó en gran medida en la Oficina de Investigación de la Opinión Pública creada en la Universidad de Princeton en 1940. Fue allí donde Cantril enseñó muchas de las técnicas utilizadas por los encuestadores actuales.

CARTAS INÉDITAS, Kipling, Rudyard. Kipling era discípulo de Wells y, como él, creía en el fascismo como medio de controlar el mundo. Kipling adoptó la cruz patética como su emblema personal.

Esta cruz fue adoptada posteriormente por Hitler y, tras ligeras modificaciones, se convirtió en la esvástica.

CARTAS NO PUBLICADAS, Wells, H. G. Ofrece interesantes detalles sobre cómo Wells vendió los derechos de *LA GUERRA DE LOS MUNDOS* a la RCA.

QUIENES SON LOS DUEÑOS DE MONTREAL, Aubin, Henry.

Los Illuminati y el Consejo de Relaciones Exteriores (CFR)

Por MYRON C. FAGAN.

(Una transcripción)

Sobre el autor

La guía "Quién es *quién en el teatro*"[29] ha sido siempre la Biblia autorizada del mundo del teatro. Nunca alaba a los favoritos, no dice mentiras y no glorifica a nadie. Siempre ha sido una historia imparcial de los hombres y mujeres del teatro. Sólo enumera a los que han demostrado su valía en el único campo de pruebas del teatro. BROADWAY: Este "Quién es quién" enumera las obras que Myron C. Fagan escribió, dirigió y produjo... Dramas, comedias, melodramas, misterios, alegorías, farsas - muchos de ellos fueron los éxitos más rotundos de su época en[30]. Llegó a Broadway en 1907, con 19 años, siendo el dramaturgo más joven de la historia del teatro estadounidense. En los años siguientes, escribió y dirigió obras para la mayoría de los grandes de la época... Mrs. Leslie Carter, Wilton Lackaye, Fritz Leiber, Alla Nazimova, Jack Barrymore, Douglas Fairbanks, Sr., E.H. Southern, Julia Marlowe, Helen Morgan, etc, etc. Dirigió a Charles M. Frohman, Belasco, Henry W. Savage, Lee Shubert, Abe Erlanger, George M. Cohan, etc. Entre 1925 y 1930 escribió, dirigió personalmente y produjo doce obras de teatro: "La rosa blanca",

---

[29] *Quién es quién en el teatro,* en el original Ndt.

[30] "éxito" NDT.

"Pulgares abajo", "Dos extraños de ninguna parte", "Desigual", "El diablo fascinante". "El pequeño cohete", "Las esposas de Jimmy", "El gran poder", "Indiscreción", "El asunto privado de Nancy", "La mujer inteligente" y "El avión de Peter".[31]

En sus primeros años, Fagan también trabajó como "editor de drama" para *The Associated Newspapers*, incluyendo el *New York Globe* y varios periódicos de Hearst. Pero en 1916, se tomó un "año sabático" del teatro y sirvió como "Director de Relaciones Públicas" para Charles Evens Hughes, el candidato presidencial republicano -rechazó un puesto similar que le ofrecieron para la campaña de Hoover en 1928-; así, la carrera del Sr. Fagan ha abarcado el teatro, el periodismo y la política nacional, y es un reconocido experto en todos estos campos.

En 1930, el Sr. Fagan llegó a Hollywood, donde trabajó como "guionista-director" en Pathé Pictures, Inc. entonces propiedad de Joseph P. Kennedy, padre del difunto presidente Jack Kennedy, así como en 20th Century Fox y otros estudios cinematográficos de Hollywood. Pero también siguió trabajando en el campo de las leyendas de Broadway.

En 1945, a instancias de John T. Flynn, el famoso autor de "El mito de Roosevelt", "Mientras dormíamos", "La verdadera historia de Pearl", el periodista de la agencia de noticias de la Universidad del Sur de California (U.S.A.S.S.), escribió un artículo sobre el tema.

El Sr. Fagan asistió a una reunión en Washington D.C. en la que se le mostró un conjunto de microfilms y grabaciones de las reuniones secretas de Yalta a las que sólo asistieron Franklin Roosevelt, Alger Hiss, Harry Hopkins, Stalin, Molotov y Vishinsky cuando urdieron el complot para entregar los Balcanes, Europa del Este y Berlín a Stalin. Como resultado de esta reunión, el Sr. Fagan escribió dos obras: "Arco Iris Rojo" (en la que reveló toda la trama) y "Paraíso de los Ladrones" (en la que reveló cómo estos hombres conspiraron para crear las "NACIONES UNIDAS" para que fueran el "vehículo" de un supuesto gobierno mundial comunista).

Al mismo tiempo, el Sr. Fagan lanzó una cruzada unipersonal para

---

[31] "La rosa blanca", "Pulgares abajo", "Dos extraños de ninguna parte", "Mismates", "El diablo fascinante", "El pequeño Spitfire", "Las mujeres de Jimmy", "El gran poder", "Indiscreción", "El asunto privado de Nancy", "Mujer inteligente" y "Pedro vuela alto".

JOHN COLEMAN

exponer la Conspiración Roja en Hollywood y producir películas que ayudaran a exponer el complot del "GOBIERNO MUNDIAL ÚNICO". Así nació el "CINEMA EDUCATIONAL GUILD". El resultado del trabajo de esta organización "C.E.G." (encabezadas por el Sr. Fagan, en 1947) fueron las audiencias del Congreso en las que más de 300 de las estrellas, escritores y directores más famosos de Hollywood (así como de la radio y la televisión) fueron expuestos como principales activistas de la Conspiración Roja. Fue entonces cuando los infames "Diez de Hollywood"[32] fueron enviados a prisión. Fue el acontecimiento más sensacional de la década.

Desde entonces, el Sr. Fagan ha dedicado todo su tiempo y esfuerzo a escribir mensualmente "NEWS BULLETINS"[33] para el "C.E.G." en los que ha continuado la lucha para alertar al pueblo americano del complot para destruir la soberanía de los Estados Unidos de América y la esclavización del pueblo americano en un "Gobierno Mundial" de las NACIONES UNIDAS.

En su sensacional grabación (esta transcripción); revela el comienzo del complot para esclavizar un mundo unificado que fue lanzado hace dos siglos por un tal Adam Weishaupt, un sacerdote católico apóstata que, financiado por la CASA DE ROTHSCHILD, creó lo que llamó: "LA ILLUMINATI". El Sr. Fagan describe (con pruebas documentales) cómo este ILLUMINATI se convirtió en el instrumento de la Casa de Rothschild para llevar a cabo el proyecto de un "Gobierno Mundial Único" y cómo todas las guerras de los últimos dos siglos han sido fomentadas por estos ILLUMINATI. Describe cómo un tal Jacob H. Schiff fue enviado a los Estados Unidos por los Rothschild para promover el complot ILLUMINATI y cómo Schiff trabajó para obtener el control de los partidos demócrata y republicano. Cómo Schiff sedujo a nuestro Congreso y a los Presidentes para obtener el control de todo nuestro sistema monetario y crear el cáncer del impuesto sobre la renta, y cómo Schiff y sus co-conspiradores crearon el "CONSEJO DE RELACIONES EXTERIORES"[34] para controlar a nuestros funcionarios elegidos con el fin de llevar gradualmente el impuesto sobre la renta a un nivel superior.

---

[32] "Los diez de Hollywood", NDT.

[33] "Boletín de noticias.

[34] CFR, Consejo de Relaciones Exteriores.

Los Estados Unidos se han convertido así en una entidad servil de un mundo unificado bajo la égida del Gobierno de las "NACIONES UNIDAS".

En resumen, esta grabación (transcripción) es el relato más interesante y espeluznante -y fáctico- de la trama más sensacional de la historia del mundo. Cualquiera que ame a nuestro país, que ame a Dios, que quiera salvar el cristianismo, que los ILLUMINATI se han propuesto destruir, que quiera salvar a nuestros hijos de morir en Corea, Vietnam, Sudáfrica y ahora en los campos de batalla de Oriente Medio, debería escuchar esta grabación. No cabe duda de que cualquiera que escuche (lea) esta increíble historia se unirá a la lucha para salvar a nuestro país y a la juventud de nuestra nación.

La grabación de Myron Fagan tuvo lugar en la década de 1960. Por favor, tómese el tiempo de "verificar" las declaraciones hechas en este documento. No esperamos que acepte la palabra del Sr. Fagan. Le sugerimos que visite las bibliotecas jurídicas y depositarias de su estado. Los números de teléfono y las direcciones que figuran en este documento probablemente no estén actualizados, ya que el Sr. Fagan ya no está con nosotros.

"La cuestión de cómo y por qué las Naciones Unidas están en el centro de la gran conspiración para destruir la soberanía de Estados Unidos y esclavizar al pueblo estadounidense en una dictadura mundial de la ONU es un misterio completo y desconocido para la gran mayoría del pueblo estadounidense. La razón de este desconocimiento del aterrador peligro que corre nuestro país y todo el mundo libre es sencilla. Los autores intelectuales de esta gran conspiración tienen el control absoluto de todos nuestros medios de comunicación, especialmente la televisión, la radio, la prensa y Hollywood. Todos sabemos que nuestro Departamento de Estado, el Pentágono y la Casa Blanca han proclamado descaradamente que tienen el derecho y el poder de manejar las noticias, de decirnos no la verdad, sino lo que quieren que creamos. Se han apoderado de este poder a instancias de sus grandes maestros de la conspiración y el objetivo es lavar el cerebro de la gente para que acepte el falso cebo de la paz para convertir a los Estados Unidos en una unidad servil del gobierno mundial único de las Naciones Unidas.

"En primer lugar, no olviden que la llamada acción policial de la ONU en Corea, combatida por Estados Unidos y en la que murieron y fueron mutilados 150.000 de nuestros hijos, fue parte de la conspiración; al igual que la guerra no declarada por el Congreso en Vietnam; así como la conspiración contra Rodesia y Sudáfrica, también es parte de la conspiración urdida por la ONU. Sin embargo, lo más importante para todos los estadounidenses, todas las madres de los chicos que murieron en Corea y que ahora están muriendo en Vietnam, es saber que nuestros llamados líderes en Washington, a quienes elegimos para salvaguardar nuestra nación y nuestra Constitución, son los traidores y que detrás de ellos hay un grupo relativamente pequeño de hombres cuyo único propósito es esclavizar al mundo entero y a la humanidad en su plan satánico de un gobierno mundial.

"Para darles una imagen muy clara de este complot satánico, voy a remontarme a su inicio a mediados del siglo XVIII y nombrar a los hombres que pusieron en marcha este complot, y luego voy a traerles al presente, al estado actual de este complot. Ahora, como información adicional, un término utilizado por el FBI, permítanme aclarar el significado de la frase "es liberal". El enemigo, los conspiradores del mundo único, se han apoderado de esta palabra "liberal" para ocultar sus actividades. Suena tan inocente y humanitario ser liberal. Pues bien, asegúrese de que la persona que se autodenomina liberal o se describe como tal no es, en verdad, un "rojo".

"Esta conspiración satánica se puso en marcha en la década de 1760, cuando surgió bajo el nombre de "Illuminati". Estos Illuminati fueron organizados por un tal Adam Weishaupt, nacido judío, que se convirtió al catolicismo y se hizo sacerdote católico, y luego, a instancias de la entonces recién organizada Casa de Rothschild, se desautorizó y organizó los Illuminati. Naturalmente, los Rothschild financiaron esta operación y desde entonces todas las guerras, empezando por la Revolución Francesa, han sido promovidas por los Illuminati, que operan bajo diversos nombres y disfraces. Digo "bajo varios nombres" y "con varios disfraces" porque después de que los Illuminati fueron expuestos y se hicieron famosos, Weishaupt y sus co-conspiradores comenzaron a operar bajo varios otros nombres. En los Estados Unidos, inmediatamente después de la Primera Guerra Mundial, crearon lo que llamaron el "Consejo de Relaciones Exteriores", comúnmente conocido como el CFR, y este CFR es de hecho el vehículo de los Illuminati en los Estados Unidos y su jerarquía. Los cerebros detrás de los conspiradores originales de los Illuminati eran extranjeros, pero para ocultar este hecho, la mayoría de ellos cambiaron sus apellidos originales por nombres que parecían americanos. Por ejemplo, el verdadero nombre de los Dillon, Clarence y Douglas Dillon (secretario del Departamento del Tesoro de los Estados Unidos), es Laposky. Volveré a hablar de todo esto más adelante.

"Existe un establecimiento Illuminati similar en Inglaterra que opera bajo el nombre de "Royal Institute of International Affairs". (Hay organizaciones secretas Illuminati similares en Francia, Alemania y otros países, que operan bajo diferentes nombres, y todas estas organizaciones, incluyendo el CFR, están creando continuamente numerosas filiales u organizaciones de fachada que están infiltradas en cada fase de los asuntos de las diversas naciones. Pero en todo momento las operaciones de estas organizaciones fueron y son dirigidas y controladas por los banqueros internacionalistas, que a su vez fueron y son controlados por los Rothschild. (Uno de los principales agentes de este control es la International BAR Association y sus grupos escindidos como la America BAR Association. Es importante señalar que ahora hay colegios de abogados en casi todas las naciones del mundo, siempre presionando a las Naciones Unidas. Tengo una copia del acuerdo de 1947 que el BAR de América presentó y que compromete al BAR a apoyar y promover las Naciones Unidas en toda América).

"Una rama de la familia Rothschild financió a Napoleón; otra rama de los Rothschild financió a Gran Bretaña, Alemania y otras naciones en las guerras napoleónicas.

"Inmediatamente después de las Guerras Napoleónicas, los Illuminati asumieron que todas las naciones estaban tan destituidas y cansadas de la guerra que estarían felices de encontrar cualquier solución. Así que los lacayos de Rothschild organizaron lo que llamaron el Congreso de Viena, y en esa reunión trataron de crear la primera Sociedad de Naciones, su primer intento de un gobierno mundial único, suponiendo que todas las cabezas coronadas de los gobiernos europeos estaban tan profundamente endeudadas con ellos que, de buena o mala gana, les servirían de títeres. Pero el zar de Rusia se olió el complot y lo torpedeó por completo. El furioso Nathan Rothschild, entonces jefe de la dinastía, juró que un día él o sus descendientes destruirían al zar y a toda su familia, y sus descendientes cumplieron esa amenaza en 1917. En este punto, hay que tener en cuenta que los Illuminati no fueron creados para operar a corto plazo. Normalmente, un conspirador de cualquier tipo entraría en una conspiración con la esperanza de lograr su objetivo en su vida. Pero este no era el caso de los Illuminati. Claro que esperaban lograr su objetivo en vida, pero parafraseando "The show must go on", los Illuminati operan a muy largo plazo. Tanto si tardan décadas o incluso siglos, han dedicado a sus descendientes a mantener la olla en ebullición hasta que esperan que la conspiración se cumpla.

"Ahora, volvamos al nacimiento de los Illuminati. Adam Weishaupt era un profesor de derecho canónico formado por los jesuitas, que enseñaba en la Universidad de Ingolstadt, cuando dejó el cristianismo para abrazar la conspiración luciferina. Fue en 1770 cuando los prestamistas profesionales, la entonces recién organizada Casa de Rothschild, lo contrataron para revisar y modernizar los antiguos protocolos del sionismo, que desde el principio fue diseñado para dar a la "Sinagoga de Satanás", así llamada por Jesucristo [y que son "los que se llaman judíos y no lo son" - *Apocalipsis 2:9*], la dominación mundial definitiva para imponer la ideología luciferina a lo que quedaría de la raza humana después del cataclismo social final, mediante el despotismo satánico. Weishaupt cumplió su cometido el 1 de mayo[er] 1776. Ahora ya sabes por qué el 1 de mayo[er] es el gran día de todas las naciones comunistas hasta el día de hoy [el 1 de mayo[er] es también el "Día del Derecho" declarado por el Colegio de Abogados de Estados Unidos]. [La celebración del 1 de mayo[er] [Baal/Bealtaine] se remonta mucho más atrás en la historia, y el día fue elegido por razones antiguas, que provienen del paganismo; la adoración de Baal y gira en torno a la adoración de Satanás. Fue ese día, 1 de mayo[er] 1776, cuando Weishaupt completó su plan y organizó oficialmente a los Illuminati para llevarlo a cabo. Este plan exigía la destrucción de todos los gobiernos y religiones existentes. Esto debía lograrse dividiendo a las masas de personas, a las que Weishaupt llamaba "goyim" [miembros de las naciones] o ganado humano, en campos opuestos de número cada vez mayor en cuestiones políticas, sociales, económicas y de otro tipo, las mismas condiciones que tenemos en nuestro país hoy en día. Los bandos enfrentados debían entonces armarse, y los incidentes debían llevarlos a luchar, debilitar y destruir gradualmente los gobiernos nacionales y las instituciones religiosas. Repito, las propias condiciones del mundo actual.

"Y en este punto, permítanme señalar una característica clave de los planes de los Illuminati. Cuando y si su plan para el control mundial, los *Protocolos de los Sabios de Sion*, es descubierto y expuesto, ellos borrarán a todos los judíos de la faz de la tierra para desviar la sospecha de ellos mismos. Si cree que esto es exagerado, recuerde que permitieron a Hitler, él mismo un socialista liberal, financiado por los corruptos Kennedys, Warburgs y Rothschilds, incinerar a 600.000 judíos.

"¿Por qué los conspiradores eligieron la palabra "Illuminati" para designar su organización satánica? El propio Weishaupt dijo que la palabra deriva de Lucifer y significa: "poseedor de la luz". Utilizando la mentira de que su propósito era establecer un gobierno mundial único para permitir a aquellos con capacidad mental gobernar el mundo y evitar todas las guerras en el futuro. En resumen, utilizando las palabras "paz en la tierra" como cebo, al igual que el mismo cebo "paz" fue utilizado por los conspiradores de 1945 para imponernos las Naciones Unidas, Weishaupt, financiado, repito, por los Rothschild, reclutó unos 2000 seguidores pagados. Entre ellos se encontraban los hombres más inteligentes en artes y letras, educación, ciencia, finanzas e industria. Luego estableció logias de Gran Oriente, logias masónicas que serían su sede secreta, y vuelvo a repetir que en todo esto actuaba bajo las órdenes de la Casa Rothschild. Las principales características del plan de operaciones que Weishaupt exigía a sus Illuminati eran hacer las siguientes cosas para ayudarles a cumplir su objetivo:

➢ Utilizar la corrupción monetaria y sexual para obtener el control de los hombres que ya ocupan altos cargos en todos los niveles del gobierno y otros campos de actividad. Una vez que las personas influyentes habían caído en las mentiras, los engaños y las tentaciones de los Illuminati, debían ser mantenidas en la esclavitud mediante la aplicación de chantaje político y otras formas de presión, amenazas de ruina financiera, exposición pública y daño fiscal, e incluso la muerte de ellos mismos y de sus queridos familiares.

¿Te das cuenta de cuántos de los actuales altos funcionarios de nuestro actual gobierno en Washington están controlados de esta manera por el CFR? ¿Te das cuenta de cuántos homosexuales en el Departamento de Estado, el Pentágono, todas las agencias federales e incluso la Casa Blanca están controlados de esta manera?

➢ Los Illuminati y las facultades de los colegios y universidades debían identificar a los estudiantes de capacidad mental excepcional de familias bien educadas con inclinaciones internacionales y recomendarlos para una formación especial en internacionalismo. Esta formación debía ser proporcionada mediante la concesión de becas a los seleccionados por los Illuminati.

"Esto te da una idea de lo que significa una 'beca Rhodes'. Significa el adoctrinamiento para aceptar la idea de que sólo un gobierno mundial puede acabar con las guerras y los conflictos recurrentes. Así es como se vendieron las Naciones Unidas al pueblo estadounidense.

"Uno de los más notables becarios de Rhodes que tenemos en nuestro país es el senador William J. Fulbright, a veces llamado medio-brillante.[35] Todos los votos que registró fueron votos de los Illuminati. A todos estos eruditos hubo que persuadirlos primero y convencerlos después de que los hombres con talento y cerebro especiales tienen derecho a gobernar sobre los menos dotados, con el argumento de que las masas no saben lo que es mejor para ellas desde el punto de vista fiscal, mental y espiritual. Además de las becas Rhodes y otras similares, ahora hay tres escuelas especiales de los Illuminati ubicadas en Gordonstown, Escocia, Salem, Alemania y Annavrighta, Grecia. Estas tres escuelas son conocidas, pero hay otras que se mantienen en secreto. El príncipe Felipe, esposo de la reina Isabel de Inglaterra, se educó en Gordonstown (*al igual que el príncipe Carlos*) a instancias de Lord Louis Mountbatten, su tío, pariente de los Rothschild, que se

---

[35] Juego de palabras, "medio inteligente/ilustrado".

convirtió en almirante de la flota británica tras el final de la Segunda Guerra Mundial.

➢ Todas las personas influyentes que fueron engañadas para caer bajo el control de los Illuminati, así como los estudiantes que fueron especialmente educados y entrenados, debían ser utilizados como agentes y colocados detrás de las escenas de todos los gobiernos como expertos y especialistas, para aconsejar a los líderes a adoptar políticas que, a largo plazo, servirían a los planes secretos de la conspiración mundial de los Illuminati y traerían la destrucción de los gobiernos y las religiones para las que fueron elegidos o nombrados.

"¿Sabe usted cuántos hombres así operan en nuestro gobierno en este mismo momento? Rusk, McNamara, Hubert Humphrey, Fulbright, Keekle y muchos otros.

➢ Tal vez la directiva más vital del plan de Weishaupt era obtener el control absoluto de la prensa, en ese momento el único medio de comunicación de masas, para distribuir la información al público de manera que todas las noticias y la información pudieran ser distorsionadas para convencer a las masas de que un gobierno de un solo mundo es la única solución a nuestros muchos y variados problemas.

"¿Saben quiénes son los dueños y controlan nuestros medios de comunicación? Te lo diré. Prácticamente todos los cines de Hollywood son propiedad de Lehman, Kuhn, Loeb and Company, Goldman Sachs y otros banqueros internacionalistas. Todas las emisoras de radio y televisión nacionales son propiedad y están controladas por estos mismos banqueros internacionalistas. También lo son todas las cadenas de periódicos y revistas metropolitanas, y las agencias de noticias, como Associated Press, United Press, International, etc. Los supuestos dirigentes de todos estos medios no son más que fachadas de los banqueros internacionalistas, que a su vez conforman la jerarquía del CFR, los Illuminati de hoy en día en América.

"Ahora pueden entender por qué el jefe de prensa del Pentágono, Sylvester, proclamó tan descaradamente que el gobierno tiene derecho a mentir al pueblo. Lo que realmente quería decir era que nuestro gobierno controlado por el CFR tenía el poder de mentir y ser creído por el pueblo estadounidense al que le habían lavado el cerebro.

"Volvamos de nuevo a los primeros días de los Illuminati. Como Gran Bretaña y Francia eran las dos mayores potencias mundiales a finales del siglo 18, Weishaupt ordenó a los Illuminati que fomentaran las guerras coloniales, incluida nuestra Guerra de la Independencia, con el fin de debilitar el Imperio Británico y organizar la Revolución Francesa que iba a comenzar en 1789. Sin embargo, en 1784, un verdadero acto de Dios puso al gobierno bávaro en posesión de pruebas de la existencia de los Illuminati, y estas pruebas podrían haber salvado a Francia si el gobierno francés no se hubiera negado a creerlas. Así es como se produjo este acto de Dios. Fue en 1784 cuando Weishaupt dio sus órdenes para la Revolución Francesa. Un escritor alemán, llamado Zweig, lo puso en forma de libro. Contenía toda la historia de los Illuminati y los planes de Weishaupt. Una copia de este libro fue enviada a los Illuminati en Francia liderados por Robespierre en quien Weishaupt había delegado para fomentar la Revolución Francesa. El mensajero fue alcanzado y muerto por un rayo cuando pasaba por Ratisbona en su camino de Frankfurt a París. La policía encontró los documentos subversivos en su cuerpo y los entregó a las autoridades competentes. Tras una exhaustiva investigación del complot, el gobierno bávaro ordenó a la policía que hiciera una redada en las recién organizadas logias del "Gran Oriente" de Weishaupt y en las casas de sus socios más influyentes. Todas las pruebas adicionales así descubiertas convencieron a las autoridades de que los documentos eran copias auténticas de la conspiración por la que los Illuminati planeaban utilizar las guerras y las revoluciones para lograr el establecimiento de un gobierno mundial único, que pretendían, con los Rothschild a la cabeza, usurpar tan pronto como se estableciera, exactamente como la conspiración de las Naciones Unidas de hoy.

"En 1785, el gobierno bávaro ilegalizó a los Illuminati y cerró las logias del "Gran Oriente". En 1786; publicaron todos los detalles de la conspiración. El título en inglés de esta publicación es: "The Original Writings of the Order and the Sect of the Illuminati".[36] Se enviaron copias de toda la conspiración a todos los jefes de la Iglesia y del Estado en Europa. Pero el poder de los Illuminati, que en realidad era el poder de los Rothschild, era tan grande que esta advertencia fue ignorada. Sin embargo, los Illuminati[37] se convirtieron en una palabra sucia y pasaron a la clandestinidad.

---

[36] "Los escritos originales de la orden y la secta de los Illuminati.

[37] Conocidos en su momento como los "iluminados", un término que se ha convertido en habitual. NDÉ.

"Al mismo tiempo, Weishaupt ordenó a los Illuminati infiltrarse en las logias de la "Masonería Azul" y formar sus propias sociedades secretas dentro de todas las sociedades secretas. Sólo aquellos masones que se mostraron internacionalistas y aquellos cuya conducta demostró que habían desertado de Dios fueron iniciados en los Illuminati. A partir de entonces, los conspiradores se pusieron el manto de la filantropía y el humanitarismo para ocultar sus actividades revolucionarias y subversivas. Para infiltrarse en las logias masónicas de Gran Bretaña, Weishaupt invitó a John Robison a Europa. Robison era un masón de alto grado del "Rito Escocés". Fue catedrático de Filosofía Natural en la Universidad de Edimburgo y secretario de la Real Sociedad de Edimburgo. Robison no cayó en la mentira de que el objetivo de los Illuminati era crear una dictadura benévola; pero se guardó tan bien sus reacciones que le dieron una copia de la conspiración revisada de Weishaupt para que la estudiara y la guardara.

En cualquier caso, debido a que los jefes de estado y de la iglesia en Francia fueron engañados e ignoraron las advertencias que se les hicieron, la revolución estalló en 1789 como predijo Weishaupt. Para alertar a otros gobiernos del peligro que corrían, Robison publicó un libro en 1798 titulado: "Evidence of a Conspiracy to Destroy all Governments and all Religions" (Pruebas de una conspiración para destruir todos los gobiernos y todas las religiones), pero sus advertencias fueron ignoradas al igual que el pueblo estadounidense ignoró todas las advertencias sobre las Naciones Unidas y el Consejo de Relaciones Exteriores (CFR).

"Aquí hay algo que aturdirá y probablemente indignará a muchos que escuchen esto; pero hay pruebas documentales de que nuestros propios Thomas Jefferson y Alexander Hamilton se convirtieron en estudiantes de Weishaupt. Jefferson fue uno de los más firmes partidarios de Weishaupt cuando fue ilegalizado por su gobierno y fue Jefferson quien infiltró a los Illuminati en las recién organizadas logias del "Rito Escocés" en Nueva Inglaterra. Aquí está la prueba.

"En 1789, John Robison advirtió a todos los líderes masónicos de América que los Illuminati se habían infiltrado en sus logias. El 19 de julio de 1789, David Papen, presidente de la Universidad de Harvard, hizo la misma advertencia a la clase que se graduaba y les explicó cómo se estaba ejerciendo la influencia de los Illuminati en la política y la religión estadounidenses. Escribió tres cartas al coronel William L. Stone, un destacado francmasón, en las que explicaba cómo Jefferson utilizaba las logias masónicas con fines subversivos e iluministas. Estas tres cartas se encuentran ahora en la Biblioteca de Wittenberg Square, en Filadelfia. En resumen, Jefferson, el fundador del Partido Demócrata, era miembro de los Illuminati, lo que explica, al menos en parte, el estado del partido en aquella época y, gracias a la infiltración del Partido Republicano, hoy no tenemos nada de americanismo leal. Este desastroso rechazo en el Congreso de Viena creado por el Zar de Rusia no destruyó en absoluto la conspiración Illuminati. Simplemente les obligó a adoptar una nueva estrategia al darse cuenta de que la idea de un mundo único era, por el momento, imposible. Los Rothschild decidieron que para mantener viva la conspiración debían hacerlo reforzando su control sobre el sistema monetario de las naciones europeas.

"Antes, mediante una artimaña, se había falseado el resultado de la batalla de Waterloo, Rothschild había difundido la historia de que Napoleón había tenido una mala batalla, lo que precipitó un terrible pánico en la bolsa de Inglaterra. Todas las acciones cayeron casi a cero y Nathan Rothschild compró todas las acciones por casi un centavo sobre su valor en dólares. Esto le dio el control total de la economía de Gran Bretaña y prácticamente de toda Europa. Así que, inmediatamente después de que el Congreso de Viena se derrumbara, Rothschild obligó a Gran Bretaña a crear un nuevo "Banco de Inglaterra", sobre el que tenía el control absoluto, al igual que hizo más tarde a través de Jacob Schiff; diseñó nuestra propia "Ley de la Reserva Federal" que dio a la Casa de Rothschild el control secreto de la economía en los Estados Unidos. Pero ahora, por un momento, veamos las actividades de los Illuminati en los Estados Unidos.

"En 1826, el capitán William Morgan decidió que era su deber informar a todos los masones y al público en general de la verdad sobre los Illuminati, sus planes secretos, sus objetivos y revelar la identidad de los cerebros de la conspiración. Los Illuminati juzgaron rápidamente a Morgan en ausencia y lo condenaron por traición. Ordenaron a un tal Richard Howard, un iluminado inglés, que ejecutara su sentencia de ejecución como traidor. Morgan fue advertido y trató de huir a Canadá, pero Howard le alcanzó cerca de la frontera, concretamente en el desfiladero del Niágara, donde le asesinó. Esto fue verificado en una declaración jurada hecha en Nueva York por un tal Avery Allen, según la cual escuchó a Howard informar sobre la ejecución en una reunión de los "Templarios" en el St. También relató cómo se habían hecho los arreglos para enviar a Howard de vuelta a Inglaterra. Esta declaración jurada de Allen se encuentra en los archivos de la ciudad de Nueva York. Muy pocos masones y miembros del público en general son conscientes de que la desaprobación generalizada de este incidente asesino dio lugar a la secesión de aproximadamente la mitad de los masones de la jurisdicción norte de los Estados Unidos. Todavía existen copias del acta de la reunión celebrada para discutir este asunto en manos seguras, y todo este secreto subraya el poder de los cerebros Illuminati para impedir que se enseñen en nuestras escuelas hechos históricos tan terribles.

"A principios de la década de 1850, los Illuminati celebraron una reunión secreta en la ciudad de Nueva York a la que asistió un iluminista británico llamado Wright. Los presentes se enteraron de que los Illuminati se estaban organizando para unir a los nihilistas y ateos con todos los demás grupos subversivos en un grupo internacional conocido como los comunistas. Fue en esta época cuando apareció por primera vez la palabra "comunista", que estaba destinada a ser el arma definitiva y la palabra de miedo para aterrorizar al mundo entero y conducir a los pueblos aterrorizados hacia el proyecto Illuminati de un mundo unificado. Este proyecto: el "comunismo" iba a ser utilizado para que los Illuminati pudieran fomentar futuras guerras y revoluciones. Clinton Roosevelt, antepasado directo de Franklin Roosevelt, Horace Greeley y Charles Dana, los principales editores de periódicos de la época, fueron designados para encabezar un comité para recaudar fondos para esta nueva empresa. Por supuesto, la mayor parte de los fondos fueron proporcionados por los Rothschild y este fondo fue utilizado para financiar a Karl Marx y Engels cuando escribieron "Das Kapital" y el "Manifiesto Comunista" en el Soho, Inglaterra. Y esto revela claramente que el comunismo no es una supuesta ideología, sino un arma secreta; un lema para servir a los propósitos de los Illuminati.

"Weishaupt murió en 1830; pero antes de su muerte preparó una versión revisada de la antigua conspiración, los Illuminati, que, bajo varios seudónimos, debía organizar, financiar, dirigir y controlar todas las organizaciones y grupos internacionales haciendo que sus agentes trabajasen en puestos de alta dirección. En Estados Unidos tenemos como ejemplos principales a Woodrow Wilson, Franklin Roosevelt, Jack Kennedy, Johnson, Rusk, McNamara, Fulbright, George Bush, etc. Además, mientras Karl Marx escribía el "Manifiesto Comunista" bajo la dirección de un grupo de iluministas, el profesor Karl Ritter de la Universidad de Frankfurt escribía la antítesis bajo la dirección de otro grupo. La idea era que los que dirigen la conspiración global podrían utilizar las diferencias entre estas dos supuestas ideologías para permitirles dividir cada vez más a la raza humana en campos opuestos con el fin de armarlos y lavarles el cerebro para que luchen y se destruyan mutuamente. Y sobre todo, destruir todas las instituciones políticas y religiosas. La obra iniciada por Ritter fue continuada tras su muerte y completada por el llamado filósofo alemán Friedrich Wilhelm Nietzsche, que fundó el nietzscheísmo. Este nietzscheanismo se convirtió más tarde en fascismo y luego en nazismo, y se utilizó para fomentar la Primera y la Segunda Guerra Mundial.

"En 1834, el líder revolucionario italiano, Guiseppe Mazzini, fue elegido por los Illuminati para dirigir su programa revolucionario en todo el mundo. Mantuvo esta posición hasta su muerte en 1872, pero unos años antes de su muerte, Mazzini había atraído a un general estadounidense llamado Albert Pike a las filas de los Illuminati. Pike estaba fascinado por la idea de un gobierno mundial y finalmente se convirtió en el líder de esta conspiración luciferina. Entre 1859 y 1871, Pike elaboró un plan militar para tres guerras mundiales y varias revoluciones en todo el mundo que, según él, permitirían a la conspiración alcanzar su fase final en el siglo XX. Les recuerdo de nuevo que estos conspiradores nunca se preocuparon por el éxito inmediato. También operaban con una perspectiva a largo plazo. Pike realizó la mayor parte de su trabajo en su casa de Little Rock, Arkansas. Pero unos años más tarde, cuando las logias del Gran Oriente de los Illuminati se volvieron sospechosas y fueron repudiadas debido a las actividades revolucionarias de Mazzini en Europa, Pike organizó lo que llamó el Nuevo Rito Palladiano Reformado. Creó tres Consejos Supremos: uno en Charleston (Carolina del Sur), otro en Roma (Italia) y un tercero en Berlín (Alemania). Pidió a Mazzini que creara 23 consejos subordinados en lugares estratégicos de todo el mundo. Desde entonces, éstas han sido las sedes secretas del movimiento revolucionario mundial.

"Mucho antes de que Marconi inventara la radio, los científicos Illuminati habían encontrado una forma de que Pike y los líderes de sus Consejos se comunicaran en secreto. El descubrimiento de este secreto permitió a los agentes de inteligencia comprender cómo incidentes aparentemente no relacionados, como el asesinato de un príncipe austriaco en Serbia, tuvieron lugar simultáneamente en todo el mundo y se convirtieron en una guerra o una revolución. El plan de Pike era tan simple como efectivo. Preveía que el comunismo, el nazismo, el sionismo político y otros movimientos internacionales se organizarían y utilizarían para fomentar tres guerras mundiales y al menos dos grandes revoluciones.

"La Primera Guerra Mundial debía librarse para permitir a los Illuminati destruir el zarismo en Rusia, como había prometido Rothschild después de que el zar torpedeara su plan en el Congreso de Viena, y convertir a Rusia en un bastión del comunismo ateo. Las diferencias avivadas por los agentes Illuminati entre los imperios británico y alemán iban a ser utilizadas para fomentar esta guerra. Una vez terminada la guerra, el comunismo debía desarrollarse y utilizarse para destruir otros gobiernos y debilitar la influencia de las religiones en la sociedad (especialmente la religión católica).

"La Segunda Guerra Mundial, cuando y si fuera necesario, debía ser fomentada utilizando las controversias entre los fascistas y los sionistas políticos, y aquí hay que señalar que Hitler fue financiado por Krupp, los Warburg, los Rothschild y otros banqueros internacionalistas y que la masacre de Hitler de los supuestos 6.000.000 de judíos no molestó en absoluto a los banqueros internacionalistas judíos. Esta masacre era necesaria para despertar el odio del pueblo alemán en todo el mundo y provocar así una guerra contra él. En resumen, esta segunda guerra mundial debía librarse para destruir el nazismo y aumentar el poder del sionismo político para poder establecer el estado de Israel en Palestina.

"En el curso de esta Segunda Guerra Mundial, el comunismo internacional debía desarrollarse hasta igualar en fuerza al de la cristiandad unida. Una vez alcanzado este punto, había que contenerlo y mantenerlo bajo control hasta que fuera necesario para el cataclismo social final. Como sabemos ahora, Roosevelt, Churchill y Stalin aplicaron exactamente esta política, y Truman, Eisenhower, Kennedy, Johnson y George Bush han seguido la misma política.

"La Tercera Guerra Mundial va a ser fomentada, utilizando las llamadas controversias, por los agentes de los Illuminati que operan bajo cualquier nuevo nombre, que ahora están polarizados entre los sionistas políticos y los líderes del mundo musulmán. Esta guerra se dirigirá de tal manera que el Islam y el sionismo político (los israelíes) se destruirán mutuamente, mientras que al mismo tiempo las naciones restantes, una vez más divididas en esta cuestión, se verán obligadas a luchar hasta un estado de completo agotamiento, física, mental, espiritual y económicamente.

"¿Puede alguna persona reflexiva dudar de que el complot que se está desarrollando actualmente en el Medio y Lejano Oriente está diseñado para lograr este objetivo satánico?

El propio Pike predijo todo esto en una declaración que hizo a Mazzini el 15 de agosto de 1871. Pike dijo que tras el final de la Tercera Guerra Mundial, los que aspiran a la dominación mundial indiscutible provocarán el mayor cataclismo social que el mundo haya conocido. Citando sus propias palabras de la carta que escribió a Mazzini y que ahora está catalogada en el Museo Británico de Londres, Inglaterra; dijo:

> "Desataremos a los nihilistas y a los ateos y provocaremos un gran cataclismo social que, en todo su horror, mostrará claramente a todas las naciones el efecto del ateísmo absoluto, los orígenes del salvajismo y los desórdenes más sangrientos. Entonces, en todas partes, los pueblos se verán obligados a defenderse de la minoría de revolucionarios mundiales y exterminarán a estos destructores de la civilización, y las multitudes desilusionadas de la cristiandad, cuyas mentes estarán para entonces sin dirección ni guía y ansiosas de un ideal, pero sin saber a dónde enviar su adoración, recibirán la verdadera luz a través de la manifestación universal de la doctrina pura de Lucifer, expuesta por fin a la luz del día. Una manifestación que resultará de un movimiento reaccionario general que seguirá a la destrucción del cristianismo y del ateísmo; ambos conquistados y exterminados a la vez."

"Cuando Mazzini murió en 1872, Pike convirtió a otro líder revolucionario, Adriano Lemi, en su sucesor. A Lemi, a su vez, le sucedieron Lenin y Trotsky, y luego Stalin. Las actividades revolucionarias de todos estos hombres fueron financiadas por los banqueros internacionales británicos, franceses, alemanes y estadounidenses, todos ellos dominados por la Casa Rothschild. Se supone que debemos creer que los banqueros internacionales de hoy, al igual que los cambistas de la época de Cristo, no son más que herramientas o agentes de la gran conspiración, pero en realidad son los cerebros detrás de todos los medios de comunicación de masas que nos hacen creer que el comunismo es un movimiento de los llamados trabajadores; el hecho es que los agentes de inteligencia británicos y estadounidenses tienen pruebas documentales auténticas de que los liberales internacionales, operando a través de sus casas bancarias internacionales, especialmente la Casa de Rothschild, han financiado ambos lados de cada guerra y revolución desde 1776.

"Aquellos que conforman la conspiración hoy en día (el CFR en los Estados Unidos y la RIIA en Gran Bretaña) dirigen nuestros gobiernos a los que mantienen en la usura mediante métodos como el Sistema de la Reserva Federal en América para provocar guerras, como la de Vietnam (creada por las Naciones Unidas), con el fin de promover los planes Illuminati de Pike para llevar al mundo a esa etapa de la conspiración en la que el comunismo ateo y todo el cristianismo pueden ser forzados a una tercera guerra mundial total en cada nación restante, así como a nivel internacional.

"El cuartel general de la gran conspiración de finales del siglo XVIII estaba en Frankfurt, Alemania, donde se fundó la casa Rothschild por Mayer Amschel Bauer, que adoptó el nombre de Rothschild y unió fuerzas con otros financieros internacionales que habían vendido literalmente su alma al diablo. Después de que el gobierno bávaro revelara el asunto en 1786, los conspiradores trasladaron su sede a Suiza y luego a Londres. Desde la Segunda Guerra Mundial (tras la muerte de Jacob Schiff, el protegido de los Rothschild en América); la rama americana tiene su sede en el edificio Harold Pratt de Nueva York y los Rockefeller, originalmente protegidos de Schiff, han asumido la manipulación de las finanzas en América en nombre de los Illuminati.

"En las etapas finales de la conspiración; el gobierno de un mundo unificado estará compuesto por el rey-dictador; el jefe de las Naciones Unidas, el CFR, y unos pocos multimillonarios, economistas y científicos que han demostrado su devoción a la gran conspiración. Todos los demás deben ser integrados en un vasto conglomerado de humanidad mestiza; en efecto, esclavos. Ahora permítanme mostrarles cómo nuestro gobierno federal y el pueblo estadounidense han sido absorbidos por la conspiración para apoderarse del mundo por la gran conspiración Illuminati y siempre tengan en cuenta que las Naciones Unidas fueron creadas para convertirse en el instrumento de esta conspiración totalitaria. Los verdaderos cimientos de la conspiración para la toma de posesión de los Estados Unidos se establecieron durante el período de nuestra Guerra Civil. No es que Weishaupt y las primeras mentes maestras hayan descuidado el Nuevo Mundo, como ya he indicado; Weishaupt había plantado sus agentes aquí ya en la Guerra de la Independencia.

"Fue durante la Guerra Civil cuando los conspiradores lanzaron sus primeros esfuerzos concretos. Sabemos que Judah Benjamin, el principal asesor de Jefferson Davis, era un agente de Rothschild. También sabemos que había agentes de Rothschild en el gabinete de Abraham Lincoln que trataran de convencerlo de hacer un acuerdo financiero con la Casa de Rothschild. Pero el viejo Abe se dio cuenta de este plan y lo rechazó de plano, ganándose así la enemistad eterna de los Rothschild, al igual que el zar ruso al torpedear la primera Sociedad de Naciones en el Congreso de Viena. La investigación sobre el asesinato de Lincoln reveló que el asesino Booth era miembro de un grupo conspirador secreto. Al estar implicados varios altos funcionarios, el nombre del grupo nunca fue revelado y el caso se convirtió en un misterio, como lo sigue siendo el asesinato de Jack (John F.) Kennedy. Pero estoy seguro de que no seguirá siendo un misterio por mucho tiempo. En cualquier caso, el final de la Guerra Civil ha destruido temporalmente cualquier posibilidad que tuviera la Casa Rothschild de apoderarse de nuestro sistema monetario, como había hecho en Gran Bretaña y otros países europeos. Digo temporalmente, porque los Rothschild y las mentes maestras de la conspiración nunca se dieron por vencidos, por lo que tuvieron que empezar de nuevo, pero no perdieron tiempo en ponerse en marcha.

"Poco después de la Guerra Civil, un joven inmigrante, que se hacía llamar Jacob H. Schiff, llegó a Nueva York. Jacob era un joven con un encargo de la Casa Rothschild. Jacob era hijo de un rabino nacido en una de las casas de los Rothschild en Frankfurt, Alemania. Voy a profundizar en su historia. Lo importante es que Rothschild reconoció en él no sólo a un potencial mago del dinero, sino que, lo que es más importante, también vio las cualidades maquiavélicas latentes en Jacob, que podían, como así fue, convertirlo en un inestimable funcionario de la gran conspiración mundial. Tras un periodo relativamente breve de formación en el banco Rothschild de Londres, Jacob partió hacia América con instrucciones de comprar una casa bancaria que iba a ser el trampolín para adquirir el control del sistema monetario estadounidense. De hecho, Jacob vino aquí para llevar a cabo cuatro misiones específicas.

1. Y lo más importante, para obtener el control del sistema monetario de los Estados Unidos.

2. Encuentre hombres capaces que, por un precio, estén dispuestos a servir como títeres de la gran conspiración y promuévalos a altas posiciones en nuestro gobierno federal, nuestro Congreso y la Corte Suprema de los Estados Unidos, y todas las agencias federales.

3. Crear conflictos entre grupos minoritarios en todas las naciones, especialmente entre blancos y negros.

4. Crear un movimiento para destruir la religión en los Estados Unidos; pero el cristianismo era el objetivo principal.

"En la época en que Schiff entró en escena, Kuhn and Loeb era una conocida empresa de banca privada y fue en esta empresa donde Jacob compró acciones. Poco después de convertirse en socio de Kuhn y

Loeb, Schiff se casó con la hija de Loeb, Teresa, y luego compró los intereses de Kuhn y trasladó la empresa a Nueva York. "Kuhn y Loeb se convirtieron en Kuhn, Loeb y Compañía, banqueros internacionales de los que Jacob Schiff, agente de los Rothschild, era ostensiblemente el único propietario. Y a lo largo de su carrera, esta mezcla de Judas y Maquiavelo, el primer heredero de la gran conspiración Illuminati en América, se ha hecho pasar por un generoso filántropo y un hombre de gran piedad; la política de ocultación de los Illuminati.

"Como he dicho, el primer paso importante en la conspiración fue capturar nuestro sistema monetario. Para lograr este objetivo, Schiff tuvo que conseguir la plena cooperación de los grandes elementos bancarios estadounidenses de la época, lo que fue más fácil de decir que de hacer. Ya en aquellos años, Wall Street era el corazón del mercado monetario estadounidense y J.P. Morgan su dictador. Luego estaban los Drexels y los Biddles de Filadelfia. Todos los demás financieros, grandes y pequeños, bailaron al son de estas tres casas, pero especialmente de la de Morgan. Estos tres eran potentados orgullosos, altivos y arrogantes.

"Durante los primeros años miraron al hombrecillo del bigote de los guetos alemanes con total desprecio, pero Jacob supo superarlo. Les lanzó algunos huesos de Rothschild. Dichos huesos son la distribución en América de emisiones de acciones y bonos europeos deseables. Entonces descubrió que tenía un arma aún más poderosa en sus manos.

"Fue en las décadas posteriores a nuestra guerra civil cuando nuestras industrias comenzaron a desarrollarse. Teníamos que construir grandes ferrocarriles. Las industrias petrolera, minera, siderúrgica y textil surgieron como setas. Todo esto requería una financiación considerable, que debía provenir en gran parte del extranjero, principalmente de la casa Rothschild, y aquí es donde Schiff se distinguió. Ha jugado un juego muy astuto. Se convirtió en el patrón de John D. Rockefeller, Edward R. Harriman y Andrew Carnegie. Financió la Standard Oil Company para Rockefeller, el imperio ferroviario para Harriman y el imperio del acero para Carnegie. Pero en lugar de acaparar todas las demás industrias para Kuhn, Loeb y Compañía, abrió las puertas de la Casa Rothschild a Morgan, Biddle y Drexel. A su vez, Rothschild dispuso el establecimiento de sucursales en Londres, París, Europa y otras para estos tres, pero siempre en asociación con subordinados de Rothschild y éste dejó claro a todos estos hombres que Schiff iba a ser el jefe en Nueva York.

"Así, a finales de siglo, Schiff controlaba estrechamente toda la fraternidad bancaria de Wall Street que, con la ayuda de Schiff, incluía a los hermanos Lehman, Goldman Sachs y otros bancos internacionalistas dirigidos por hombres elegidos por los Rothschild. En resumen, significaba el control de los poderes monetarios de la nación y estaba entonces listo para el paso gigante: el entramado de nuestro sistema monetario nacional.

"Según nuestra Constitución, el control de nuestro sistema monetario corresponde exclusivamente a nuestro Congreso. El siguiente paso importante de Schiff fue seducir a nuestro Congreso para que traicionara este edicto constitucional entregando este control a la jerarquía de la gran conspiración Illuminati. Para legalizar esta entrega y hacer que el pueblo no pueda resistirse a ella, sería necesario que el Congreso aprobara una legislación especial. Para ello, Schiff tendría que infiltrar chiflados en ambas cámaras del Congreso. Chiflados lo suficientemente poderosos como para empujar al Congreso a aprobar dicha legislación. Igual de importante, si no más, era colocar a un títere en la Casa Blanca, un presidente sin integridad ni escrúpulos, que firmara dicha legislación. Para ello, tuvo que tomar el control del Partido Republicano o del Partido Demócrata. El Partido Demócrata era el más vulnerable, el más ambicioso de los dos partidos. Con la excepción de Grover Cleveland, los demócratas no habían logrado poner a uno de sus hombres en la Casa Blanca desde la Guerra Civil. Hay dos razones para ello:

1. La pobreza de la fiesta.

2. Había muchos más votantes con mentalidad republicana que demócrata.

"El tema de la pobreza no era un gran problema, pero el de los votantes era otra historia. Pero como dije antes, Schiff era un tipo inteligente. He aquí el método atroz y asesino que utilizó para resolver el problema de los votantes. Su solución subraya lo poco que les importa a los banqueros judíos internacionalistas sus propios hermanos de raza, como se verá. De repente, alrededor de 1890, estallaron una serie de pogromos en toda Rusia. Varios miles de judíos inocentes, hombres, mujeres y niños, fueron masacrados por cosacos y otros campesinos. En Polonia, Rumanía y Bulgaria se produjeron pogromos con masacres similares de judíos inocentes. Todos estos pogromos fueron fomentados por agentes de Rothschild. Como resultado, refugiados judíos aterrorizados de todas estas naciones acudieron a los Estados Unidos y esto continuó durante las siguientes dos o tres décadas, porque los pogromos fueron continuos durante todos estos años. Todos estos refugiados fueron ayudados por comités humanitarios autodesignados creados por Schiff, los Rothschild y todos sus afiliados.

"En general, los refugiados acudieron a Nueva York, pero los comités humanitarios de Schiff y Rothschild encontraron la manera de trasladar a muchos de ellos a otras grandes ciudades como Chicago, Boston, Filadelfia, Detroit, Los Ángeles, etc. Todos fueron rápidamente convertidos en "ciudadanos naturalizados" y educados para registrarse como demócratas. Así, todos estos supuestos grupos minoritarios se convirtieron en sólidos grupos de votantes demócratas en sus comunidades, todos ellos controlados y maniobrados por sus supuestos benefactores. Y poco después del cambio de siglo, se convirtieron en factores vitales en la vida política de nuestra nación. Este fue uno de los métodos utilizados por Schiff para plantar a hombres como Nelson Aldrich en nuestro Senado y Woodrow Wilson en la Casa Blanca.

"En este punto, permítanme recordarles otra de las importantes tareas que se le asignaron a Schiff cuando fue enviado a Estados Unidos. Me refiero a la tarea de destruir la unidad del pueblo estadounidense creando grupos minoritarios y fomentando los conflictos raciales. Al traer a los refugiados judíos a América desde los pogromos, Schiff creó un grupo minoritario listo para ser utilizado con este fin. Pero no se podía contar con el pueblo judío en su conjunto, atemorizado por los pogromos, para crear la violencia necesaria para destruir la unidad del pueblo estadounidense. Pero dentro de la propia América, existía un grupo minoritario ya constituido, aunque todavía latente, los negros, a los que se podía incitar a manifestaciones, disturbios, saqueos, asesinatos y cualquier otro tipo de anarquía: bastaba con incitarlos y despertarlos. Juntos, estos dos grupos minoritarios, adecuadamente maniobrados, podrían ser utilizados para crear exactamente la "discordia" en América que los Illuminati necesitarían para lograr su objetivo.

"Así, al mismo tiempo que Schiff y sus co-conspiradores desarrollaban sus planes para entrampar nuestro sistema monetario, estaban desarrollando planes para golpear al desprevenido pueblo americano con una explosiva y aterradora agitación racial que desgarraría al pueblo en fracciones odiosas y crearía el caos en toda la nación; especialmente en todos los campus universitarios y de colegios; todo ello amparado por las decisiones de Earl Warren y nuestros supuestos líderes en Washington D.C. (Recuerde la Comisión Warren sobre el asesinato del presidente John F. Kennedy)[38].

Por supuesto, perfeccionar estos planes requiere tiempo y una paciencia infinita.

"Ahora, para despejar toda duda, me tomaré unos momentos para darles las pruebas documentales de esta conspiración antirracista. En primer lugar, tuvieron que crear liderazgos y organizaciones para atraer a millones de incautos, judíos y negros, que se manifestaran y cometieran disturbios, saqueos y anarquía. Así, en 1909, Schiff, los Lehman y otros conspiradores organizaron y crearon la Asociación Nacional para el Progreso de las Personas de Color, conocida como NAACP. Los presidentes, directores y asesores legales de la NAACP siempre han sido "hombres blancos judíos" nombrados por Schiff y esto sigue siendo así hoy.

"Luego, en 1913, el grupo de Schiff organizó la "Liga Antidifamación de B'nai B'rith", comúnmente conocida como la "ADL", para que sirviera de Gestapo y esbirro de toda la gran conspiración. Hoy en día, la siniestra "ADL" cuenta con más de 2.000 sucursales en todo el país y asesora y controla por completo cada acción de la NAACP, la Liga Urbana y todas las demás organizaciones de los llamados derechos civiles de los negros en todo el país, incluyendo a líderes como Martin Luther King, Stockely Carmichael, Barnard Rustin y otros de la misma calaña. Además, la "ADL" adquirió el control absoluto de los presupuestos publicitarios de muchos grandes almacenes, cadenas hoteleras, patrocinadores industriales de la televisión y la radio, y

---

[38] Kennedy, siendo presidente de los Estados Unidos, se hizo cristiano. En su intento de "arrepentirse", trató de informar al pueblo de esta Nación (al menos dos veces) que la Oficina del Presidente de los Estados Unidos estaba siendo manipulada por los Illuminati/CFR. Al mismo tiempo, puso fin al "préstamo" de billetes de la Reserva Federal del Banco de la Reserva Federal y comenzó a emitir billetes estadounidenses (sin intereses) a crédito de los Estados Unidos. Fue esta emisión de billetes estadounidenses la que condujo al "asesinato" de Kennedy.

Tras jurar su cargo, Lyndon B. Johnson dejó de emitir billetes estadounidenses y reanudó el préstamo de billetes del Banco de la Reserva Federal (que se prestaron al pueblo de Estados Unidos al tipo de interés actual del 17%). Los billetes estadounidenses emitidos bajo el mandato de John F. Kennedy formaban parte de la serie de 1963, que tenía un sello "rojo" en la cara del billete.

agencias de publicidad, con el fin de controlar prácticamente todos los medios de comunicación de masas y obligar a todos los periódicos fieles a distorsionar y falsificar las noticias, para incitar aún más a la anarquía y la violencia en las turbas negras y, al mismo tiempo, despertar su simpatía. Aquí están las pruebas documentales del comienzo de su complot deliberado para llevar a los negros a la anarquía.

"Alrededor de 1910, un hombre llamado Israel Zengwill escribió una obra de teatro llamada "El crisol". Era pura propaganda para incitar a los negros y a los judíos, porque la obra debía mostrar cómo el pueblo estadounidense discriminaba y perseguía a los judíos y a los negros. En aquel momento, nadie parecía darse cuenta de que se trataba de una obra de propaganda. Fue escrito tan inteligentemente. La propaganda estaba bien envuelta en el gran entretenimiento de la obra y fue un gran éxito en Broadway.

"En aquellos tiempos, el legendario Diamond Jim Brady solía organizar un banquete en el famoso restaurante Delmonico's de Nueva York tras el estreno de una obra popular. Organizó una fiesta de este tipo para el reparto de "The Melting Pot", su guionista, su productor y algunas celebridades de Broadway. Para entonces ya había dejado una huella personal en el teatro de Broadway y me invitaron a esa fiesta. Conocí a George Bernard Shaw y a un escritor judío llamado Israel Cohen. Zangwill, Shaw y Cohen eran los que habían creado la Sociedad Fabiana en Inglaterra y habían trabajado estrechamente con un judío de Frankfurt llamado Mordicai que había cambiado su nombre por el de Karl Marx; pero recuerden, en aquella época, el marxismo y el comunismo acababan de surgir y nadie prestaba mucha atención a ninguno de ellos y nadie sospechaba de la propaganda en los escritos de estos tres escritores realmente brillantes.

"En ese banquete, Israel Cohen me dijo que entonces estaba dedicado a escribir un libro que iba a ser la continuación de "The Melting Pot" de Zangwill. El título de su libro iba a ser "Una agenda racial para el siglo XX". En aquel momento estaba completamente absorto en mi trabajo como dramaturgo, y por muy significativo que fuera el título, nunca se me ocurrió su verdadero propósito, ni me interesó leer el libro. Pero de repente me golpeó con la fuerza de una bomba de hidrógeno cuando recibí un recorte de periódico de un artículo publicado por el *Washington D.C. Evening Star* en mayo de 1957. Este artículo era una reimpresión palabra por palabra del siguiente extracto del libro de Israel Cohen "A Racial-Program for the 20th Century" y decía lo siguiente

"Debemos darnos cuenta de que el arma más poderosa de nuestro partido es la tensión racial. Propagando en la conciencia de las razas oscuras que durante siglos han sido oprimidas por los blancos, podemos hacer que se adhieran al programa del Partido Comunista. En Estados Unidos nos propondremos una victoria sutil. Al mismo tiempo que inflamamos a la minoría negra contra los blancos, les inculcaremos un complejo de culpa por su explotación de los negros. Ayudaremos a los negros a llegar a lo más alto en todos los ámbitos de la vida, en las profesiones y en el mundo del deporte y el espectáculo. Con este prestigio, los negros podrán casarse con los blancos e iniciar un proceso que entregará América a nuestra causa."

Acta del 7 de junio de 1957; por el diputado Thomas G. Abernethy.

"Así, la autenticidad de este pasaje del libro de Cohen quedó plenamente establecida. Pero la única duda que me quedaba era si representaba la política oficial o el complot del Partido Comunista o simplemente una expresión personal del propio Cohen. Así que busqué más pruebas y las encontré en un folleto oficial publicado en 1935 por la sección neoyorquina del Partido Comunista.

Este panfleto se titulaba: "Los negros en la América soviética". Instó a los negros a levantarse, a formar un estado soviético en el Sur y a exigir la admisión en la Unión Soviética. Contenía la firme promesa de que la revuelta sería apoyada por todos los "rojos" americanos y los llamados "liberales". En la página 38, prometía que un gobierno soviético conferiría más beneficios a los negros que a los blancos y, de nuevo, este panfleto oficial comunista prometía que, y cito, "cualquier acto de discriminación o prejuicio contra un negro se convertirá en un crimen bajo la ley revolucionaria". Esta declaración demuestra que el extracto del libro de Israel Cohen publicado en 1913 era un decreto oficial del Partido Comunista y estaba directamente en línea con el plan Illuminati para la revolución mundial publicado por Weishaupt y más tarde por Albert Pike.

"Ahora sólo queda una cuestión y es demostrar que el régimen comunista está directamente controlado por los cerebros americanos Jacob Schiff y los Rothschild de Londres. Un poco más adelante aportaré las pruebas que despejarán cualquier duda de que el Partido Comunista, tal y como lo conocemos, fue creado por esos cerebros (capitalistas, si se quiere), Schiff, los Warburg y los Rothschild, que planearon y financiaron toda la revolución rusa, el asesinato del zar y su familia, y que Lenin, Trotsky y Stalin recibieron órdenes directamente de Schiff y de los demás capitalistas a los que supuestamente combatían.

"¿Puedes entender por qué el infame Earl Warren y sus igualmente infames compañeros jueces del Tribunal Supremo tomaron esta infame y traicionera decisión de desegregación en 1954? Fue para ayudar e instigar el complot de los conspiradores Illuminati para crear tensión y conflicto entre negros y blancos. ¿Puedes entender por qué el mismo Earl Warren emitió su sentencia prohibiendo las oraciones cristianas y los villancicos en nuestras escuelas? ¿Por qué Kennedy hizo lo mismo? ¿Y puede ver por qué Johnson y 66 senadores, a pesar de las protestas del 90% del pueblo estadounidense, votaron a favor del "Tratado Consular" que abre todo nuestro país a los espías y saboteadores rusos? Estos 66 senadores son todos los Benedict Arnolds del siglo 20.

"Depende de usted y de todo el pueblo estadounidense obligar al Congreso, a nuestros funcionarios electos, a llevar a estos traidores estadounidenses ante la justicia para su destitución y, cuando se demuestre su culpabilidad, infligirles el castigo prescrito para los traidores que ayudan e instigan a nuestros enemigos. Y eso incluye la puesta en marcha de investigaciones rigurosas en el Congreso sobre el "CFR" y todos sus frentes, como la "ADL", la "NAACP", el "SNIC", y las herramientas de los Illuminati como Martin Luther King*. Tales investigaciones expondrán completamente a todos los líderes de Washington D.C. y de los Illuminati, y a todas sus afiliaciones y subsidiarias, como traidores que llevan a cabo el complot de los Illuminati. Expondrán completamente a las Naciones Unidas como el nexo del complot y obligarán al Congreso a retirar a los Estados Unidos de la ONU y a expulsar a la ONU de los Estados Unidos. De hecho, destruirá la ONU y toda la conspiración.

"Antes de cerrar esta etapa, quiero reiterar y subrayar un punto clave que les pido que no olviden nunca si quieren salvar nuestro país para sus hijos y los de ellos. Ese punto es el siguiente. Todos los actos inconstitucionales e ilegales cometidos por Woodrow Wilson, Franklin Roosevelt, Truman, Eisenhower y Kennedy y que ahora están siendo cometidos por Johnson (y ahora George Bush y Bill Clinton) están exactamente en línea con la antigua conspiración de los conspiradores Illuminati descrita por Weishaupt y Albert Pike. Cada decisión viciosa tomada por el traidor Earl Warren y sus igualmente traidores jueces de la Corte Suprema estaba en conformidad directa con lo que exigía el plan de los Illuminati. Todas las traiciones cometidas por nuestro Departamento de Estado bajo Rusk y antes por John Foster Dulles y Marshall, y todas las traiciones cometidas por McNamara y sus predecesores, están directamente en línea con este mismo plan de los Illuminati para la toma del mundo. Asimismo, la asombrosa traición cometida por varios miembros de nuestro Congreso, especialmente los 66 senadores que firmaron el tratado consular, fue realizada a instancias de los Illuminati.

"Ahora volveré a la intervención de Jacob Schiff en nuestro sistema monetario y las acciones traicioneras que siguieron. Esto también revelará el control de Schiff-Rothschild no sólo sobre Karl Marx, sino también sobre Lenin, Trotsky y Stalin, quienes crearon la revolución en Rusia y establecieron el Partido Comunista.

"Fue en 1908 cuando Schiff decidió que había llegado el momento de hacerse con nuestro sistema monetario. Sus principales lugartenientes en esta toma de posesión fueron el coronel Edward Mandel House, cuya carrera entera fue la de chef ejecutivo y recadero de Schiff, así como Bernard Baruch y Herbert Lehman. En el otoño de ese año se reunieron en cónclave secreto en el Jekyll Island Hunt Club, propiedad de J.P. Morgan en Jekyll Island, Georgia. Entre los presentes se encontraban J.P. Morgan, John B. Rockefeller, el coronel House, el senador Nelson Aldrich, Schiff, Stillman y Vanderlip del National City Bank de Nueva York, W. y J. Seligman, Eugene Myer, Bernard Baruch, Herbert Lehman, Paul Warburg; en resumen, todos los banqueros internacionales de América. Todos los miembros de la jerarquía de la gran conspiración Illuminati.

"Una semana después, crearon lo que llamaron el Sistema de la Reserva Federal. El senador Aldrich era el títere que debía conseguir que se aprobara en el Congreso, pero dejaron esa aprobación en suspenso por una razón principal: tenían que conseguir que su hombre y su obediente títere en la Casa Blanca firmaran primero la Ley de la Reserva Federal. Sabían que aunque el Senado aprobara el proyecto de ley por unanimidad, el entonces recién elegido presidente Taft lo vetaría rápidamente. Así que esperaron.

"En 1912, su hombre, Woodrow Wilson, fue elegido presidente. Inmediatamente después de la toma de posesión de Wilson, el senador Aldrich impulsó la Ley de la Reserva Federal en ambas cámaras del Congreso y Wilson la firmó rápidamente. Este atroz acto de traición se cometió el 23 de diciembre de 1913, dos días antes de Navidad, cuando todos los miembros del Congreso, excepto varios representantes y tres senadores elegidos a dedo, estaban fuera de Washington. ¿Qué tan atroz fue este acto de traición? Te lo diré.

Los padres fundadores eran muy conscientes del poder del dinero. Sabían que quien tenía ese poder tenía en sus manos el destino de nuestra nación. Por eso protegieron cuidadosamente ese poder cuando establecieron en la Constitución que sólo el Congreso, los representantes elegidos por el pueblo, debían tener ese poder. El lenguaje constitucional sobre este punto es breve, conciso y específico, establecido en el Artículo I, Sección 8, Párrafo 5, que define los deberes y poderes del Congreso, y cito:

> "acuñar moneda, regular el valor de la moneda y de las monedas extranjeras, así como el patrón de pesos y medidas".

Pero en ese trágico e inolvidable día de infamia, el 23 de diciembre de 1913, los hombres que habíamos enviado a Washington para salvaguardar nuestros intereses, los representantes, los senadores y Woodrow Wilson, pusieron el destino de nuestra nación en manos de dos extranjeros de Europa del Este, los judíos Jacob Schiff y Paul Warburg. Warburg era un inmigrante muy reciente que llegó aquí a instancias de Rothschild con el propósito expreso de trazar el plan de esta asquerosa Ley de la Reserva Federal.

"Hoy en día, la gran mayoría del pueblo estadounidense cree que el Sistema de la Reserva Federal es una agencia del gobierno de los Estados Unidos. Esto es completamente falso. Todas las acciones de los Bancos de la Reserva Federal son propiedad de los bancos miembros y los jefes de los bancos miembros son todos miembros de la jerarquía de la gran conspiración Illuminati conocida hoy como el "CFR".

"Los detalles de este acto de traición, en el que participaron muchos de los llamados estadounidenses traidores, son demasiado largos para este artículo; pero todos estos detalles están disponibles en un libro titulado *The Secrets of the Federal Reserve*[39], escrito por Eustace Mullins. En este libro, Mullins cuenta toda la horrible historia y la respalda con documentos incontrovertibles. Además de ser una historia verdaderamente fascinante e impactante de esta gran traición, todo estadounidense debería leerla como una cuestión de inteligencia vital para cuando todo el pueblo estadounidense finalmente despierte y destruya toda la conspiración y, con la ayuda de Dios, esa llamada de atención seguramente llegará.

"Si crees que estos extranjeros y sus conspiradores de papel americanos, se conformarían con controlar nuestro sistema monetario, te espera otro choque muy triste. El Sistema de la Reserva Federal ha dado a los

---

[39] Publicado por Le Retour aux Sources, www.leretourauxsources.com

conspiradores el control total de nuestro sistema monetario, pero no ha tocado de ninguna manera los ingresos del pueblo, pues la Constitución prohíbe expresamente lo que ahora se conoce como el impuesto de retención del 20%+. Pero el plan de los Illuminati para la esclavitud dentro de un mundo unificado incluía la confiscación de toda la propiedad privada y el control del poder de ganancia individual. Esto, y Karl Marx enfatizó esta característica en su plan, debía lograrse mediante un impuesto sobre la renta progresivo y graduado. Como ya he dicho, un impuesto así no puede imponerse legalmente al pueblo estadounidense. Está sucinta y expresamente prohibida por nuestra Constitución. Por lo tanto, sólo una enmienda constitucional podría dar al gobierno federal tales poderes confiscatorios.

"Bueno; esto tampoco era un problema insuperable para nuestros maquiavélicos intrigantes. Los mismos líderes electos de ambas cámaras del Congreso y el mismo Sr. Woodrow Wilson, que firmó la infame Ley de la Reserva Federal, enmendaron la Constitución para convertir el impuesto federal sobre la renta, conocido como la enmienda 16, en una ley del país. Ambas cosas son ilegales según nuestra Constitución. En resumen, fueron los mismos traidores los que firmaron ambas traiciones, la Ley de la Reserva Federal y la Enmienda 16, como ley. Sin embargo, parece que nadie se dio cuenta de que la enmienda 16 fue diseñada para robar, y quiero decir robar, a la gente de sus ingresos a través de la disposición del impuesto sobre la renta.

"Los conspiradores no hicieron pleno uso de esta disposición hasta la Segunda Guerra Mundial, cuando el gran humanista Franklin Roosevelt aplicó una retención del 20% sobre todos los pequeños salarios y hasta el 90% sobre las rentas más altas. Oh, claro, prometió fielmente que sólo sería mientras durara la guerra; pero qué es una promesa para un charlatán que, en 1940, mientras se presentaba a su tercer mandato, seguía proclamando: "Digo una y otra vez que nunca enviaré a chicos estadounidenses a luchar en suelo extranjero". Recuerden que proclamaba esta declaración incluso cuando ya se estaba preparando para sumergirnos en la Segunda Guerra Mundial incitando a los japoneses a atacar furtivamente Pearl Harbor para proporcionar su excusa.

"Y antes de que se me olvide, permítanme recordarles que otro charlatán llamado Woodrow Wilson utilizó exactamente el mismo eslogan de campaña en 1916. Su eslogan era: "Reelijan al hombre que mantendrá a sus hijos fuera de la guerra"; exactamente la misma fórmula, exactamente las mismas promesas. Pero espera; como decía

Al Jonson, "aún no has oído nada". La trampa del impuesto sobre la renta de la Enmienda 16 tenía como objetivo confiscar y robar los ingresos del hombre común, es decir, usted y yo. No pretendía golpear los enormes ingresos de la banda de los Illuminati, los Rockefeller, los Carnegie, los Lehman y todos los demás conspiradores.

"Así que juntos, con esta enmienda 16, crearon lo que llamaron "fundaciones exentas de impuestos" que permitirían a los conspiradores convertir su enorme ricHisse en estas llamadas "fundaciones" y evitar pagar prácticamente todos los impuestos sobre la renta. La excusa era que los ingresos de estas "fundaciones exentas de impuestos" se destinarían a la filantropía humanitaria. Así, hoy tenemos las diversas fundaciones Rockefeller, los fondos Carnegie y Dowman, la Fundación Ford, la Fundación Mellon y cientos de "fundaciones exentas de impuestos" similares.

"¿Y qué tipo de filantropía apoyan estas fundaciones? Pues bien, financian todos los grupos de derechos civiles (y los movimientos ecologistas) que están provocando el caos y los disturbios en todo el país. Financian a los Martin Luther Kings. La Fundación Ford financia el "Centro para el Estudio de las Instituciones Democráticas" en Santa Bárbara, comúnmente conocido como West Moscow, que es dirigido por los notorios Hutchens, Walter Ruther, Erwin Cahnam y otros de esa calaña.

"En resumen; las "fundaciones exentas de impuestos" han financiado a los que hacen el trabajo para la gran conspiración Illuminati. ¿Y qué son los cientos de miles de millones de dólares que confiscan cada año de los ingresos del rebaño común, tú y yo? Bueno, para empezar, está el truco de la "ayuda exterior" que dio miles de millones al comunista Tito, además de regalos de cientos de aviones, muchos de los cuales fueron entregados a Castro, además de los costes de entrenamiento de los pilotos comunistas para que pudieran derribar mejor nuestros aviones. Miles de millones para Polonia Roja. Miles de millones para la India. Miles de millones para Sucarno. Miles de millones a otros enemigos de los Estados Unidos. Eso es lo que esta traicionera Enmienda 16 ha hecho a nuestra nación y al pueblo estadounidense, a usted y a mí y a nuestros hijos.

"Nuestro gobierno federal controlado por los Illuminati en el CFR puede conceder el "estatus de exención de impuestos" a todas las fundaciones y organizaciones pro-Mundo Rojo, como el "Fondo para la República". Pero si usted o cualquier organización patriótica es demasiado abiertamente pro-estadounidense, pueden aterrorizarle e intimidarle encontrando una coma mal colocada en su declaración de la renta y amenazándole con sanciones, multas e incluso la cárcel. Los historiadores del futuro se preguntarán cómo el pueblo estadounidense pudo ser tan ingenuo y estúpido para permitir actos de traición tan audaces y descarados como la Ley de la Reserva Federal y la enmienda 16. No eran ingenuos ni estúpidos. La respuesta es la siguiente: confiaron en los hombres que eligieron para proteger a nuestro país y a nuestro pueblo, y no tuvieron ni idea de ninguna de estas traiciones hasta después de que cada una de ellas se hubiera consumado.

"Son los medios de comunicación de masas controlados por los Illuminati los que han mantenido y mantienen a nuestro pueblo ingenuo y estúpido e inconsciente de la traición que se está cometiendo. Ahora la gran pregunta es: "¿Cuándo despertará el pueblo y hará a nuestros traidores de hoy lo que George Washington y nuestros padres fundadores habrían hecho a Benedict Arnold? ". En realidad, Benedict Arnold era un traidor insignificante comparado con nuestros traidores actuales en Washington D.C. Ahora volvamos a los acontecimientos que siguieron a la violación de nuestra Constitución con la aprobación de la Ley de la Reserva Federal y la enmienda 16. ¿Estaba Wilson completamente bajo su control?

"Los cerebros de la gran conspiración pusieron en marcha el siguiente y el que esperaban que fuera el último paso para lograr su gobierno mundial único. El primero de estos pasos fue la Primera Guerra Mundial. ¿Por qué la guerra? Simple, la única excusa para un gobierno mundial único es que se supone que asegura la paz. Lo único que puede hacer llorar a la gente por la paz es la guerra. La guerra trae el caos, la destrucción, el agotamiento, tanto para el ganador como para el perdedor. Trae la ruina económica a ambos. Y lo que es más importante, destruye la flor de la juventud de ambos. Para los ancianos entristecidos y desconsolados (madres y padres) a los que sólo les queda el recuerdo de sus queridos hijos, la paz vale cualquier precio, y es la emoción en la que se apoyan los conspiradores para el éxito de su trama satánica. [40]

"A lo largo del siglo XIX, de 1814 a 1914, el mundo en su conjunto estuvo en paz. Guerras como la "Guerra Franco-Prusiana", nuestra

---

[40] La respuesta a esta pregunta es sencilla: no sirvas en "sus" fuerzas armadas y te conviertas en carne de cañón para la autoproclamada élite. Si lo haces, o si permites que tus hijos lo hagan, por la ignorancia que permites, te mereces lo que tú, y ellos, tendrán. N/A.

propia "Guerra Civil", la "Guerra Ruso-Japonesa" fueron lo que podríamos llamar "disturbios locales" que no afectaron al resto del mundo. Todas las grandes naciones eran prósperas y el pueblo era ferozmente nacionalista y estaba orgulloso de su soberanía. Era impensable que los franceses y los alemanes estuvieran dispuestos a vivir bajo un "gobierno mundial único"; o los "rusos", "chinos" o "japoneses". Es aún más impensable que un Kaiser Wilhelm, un Franz Josef, un Zar Nicolás o cualquier otro monarca entregue voluntaria y mansamente su trono a un gobierno mundial. Pero no olvides que los pueblos de todas las naciones son el verdadero poder y que la "guerra" es lo único que podría hacer que los pueblos anhelen y exijan la "paz", asegurando así un gobierno mundial único. Pero tendría que ser una guerra espantosa y terriblemente devastadora. No podía ser una simple guerra local entre sólo dos naciones; tendría que ser una "guerra mundial". Ninguna nación importante debería librarse de los horrores y la devastación de una guerra así. El grito de "paz" debe ser universal.[41]

"De hecho, este fue el formato establecido por los Illuminati y Nathan Rothschild a principios del siglo 19. Primero arrastraron a toda Europa a las "Guerras Napoleónicas" y luego al "Congreso de Viena" organizado por los Rothschild, que planeaban convertir en una "Sociedad de Naciones" para ser la sede de su gobierno mundial único; al igual que las actuales "Naciones Unidas" fueron creadas para ser la sede del futuro gobierno mundial único, Dios no lo quiera. En cualquier caso, este es el plan que la Casa de Rothschild y Jacob Schiff decidieron

---

[41] En la "Gran Guerra" -la Primera Guerra Mundial- se perdieron más vidas que en cualquier otra guerra de la historia. Por ejemplo, en la Primera Guerra Mundial - "la [así llamada] guerra para acabar con todas las guerras"- fueron masacrados más hombres en una sola batalla [¿y por qué se inventó esta frase exacta?] que en cualquiera de las segundas guerras mundiales. Lo que antes parecía una estrategia militar totalmente ilógica es ahora perfectamente lógica, si quieres que muera el mayor número posible de tus propios hombres. La estrategia consistió en ordenar a los soldados británicos que marcharan lentamente hacia las ametralladoras alemanas y que no cargaran ni se enfrentaran a ellas, lo que provocó una espantosa carnicería. Si desobedecían, se les ponía delante de un pelotón de fusilamiento formado por sus propios compañeros, por lo que en cualquier caso estaban seguros de morir. - Utilizando este ejemplo, debería quedarte claro que los Illuminati no tienen absolutamente ningún reparo en masacrar a millones de personas que consideran "comedores inútiles" y no tendrán ningún reparo en masacrar a miles de millones más, pronto. N/A.

emplear para lograr su objetivo en 1914. Por supuesto, sabían que el mismo plan había fracasado en 1814, pero pensaban que era sólo porque el zar ruso lo había torpedeado. Bueno, los actuales conspiradores de 1914 eliminarían al tábano de 1814. Se asegurarían de que después de la nueva guerra mundial que estaban tramando, no habría ningún zar de Rusia que se interpusiera en su camino.

"Te diré cómo lograron este primer paso para lanzar una guerra mundial. La historia registra que la Primera Guerra Mundial fue precipitada por un incidente trivial, el tipo de incidente que Weishaupt y Albert Pike habían incorporado a sus planes. Ese incidente fue el asesinato de un archiduque austriaco organizado por los cerebros de los Illuminati. La guerra siguió. En ella participaron Alemania, Austria, Hungría y sus aliados, las "potencias del Eje", contra Francia, Gran Bretaña y Rusia, llamados los "Aliados". Sólo Estados Unidos no participó durante los dos primeros años.

"En 1917, los conspiradores habían logrado su objetivo principal: toda Europa estaba en estado de indigencia. Todos los pueblos estaban cansados de la guerra y querían la paz. La paz iba a llegar tan pronto como Estados Unidos se pusiera del lado de los Aliados, lo que iba a ocurrir inmediatamente después de la reelección de Wilson. Después de eso, sólo podía haber un resultado: la victoria total de los Aliados. Para confirmar plenamente mi afirmación de que mucho antes de 1917, la conspiración, dirigida en América por Jacob Schiff, había planeado todo para lanzar a los Estados Unidos a esta guerra. Citaré las pruebas.

"Cuando Wilson hizo campaña para la reelección en 1916, su principal llamamiento fue: "Reelijan al hombre que mantendrá a sus hijos fuera de la guerra". Pero durante esa misma campaña, el Partido Republicano acusó públicamente a Wilson de haber estado durante mucho tiempo comprometido en meternos en la guerra. Afirmaron que si era derrotado, tomaría esa decisión durante los pocos meses que le quedaban en el cargo, pero si era reelegido, esperaría hasta después de las elecciones. Pero en aquella época, el pueblo estadounidense consideraba a Wilson como un "hombre-dios". Bueno, Wilson fue reelegido y, de acuerdo con la agenda de los conspiradores, nos sumergió en la guerra en 1917. Utilizó como excusa el hundimiento del Lusitania, un hundimiento que también estaba planeado. Roosevelt, también un hombre-dios a los ojos del pueblo estadounidense, siguió la misma técnica en 1941 cuando utilizó el ataque a Pearl Harbor como excusa para lanzarnos a la Segunda Guerra Mundial.

"Exactamente como los conspiradores habían predicho, la victoria aliada eliminaría a todos los monarcas de las naciones derrotadas y dejaría a todos sus pueblos sin líder, confundidos, desorientados y totalmente preparados para el gobierno mundial único que la gran conspiración quería establecer. Pero habría un obstáculo más, el mismo que había obstaculizado a los Illuminati y a los Rothschild en el Congreso de Viena (reunión de paz) después de las guerras napoleónicas. Esta vez Rusia estaría en el bando ganador, como en 1814, y el zar se mantendría firme en su trono. Cabe destacar que Rusia, bajo el régimen zarista, es el único país en el que los Illuminati nunca lograron afianzarse y en el que los Rothschild nunca pudieron infiltrar sus intereses bancarios. Aunque se le pudiera convencer de que se uniera a la llamada "Sociedad de Naciones", era una conclusión previsible que nunca, pero nunca, optaría por un gobierno mundial único.

"Así que, incluso antes de que estallara la Primera Guerra Mundial, los conspiradores tenían un plan, en ciernes, para llevar a cabo la promesa de Nathan Rothschild de 1814 de destruir al zar y asesinar a todos los posibles herederos reales al trono antes de que terminara la guerra. Los bolcheviques rusos iban a ser sus instrumentos en este complot particular. Desde principios de siglo, los líderes de los bolcheviques fueron Nicolai Lenin, León Trotsky y, más tarde, José Stalin. Por supuesto, estos no son sus verdaderos apellidos. Antes de que estallara la guerra, Suiza se convirtió en su refugio. El cuartel general de Trotsky estaba en el Lower East Side de Nueva York, donde vivían principalmente refugiados rusos y judíos. Tanto Lenin como Trotsky llevaban bigote y estaban desaliñados. En ese momento, era la insignia del bolchevismo. Ambos vivían bien, pero no tenían una ocupación regular. No tenían medios de subsistencia visibles, pero sí mucho dinero. Todos estos misterios se resolvieron en 1917. Desde el principio de la guerra, en Nueva York ocurrieron cosas extrañas y misteriosas. Noche tras noche, Trotsky entraba y salía a hurtadillas del palacio de Jacob Schiff, y en medio de esas mismas noches había una reunión de matones del Lower East Side de Nueva York. Todos ellos eran refugiados rusos en el cuartel general de Trotsky y todos ellos estaban pasando por algún tipo de misterioso proceso de entrenamiento que estaba envuelto en el misterio. Nadie hablaba, aunque se supo que Schiff financiaba todas las actividades de Trotsky.

"Entonces, de repente, Trotsky desapareció, junto con unos 300 de sus matones entrenados. De hecho, estaban en alta mar en un barco fletado por Schiff, de camino a una cita con Lenin y su banda en Suiza. El barco también contenía 20 millones de dólares en oro, destinados a financiar la toma de posesión bolchevique de Rusia. En previsión de la llegada de Trotsky, Lenin se preparó para dar una fiesta en su escondite suizo. Hombres de los más altos círculos del mundo iban a ser invitados a la fiesta. Entre ellos estaba el misterioso coronel Edward Mandel House, mentor y paralítico de Woodrow Wilson y, sobre todo, mensajero especial y confidencial de Schiff. Otro de los invitados esperados era Warburg, del clan bancario Warburg de Alemania, que financiaba al Kaiser y al que éste había recompensado nombrándole jefe de la policía secreta alemana. Además, estaban los Rothschild de Londres y París, Litvinov, Kaganovich y Stalin (que entonces era jefe de una banda de ladrones de trenes y bancos). Se le conocía como el "Jesse James de los Urales".

"Y aquí debo recordar que Inglaterra y Francia estaban entonces en guerra con Alemania desde hacía mucho tiempo y que el 3 de febrero de 1917, Wilson había roto todas las relaciones diplomáticas con Alemania. Por lo tanto, Warburg, el coronel House, los Rothschild y todos los demás eran enemigos, pero, por supuesto, Suiza era un terreno neutral en el que los enemigos podían encontrarse y hacerse amigos, sobre todo si tenían un proyecto en común. El partido de Lenin estuvo a punto de naufragar por un incidente imprevisto. El barco que Schiff había fletado de camino a Suiza fue interceptado y detenido por un buque de guerra británico. Pero Schiff se apresuró a ordenar a Wilson que liberara el barco intacto con los matones de Trotsky y el oro. Wilson obedeció. Advirtió a los británicos que si se negaban a liberar el barco, los Estados Unidos no entrarían en la guerra en abril, como había prometido fielmente un año antes. Los británicos hicieron caso a la advertencia. Trotsky llegó a Suiza y el tren de Lenin partió como estaba previsto; pero todavía se enfrentaban a lo que normalmente habría sido el obstáculo insuperable de hacer pasar la banda de terroristas de Lenin-Trotsky por la frontera rusa. Entonces intervino el hermano Warburg, jefe de la policía secreta alemana. Cargó a todos estos matones en vagones de carga sellados e hizo todos los arreglos necesarios para su entrada secreta en Rusia. El resto es historia. Se produce la revolución en Rusia y todos los miembros de la familia real Romanov son asesinados.

"Mi principal objetivo ahora es establecer, más allá de cualquier duda, que el llamado comunismo es una parte integral de la gran conspiración Illuminati para la esclavización del mundo entero. Que el llamado comunismo no es más que su arma y consigna para aterrorizar a los pueblos del mundo y que la conquista de Rusia y la creación del comunismo fue, en gran parte, organizada por Schiff y los demás banqueros internacionales en nuestra propia ciudad de Nueva York. ¿Una historia fantástica? Sí. Algunos pueden incluso negarse a creerlo. Pues bien, en beneficio de todos esos "tomistas", lo demostraré señalando que hace tan sólo unos años, Charlie Knickerbocker, columnista de un periódico de Hearst, publicó una entrevista con John Schiff, nieto de Jacob, en la que el joven Schiff confirmaba toda la historia y nombraba la cantidad a la que había contribuido el viejo Jacob, 20.000.000 de dólares.

"Si alguien todavía tiene la más mínima duda de que toda la amenaza del comunismo fue creada por los cerebros de la gran conspiración en nuestra propia ciudad de Nueva York, citaré el siguiente hecho histórico. Todos los registros muestran que cuando Lenin y Trotsky organizaron la toma del poder en Rusia, eran los jefes del Partido Bolchevique. Ahora, "bolchevismo" es una palabra puramente rusa. Los cerebros se dieron cuenta de que el bolchevismo nunca podría venderse como una ideología a nadie más que al pueblo ruso. Así, en abril de 1918, Jacob Schiff envió al coronel House a Moscú con órdenes a Lenin, Trotsky y Stalin de cambiar el nombre de su régimen por el de Partido Comunista y adoptar el "Manifiesto" de Karl Marx como constitución del Partido Comunista. Lenin, Trotsky y Stalin obedecieron y en ese año 1918 surgió el Partido Comunista y la amenaza del comunismo. Todo esto lo confirma el *Webster's Collegiate Dictionary*, quinta edición.

"En resumen; el comunismo fue creado por los capitalistas. Así, hasta el 11 de noviembre de 1918, todo el plan diabólico de los conspiradores funcionó perfectamente. Todas las grandes naciones, incluidos los Estados Unidos, estaban cansadas de la guerra, devastadas y llorando a sus muertos. La paz era el gran deseo universal. Por eso, cuando Wilson propuso la creación de una "Sociedad de Naciones" para garantizar la paz, todas las grandes naciones, sin que el zar ruso se opusiera, se subieron al carro sin ni siquiera pararse a leer la letra pequeña de esta póliza de seguros. Es decir, todos menos uno, los Estados Unidos, la misma nación que Schiff y sus co-conspiradores menos esperaban que se rebelara, y ese fue su error fatal en ese primer complot. Verás, cuando Schiff puso a Woodrow Wilson en la Casa Blanca, los conspiradores asumieron que tenían a los Estados Unidos en la proverbial bolsa. Wilson había sido perfectamente presentado al público como un gran humanista. Se le impuso como un hombre-dios al pueblo americano. Los conspiradores tenían todas las razones para creer que habría convencido fácilmente al Congreso para que comprara el proyecto de ley de armas.

La "Sociedad de Naciones", al igual que el Congreso de 1945 compró las "Naciones Unidas", a ciegas. Pero hubo un hombre en el Senado en 1918 que vio a través de este plan al igual que el zar ruso en 1814. Era un hombre de gran talla política, casi tan grande como Teddy Roosevelt e igual de astuto. Era muy respetado y gozaba de la confianza de todos los miembros de ambas cámaras del Congreso y del pueblo estadounidense. El nombre de este gran y patriótico estadounidense era Henry Cabot Lodge, no el impostor de hoy que se hacía llamar Henry Cabot Lodge Jr. hasta que fue desenmascarado. Lodge desenmascaró completamente a Wilson y mantuvo a los Estados Unidos fuera de la "Liga de las Naciones".

NOTA :

Poco después, los Illuminati crearon la enmienda 17 para suprimir los senadores designados por las legislaturas estatales de la Unión. Donde antes los Illuminati controlaban la prensa, ahora controlan la elección de los senadores estadounidenses. Los Illuminati/CFR tenían poco o ningún poder sobre las legislaturas individuales de los distintos senadores de los Estados Unidos antes de la ratificación de la enmienda 17.

Aunque se supone que la enmienda 17 cambia el método de elección de los senadores estadounidenses, nunca fue ratificada de acuerdo con la última frase del artículo V de la Constitución de EE.UU. Dos estados, Nueva Jersey y Utah, rechazaron la propuesta y otros nueve estados no votaron. Aunque los estados de Nueva Jersey y Utah se negaron expresamente a renunciar a su "sufragio" en el Senado y los otros nueve estados que no votaron nunca dieron su consentimiento "expreso", la propuesta de enmienda 17 no recibió el voto "unánime" necesario para su aprobación. Además, la resolución que creó la "propuesta" no fue aprobada por el Senado por unanimidad y, como los senadores de entonces eran "designados" por las legislaturas de sus estados, estos "no" o "no votos" fueron emitidos en nombre de sus respectivos estados.

"Resulta de gran interés conocer aquí la verdadera razón del fracaso de la Sociedad de Naciones de Wilson. Como ya he dicho, Schiff fue enviado a Estados Unidos para llevar a cabo cuatro misiones específicas:

1. Y lo más importante, obtener el control total del sistema monetario de los Estados Unidos.

2. Como se indica en el plan original de los Illuminati de Weishaupt, él tenía que encontrar el tipo correcto de hombres para

servir como secuaces de la gran conspiración y promoverlos a las más altas oficinas de nuestro gobierno federal; nuestro Congreso, nuestra Corte Suprema de los Estados Unidos, y todas las agencias federales, como el Departamento de Estado, el Pentágono, el Departamento del Tesoro, etc.

3. Destruir la unidad del pueblo estadounidense creando conflictos entre los grupos minoritarios de toda la nación, en particular entre los blancos y los negros, como se indica en el libro de Israel Cohen.

4. Crear un movimiento para destruir la religión en los Estados Unidos con el cristianismo como principal objetivo o víctima.

"Además, se le recordó enérgicamente la directiva imperativa del plan de los Illuminati, que es lograr el control total de todos los medios de comunicación de masas para lavar el cerebro de la gente para que crea y acepte todos los esquemas de la gran conspiración. Schiff fue advertido de que sólo controlando la prensa, en aquel momento nuestro único medio de comunicación de masas, podría destruir la unidad del pueblo estadounidense.

"Schiff y sus co-conspiradores crearon la NAACP (National Association for the Advancement of the Coloured People) en 1909 y, en 1913, la Anti-Defamation League of B'nai B'rith; ambas iban a crear los conflictos necesarios, pero en los primeros años la Anti-Defamation League funcionó de forma muy tímida. Tal vez por temor a una acción similar a un pogromo por parte de un pueblo estadounidense despierto y enfurecido, y la NAACP estaba prácticamente inactiva porque sus dirigentes blancos no se dieron cuenta de que tendrían que desarrollar líderes negros incendiarios, como Martin Luther King, para despertar el entusiasmo de la masa satisfecha de negros de la época.

"Además, él, Schiff, estaba ocupado desarrollando e infiltrando a los títeres que iban a servir en las altas esferas de nuestro gobierno de Washington y a obtener el control de nuestro sistema monetario y la creación de la "enmienda 16 ". También estaba muy ocupado organizando el complot para apoderarse de Rusia. En resumen, estaba tan ocupado con todas estas tareas que descuidó por completo la tarea suprema de conseguir el control total de nuestros medios de comunicación de masas. Esta negligencia fue una causa directa del fracaso de Wilson en su intento de atraer a los Estados Unidos a la "Sociedad de Naciones", pues cuando Wilson decidió acudir al pueblo para superar la oposición del Senado, controlado por la Logia, a pesar de su establecida pero falsa reputación de gran humanista, se encontró con un pueblo sólidamente unido y una prensa leal cuya única ideología era el "americanismo" y el American way of life. En aquellos días, debido a la ineptitud e ineficacia de la "ADL" y la "NAACP", no había grupos organizados de minorías, ni temas negros, ni los llamados temas antisemitas que influyeran en el pensamiento de la gente. No había izquierda, ni derecha, ni prejuicios para la explotación astuta. Así que el llamamiento de Wilson a la "Liga de Naciones" cayó en saco roto. Este fue el fin de Woodrow Wilson, el gran humanista de los conspiradores. Rápidamente abandonó su cruzada y regresó a Washington, donde murió poco después, convertido en un loco sifilítico, y ese fue el fin de la "Sociedad de Naciones" como corredor hacia un gobierno mundial.

"Por supuesto, esta debacle fue una terrible decepción para los cerebros de la conspiración Illuminati; pero no se rindieron. Como he señalado antes, este enemigo nunca se rinde; simplemente ha decidido reorganizarse y volver a empezar. Para entonces, Schiff era muy viejo y estaba senil. Lo sabía. Sabía que la conspiración necesitaba un liderazgo nuevo, más joven y activo. Así que, siguiendo sus órdenes, el coronel House y Bernard Baruch organizaron y crearon lo que llamaron el "Consejo de Relaciones Exteriores", el nuevo nombre con el que los Illuminati seguirían operando en los Estados Unidos. La jerarquía, los funcionarios y los directores del "CFR" están compuestos principalmente por descendientes de los Illuminati originales; muchos de ellos han abandonado sus antiguos apellidos y han adquirido nuevos nombres americanizados. Por ejemplo, tenemos a Dillon, que fue Secretario del Tesoro de los Estados Unidos, cuyo nombre original era Laposky. Otro ejemplo es Pauley, director de la cadena de televisión CBS, cuyo nombre real es Palinsky. Los miembros del CFR son unos 1000 e incluyen a los jefes de prácticamente todos los imperios industriales de Estados Unidos, como Blough, presidente de la U.S. Steel Corporation; Rockefeller, rey de la industria petrolera; Henry Ford, II, etc. Y por supuesto, todos los banqueros internacionales. Además, los responsables de las fundaciones "libres de impuestos" son funcionarios y/o miembros activos del CFR. En resumen, todos los hombres que han proporcionado el dinero y la influencia para elegir a los presidentes de los EE.UU. elegidos por el CFR, a los congresistas, a los senadores, y que deciden los nombramientos de nuestros diversos secretarios de Estado, del Tesoro, de todas las agencias federales importantes, son miembros del CFR y son miembros muy obedientes.

"Ahora, sólo para cimentar este hecho, mencionaré los nombres de algunos de los presidentes estadounidenses que fueron miembros del CFR. Franklin Roosevelt, Herbert Hoover, Dwight D. Eisenhower, Jack Kennedy, Nixon y George Bush. Otros candidatos presidenciales son Thomas E. Dewey, Adlai Stevenson y Barry Goldwater, vicepresidente de una filial del CFR. Entre los miembros prominentes del gabinete de las distintas administraciones tenemos a John Foster Dulles, Allen Dulles, Cordell Hull, John J. MacLeod, Morgenthau, Clarence Dillon, Rusk, McNamara, y sólo para enfatizar el "color rojo" del "CFR" tenemos como miembros a hombres como Alger Hiss, Ralph Bunche, Pusvolsky, Haley Dexter White (verdadero nombre Weiss), Owen Lattimore, Phillip Jaffey, etc. etc. Simultáneamente; inundaron con miles de homosexuales y otros personajes turbios maleables todas las agencias federales, desde la Casa Blanca hacia abajo. ¿Recuerdas a los grandes amigos de Johnson, Jenkins y Bobby Baker?

"Ahora había mucho trabajo que el nuevo CFR tenía que hacer. Necesitaban mucha ayuda. Así que su primer trabajo fue crear varias "filiales" a las que asignaron objetivos concretos. No puedo nombrar a todos los afiliados en este registro, pero aquí hay algunos: la Asociación de Política Exterior ("FPA"), el Consejo de Asuntos Mundiales ("WAC"), el Consejo Asesor Empresarial ("BAC"), la famosa "ADA" ("Americanos por la Acción Democrática", dirigida virtualmente por Walter Ruther), el famoso "13-13" de Chicago; Barry Goldwater fue, y probablemente sigue siendo, vicepresidente de una de las filiales del CFR. Además, el CFR creó comités especiales en cada estado de la Unión, a los que encomendó las distintas operaciones estatales.

"Simultáneamente, los Rothschild crearon grupos de control similares al CFR en Inglaterra, Francia, Alemania y otros países para controlar las condiciones mundiales de cooperación con el CFR para provocar otra guerra mundial. Pero el primer y más importante trabajo del CFR fue conseguir el control total de nuestros medios de comunicación de masas. El control de la prensa fue entregado a Rockefeller. Así, Henry Luce, recientemente fallecido, fue financiado para crear una serie de revistas nacionales, como "Life", "Time", "Fortune" y otras, que promocionaban la "URSS" en América. Los Rockefeller también financiaron directa o indirectamente la revista "Look" de los hermanos Coles y una cadena de periódicos. También financiaron a un hombre llamado Sam Newhouse para que comprara y creara una cadena de periódicos por todo el país. Y el difunto Eugene Myer, uno de los fundadores del CFR, compró el Washington Post, Newsweek, la revista Weekly y otras publicaciones. Al mismo tiempo, el CFR comenzó a desarrollar y alimentar una nueva raza de columnistas y editoriales escabrosos - escritores como Walter Lippman, Drew Pearson, los Alsops, Herbert Matthews, Erwin Canham, y otros de esa calaña que se autodenominaban "liberales" y proclamaban que el "americanismo" era "aislacionismo", que el "aislacionismo" era "belicismo", que el "anticomunismo" era "antisemitismo" y "racismo". Todo esto llevó tiempo, por supuesto, pero hoy nuestros "semanarios", publicados por organizaciones patrióticas, están completamente controlados por los títeres del CFR y así han logrado finalmente dividirnos en una nación de facciones que riñen, discuten y odian. Ahora, si todavía se pregunta por la información sesgada y las mentiras descaradas que lee en su periódico, ya tiene la respuesta. A los Lehman, Goldman Sachs, Kuhn-Loebs y Warburg, el CFR les encomendó la tarea de apoderarse de la industria cinematográfica, de Hollywood, de la radio y de la televisión, y créanme, lo lograron. Si todavía te preguntas por la extraña propaganda que hacen Ed Morrows y otros como él, ahora tienes la respuesta. Si te preguntas por todas las películas pornográficas, sexuales y de matrimonios mixtos que ves en el cine y en la televisión (y que desmoralizan a nuestra juventud), ya tienes la respuesta.

"Ahora, para refrescar la memoria, volvamos un momento atrás. El fracaso de Wilson había torpedeado cualquier posibilidad de convertir esta "Liga de Naciones" en la esperanza de los conspiradores de un gobierno mundial; así que había que volver a poner en marcha el complot de Jacob Schiff, y para ello organizaron el CFR. También sabemos el éxito que ha tenido el CFR en este trabajo de lavado de cerebro y destrucción de la unidad del pueblo estadounidense. Pero como fue el caso del complot de Schiff, la culminación y creación de un nuevo vehículo para su gobierno mundial único requería otra guerra mundial. Una guerra que sería aún más horrible y devastadora que la Primera Guerra Mundial para que los pueblos del mundo volvieran a exigir la paz y una forma de acabar con todas las guerras. Pero el CFR se dio cuenta de que las consecuencias de la Segunda Guerra Mundial tendrían que ser planificadas con más cuidado para que no se pudiera escapar de la nueva trampa del mundo único, otra "Sociedad de Naciones" que surgiría de la nueva guerra. Esta trampa la conocemos ahora como "Naciones Unidas" y han ideado una estrategia perfecta para que nadie se escape. Así es como lo hicieron.

En 1943, en plena guerra, prepararon el marco de las Naciones Unidas y lo entregaron a Roosevelt y a nuestro Departamento de Estado para que lo parieran Alger Hiss, Palvosky, Dalton, Trumbull y otros traidores estadounidenses, convirtiendo así todo el proyecto en un bebé de Estados Unidos. Entonces, para preparar las mentes, la ciudad de Nueva

York iba a convertirse en el vivero de esta monstruosidad. Después de eso, difícilmente podríamos abandonar a nuestro propio bebé, ¿verdad? De todos modos, así es como los conspiradores pensaron que funcionaría, y así fue. El liberal Rockefeller donó el terreno para el edificio de la ONU.

"La Carta de la ONU fue escrita por Alger Hiss, Palvosky, Dalton, Trumbull y otros títeres del CFR. En 1945 se celebró en San Francisco una falsa conferencia de la ONU. Todos los supuestos representantes de unas 50 naciones se reunieron allí y firmaron rápidamente la Carta. El despreciable traidor Alger Hiss voló a Washington con la Carta, la presentó alegremente a nuestro Senado, y el Senado (elegido por nuestro pueblo para garantizar nuestra seguridad) firmó la Carta sin siquiera leerla. La pregunta es: "¿Cuántos de nuestros senadores eran, ya entonces, chiflados traidores del CFR?". En cualquier caso, así es como el pueblo aceptó a las "Naciones Unidas" como un "santo de la guarda".

Una y otra vez, nos hemos visto sorprendidos, impactados, desconcertados y horrorizados por sus errores en Berlín, Corea, Laos, Katanga, Cuba, Vietnam; errores que siempre han favorecido al enemigo, nunca a Estados Unidos. Según la ley de las probabilidades, deberían haber cometido al menos uno o dos errores a nuestro favor, pero nunca lo hicieron. ¿Cuál es la respuesta? La respuesta es el "CFR" y los papeles que desempeñan sus afiliados y lacayos en Washington D.C., por lo que sabemos que el control total de nuestra política de relaciones exteriores es la clave del éxito de todo el complot Illuminati de orden mundial único. He aquí una prueba más.

"Anteriormente, establecí plenamente que Schiff y su banda habían financiado la toma del poder en Rusia por los judíos Lenin, Trotsky y Stalin, y que habían convertido a su régimen comunista en su principal instrumento para mantener al mundo en la confusión y, en última instancia, aterrorizarnos a todos para que busquemos la paz en un gobierno mundial encabezado por la ONU. Pero los conspiradores sabían que la "banda de Moscú" no podría convertirse en un instrumento de este tipo hasta que el mundo entero aceptara el régimen comunista como el legítimo "gobierno de jure" de Rusia. Sólo una cosa podría conseguirlo, el reconocimiento de Estados Unidos. Los conspiradores pensaron que el mundo entero seguiría nuestro ejemplo, y así indujeron a Harding, Coolidge y Hoover a conceder dicho reconocimiento. Pero los tres se negaron. El resultado de los últimos años de la década de 1920 fue que el régimen de Stalin se encontraba en una situación desesperada. A pesar de todas las purgas y los controles de la policía secreta, el pueblo ruso se resistía cada vez más. Es un hecho probado, admitido por Litvinov, que en 1931 y 1932 Stalin y toda su banda estaban siempre dispuestos a escapar.

"Entonces, en noviembre de 1932, los conspiradores dieron su mayor golpe: pusieron a Franklin Roosevelt en la Casa Blanca, astuto, sin escrúpulos y totalmente sin conciencia. Este charlatán traicionero les jugó una mala pasada. Sin siquiera buscar el consentimiento del Congreso, proclamó ilegalmente el reconocimiento del régimen de Stalin. Y tal como habían planeado los conspiradores, el mundo entero siguió nuestro ejemplo. Automáticamente, esto sofocó el movimiento de resistencia del pueblo ruso que se había desarrollado anteriormente. Lanzó automáticamente la mayor amenaza que ha conocido el mundo civilizado. El resto es demasiado conocido como para repetirlo.

"Sabemos cómo Roosevelt y su traicionero Departamento de Estado continuaron desarrollando la amenaza comunista aquí mismo en nuestro país y, por tanto, en todo el mundo. Sabemos cómo perpetró toda la atrocidad de Pearl Harbor como excusa para precipitarnos en la Segunda Guerra Mundial. Sabemos todo sobre sus reuniones secretas con Stalin en Yalta y cómo, con la ayuda de Eisenhower, entregó los Balcanes y Berlín a Moscú. Por último, pero no menos importante, sabemos que el Benedict Arnold del siglo 20 no sólo nos llevó por este nuevo corredor, las Naciones Unidas, hacia el camino de un gobierno mundial, sino que también elaboró todos los arreglos para implementarlo en nuestro país. En resumen, el día que Roosevelt entró en la Casa Blanca, los conspiradores del CFR se hicieron con el control total de nuestra maquinaria de relaciones exteriores y establecieron firmemente las Naciones Unidas como sede del gobierno mundial único de los Illuminati.

"Quiero hacer hincapié en otro punto muy importante. El fracaso de la "Liga de las Naciones" de Wilson hizo que Schiff y su pandilla se dieran cuenta de que el control del Partido Demócrata no era suficiente. ¡Lo fue! Podrían crear una crisis durante la administración republicana, como hicieron en 1929 con el crac y la depresión fabricados por la Reserva Federal, que llevaría a otro títere demócrata a la Casa Blanca; pero se dieron cuenta de que un paréntesis de cuatro años en su control de nuestras políticas de relaciones exteriores podría interrumpir el progreso de su conspiración. Incluso podría desbaratar toda su estrategia, como casi ocurrió antes de que Roosevelt la salvara al reconocer el régimen de Stalin.

"A partir de entonces, tras la debacle de Wilson, empezaron a formular planes para hacerse con nuestros dos partidos nacionales. Pero tenían un problema con eso. Necesitaban mano de obra con títeres en el Partido Republicano y mano de obra adicional para el Partido Demócrata, y como el control del hombre en la Casa Blanca no sería suficiente, tenían que proveer a ese hombre con títeres entrenados para todo su gabinete. Hombres para dirigir el Departamento de Estado, el Departamento del Tesoro, el Pentágono, el CFR, la USIA, etc. En resumen, cada miembro de los distintos gabinetes debería ser un instrumento elegido por el CFR, como Rusk y McNamara, así como todos los subsecretarios y subsecretarias. Esto daría a los conspiradores el control absoluto de todas nuestras políticas, tanto nacionales como, sobre todo, exteriores. Esta forma de actuar requeriría un grupo de chiflados capacitados, listos al instante para los cambios administrativos y cualquier otro requisito. Todos estos títeres tendrían que ser necesariamente hombres de reputación nacional, que gozaran de la estima del pueblo, pero tendrían que ser hombres sin honor, sin escrúpulos y sin conciencia. Estos hombres deben ser vulnerables al chantaje. No hace falta subrayar el éxito del CFR. El inmortal Joe McCarthy ha revelado completamente que hay miles de estos riesgos de seguridad en cada agencia federal. Scott MacLeod expuso a miles más y usted sabe el precio que Ortega tuvo que pagar, y sigue pagando, por exponer ante un comité del Senado a los traidores del Departamento de Estado que entregaron Cuba a Castro, no sólo fueron protegidos, sino promovidos.

"Volvamos ahora al corazón del complot del gobierno mundial único y a las maniobras necesarias para crear otra "Sociedad de Naciones" que albergue dicho gobierno. Como he dicho antes, los conspiradores sabían que sólo otra guerra mundial era vital para el éxito de su complot. Tendría que ser una guerra mundial tan horrible que los pueblos del mundo exigieran la creación de algún tipo de organización mundial que pudiera garantizar la paz eterna. Pero, ¿cómo pudo iniciarse una guerra así? Todas las naciones europeas estaban en paz. Ninguno de ellos tenía disputas con las naciones vecinas y sus agentes en Moscú seguramente no se habrían atrevido a iniciar una guerra. Incluso Stalin se dio cuenta de que eso significaría el derrocamiento de su régimen, a menos que el llamado "patriotismo" uniera al pueblo ruso detrás de él.

"Pero los conspiradores tenían que tener una guerra. Tuvieron que encontrar o crear algún tipo de incidente para iniciarlo. Lo encontraron en un hombre pequeño, sin pretensiones y repulsivo que se hacía llamar "Adolf Hitler". Hitler, un impecable pintor de casas austriaco, había sido cabo del ejército alemán. Hizo de la derrota de Alemania un agravio personal. Comenzó a hacer propaganda al respecto en la zona de Múnich (Alemania). Comenzó a hablar de la restauración de la grandeza del Imperio alemán y del poder de la solidaridad alemana. Abogó por la restauración del antiguo ejército alemán con el fin de utilizarlo para conquistar el mundo entero. Curiosamente, Hitler, el pequeño payaso que era, podía pronunciar un discurso ardiente y tenía un cierto magnetismo. Pero las nuevas autoridades alemanas no querían más guerra y pronto metieron al odioso pintor de casas austriaco en una celda.

"¡Ahá! Aquí está el hombre", decidieron los conspiradores, "que, si se dirige y financia adecuadamente, podría ser la clave de otra guerra mundial". Así que, mientras estaba en prisión, pidieron a Rudolph Hess y a Goering que escribieran un libro que llamaron "Mein Kampf" y que atribuyeron a Hitler, al igual que Litvinov escribió "Misión a Moscú" y lo atribuyó a Joseph Davies, entonces nuestro embajador en Rusia y un títere del CFR. En "Mein Kampf", el pseudoautor de Hitler expuso sus quejas y cómo devolvería al pueblo alemán su antigua grandeza. Los conspiradores hicieron entonces que el libro se distribuyera ampliamente entre el pueblo alemán para crear partidarios fanáticos. Cuando salió de la cárcel (también organizado por los conspiradores), empezaron a prepararle y financiarle para que viajara a otras partes de Alemania a dar sus picantes discursos. Pronto reunió un número creciente de partidarios entre los demás veteranos de guerra, que pronto se extendió a las masas, que empezaron a ver en él un salvador para su querida Alemania. Luego vino el liderazgo de lo que él llamaba "su ejército de camisas pardas" y la marcha sobre Berlín. Esto requería una gran financiación, pero los Rothschild, los Warburg y otros conspiradores le proporcionaron todo el dinero que necesitaba. Poco a poco, Hitler se convirtió en el ídolo del pueblo alemán, que derrocó el gobierno de Von Hindenburg y Hitler se convirtió en el nuevo Führer. Pero esto no era razón para iniciar una guerra. El resto de Europa y el mundo observaron el ascenso de Hitler, pero no vieron ninguna razón para intervenir en lo que era claramente una condición interna alemana. Ciertamente, ninguna de las otras naciones vio esto como una razón para iniciar una nueva guerra contra Alemania y el pueblo alemán aún no estaba lo suficientemente excitado como para cometer actos contra una nación vecina, ni siquiera Francia, que pudieran llevar a la guerra. Los conspiradores comprendieron que tenían que crear ese frenesí, un frenesí que hiciera que el pueblo alemán tirara la cautela al viento y al mismo tiempo horrorizara al mundo entero. Y por cierto, "Mein Kampf" era de hecho una secuela del libro de Karl Marx "Un mundo sin judíos".

"Los conspiradores recordaron de repente cómo la banda de Schiff-Rothschild había organizado los pogromos en Rusia, que habían masacrado a miles de judíos y despertado el odio mundial hacia Rusia, y decidieron utilizar esta misma estratagema inadmisible para inflamar al nuevo pueblo alemán bajo Hitler en un odio asesino hacia los judíos. Es cierto que el pueblo alemán nunca tuvo un afecto especial por los judíos, pero tampoco un odio inveterado hacia ellos. Había que fabricar ese odio, así que Hitler tuvo que crearlo. Esta idea era más que atractiva para Hitler. Lo veía como una forma macabra de convertirse en el "hombre-dios" (*Cristo*) del pueblo alemán.

"Así, hábilmente inspirado y entrenado por sus asesores financieros, los Warburg, los Rothschild y todos los cerebros Illuminati, culpó a los judíos del odiado "Tratado de Versalles" y de la ruina financiera que siguió a la guerra. El resto es historia. Lo sabemos todo sobre los campos de concentración de Hitler y la incineración de cientos de miles de judíos. No son los 6.000.000, ni siquiera los 600.000 que afirman los conspiradores, pero son suficientes. Y permítanme repetir lo poco que les importaba a los banqueros internacionalistas, los Rothschild, Schiff, Lehman, Warburg, Baruch, sus hermanos de raza víctimas de sus nefastos planes. A sus ojos, la matanza por parte de Hitler de varios cientos de miles de judíos inocentes no les molestó en absoluto. Lo vieron como un sacrificio necesario para promover su complot mundial de los Illuminati, al igual que la matanza de muchos millones de personas en las guerras que siguieron fue un sacrificio necesario similar. Y aquí hay otro detalle espantoso sobre estos campos de concentración. Muchos de los soldados ejecutores de Hitler en estos campos habían sido enviados a Rusia para aprender el arte de la tortura y el embrutecimiento, para aumentar el horror de las atrocidades.

"Todo esto creó un nuevo odio mundial hacia el pueblo alemán, pero todavía no era una razón para la guerra. Fue entonces cuando se indujo a Hitler a reclamar los "Sudetes"; y se recuerda cómo Chamberlain y los diplomáticos checoslovacos y franceses de la época cedieron a esta demanda. Esta demanda llevó a otras exigencias hitlerianas de territorio en Polonia y en los territorios de los zares franceses, que fueron rechazadas. Luego vino su pacto con Stalin. Hitler había gritado su odio al comunismo (oh, cómo fulminó contra el comunismo); pero en realidad el nazismo no era más que socialismo (nacionalsocialismo - nazi), y el comunismo es, de hecho, socialismo. Pero Hitler no tuvo en cuenta todo esto. Hizo un pacto con Stalin para atacar y dividir Polonia entre ellos. Mientras Stalin marchaba sobre una parte de Polonia (que nunca se le achacó [los cerebros Illuminati se encargaron de ello]), Hitler lanzó una "blitzkrieg" sobre Polonia desde su lado. Los conspiradores consiguieron por fin su nueva guerra mundial y qué guerra tan horrible fue.

"Y en 1945, los conspiradores finalmente crearon las "Naciones Unidas", su nuevo hogar para su gobierno mundial único. Y, sorprendentemente, todo el pueblo estadounidense aclamó este conjunto asqueroso como un "Santo de los Santos". Incluso después de que se revelaran todos los hechos reales sobre cómo se crearon las Naciones Unidas, el pueblo estadounidense siguió adorando a este conjunto maligno. Incluso después de que Alger Hiss fuera desenmascarado como espía y traidor soviético, el pueblo estadounidense siguió creyendo en la ONU. Incluso después de que revelara públicamente el acuerdo secreto entre Hiss y Molotov de que un ruso sería siempre el jefe de la secretaría militar y, por tanto, el verdadero amo de la ONU. Pero la mayoría de los estadounidenses siguieron creyendo que la ONU no podía hacer nada malo. Incluso después de D. Lee, el primer Secretario General de la "ONU" confirmó el acuerdo secreto Hiss-Molotov en su libro: "En la causa de la paz", Vasialia recibió una licencia de la ONU para que pudiera tomar el mando de los norcoreanos y chinos rojos que luchaban contra la llamada acción policial de la ONU bajo las órdenes de nuestro propio general McArthur, quien, por orden de la ONU, fue despedido por el pusilánime presidente Truman para evitar que ganara esta guerra. Nuestro pueblo siguió creyendo en la ONU a pesar de los 150.000 hijos que fueron asesinados y mutilados en esa guerra; el pueblo siguió viendo a la ONU como un medio seguro para la paz, incluso después de que se revelara en 1951 que la ONU (utilizando nuestros propios soldados estadounidenses bajo el mando del general McArthur) no había seguido sus propias reglas.

El Comando de la ONU, bajo la bandera de la ONU, en connivencia con nuestro estado traidor (y el Pentágono) había invadido muchos pueblos pequeños en California y Texas para perfeccionar su plan para una toma total de nuestro país. La mayoría de nuestros ciudadanos se desentendieron y siguieron creyendo que la ONU es un "Santo de los Santos". (en lugar del Arca de la Alianza).

"¿Sabes que la Carta de la ONU fue escrita por el traidor Alger Hiss, Molotov y Vyshinsky? ¿Que Hiss y Molotov habían acordado en ese acuerdo secreto que el jefe militar de la ONU sería siempre un ruso nombrado por Moscú? ¿Sabe usted que en sus reuniones secretas de Yalta, Roosevelt y Stalin, a instancias de los Illuminati que operan bajo el nombre de CFR, decidieron que la ONU debía situarse en suelo americano? ¿Sabe usted que la mayor parte de la Carta de la ONU fue copiada palabra por palabra del "Manifiesto" de Marx y de la llamada constitución rusa? ¿Sabe que sólo los dos senadores que votaron en contra de la Carta de la ONU la leyeron? ¿Sabes que desde la creación de la ONU, la esclavitud comunista ha aumentado de 250.000 a 1.000.000.000? ¿Sabe usted que desde que se fundó la ONU para garantizar la paz, ha habido al menos 20 grandes guerras incitadas por la ONU, al igual que incitó a la guerra contra la Pequeña Rodesia y Kuwait? ¿Sabe usted que, bajo la égida de la ONU, los contribuyentes estadounidenses se han visto obligados a compensar el déficit de la tesorería de la ONU en millones de dólares por la negativa de Rusia a pagar su parte? ¿Sabe que la ONU nunca ha aprobado una resolución que condene a Rusia o a sus supuestos satélites, pero siempre condena a nuestros aliados? ¿Sabe usted que J. Edgar Hoover dijo: "la abrumadora mayoría de las delegaciones comunistas en la ONU son agentes de espionaje" y que 66 senadores votaron a favor de un "tratado consular" que abre todo nuestro país a los espías y saboteadores rusos? ¿Sabe usted que la ONU está ayudando a Rusia a conquistar el mundo impidiendo que el mundo libre tome ninguna medida, salvo debatir cada nueva agresión en la Asamblea General de la ONU? ¿Sabe usted que en la época de la guerra de Corea, la ONU contaba con 60 naciones, y sin embargo el 95% de las fuerzas de la ONU eran nuestros hijos americanos, y prácticamente el 100% de los costes fueron pagados por los contribuyentes americanos?

"Y seguro que sabes que la política de la ONU durante las guerras de Corea y Vietnam fue impedir que ganáramos esas guerras. ¿Sabe usted que todos los planes de batalla del general McArthur tenían que ir primero a la ONU para ser transmitidos a Vasialia, comandante de los norcoreanos y de los chinos rojos, y que cualquier guerra futura librada por nuestros hijos bajo la bandera de la ONU debería ser librada por nuestros hijos bajo el control del Consejo de Seguridad de la ONU? ¿Sabes que la ONU nunca ha hecho nada respecto a los 80.000 soldados mongoles rusos que ocupan Hungría?

"¿Dónde estaba la ONU cuando los luchadores por la libertad húngaros fueron masacrados por los rusos? ¿Sabes que la ONU y su ejército de paz entregaron el Congo a los comunistas? ¿Sabe que la llamada fuerza de paz de la ONU se utilizó para aplastar, violar y matar a los anticomunistas blancos en Katanga? ¿Sabes que la ONU no hizo nada mientras la China Roja invadía Laos y Vietnam? ¿Sabías que la ONU no hizo nada mientras Nerón invadía Goa y otros territorios portugueses? ¿Sabías que la ONU fue directamente responsable de ayudar a Castro? ¿Que no hizo absolutamente nada respecto a los miles de jóvenes cubanos enviados a Rusia para el adoctrinamiento comunista?

"¿Sabías que Adlai Stevenson dijo: "El mundo libre debe esperar perder más y más decisiones en la ONU". ¿Sabe que la ONU proclama abiertamente que su principal objetivo es un "gobierno mundial", lo que significa "leyes mundiales", "tribunal mundial", "escuelas mundiales" y una "iglesia mundial" en la que el cristianismo estaría prohibido?

"¿Sabías que se aprobó una ley de la ONU para desarmar a todos los ciudadanos estadounidenses y transferir todas nuestras fuerzas armadas a la ONU? Esta ley fue firmada en secreto por el "santo" Jack Kennedy en 1961. ¿Se dan cuenta de cómo encaja esto con el artículo 47, párrafo 3, de la Carta de la ONU, que dice, y cito, "el Comité de Estado Mayor de la ONU será responsable, a través del Consejo de Seguridad, de la dirección estratégica de todas las fuerzas armadas a disposición del Consejo de Seguridad" y cuando y si todas nuestras fuerzas armadas son transferidas a la ONU; sus hijos se verán obligados a servir y morir bajo el mando de la ONU en todo el mundo. Esto sucederá si no se lucha para que los Estados Unidos abandonen la ONU.

"¿Sabe usted que el congresista James B. Utt ha presentado un proyecto de ley para la formación de los Estados Unidos de la ONU y una resolución para evitar que nuestro Presidente nos obligue a apoyar los embargos de la ONU a Rodesia? Pues bien, lo hizo, y muchas personas de todo el país están escribiendo a sus representantes para apoyar el proyecto de ley y la resolución de Utt. Cincuenta congresistas, encabezados por Schweiker y Moorhead, de Pensilvania, han presentado un proyecto de ley para transferir inmediatamente todas nuestras fuerzas armadas a la ONU? ¿Puedes imaginar una traición tan descarada? ¿Es su congresista uno de estos 50 traidores? Infórmese y tome medidas inmediatas contra él y ayude al congresista Utt.

"¿Saben ahora que el Consejo Nacional de Iglesias ha aprobado en San Francisco una resolución en la que se afirma que Estados Unidos tendrá que subordinar pronto su voluntad a la de la ONU y que todos los ciudadanos estadounidenses deben estar preparados para aceptarlo? ¿Es su iglesia miembro del Consejo Nacional de Iglesias? Por cierto, no olvide que Dios nunca se menciona en la Carta de la ONU y que sus reuniones nunca se abren con una oración.

"Los creadores de la ONU estipularon de antemano que no debía haber ninguna mención a Dios o a Jesucristo en la Carta de la ONU o en su sede. ¿Está su pastor de acuerdo con esto? Descúbrelo. Además, ¿sabe usted que la gran mayoría de las llamadas naciones de la ONU son anticristianas y que la ONU es una organización completamente sin Dios a instancias de sus creadores, los Illuminati del CFR. ¿Has oído suficiente de la verdad sobre las Naciones Unidas Illuminati? ¿Quieres dejar a tus hijos y a nuestro precioso país a la impía merced de las Naciones Unidas Illuminati? Si no es así, escriba, telegrafíe o llame por teléfono a sus representantes y senadores para decirles que deben apoyar el proyecto de ley del congresista Utt para que Estados Unidos se retire de las Naciones Unidas y las Naciones Unidas se retiren de Estados Unidos. Hazlo hoy; ¡ahora, antes de que lo olvides! Es la única salvación para sus hijos y para nuestro país.

"Ahora tengo otro mensaje vital que entregar. Como le dije, una de las cuatro asignaciones específicas que Rothschild le dio a Jacob Schiff fue crear un movimiento para destruir la religión en los Estados Unidos, con el cristianismo como objetivo principal. Por una razón muy obvia; la "Liga Antidifamación" no se atrevería a intentar hacer esto porque tal intento podría crear el más terrible baño de sangre en la historia del mundo; no sólo para la "ADL" y los conspiradores, sino para los millones de judíos inocentes. Schiff le dio a Rockefeller el trabajo por otra razón específica. La destrucción del cristianismo sólo puede ser llevada a cabo por los encargados de preservarlo. Por los pastores, los eclesiásticos.

"Para empezar, John D. Rockefeller eligió a un joven ministro supuestamente cristiano llamado Dr. Harry F. Ward. Reverendo Ward, si quiere. En ese momento enseñaba religión en el Seminario Teológico de la Unión. Rockefeller encontró en este reverendo un "Judas" muy dispuesto y en 1907 lo financió para crear la "Fundación Metodista de Servicios Sociales" y el trabajo de Ward era enseñar a jóvenes brillantes a convertirse, supuestamente, en ministros de Cristo y colocarlos como pastores de iglesias. Al mismo tiempo que les enseñaba a ser ministros, el reverendo Ward les enseñaba también a predicar sutil e inteligentemente a sus congregaciones que toda la historia de Cristo era un mito, a cuestionar la divinidad de Cristo, a cuestionar a la Virgen María, en definitiva, a cuestionar el cristianismo en su conjunto. No se trataba de un ataque directo, sino de una insinuación astuta que debía aplicarse, en particular, a los jóvenes de las escuelas dominicales. Recuerda la frase de Lenin: "Dadme una generación de jóvenes y transformaré el mundo entero". Luego, en 1908, la "Fundación

Metodista de Servicio Social", que, por cierto, fue la primera organización de fachada comunista en América, cambió su nombre por el de "Consejo Federal de Iglesias". En 1950, el "Consejo Federal de Iglesias" empezaba a ser muy sospechoso, por lo que en 1950 cambió su nombre por el de "Consejo Nacional de Iglesias". ¿Necesito decirle más sobre cómo este organismo está destruyendo deliberadamente la fe en el cristianismo? No lo creo; pero te diré esto. Si usted es miembro de una congregación cuyo pastor e iglesia son miembros de esta organización de Judas; usted y sus contribuciones están ayudando a la conspiración de los Illuminati para destruir el cristianismo y su fe en Dios y Jesucristo, por lo tanto usted está entregando deliberadamente a sus hijos al adoctrinamiento de la incredulidad en Dios y la Iglesia y eso puede convertirlos fácilmente en "ateos". Compruebe inmediatamente si su iglesia es miembro del Consejo Nacional de Iglesias y, por amor a Dios y a sus hijos, si lo es, retírese inmediatamente. Sin embargo, permítame advertirle que el mismo proceso de destrucción de la religión se ha infiltrado en otras denominaciones. Si has visto la manifestación "Negro en Selma" y otras manifestaciones de este tipo, habrás visto cómo las multitudes negras son dirigidas y animadas por ministros (e incluso sacerdotes y monjas católicos) que marchan con ellos. Hay muchas iglesias y pastores individuales que son honestos y sinceros. Encuentra uno para ti y para tus hijos.

"Por cierto, este mismo reverendo Harry F. Ward fue también uno de los fundadores de la Unión Americana de Libertades Civiles, una organización notoriamente procomunista. Fue su director de 1920 a 1940. También fue cofundador de la "Liga Americana contra la Guerra y el Fascismo" que, bajo Browder, se convirtió en el "Partido Comunista de EEUU". En resumen, todo el pasado de Ward apesta a comunismo y se le identifica como miembro del Partido Comunista. Murió como un vicioso traidor a su iglesia y a su país y es el hombre que el viejo John D. Rockefeller eligió y financió para destruir la religión cristiana de América, de acuerdo con las órdenes dadas a Schiff por los Rothschild.

"En conclusión, tengo que decir lo siguiente. Probablemente conozca la historia del Dr. Frankenstein, que creó un monstruo para destruir a sus víctimas elegidas, pero al final se volvió contra su propio creador, Frankenstein, y lo destruyó. Bueno, los Illuminati/CFR crearon un monstruo llamado "Naciones Unidas" (que es apoyado por sus grupos minoritarios, los negros amotinados, los medios de comunicación traicioneros y los traidores en Washington D.C.) que fue creado para destruir al pueblo americano. Lo sabemos todo sobre este hidromonstruo multicéfalo y conocemos los nombres de quienes lo crearon. Todos conocemos sus nombres y predigo que un buen día el pueblo estadounidense despertará por completo y hará que este mismo monstruo destruya a su creador. Es cierto. A la mayoría de nuestro pueblo todavía le han lavado el cerebro, lo han engañado y han abusado de él nuestra prensa, televisión y radio traicioneras, así como nuestros traidores en Washington D.C.; pero seguramente, a estas alturas, ya se sabe lo suficiente sobre la ONU como para erradicar esta organización como una serpiente de cascabel mortal y venenosa de entre nosotros.

"Mi única pregunta es: '¿Qué hace falta para despertar y hacer que nuestro pueblo se pruebe plenamente? Tal vez este disco (esta transcripción) lo haga. Cien mil o un millón de copias de este disco (transcripción) pueden hacerlo. Ruego a Dios que así sea. Y rezo para que esta grabación (esta transcripción) os inspire a todos para difundir esta historia a todos los estadounidenses leales de vuestra comunidad. Pueden hacerlo reproduciéndolo (leyéndolo) a los grupos de estudio reunidos en sus casas, en las reuniones de la Legión Americana, en las reuniones de la VFW, en las reuniones de la DAR, en todos los demás grupos cívicos y en los clubes de mujeres, especialmente en los clubes de mujeres que tienen en juego la vida de sus hijos. Con esta grabación (transcripción), te he proporcionado el arma que destruirá al monstruo. Por amor a Dios, a nuestro país y a tus hijos, ¡úsalo! Envíe una copia a todos los hogares de Estados Unidos.

A medida que más y más personas comienzan a morir de hambre en todo el mundo, debido a las acciones directamente relacionadas con Washington D.C., tal vez más estadounidenses comiencen a entender por qué el juicio se volverá contra ellos. quizás más estadounidenses empiecen a entender por qué el juicio se volverá contra ellos. Estados Unidos (no América) es el Nuevo Orden Mundial, y la mayor parte del resto del mundo lo entiende.

La Liga Antidifamación de B'nai B'rith (ADL)

Consumida como parte de una operación conjunta de la inteligencia británica y el FBI, la agencia de vigilancia antisemita y Gestapo del Gran Hermano de B'nai B'rith fue fundada en América por el MI6 en 1913. La ADL fue dirigida durante un tiempo por Saul Steinberg, un representante estadounidense y socio comercial de la familia Jacob de Rothschild de Londres, y fue diseñada para aislar y presionar a los grupos políticamente incorrectos y a sus líderes, y ponerlos fuera del negocio antes de que se hicieran demasiado grandes e influyentes.

B'nai B'rith es una palabra hebrea que significa "hermandad de la alianza" en español. B'nai se traduce como "hermano" y B'rith significa "pacto".

Su organización hermana, la Orden Independiente de B'nai B'rith, es una logia de orgullo judío asimilacionista que fue fundada en 1843 en un restaurante de Nueva York por inmigrantes judíos masones e Illuminati que querían convertirse en estadounidenses. Entre sus miembros se encuentra David Bialkin, del bufete de abogados Committee of 300, Wilkie, Farr and Gallagher (Bialkin dirigió la ADL durante muchos años). Eddie Cantor, Eric Trist de Tavistock, León Trotsky y John Graham, alias Irwin Suall. Suall era miembro del SIS británico, el servicio secreto de élite.

El Dr. John Coleman aconseja en su libro El Comité de los 300: *"Que nadie subestime el poder de la ADL ni su largo alcance".*

ADL - El grupo de odio más poderoso de Estados Unidos

La Liga Antidifamación es el grupo de odio más antiguo y poderoso de Estados Unidos, con 28 oficinas en todo el país y 3 en el extranjero. Ingresa casi 60 millones de dólares al año para luchar contra la libertad de expresión y el derecho de las minorías étnicas a defenderse de la intolerancia (incluidos los negros musulmanes, los árabes y los europeos americanos). [Nota de Sabe - añada las listas de odio que prepararon para el FBI Louis Freeh, que estaba confabulado con la KGB en su propio departamento y en Rusia].

La Liga Antidifamación fue fundada en 1913 por la sociedad secreta racista conocida como B'nai B'rith (que significa "sangre de los elegidos").

Esta organización, que existe en la actualidad, excluye a las personas por su origen étnico y su religión. Está reservado exclusivamente a los judíos poderosos que creen en su superioridad racial sobre otros pueblos.

La ADL encabezó los esfuerzos de censura contra todos aquellos que deseaban expresarse cultural y racialmente. El director de la ADL, Richard Gutstadt, escribió a todas las publicaciones periódicas que pudo encontrar para censurar el libro "La conquista de un continente". El Sr. Gutstadt escribió descaradamente: "Queremos sofocar la venta de este libro". La ADL también ayudó a aterrorizar a St Martin's Press para que cancelara su contrato con David Irving el año pasado.

La ADL intenta encubrir sus actividades contra la libertad de expresión otorgando de vez en cuando el premio "Antorcha de la Libertad". El destinatario más famoso es el comerciante de carne y agresor de mujeres Hugh Hefner. El pornógrafo obsceno Larry Flynt es otro partidario que ha donado cientos de miles de dólares a la ADL.

Las operaciones criminales y de espionaje de la ADL

En 1993, las oficinas de la ADL en San Francisco y Los Ángeles fueron objeto de una redada en busca de pruebas de delitos en muchos ámbitos. Los registros descubrieron pruebas de la participación de la ADL en el robo de archivos policiales confidenciales del departamento de policía de California.

La ADL pagó a Roy Bullock un salario durante décadas para espiar a la gente y robar archivos de la policía. Robó archivos de la SFPD a través del policía corrupto Tom Gerard. Su contacto ilícito en San Diego era el sheriff racista blanco Tim Carroll.

La ADL ha estado estrechamente vinculada al crimen organizado, incluido el jefe de la mafia de Las Vegas Meyer Lansky. [Lansky pagó las balas que alcanzaron a JFK y RFK, él y Carlos Marcellos; la conexión de Larry Flynt con la ADL es "muy interesante, pero se ve que debía dinero a la mafia".

Theodore Silbert trabajó simultáneamente para la ADL y el Sterling National Bank (una operación mafiosa controlada por el sindicato de Lansky).

De hecho, la nieta del jefe de la mafia, Lansky, es a su vez el enlace de la ADL con las fuerzas del orden, Mira Lansky Boland. (¡Qué buen arreglo! Utilizó el dinero de la ADL para regalar a Tim Carroll y Tom Gerard unas vacaciones de lujo en Israel con todos los gastos pagados).

Otro gángster de Las Vegas, Moe Dalitz, fue homenajeado por la ADL en 1985. Otro turbio contribuyente a las actividades supremacistas de la ADL es el Milken Family Fund, famoso por sus "bonos basura". La ADL utiliza su bien engrasada maquinaria de propaganda para proteger a sus "amigos" de la mafia y la industria del porno gritando "¡antisemitismo! ! ! ¡! "al menor movimiento de la ley contra estos perversos intereses.

La intimidación étnica de la ADL

La ADL es un maestro de la intimidación y el chantaje, a diferencia de todas las poderosas mafias con las que se asocia. La ADL tiene contactos influyentes en los medios de comunicación y la política que pueden arruinar a una persona o empresa si no siguen la agenda de la ADL.

Ya hemos mencionado casos de malos policías que cayeron bajo el hechizo de la ADL, como Tom Gerard y Tim Carroll. Sin embargo, ahora los buenos policías e incluso los policías novatos están siendo "condicionados" para el tipo de estado policial anti-libertad de expresión y anti-diversidad cultural que la ADL quisiera para nuestro país.

En todo el país, la ADL amenaza a los departamentos de policía con todo tipo de represalias si no organizan conferencias y seminarios financiados por el Estado para agentes de la ley, impartidos por portavoces de la ADL. La ADL recauda grandes sumas de dinero para estas sesiones, lo que engrosa sus ya repletas arcas. Los hombres de la ADL ya han sido vistos en las escenas del crimen dando órdenes a la policía sobre cómo deben llevarse a cabo las investigaciones.

Quizás nunca antes en la historia otra organización criminal, como la ADL, ha sido capaz de infiltrarse e influir en las fuerzas del orden hasta tal punto, y sus tentáculos siguen creciendo. Los nuevos sheriffs de San Diego están siendo "entrenados" personalmente para responder a los "crímenes" por el Director del Suroeste de la ADL, Morris Casuto.

Lo más alarmante de esta horrible historia es que la ADL es una organización supremacista racial/religiosa muy poderosa y reservada, con importantes vínculos con el mundo del crimen y la pornografía. Para introducirse en las mentes de los niños, la ADL creó el programa "El mundo de las diferencias", diseñado para inculcar el odio a sí mismo en los niños pequeños y persuadirlos de ir en contra de su propio pueblo y su herencia.

A los niños se les enseña que la homosexualidad y las relaciones interraciales son virtudes, grandes epifanías a experimentar. En un informe dirigido a sus pocos, pero acaudalados, partidarios en 1995, la ADL se jactaba de haber llegado a más de diez millones de estudiantes y de que había más listos para ser adoctrinados. La ADL espera sensibilizar a los niños sobre el mundo del crimen y el vicio que ellos y sus socios criminales tienen reservado para América.

La galería de pícaros del criminal de la ADL Abe Foxman [Foxman es el que recibió un soborno de Marc Rich y sí, se quedaron con ese dinero de más de 250.000 dólares].

El jefe de la ADL y maestro del espionaje

Roy Bullock, el informante a sueldo de la ADL, que durante décadas buceó en los basureros para la ADL, hasta que le dieron el delicado trabajo de intermediario de los archivos policiales robados del Departamento de Policía de San Francisco a través de Tom Gerard. Le pagaban 550 dólares a la semana por sus servicios. También era socio del sheriff racista Tim Carroll. Su existencia se descubrió después de que el FBI hiciera una redada en las oficinas de la ADL en 1993 y diera lugar a la publicación de 750 páginas de información sobre las operaciones de espionaje de la ADL.

Tom Gerard, el oficial de policía de San Francisco que robó archivos sensibles y confidenciales de su agencia y se los dio a Roy Bullock para que ayudara a la ADL en su espionaje a los estadounidenses. Entre los archivos robados se encontraban los relativos a los musulmanes negros, los árabes y las organizaciones de derechas que criticaban de alguna manera a la ADL. Recibió unas vacaciones de lujo con todos los gastos pagados en Israel con la ayuda de la ADL.

Tim Carroll, el ex-detective racista del Departamento del Sheriff de San Diego. En 1993 señaló que le gustaría ver "a todos los extranjeros ilegales fusilados" y "a todos los negros enviados de vuelta a África en un barco hecho de cáscaras de plátano".

Asociado de Roy Bullock y Tom Gerard. Se retiró misteriosamente del Departamento del Sheriff después de las redadas en las oficinas de la ADL a la edad de 54 años. También recibió unas vacaciones de lujo a Israel con todos los gastos pagados, por cortesía de la ADL. A pesar de su carácter abiertamente racista, estuvo a cargo de la seguridad de la convención nacional de la ADL en septiembre de 1997, utilizando tácticas de fuerza contra los participantes y visitantes. Esto es interesante teniendo en cuenta que fueron sus torpes confesiones a un investigador las que llevaron a las redadas en la ADL.

Mira Lansky Boland

Enlace con las fuerzas del orden" para la ADL. Organizó viajes de lujo a Israel para ciertos oficiales de policía clave que podrían tener algo que ofrecer a la ADL a cambio. Entre ellos estaban el ladrón de archivos Tom Gerard y el racista Tim Carroll. Se encuentra en una posición única, ya que es la nieta de Meyer Lansky, una de las figuras mafiosas más poderosas de la historia de Estados Unidos.

Hugh Hefner

Famoso pornógrafo que fue honrado por la ADL con su ridículo premio "Antorcha de la Libertad". De él proviene la protección de toda la pornografía en este país, que está y siempre ha estado asociada a elementos de vicio como la mafia y la ADL.

Larry Flynt

Este pornógrafo es uno de los principales contribuyentes de la ADL, con 100.000 dólares. Ha sido encarcelado varias veces por "pornografía obscena" y por la horrible profanación general de las mujeres en su revista *Hustler* [también una fachada de la Mafia - Familia Gambino, y Lansky ordenó la ejecución de esta escoria - Nota de Saba].

Theodore Silbert

Asociado de Meyer Lansky, empleado de la ADL y del frente mafioso "Sterling Bank". Simultáneamente director general de Sterling Bank y comisario nacional de la ADL.

Moe Dalitz

Personaje de la mafia de Las Vegas y estrecho colaborador de Meyer Lansky que fue homenajeado por la ADL en 1985.

Fondo de la familia Milken

Un fondo de mil millones de dólares que ha dado mucho a la ADL, cuyo dinero se ganó en los escándalos de los bonos basura.

Morris Casuto

Director de la ADL para el suroeste, que entrena personalmente a los nuevos agentes de la ley para que le obedezcan a él y a su organización de delincuentes. Morris Casuto es también un amigo cercano del racista Tim Carroll.

LA CIA

La Agencia Central de Inteligencia fue creada al final de la Segunda Guerra Mundial para combatir la nueva Guerra Fría secreta. Tiene sus raíces en la OSS (Oficina de Servicios Estratégicos), la organización de inteligencia militar ya formada, que se hizo conocida por su control del Proyecto Manhattan, de alto secreto, que desarrolló la primera bomba nuclear.

Los padres fundadores de la CIA, William "Wild Bill" Donovan y Allen Dulles, eran ambos destacados católicos romanos y miembros de la sociedad secreta de los "Caballeros de Malta".

Documentos recientemente desclasificados muestran que, después de la guerra, los Caballeros de Malta fueron decisivos en la huida de muchos nazis prominentes, incluidos los científicos de los campos de exterminio y muchos miembros de los círculos internos de la Gestapo del ocultista Heinrich Himmler, el servicio de inteligencia nazi. Muchos de ellos, incluido el general Reinhard Gehlen, Caballero de Malta, pasaron directamente a trabajar para la recién creada CIA, que, por insistencia de Donovan, era ahora una organización civil. El general Dwight Eisenhower, un acérrimo antinazi, y el ejército estadounidense fueron así eliminados de la ecuación original, permitiendo que la CIA representara los intereses de los industriales y las empresas transnacionales estadounidenses por encima de los del pueblo estadounidense.

Los estrechos vínculos de los Caballeros de Malta con el movimiento nazi tienen su base ideológica en su común sistema de creencias rosacruces. Según este sistema, la evolución humana se ve frenada por ciertas subrazas inferiores que deben ser eliminadas para que el proceso continúe. A través de la CIA, este sistema de creencias feudales se ha infiltrado en el corazón de la América democrática. Bajo la apariencia del aparato de la Guerra Fría, la CIA se ha convertido en líder mundial de la guerra biológica y química, las técnicas de control mental, las operaciones psicológicas, la propaganda y la guerra encubierta.

La CIA está en gran medida subordinada a las agencias de inteligencia británicas, a las empresas multinacionales e incluso a la Familia Real.

A través del MI6 y de numerosos "think tanks" controlados por la oligarquía, explica Coleman, las fábricas de propaganda de Estados Unidos -las principales cadenas y agencias de noticias- producen fabricaciones asquerosas que pocos reconocen como propaganda.

CRONOLOGÍA DE LAS ATROCIDADES DE LA CIA

La siguiente cronología describe sólo algunos de los cientos de atrocidades y crímenes cometidos por la CIA. [42]

Las operaciones de la CIA siguen el mismo patrón recurrente. En primer lugar, los intereses comerciales de Estados Unidos en el extranjero se ven amenazados por un líder popular o elegido democráticamente. El pueblo apoya a su líder porque pretende llevar a cabo una reforma agraria, reforzar los sindicatos, redistribuir la riqueza, nacionalizar las industrias de propiedad extranjera y regular las empresas para proteger a los trabajadores, los consumidores y el medio ambiente. Así, en nombre de las empresas estadounidenses, y a menudo con su ayuda, la CIA moviliza a la oposición. Primero identifica a los grupos de derecha del país (normalmente los militares) y les ofrece un trato: "Os pondremos en el poder si mantenéis un clima empresarial favorable para nosotros". A continuación, la Agencia contrata, entrena y trabaja con ellos para derrocar al gobierno en el poder (normalmente una democracia). Utiliza todas las estratagemas posibles: propaganda, relleno de papeletas, elecciones compradas, extorsión, chantaje, intriga sexual, historias falsas sobre los opositores en los medios de comunicación locales, infiltración y desorganización de los partidos políticos opositores, secuestros, palizas, tortura, intimidación, sabotaje económico, escuadrones de la muerte e incluso asesinatos. Estos esfuerzos culminan en un golpe militar, que instala un dictador de derechas. La CIA entrena al aparato de seguridad del dictador para reprimir a los enemigos tradicionales de las grandes empresas, mediante interrogatorios, torturas y asesinatos. Se dice que las víctimas son "comunistas", pero casi siempre son campesinos, liberales, moderados,

---

[42] Véase *CIA - Organización criminal: cómo la Agencia está corrompiendo a América y al mundo*, Le Retour aux Sources, www.leretourauxsources.com, NDÉ.

dirigentes sindicales, opositores políticos y defensores de la libertad de expresión y la democracia. A continuación, se producen violaciones generalizadas de los derechos humanos.

Este escenario se ha repetido tanto que la CIA lo enseña en una escuela especial, la llamada "Escuela de las Américas". (Los críticos la han apodado la "escuela de dictadores" y la "escuela de asesinos". La CIA entrena a oficiales militares latinoamericanos en la conducción de golpes de Estado, incluyendo el uso de interrogatorios, torturas y asesinatos.

La Association for Responsible Dissent estima que en 1987 habían muerto 6 millones de personas como resultado de las operaciones encubiertas de la CIA. El ex funcionario del Departamento de Estado, William Blum, lo califica con razón de "holocausto americano".

La CIA justifica estas acciones como parte de su guerra contra el comunismo. Pero la mayoría de los golpes no implican una amenaza comunista. Las naciones desafortunadas son el objetivo por una gran variedad de razones: no sólo amenazas a los intereses comerciales de Estados Unidos en el extranjero, sino también reformas sociales liberales o incluso moderadas, inestabilidad política, la falta de voluntad de un líder para llevar a cabo los dictados de Washington y las declaraciones de neutralidad de la Guerra Fría. De hecho, nada enfurecía más a los directores de la CIA que el deseo de una nación de mantenerse al margen de la Guerra Fría.

La ironía de todas estas intervenciones es que a menudo no logran los objetivos de Estados Unidos. A menudo, el dictador recién instalado se siente cómodo con el aparato de seguridad que la CIA ha construido para él. Se convierte en un experto en dirigir un estado policial. Y como el dictador sabe que no puede ser derrocado, se independiza y desafía la voluntad de Washington. La CIA se da cuenta entonces de que no puede derrocarlo, porque la policía y el ejército están bajo el control del dictador y temen cooperar con los espías estadounidenses por miedo a la tortura y la ejecución. Las dos únicas opciones para Estados Unidos en este momento son la impotencia o la guerra. Ejemplos de este "efecto boomerang" son el Sha de Irán, el General Noriega y Saddam Hussein. El efecto boomerang también explica por qué la CIA ha sido muy eficaz en el derrocamiento de las democracias, pero ha fracasado estrepitosamente en el derrocamiento de las dictaduras. La siguiente cronología debería confirmar que la CIA, tal y como la conocemos, debería ser abolida y sustituida por una verdadera organización de recopilación y análisis de información. La CIA no puede ser reformada:

está institucional y culturalmente corrupta.

1929

La cultura que hemos perdido - El Secretario de Estado Henry Stimson se niega a aprobar una operación de descifrado de códigos, diciendo: "Los caballeros no leen el correo de los demás".

1941

Creación del COI - En previsión de la Segunda Guerra Mundial, el presidente Roosevelt crea la Oficina del Coordinador de Información (COI). El general William "Wild Bill" Donovan dirige el nuevo servicio de inteligencia.

1942

Creación de la OSS - Roosevelt reestructura el COI en algo más adecuado para la acción encubierta, la Oficina de Servicios Estratégicos (OSS). Donovan recluta a tantos ricos y poderosos del país que la gente acaba bromeando con que "OSS" significa "¡Oh, qué social! " o "¡Oh, qué snobs! ".

1943

Italia - Donovan recluta a la Iglesia católica de Roma para que se convierta en el centro de las operaciones de espionaje angloamericanas en la Italia fascista. Sería una de las alianzas de inteligencia más duraderas de Estados Unidos durante la Guerra Fría.

1945

Se suprime la OSS: las demás agencias de información estadounidenses cesan sus acciones encubiertas y vuelven a la recopilación y el análisis de información inofensiva.

Operación Paperclip: mientras otras agencias estadounidenses rastrean a los criminales de guerra nazis para arrestarlos, la inteligencia estadounidense los trae a Estados Unidos, impunes, para utilizarlos contra los soviéticos. El principal de ellos era Reinhard Gehlen, el espía maestro de Hitler que había construido una red de inteligencia en la Unión Soviética. Con la plena bendición de Estados Unidos, creó la "Organización Gehlen", una banda de espías nazis refugiados que reactivó sus redes en Rusia. Entre ellos estaban los oficiales de inteligencia de las SS Alfred Six y Emil Augsburg (que masacraron a los judíos durante el Holocausto), Klaus Barbie [el "Carnicero de Lyon"], Otto von Bolschwing (el cerebro del Holocausto que trabajó con Eichmann. La Organización Gehlen proporcionó a Estados Unidos su única inteligencia sobre la Unión Soviética durante los diez años siguientes, sirviendo de puente entre la abolición de la OSS y la creación de la CIA. Sin embargo, gran parte de la "inteligencia" proporcionada por los antiguos nazis era falsa. Gehlen infló las capacidades militares soviéticas en un momento en el que Rusia todavía estaba reconstruyendo su devastada sociedad, para inflar su propia importancia a los ojos de los estadounidenses (que de otro modo podrían castigarle). En 1948, Gehlen estuvo a punto de convencer a los estadounidenses de que la guerra era inminente y que Occidente debía realizar un ataque preventivo. En la década de los 50, produjo una "brecha de misiles" ficticia. Para empeorar las cosas, los rusos se infiltraron cuidadosamente en la Organización Gehlen con agentes dobles, socavando la seguridad estadounidense que Gehlen debía proteger.

1947

Grecia - El presidente Truman solicita ayuda militar a Grecia para apoyar a las fuerzas de derecha que luchan contra los rebeldes comunistas. Durante el resto de la Guerra Fría, Washington y la CIA apoyarán a notorios líderes griegos con un historial deplorable en materia de derechos humanos.

Creación de la CIA - El presidente Truman firma la Ley de Seguridad Nacional de 1947, que crea la Agencia Central de Inteligencia y el Consejo de Seguridad Nacional. La CIA rinde cuentas al Presidente a través del Consejo de Seguridad Nacional; no hay supervisión democrática ni del Congreso. Sus estatutos permiten a la CIA "desempeñar las demás funciones y obligaciones... que el Consejo de Seguridad Nacional pueda ordenar ocasionalmente". Esta laguna legal abre la puerta a la acción encubierta y a los trucos sucios.

1948

Creación de un ala de acción enc*ubierta* - La CIA vuelve a crear un ala de acción encubierta, denominada inocentemente Oficina de Coordinación Política, dirigida por el abogado de Wall Street Frank Wisner. Según su carta secreta, sus responsabilidades incluyen "la propaganda; la guerra económica; la acción directa preventiva, incluidos los procedimientos de sabotaje, antisabotaje, demolición y evacuación; la subversión contra los Estados hostiles, incluida la ayuda a los grupos de resistencia clandestinos; y el apoyo a los elementos anticomunistas autóctonos en los países amenazados del mundo libre".

Italia - La CIA está corrompiendo las elecciones democráticas en Italia, donde los comunistas italianos amenazan con ganar las elecciones. La CIA compra votos, difunde propaganda, amenaza y golpea a los líderes de la oposición, y se infiltra y desbarata sus organizaciones. Funciona: los comunistas son derrotados.

1949

Radio Free *Europe* - La CIA creó su primer gran órgano de propaganda, Radio Free Europe. Durante las siguientes décadas, sus emisiones fueron tan descaradamente falsas que, durante un tiempo, se consideró ilegal publicar las transcripciones en Estados Unidos.

Finales de los años 40

Operación MOCKINGBIRD - La CIA comienza a reclutar organizaciones de noticias y periodistas estadounidenses como espías y distribuidores de propaganda. La iniciativa está dirigida por Frank Wisner, Allan Dulles, Richard Helms y Philip Graham. Graham era el editor del Washington Post, que se convirtió en uno de los principales actores de la CIA. Con el tiempo, los activos mediáticos de la CIA incluirían ABC, NBC, CBS, Time, Newsweek, Associated Press, United Press International, Reuters, Hearst Newspapers, Scripps-Howard, Copley News, etc.

Servicio y más. Según la propia CIA, al menos 25 organizaciones y 400 periodistas se convertirán en activos de la CIA.

1953

Irán - La CIA derroca al democráticamente elegido Mohamed Mossadegh en un golpe militar después de que éste amenace con nacionalizar el petróleo británico. La CIA lo sustituye por un dictador, el Sha de Irán, cuya policía secreta, la SAVAK, es tan brutal como la Gestapo.

Operación MK-ULTRA[43] - Inspirada en el programa de lavado de cerebro de Corea del Norte, la CIA inicia experimentos de control

---

[43] Ver *MK Ultra - Ritual Abuse and Mind Control*, Alexandre Lebreton, Omnia Veritas Ltd, www.omnia-veritas.com

mental. La parte más conocida de este proyecto consiste en administrar LSD y otras drogas a sujetos estadounidenses sin su conocimiento o en contra de su voluntad, lo que provocó el suicidio de varios de ellos. Sin embargo, la operación fue mucho más allá. Financiada en parte por las fundaciones Rockefeller y Ford, la investigación incluye propaganda, lavado de cerebro, relaciones públicas, publicidad, hipnosis y otras formas de sugestión.

1954

Guatemala - La CIA derrocó al gobierno democráticamente elegido de Jacob Arbenz en un golpe militar. Arbenz amenazó con nacionalizar la United Fruit Company, propiedad de los Rockefeller, de la que el director de la CIA, Allen Dulles, también posee acciones. Arbenz fue sustituido por una serie de dictadores de derechas cuyas políticas sanguinarias matarían a más de 100.000 guatemaltecos en los siguientes 40 años.

1954-1958

Vietnam del Norte - El agente de la CIA Edward Lansdale pasa cuatro años intentando derrocar al gobierno comunista de Vietnam del Norte, utilizando todos los trucos sucios habituales. La CIA también intenta legitimar un régimen títere tiránico en Vietnam del Sur, dirigido por Ngo Dinh Diem. Estos esfuerzos no logran ganarse los corazones y las mentes de los survietnamitas, ya que el gobierno de Diem se opone a la verdadera democracia, a la reforma agraria y a las medidas de reducción de la pobreza. El continuo fracaso de la CIA condujo a una escalada de la intervención estadounidense, que culminó en la guerra de Vietnam.

1956

Hungría - Radio Free Europe incita a Hungría a la revuelta mediante la difusión del discurso secreto de Jruschov, en el que denuncia a Stalin. También sugiere que la ayuda estadounidense ayudará a los húngaros a luchar. Esto no se materializó y los húngaros lanzaron una revuelta armada condenada, que sólo invitó a una gran invasión soviética. El conflicto se saldó con 7.000 muertos soviéticos y 30.000 húngaros.

1957-1973

Laos - La CIA lleva a cabo aproximadamente un golpe de estado al año en un intento de anular las elecciones democráticas en Laos. El problema es el Pathet Lao, un grupo de izquierda con suficiente apoyo popular para formar parte de cualquier gobierno de coalición. A finales de los años 50, la CIA llegó a crear un "ejército clandestino" de mercenarios asiáticos para atacar al Pathet Lao. Después de que el ejército de la CIA sufriera numerosas derrotas, Estados Unidos comenzó a bombardear, lanzando más bombas sobre Laos que las que recibieron todos los países de la Unión Europea durante la Segunda Guerra Mundial. Una cuarta parte de los laosianos acabaría convirtiéndose en refugiados, muchos de ellos viviendo en cuevas.

1959

Haití - El ejército estadounidense ayuda a "Papa Doc" Duvalier a convertirse en dictador de Haití. Crea su propia fuerza policial privada, los "Tontons Macoutes", que aterrorizan a la población con machetes. Mataron a más de 100.000 personas durante el reinado de la familia Duvalier. Estados Unidos no protesta contra su pésimo historial de derechos humanos.

1961

Bahía de Cochinos - La CIA envía 1500 exiliados cubanos para invadir la Cuba de Castro. Pero la "Operación Mangosta" fracasa, debido a una planificación, seguridad y apoyo inadecuados. Los planificadores habían imaginado que la invasión desencadenaría un levantamiento popular contra Castro, algo que nunca ocurre. El prometido ataque aéreo estadounidense tampoco se produce. Fue el primer fracaso público de la CIA, que llevó al presidente Kennedy a despedir al director de la CIA, Allen Dulles.

República Dominicana - La CIA asesinó a Rafael Trujillo, un dictador asesino al que Washington había apoyado desde 1930. Los intereses empresariales de Trujillo llegaron a ser tan importantes (alrededor del 60% de la economía) que empezaron a competir con los intereses empresariales estadounidenses.

Ecuador - El ejército respaldado por la CIA obliga a dimitir al presidente democráticamente elegido José Velasco. El vicepresidente Carlos Arosemana le sustituye; la CIA llena la vicepresidencia ahora vacante con su propio hombre.

Congo (Zaire) - La CIA asesinó al democráticamente elegido Patrice Lumumba. Sin embargo, el apoyo público a la política de Lumumba es tal que la CIA no puede instalar claramente a sus oponentes en el poder. Siguen cuatro años de agitación política.

1963

República Dominicana - La CIA derroca el gobierno democráticamente elegido de Juan Bosch en un golpe militar. La CIA instala una junta represiva de derechas.

Ecuador - Un golpe militar respaldado por la CIA derroca al presidente Arosemana, cuya política independiente (no socialista) resulta inaceptable para Washington. Una junta militar toma el poder, anula las elecciones de 1964 y comienza a violar los derechos humanos.

1964

Brasil - Un golpe militar apoyado por la CIA derroca al gobierno democráticamente elegido de Joao Goulart. La junta que le sustituye se convierte en una de las más sangrientas de la historia durante las dos décadas siguientes. El general Castelo Branco creó los primeros escuadrones de la muerte de América Latina, bandas de policías secretos que perseguían a los "comunistas" para torturarlos, interrogarlos y asesinarlos. A menudo, estos "comunistas" no eran más que adversarios políticos de Branco. Más tarde se reveló que la CIA entrenó a los escuadrones de la muerte.

1965

Indonesia - La CIA derroca al presidente Sukarno, elegido democráticamente, en un golpe militar. La CIA lleva intentando eliminar a Sukarno desde 1957, utilizando desde intentos de asesinato hasta intrigas sexuales, por nada más que su declaración de neutralidad en la Guerra Fría. Su sucesor, el general Suharto, masacraría entre 500.000 y 1 millón de civiles acusados de ser "comunistas". La CIA proporcionó los nombres de innumerables sospechosos.

República Dominicana - Estalla una rebelión popular que promete restituir a Juan Bosch como líder electo del país. La revolución es aplastada cuando los marines estadounidenses llegan para mantener el gobierno militar por la fuerza.

La CIA lo dirige todo entre bastidores. *Grecia* - con el apoyo de la CIA, el Rey destituye a George Papandreous como Primer Ministro. Papandreous no apoyó enérgicamente los intereses estadounidenses en Grecia. Congo (Zaire) - un golpe militar respaldado por la CIA instala a Mobutu Sese Seko como dictador. Odiado y represivo, Mobutu explota su país desesperadamente pobre para ganar miles de millones.

1966

El asunto Ramparts - La revista radical Ramparts inicia una serie de artículos sin precedentes contra la CIA. Entre sus primicias: la CIA pagó a la Universidad de Michigan 25 millones de dólares para contratar "profesores" que formaran a estudiantes survietnamitas en métodos policiales encubiertos. El MIT y otras universidades recibieron pagos similares. Ramparts también revela que la Asociación Nacional de Estudiantes es una fachada de la CIA. A veces se recluta a los estudiantes mediante chantajes y sobornos, incluyendo el aplazamiento del reclutamiento.

1967

Grecia - Un golpe militar respaldado por la CIA derrocó al gobierno dos días antes de las elecciones. El favorito era George Papandreous, el candidato liberal. Durante los seis años siguientes, el "reino de los coroneles", respaldado por la CIA, daría lugar al uso generalizado de la tortura y el asesinato contra los opositores políticos. Cuando un embajador griego le plantea al presidente Johnson los planes de EE.UU. para Chipre, éste le responde:

"Que le den a su parlamento y a su constitución".

Operación Fénix - La CIA ayuda a los agentes survietnamitas a identificar y luego asesinar a los presuntos líderes del Viet Cong que operan en las aldeas survietnamitas. Según un informe del Congreso de 1971, esta operación mató a unos 20.000 "Viet Cong".

1968

Operación CAOS - La CIA lleva espiando ilegalmente a los ciudadanos estadounidenses desde 1959, pero con la Operación CAOS, el presidente Johnson acelera el ritmo de forma espectacular. Agentes de la CIA se hicieron pasar por estudiantes radicales para espiar e interrumpir las organizaciones universitarias que protestaban contra la guerra de Vietnam. Buscan a los instigadores rusos, a los que nunca encuentran. El CAOS acaba espiando a 7.000 personas y 1.000 organizaciones.

Bolivia - Una operación militar organizada por la CIA captura al legendario guerrillero Che Guevara. La CIA quiere mantenerlo con vida para interrogarlo, pero el gobierno boliviano lo ejecuta para evitar las peticiones de clemencia en todo el mundo.

1969

Uruguay - El famoso torturador de la CIA, Dan Mitrione, llega a un Uruguay con problemas políticos. Mientras que antes las fuerzas de la derecha sólo utilizaban la tortura como último recurso, Mitrione les convence de que la utilicen como una práctica rutinaria y generalizada. "Dolor preciso, en el lugar preciso, en la cantidad precisa, para el efecto deseado" es su lema. Las técnicas de tortura que enseña a los escuadrones de la muerte rivalizan con las de los nazis. Al final, era tan temido que los revolucionarios lo secuestraron y asesinaron un año después.

1970

Camboya - La CIA derroca al príncipe Sahounek, que era muy popular entre los camboyanos por haberlos mantenido fuera de la guerra de Vietnam. Es sustituido por Lon Nol, un títere de la CIA, que inmediatamente lanza a las tropas camboyanas a la batalla. Esta impopular decisión reforzó a partidos de la oposición antes minoritarios, como los jemeres rojos, que tomaron el poder en 1975 y masacraron a millones de sus conciudadanos.

1971

Bolivia - Tras media década de disturbios políticos inspirados por la CIA, un golpe militar respaldado por ésta derroca al presidente izquierdista Juan Torres. Durante los dos años siguientes, el dictador Hugo Banzer detiene a más de 2.000 opositores políticos sin juicio previo, y luego los tortura, viola y ejecuta.

Haití - Muere "Papa Doc" Duvalier, dejando a su hijo de 19 años, "Baby Doc" Duvalier, como dictador de Haití. Su hijo continúa su sangriento reinado con el pleno conocimiento de la CIA.

1972

La Ley Case-Zablocki - El Congreso aprueba una ley que exige la revisión por parte del Congreso de los acuerdos ejecutivos. En teoría, esto debería hacer que las operaciones de la CIA sean más responsables. De hecho, es muy ineficaz.

Camboya - El Congreso vota para cortar la financiación de la CIA para su guerra secreta en Camboya.

Allanamiento del Watergate - El presidente Nixon envía un equipo de ladrones para poner micrófonos en las oficinas demócratas del Watergate. Los miembros del equipo tienen una larga historia con la CIA, incluyendo a James McCord, E. Howard Hunt y cinco de los ladrones cubanos. Trabajan para el Comité para Reelegir al Presidente (CREEP), que hace trabajos sucios como interrumpir las campañas demócratas y blanquear las contribuciones ilegales de la campaña de

Nixon. Las actividades del CREEP están financiadas y organizadas por otra tapadera de la CIA, la Mullen Company.

1973

Chile - La CIA derroca y asesina a Salvador Allende, el primer líder socialista de América Latina elegido democráticamente. Los problemas comienzan cuando Allende nacionaliza las empresas estadounidenses en Chile. La ITT ofrece a la CIA un millón de dólares por un golpe de estado (al parecer, lo rechaza). La CIA sustituye a Allende por el general Augusto Pinochet, que tortura y asesina a miles de sus compatriotas en una campaña de represión contra los líderes sindicales y la izquierda política.

La CIA inicia investigaciones internas: William Colby, Director Adjunto de Operaciones, ordena a todo el personal de la CIA que informe de cualquier actividad ilegal de la que tenga conocimiento. Esta información se comunica al Congreso.

Escándalo Watergate - El principal colaborador de la CIA en Estados Unidos, el *Washington Post*, informa sobre los crímenes de Nixon mucho antes de que cualquier otro periódico recoja la historia. Los dos reporteros, Woodward y Bernstein, prácticamente no mencionan las amplias huellas de la CIA en el escándalo. Más tarde se revela que Woodward estuvo a cargo de la inteligencia naval en la Casa Blanca y que conoce a muchas figuras de la inteligencia, incluido el general Alexander Haig. Su principal fuente, "Garganta Profunda", es probablemente una de ellas.

El director de la CIA, Helms, es despedido - El presidente Nixon despide al director de la CIA, Richard Helms, por no ayudar a encubrir el escándalo Watergate. Helms y Nixon siempre se han odiado. El nuevo director de la CIA es William Colby, que está relativamente más abierto a reformar la CIA.

1974

Seymour Hersh, periodista ganador del Premio Pulitzer, publica un artículo sobre la Operación CHAOS, la vigilancia interna y la infiltración de grupos antiguerra y de derechos civiles en Estados Unidos. El artículo provocó la indignación nacional.

Angleton despedido - El Congreso está celebrando audiencias sobre los esfuerzos de espionaje doméstico ilegal de James Jesus Angleton, el jefe de contrainteligencia de la CIA. Sus esfuerzos incluyeron campañas de apertura de correo y vigilancia secreta de los manifestantes contra la guerra. Las audiencias condujeron a su despido de la CIA.

La Cámara de Representantes *exculpa a la CIA en el* Watergate - La Cámara de Representantes exculpa a la CIA de cualquier complicidad en la irrupción de Nixon en el Watergate.

Ley Hughes-Ryan - El Congreso aprueba una enmienda por la que se exige al Presidente que informe oportunamente a los comités del Congreso sobre las operaciones de no inteligencia de la CIA.

1975

Australia - La CIA ayuda a derrocar el gobierno de izquierdas democráticamente elegido del primer ministro Edward Whitlam. Para ello, la CIA lanza un ultimátum al gobernador general John Kerr. Kerr, antiguo colaborador de la CIA, ejerce su derecho constitucional de disolver el gobierno de Whitlam. El Gobernador General es un cargo esencialmente ceremonial nombrado por la Reina; el Primer Ministro es elegido democráticamente. El uso de esta ley arcaica y no utilizada aturde a la nación.

Angola - Deseoso de demostrar la determinación militar de Estados Unidos tras su derrota en Vietnam, Henry Kissinger lanza una guerra respaldada por la CIA en Angola. En contra de las afirmaciones de Kissinger, Angola es un país de poca importancia estratégica y no está seriamente amenazado por el comunismo. La CIA apoya al brutal líder de UNITAS, Jonas Savimbi. Esto polariza la política angoleña y empuja a sus oponentes a echarse en brazos de Cuba y la Unión Soviética para sobrevivir. El Congreso corta la financiación en 1976, pero la CIA puede hacer la guerra en la oscuridad hasta 1984, cuando la financiación se legaliza de nuevo. Esta guerra totalmente innecesaria mata a más de 300.000 angoleños.

"La CIA y el culto a la inteligencia" - Victor Marchetti y John Marks publican esta exposición de los crímenes y abusos de la CIA. Marchetti pasó 14 años en la CIA, llegando a ser asistente ejecutivo del subdirector de inteligencia. Marks pasó cinco años como oficial de inteligencia en el Departamento de Estado.

"Inside the Company" - Philip Agee publica un diario de su vida en la CIA. Agee trabajó en operaciones encubiertas en América Latina en la década de 1960, y detalla los crímenes en los que participó.

El Congreso investiga las irregularidades de la CIA - La indignación pública obliga al Congreso a celebrar audiencias sobre los crímenes de la CIA. El senador Frank Church dirige la investigación del Senado ("Comité Church"), y el representante Otis Pike la de la Cámara de Representantes. (A pesar de la tasa de reelección del 98% de los titulares, tanto Church como Pike fueron derrotados en las elecciones posteriores). Las investigaciones dieron lugar a una serie de reformas destinadas a aumentar la responsabilidad de la CIA ante el Congreso, incluida la creación de una Comisión de Inteligencia permanente en el Senado. Sin embargo, estas reformas resultaron ineficaces, como demostraría el escándalo Irán/Contra. Resulta que la CIA puede controlar, negociar o eludir fácilmente el Congreso.

Comisión Rockefeller - En un intento de mitigar el daño causado por el Comité Church, el presidente Ford crea la "Comisión Rockefeller" para blanquear la historia de la CIA y proponer reformas ineficaces. El vicepresidente Nelson Rockefeller, que da nombre a la comisión, es una figura importante de la CIA. Cinco de los ocho miembros de la comisión son también miembros del Consejo de Relaciones Exteriores, una organización dominada por la CIA.

1979

Irán - La CIA no supo prever la caída del Sha de Irán, uno de sus títeres durante mucho tiempo, ni el ascenso de los fundamentalistas musulmanes, enfadados por el apoyo de la CIA a la sanguinaria policía secreta del Sha, la SAVAK. En venganza, los musulmanes toman como rehenes a 52 estadounidenses en la embajada de Estados Unidos en Teherán.

Afganistán - Los soviéticos entran en Afganistán. La CIA comienza inmediatamente a suministrar armas a cualquier facción dispuesta a luchar contra los soviéticos. Este armamento indiscriminado significa que cuando los soviéticos abandonen Afganistán, estallará una guerra civil. Además, los extremistas musulmanes fanáticos poseen ahora armas avanzadas. Uno de ellos es el jeque Abdel Rahman, que estará implicado en el atentado del World Trade Center de Nueva York.

El Salvador - Un grupo idealista de jóvenes militares, indignados por la masacre de los pobres, derroca al gobierno de derechas. Sin embargo, Estados Unidos obliga a los inexpertos oficiales a incluir a muchos miembros de la vieja guardia en puestos clave de su nuevo gobierno. Pronto las cosas vuelven a la "normalidad": el gobierno militar reprime y mata a los pobres manifestantes civiles. Muchos jóvenes militares y civiles reformistas, al verse impotentes, dimiten indignados.

Nicaragua - Cae Anastasio Samoza II, el dictador apoyado por la CIA.

Los marxistas sandinistas toman el poder y son inicialmente populares por su compromiso con la reforma agraria y la lucha contra la pobreza. Samoza tenía un ejército personal asesino y odiado llamado Guardia Nacional. Los restos de la Guardia se convertirían en los Contras, que libraron una guerra de guerrillas apoyada por la CIA contra el gobierno sandinista durante toda la década de 1980.

1980

El Salvador - El arzobispo de San Salvador, Oscar Romero, ruega al presidente Carter "de cristiano a cristiano" que deje de ayudar al gobierno militar que está masacrando a su pueblo. Carter se niega. Poco después, el líder derechista Roberto D'Aubuisson hizo que Romero recibiera un disparo en el corazón mientras decía la misa. El país se sumió rápidamente en una guerra civil cuando los campesinos de las colinas lucharon contra el gobierno militar. La CIA y las fuerzas armadas estadounidenses proporcionan al gobierno una superioridad militar y de inteligencia abrumadora. Los escuadrones de la muerte entrenados por la CIA recorrieron el campo, cometiendo atrocidades como la de El Mazote en 1982, donde masacraron a entre 700 y 1000 hombres, mujeres y niños. En 1992, unos 63.000 salvadoreños fueron asesinados.

1981

Comienza el programa Irán/Contra - La CIA comienza a vender armas a Irán a precios elevados, utilizando los beneficios para armar a los Contras que luchan contra el gobierno sandinista en Nicaragua. El presidente Reagan promete que los sandinistas serán "presionados" hasta que "digan 'tío'". El *Manual del Combatiente por la Libertad* de la CIA distribuido a los Contras incluye instrucciones sobre sabotaje económico, propaganda, extorsión, soborno, chantaje, interrogatorio, tortura, asesinato y asesinato político.

1983

Honduras - La CIA entrega a los militares hondureños el Manual de Entrenamiento para la Explotación de Recursos Humanos, que enseña cómo torturar a las personas. El tristemente célebre "Batallón 316" de Honduras utiliza entonces estas técnicas, a la vista de la CIA, sobre miles de disidentes de izquierdas. Al menos 184 de ellos son asesinados.

1984

La enmienda Boland - Se adopta la última de una serie de enmiendas Boland. Estas enmiendas redujeron la ayuda de la CIA a los Contras; la última la elimina por completo. Sin embargo, el director de la CIA, William Casey, ya está preparado para "pasar el testigo" al coronel Oliver North, que sigue suministrando ilegalmente a los Contras a través de la red informal, secreta y autofinanciada de la CIA. Esto incluye la "ayuda humanitaria" donada por Adolph Coors y William Simon, y la ayuda militar financiada por la venta de armas iraníes.

1986

Eugene Hasenfus - Nicaragua derriba un avión de transporte C-123 que llevaba suministros militares a los Contras. El único superviviente, Eugene Hasenfus, resulta ser un empleado de la CIA, al igual que los dos pilotos muertos. El avión era propiedad de Southern Air Transport, una tapadera de la CIA. El incidente ridiculiza las afirmaciones del presidente Reagan de que la CIA no estaba armando ilegalmente a los Contras.

El escándalo Irán/Contra - Aunque los detalles se conocían desde hacía tiempo, el escándalo Irán/Contra recibió finalmente la atención de los medios de comunicación en 1986. Se celebran audiencias en el Congreso y varias figuras clave (como Oliver North) mienten bajo juramento para proteger a la comunidad de inteligencia. El director de la CIA, William Casey, muere de cáncer cerebral antes de que el Congreso pueda interrogarle. Todas las reformas adoptadas por el Congreso tras el escándalo son puramente cosméticas.

Haití - La creciente revuelta popular en Haití significa que "Baby Doc" Duvalier sólo seguirá siendo "presidente vitalicio", si es que le queda poco. Estados Unidos, que odia la inestabilidad en un país títere, envía al despótico Duvalier al sur de Francia para que se retire cómodamente. La CIA amaña entonces las próximas elecciones a favor de otro militar de derechas. Sin embargo, la violencia mantiene al país en la agitación política durante otros cuatro años. La CIA intenta reforzar al ejército creando el Servicio de Inteligencia Nacional (SIN), que reprime la revuelta popular mediante la tortura y el asesinato.

1989

Panamá - Estados Unidos invade Panamá para derrocar a un dictador de su propia cosecha, el general Manuel Noriega. Noriega ha estado en la nómina de la CIA desde 1966 y ha estado transportando drogas con el conocimiento de la CIA desde 1972. A finales de la década de 1980, la creciente independencia e intransigencia de Noriega había enfadado a Washington... y se marchaba.

1990

Haití - Compitiendo con 10 candidatos comparativamente ricos, el sacerdote de izquierdas Jean-Bertrand Aristide obtiene el 68% de los votos. Sin embargo, tras sólo ocho meses en el poder, los militares apoyados por la CIA lo depusieron. Otros dictadores militares brutalizan el país, mientras que miles de refugiados haitianos huyen de la agitación en barcos apenas navegables. Mientras la opinión pública exige el regreso de Aristide, la CIA lanza una campaña de desinformación que presenta al valiente sacerdote como mentalmente inestable.

1991

La caída de la Unión Soviética - La CIA no supo predecir el acontecimiento más importante de la Guerra Fría. Esto sugiere que ha estado tan ocupada socavando a los gobiernos que no ha hecho su trabajo principal: recopilar y analizar información. La caída de la Unión Soviética también privó a la CIA de su razón de ser: la lucha contra el comunismo. Esto lleva a algunos a acusar a la CIA de haber fallado intencionadamente en la predicción de la caída de la Unión Soviética. Curiosamente, el presupuesto de la comunidad de inteligencia no se reduce significativamente tras la desaparición del comunismo.

1992

Espionaje económico - En los años posteriores al final de la Guerra Fría, la CIA se utiliza cada vez más para el espionaje económico. Se trata de robar secretos tecnológicos de empresas extranjeras competidoras y dárselos a empresas estadounidenses. Dado que la CIA prefiere claramente los trucos sucios a la simple recopilación de información, la posibilidad de que se produzcan comportamientos delictivos graves es muy alta.

1993

Haití - El caos en Haití se intensifica hasta el punto de que el presidente Clinton no tiene más remedio que destituir al dictador militar de Haití, Raoul Cedras, bajo la amenaza de una invasión estadounidense. Los ocupantes estadounidenses no arrestan a los líderes militares de Haití por crímenes contra la humanidad, sino que garantizan su seguridad y su rica jubilación. Aristide sólo volvió al poder tras verse obligado a aceptar un programa favorable a la clase dirigente del país.

EPÍLOGO

En un discurso ante la CIA para celebrar su 50° aniversario, el Presidente Clinton dijo:

> "Por necesidad, el pueblo estadounidense nunca conocerá la historia completa de su valor".

La declaración de Clinton es una defensa común de la CIA: que el pueblo estadounidense debería dejar de criticar a la CIA porque no sabe lo que realmente hace. Esto, por supuesto, es el núcleo de la cuestión en primer lugar. Una agencia que está por encima de las críticas también está por encima del comportamiento moral y de la reforma. Su secretismo y falta de responsabilidad permiten que su corrupción crezca sin control.

Además, la afirmación de Clinton es simplemente falsa. La historia de la agencia está quedando dolorosamente clara, especialmente con la desclasificación de documentos históricos de la CIA. Puede que no conozcamos los detalles de las operaciones específicas, pero conocemos bastante bien el comportamiento general de la CIA. Estos hechos empezaron a surgir hace casi veinte años, a un ritmo cada vez mayor. Hoy en día, tenemos una imagen notablemente precisa y coherente, que se repite en muchos países y se verifica en innumerables direcciones diferentes.

La respuesta de la CIA a este creciente conocimiento y crítica sigue un patrón histórico típico (de hecho, existen notables paralelismos con la lucha de la Iglesia medieval contra la revolución científica). Los primeros periodistas y escritores que sacaron a la luz el comportamiento criminal de la CIA fueron acosados y censurados si eran escritores estadounidenses, y torturados y asesinados si eran extranjeros. (Véase *On the Run* de Philip Agee para un ejemplo de acoso intensivo). Sin embargo, en las últimas dos décadas, la marea de pruebas se ha vuelto abrumadora, y la CIA ha descubierto que no tiene suficientes dedos para tapar todos los agujeros del dique. Esto es especialmente cierto en la era de Internet, donde la información fluye libremente entre millones de personas. Como la censura es imposible, la agencia debe ahora defenderse con excusas. La defensa de Clinton de que "los estadounidenses nunca lo sabrán" es un buen ejemplo.

Otra excusa común es que "el mundo está lleno de personajes desagradables, y debemos tratar con ellos si queremos proteger los intereses estadounidenses". Hay dos cosas que no concuerdan con esta afirmación. En primer lugar, ignora el hecho de que la CIA ha rechazado sistemáticamente las alianzas con los defensores de la democracia, la libertad de expresión y los derechos humanos, prefiriendo la compañía de dictadores militares y tiranos. La CIA tenía opciones morales a su disposición, pero no las tomó.

En segundo lugar, este argumento plantea varias cuestiones. La primera es: "¿Qué intereses americanos? "La CIA ha cortejado a los dictadores de derechas porque permiten a los ricos estadounidenses explotar la mano de obra barata y los recursos del país. Sin embargo, los estadounidenses pobres y de clase media pagan un alto precio cada vez que se libran las guerras resultantes de las acciones de la CIA, desde Vietnam hasta Panamá y la Guerra del Golfo. La segunda pregunta que se hace es: "¿Por qué los intereses estadounidenses deben ir a costa de los derechos humanos de otros pueblos? "

La CIA debe ser abolida, sus dirigentes destituidos y sus miembros juzgados por crímenes contra la humanidad. Nuestra comunidad de inteligencia debe ser reconstruida desde cero para recoger y analizar la información. En cuanto a la acción encubierta, hay dos opciones morales. La primera es eliminar por completo la acción encubierta. Pero esto da escalofríos a los que se preocupan por los Adolf Hitlers del mundo. La segunda opción es, pues, someter la acción encubierta a un control democrático amplio y real. Por ejemplo, un comité bipartidista del Congreso de 40 miembros podría revisar todos los aspectos de las operaciones de la CIA y vetarlas por mayoría o supermayoría. Cuál de estas dos opciones es mejor está abierta al debate, pero una cosa está clara: como la dictadura, como la monarquía, las operaciones encubiertas sin control deben morir como los dinosaurios que son.

La Sociedad de la Calavera y los Huesos

Todo empezó en Yale. En 1832, el general William Huntington Russell y Alphonso Taft crearon una sociedad supersecreta para los hijos de la élite bancaria angloamericana de Wall Street. El hermanastro de William Huntington Russell, Samuel Russell, dirigía "Russell & Co.", la mayor operación de contrabando de OPIO del mundo en aquella época. Alphonso Taft es el abuelo de nuestro ex presidente Howard Taft, creador del precursor de las Naciones Unidas.

Algunos de los hombres más famosos y poderosos del mundo actual son "bonesmen", como George Bush, Nicholas Brady y William F. Buckley. Otros huesos son Henry Luce (Time-Life), Harold Stanley (fundador de Morgan Stanley), Henry P. Davison (socio principal de Morgan Guaranty Trust), Artemus Gates (presidente de New York Trust Company, Union Pacific, *TIME*, Boeing Company), el senador John Chaffe, Russell W. Davenport (editor de la revista *Fortune*) y muchos otros. Todos hicieron un voto solemne de secreto.

La Sociedad Skull & Bones es un peldaño para los Bilderbergs, el Consejo de Relaciones Exteriores y la Comisión Trilateral.

America's Secret Establishment, por Antony C. Sutton, 1986, página 5-6, afirma:

> "Los que están dentro lo conocen como La Orden. Otros lo conocen desde hace más de 150 años como el capítulo 322 de una sociedad secreta alemana. Más formalmente, a efectos legales, la Orden se constituyó como The Russell Trust en 1856. Anteriormente también era conocida como la "Hermandad de la Muerte". Los que se burlan, o quieren burlarse, lo llaman "Skull & Bones", o simplemente "Bones".

El capítulo estadounidense de esta orden alemana fue fundado en 1833 en la Universidad de Yale por el general William Huntington Russell y Alphonso Taft, que en 1876 se convirtió en Secretario de Guerra en la administración Grant. Alphonso Taft fue el padre de William Howard Taft, el único hombre que ha sido tanto presidente como presidente del

Tribunal Supremo de los Estados Unidos.

La orden no es una fraternidad más de letras griegas con contraseñas y asas comunes a la mayoría de los campus. El capítulo 322 es una sociedad secreta cuyos miembros han jurado guardar silencio. Sólo existe en el campus de Yale (que sepamos). Tiene reglas. Tiene ritos ceremoniales. No aprecia a los ciudadanos entrometidos e intrusos, a los que los de dentro llaman "forasteros" o "vándalos". Sus miembros siempre niegan su pertenencia (o se supone que lo hacen) y, al comprobar cientos de listas autobiográficas de miembros, sólo encontramos media docena que citaban una afiliación a Skull & Bones. El resto guardó silencio. Es interesante saber si los numerosos miembros de diversas administraciones o que ocupan cargos gubernamentales han declarado su pertenencia a Skull & Bones en los datos biográficos facilitados para la "comprobación de antecedentes" del FBI.

Sobre todo, la orden es poderosa, increíblemente poderosa. Si el lector persiste y examina las pruebas presentadas -que son abrumadoras-, no cabe duda de que su visión del mundo se aclarará de repente, con una claridad casi aterradora.

Se trata de una sociedad de mayores que sólo existe en Yale. Los miembros son elegidos en su primer año y sólo pasan un año en el campus, el último, con Skull & Bones. En otras palabras, la organización está orientada al mundo exterior de los graduados. La Orden se reúne anualmente -sólo los patriarcas- en la Isla de los Ciervos, en el río San Lorenzo.

Las sociedades senior son únicas en Yale. Hay otras dos sociedades de mayores en Yale, pero ninguna en otros lugares. Scroll & Key y Wolf's Head son sociedades supuestamente competitivas fundadas a mediados del siglo XIX. Creemos que forman parte de la misma red. Rosenbaum comentaba en su artículo de Esquire, con bastante acierto, que cualquier persona del establishment liberal del Este que no sea miembro de Skull & Bones es casi seguro miembro de Scroll & Key o Wolf's Head.

El procedimiento de selección de nuevos miembros de la Orden no ha cambiado desde 1832. Cada año se seleccionan 15, y sólo 15, nunca menos. Como parte de su ceremonia de iniciación, deben acostarse desnudos en un ataúd y recitar su historia sexual. Este método permite a los otros miembros controlar al individuo amenazándolo con revelar sus secretos más íntimos si no lo "siguen". A lo largo de los últimos 150 años, aproximadamente 2500 graduados de Yale han sido iniciados en la Orden. En cualquier momento, entre 500 y 600 están vivos y activos. Aproximadamente una cuarta parte de ellos desempeña un papel activo en la promoción de los objetivos de la Orden. El resto pierde el interés o cambia de opinión. Son renunciantes silenciosos.

El miembro potencial más probable es el de la familia Bones, que es enérgico, ingenioso, político y probablemente un jugador de equipo amoral. Los honores y las recompensas económicas están garantizados por el poder de la Orden. Pero el precio de estos honores y recompensas es el sacrificio por el objetivo común, el objetivo de la Orden. Algunos, quizás muchos, no han estado dispuestos a pagar este precio.

Las familias americanas de la vieja guardia y sus descendientes implicados en el Skull & Bones son nombres como: Whitney, Perkins, Stimson, Taft, Wadsworth, Gilman, Payne, Davidson, Pillsbury, Sloane, Weyerhaeuser, Harriman, Rockefeller, Lord, Brown, Bundy, Bush y Phelps.

JOHN COLEMAN

Ya publicado

OMNIA VERITAS
OMNIA VERITAS LTD PRESENTA:
EL INSTITUTO TAVISTOCK
de RELACIONES HUMANAS
La formación de la decadencia moral, espiritual, cultural, política y económica de los Estados Unidos de América
por John Coleman
Sin Tavistock no habrían existido la Primera y la Segunda Guerra Mundial
Los secretos del Tavistock Institute for Human Relations

OMNIA VERITAS
OMNIA VERITAS LTD PRESENTA:
LÉON DEGRELLE
ALMAS ARDIENDO
Notas de paz, de guerra y de exilio
El honor ha perdido su sentido, el honor del juramento, el honor de servir, el honor de morir...
Se asfixian las almas. El denso aire está cargado de todas las abdicaciones del espíritu

OMNIA VERITAS
OMNIA VERITAS LTD PRESENTA:
JÜRI LINA
ARQUITECTOS DEL ENGAÑO
LA HISTORIA SECRETA DE LA MASONERÍA
Una visión de la red oculta detrás de los acontecimientos pasados y presentes que revela las verdaderas razones de varias guerras y revoluciones importantes.
Este sistema político ha sido construido por fuerzas que actúan entre bastidores

OMNIA VERITAS
Omnia Veritas Ltd presenta:
Vladimir Putin
y Eurasia
por JEAN PARVULESCO
El advenimiento providencial del "hombre predestinado", el "concepto absoluto" Vladimir Putin, encarnando la "Nueva Rusia"
Un libro singularmente peligroso, que no debe ponerse en todas las manos...

OMNIA VERITAS
Omnia Veritas Ltd presenta:
EUSTACE MULLINS
EL ORDEN MUNDIAL
NUESTROS GOBERNANTES SECRETOS
Un estudio sobre la hegemonía del parasitismo
LA AGENDA DEL ORDEN MUNDIAL: DIVIDE Y VENCERÁS

OMNIA VERITAS
EUSTACE MULLINS
LA MALDICIÓN DE CANAÁN
EUSTACE MULLINS
LA MALDICIÓN
DE CANAÁN
Una demonología de la historia
El gran movimiento de la historia moderna ha sido ocultar la presencia del mal en la tierra

OMNIA VERITAS
Omnia Veritas Ltd presenta:
LOS SECRETOS DE LA RESERVA FEDERAL
LA CONEXIÓN LONDRES
POR
EUSTACE MULLINS
La historia americana del vigésimo siglo ha grabado los logros asombrosos de los banqueros de la Reserva Federal
AQUÍ ESTÁN LOS HECHOS SIMPLES DE LA GRAN TRAICIÓN

OMNIA VERITAS
Omnia Veritas Ltd presenta:
EUSTACE MULLINS
MUERTE POR INYECCIÓN
SE REVELA LA RED SECRETA DEL CÁRTEL MÉDICO

OMNIA VERITAS
OMNIA VERITAS LTD PRESENTA:
NUEVA HISTORIA DE LOS JUDÍOS
por
EUSTACE MULLINS
A lo largo de la historia de la civilización, un problema específico ha permanecido constante para la humanidad...
Un pueblo irritó a las naciones que lo habían acogido en todas las partes del mundo civilizado

OMNIA VERITAS

Omnia Veritas Ltd presenta:

HISTORIA PROSCRITA
I
LOS BANQUEROS Y LAS REVOLUCIONES

POR

VICTORIA FORNER

Los procesos revolucionarios necesitan agentes, organización y, sobre todo, financiación, dinero.

LAS COSAS NO SON A VECES LO QUE APARENTAN...

OMNIA VERITAS

Omnia Veritas Ltd presenta:

HISTORIA PROSCRITA
II
LA HISTORIA SILENCIADA DE ENTREGUERRAS

POR

VICTORIA FORNER

"El verdadero crimen es acabar una guerra con el fin de hacer inevitable la próxima."

EL TRATADO DE VERSALLES FUE "UN DICTADO DE ODIO Y DE LATROCINIO"

OMNIA VERITAS

Omnia Veritas Ltd presenta:

HISTORIA PROSCRITA
III
LA II GUERRA MUNDIAL Y LA POSGUERRA

POR

VICTORIA FORNER

Distintas fuerzas trabajaban para la guerra en los países europeos

MUCHOS AGENTES SERVÍAN INTERESES DE UN PARTIDO BELICISTA TRANSNACIONAL

OMNIA VERITAS
OMNIA VERITAS LTD PRESENTA:
JULIUS EVOLA
SÍNTESIS DE LA DOCTRINA DE LA RAZA
Y
ORIENTACIONES PARA UNA EDUCACIÓN RACIAL
«El racismo se empeña en individualizar al tipo humano predominante en una determinada comunidad nacional...»
El muy neto sentido de las diferencias, de su dignidad y de su fuerza

OMNIA VERITAS
OMNIA VERITAS LTD PRESENTA:
JULIUS EVOLA
EL FASCISMO VISTO DESDE LA DERECHA
Y NOTAS SOBRE EL TERCER REICH
«Lo que se llama corrientemente Derecha en las luchas políticas actuales se define por una oposición general a las formas más avanzadas de la subversión...»
Hoy no existe en Italia una Derecha digna de este nombre

OMNIA VERITAS
OMNIA VERITAS LTD PRESENTA:
JULIUS EVOLA
EL MISTERIO DEL GRIAL
«Las leyendas, los mitos, los cantos de gesta y las epopeyas del mundo tradicional...»
Comprender lo esencial del conjunto de las leyendas caballerescas

OMNIA VERITAS
OMNIA VERITAS LTD PRESENTA:
JULIUS EVOLA
EL YOGA TANTRICO
UN CAMINO PARA LA REALIZACIÓN DEL CUERPO Y EL ESPÍRITU
« Metafísicamente, la pareja divina corresponde a los dos aspectos esenciales de todo principio cósmico... »
Se trata de un interés orientado hacia los principios del mundo

OMNIA VERITAS
OMNIA VERITAS LTD PRESENTA:
JULIUS EVOLA
ENSAYOS SOBRE EL IDEALISMO MAGICO
« Que la civilización occidental atraviesa hoy en día un periodo de crisis, es algo que resulta evidente... »
Transmuta de la conciencia racional a la religiosa...

OMNIA VERITAS
OMNIA VERITAS LTD PRESENTA:
JULIUS EVOLA
ESCRITOS SOBRE EL JUDAÍSMO
«El antisemitismo es una temática que ha acompañado a casi todas las fases de la historia occidental...»
El problema judío tiene orígenes antiquísimos

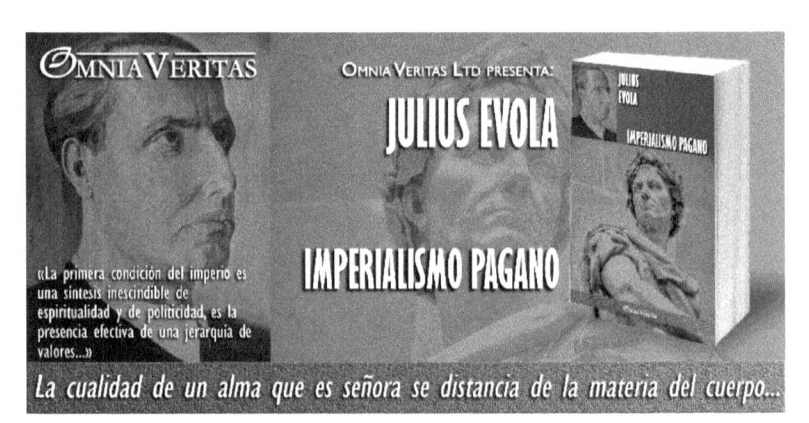

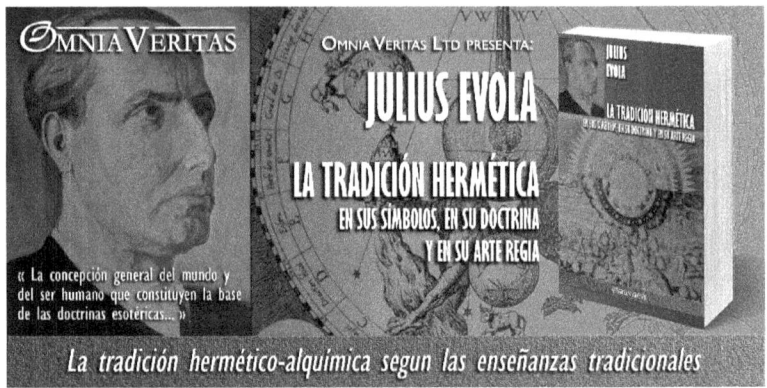